1.º de janeiro

Feliz Ano Novo!

Leitura:
Salmo 146:1-10

Como são felizes os que têm o Deus de Jacó como seu auxílio, os que põem sua esperança no SENHOR, seu Deus.
—SALMO 146:5

☐ Gênesis 1–3; Mateus 1

Como o ato de louvar ao Senhor muda a sua visão da vida e dos seus desafios?

"Feliz Ano-Novo! Que tudo se realize em sua vida!" Ouviremos várias saudações como essa hoje. E você provavelmente desejará a mesma coisa aos outros também. Sem dúvida, esperamos que os próximos 12 meses sejam abençoados e felizes para todos. O salmista expressou o próprio desejo de dias felizes com esta afirmação: "Como são felizes os que têm o Deus de Jacó como seu auxílio, os que põem sua esperança no SENHOR, seu Deus" (Sl 146:5).

O Salmo 146 é o primeiro dos cinco "Salmos de Aleluia" (os últimos cinco cânticos do Saltério), assim chamados pelo fato de cada um desses cânticos (146–150) começar e terminar com o refrão "Louvado seja o SENHOR". Começar o Ano-Novo exclamando com o salmista: "Louvado seja o SENHOR! Que todo o meu ser louve o SENHOR" (vv.1,2) é uma ótima maneira de dar início ao novo ano. Iniciamos esse ano com gratidão reconhecendo a *grandeza e a bondade* do nosso Deus (vv.1-9). Ele nos convida a confiarmos no Senhor — o Soberano Deus Criador: eterno, fiel, justo, generoso, compassivo e amoroso. O Senhor defende o oprimido, alimenta o faminto, cura o que sofre, ama o piedoso e protege o vulnerável. E, não esqueçamos, o Senhor também castiga o perverso (vv.7,9).

O convite do salmista é um lembrete oportuno: confie apenas em Deus, não nos poderosos (v.3). Somente os que confiam em Deus podem ser verdadeiramente felizes (v.5), pois Ele é o único digno de confiança (v.6). O Senhor é soberano e "verdadeiramente são felizes aqueles cujo Deus é o SENHOR" (144:15). "O SENHOR reinará para sempre [...] Louvado seja o SENHOR!" (146:10). Isso torna o novo ano muito feliz! —*K. T. Sim*

O que a motiva a louvar o Senhor hoje?

31 de dezembro

"Cristo" ofende pessoas

Leitura:
1 Coríntios 1:18-25

Assim, quando pregamos que o Cristo foi crucificado, os judeus se ofendem, e os gentios dizem que é tolice. —1 Coríntios 1:23

Alguns anos atrás, um grupo cristão removeu a palavra *Cristo* do nome de sua organização e defendeu a mudança de nome citando uma pesquisa que revelava que 20% dos não cristãos sentiam-se alienados e ofendidos pelo nome de Cristo. Declararam que apenas procuravam um nome mais adequado que tornasse a organização mais eficaz ao compartilhar o evangelho.

Surpreendeu-me que apenas 20% dos não cristãos se ofendem com o nome de Cristo. O apóstolo Paulo alertou que pregar a salvação por meio da cruz de Cristo poderia ofender as pessoas (Gl 5:11). Os judeus que esperavam um poderoso Libertador e Conquistador tropeçaram no Servo sofredor. O mundo riu da ideia ridícula de que um homem morto poderia salvar. Mas quando "pregamos que o Cristo foi crucificado, os judeus se ofendem, e os gentios dizem que é tolice" (1Co 1:23). Mesmo hoje, o nome de Jesus tem sido persistente e progressivamente rejeitado e removido de escolas, tribunais e da sociedade, ao redor do mundo.

Como os cristãos da Igreja Primitiva, os atuais serão intimidados, pressionados e alertados a "…evitar que espalhem sua mensagem" (At 4:18). Precisamos persistir em proclamá-lo, por dois motivos:

•"Não há salvação em nenhum outro! Não há nenhum outro nome debaixo do céu, em toda a humanidade, por meio do qual devamos ser salvos" (v.12). "Mas, para os que foram chamados para a salvação, […] Cristo é o poder de Deus e a sabedoria de Deus" (1Co 1:24).

•"Se alguém se envergonhar de mim e de minha mensagem nesta época de adultério e pecado, o Filho do Homem se envergonhará dele quando vier na glória de seu Pai com os santos anjos" (Mc 8:38; Mt 5:10-16). —*K. T. Sim*

Jesus afirma que somos o sal da Terra e a luz do mundo e que as nossas boas obras devem honrá-lo.

A Bíblia em um ano

☐ Malaquias 1–4; Apocalipse 22

2 de janeiro

Não seja perversa

Leitura:
Ester 3:1-15

Quando Hamã viu que Mardoqueu não se curvava para lhe demonstrar respeito, ficou furioso. —Ester 3:5

Como um menino austríaco se torna Adolf Hitler, ou um filho privilegiado se torna Osama bin Laden? O que faz um grupo de pessoas se unir e matar os vizinhos? Como essas pessoas podem achar que matar é uma boa ideia? Encontramos uma pista na morte de Hamã que sendo amalequita odiava os judeus. Seu povo havia atacado Israel quando saía do Egito, o que levou o Senhor a declarar: "Escreva isto em um rolo como lembrança permanente […] Apagarei toda e qualquer recordação de Amaleque de debaixo do céu" (Êx 17:14). Assim, quando Hamã soube que o rapaz que não se curvaria a ele era judeu, "…procurou um modo de destruir todos os judeus, o povo de Mardoqueu, do império de Xerxes" (Et 3:6).

Hamã disse ao rei: "Há certo povo espalhado por todas as províncias de seu império que se mantém separado dos demais. Eles têm leis diferentes das leis dos outros povos e não obedecem às leis do rei. Portanto, não é do interesse do rei deixar que vivam. Se parecer bem ao rei, publique um decreto para que eles sejam destruídos" (vv.8,9). Hamã desumanizou Mardoqueu e os judeus. Eles eram *diferentes*: pessoas difíceis de serem entendidas. Hamã os rotulou como *outros* e chegou a afirmar que eles não tinham direito à vida.

Talvez não tenhamos matado ninguém, mas maltratamos uma pessoa como se fosse *um outro qualquer* sempre que a transformamos num objeto de lascívia, fofoca ou desprezo. E se essa pessoa passar por nós, talvez nos encontremos, assim como Hamã, planejando atos que nunca acharíamos que fôssemos capazes de cometer.

Você quer preservar puro o seu coração? Lembre-se de que *todas* as pessoas são feitas à imagem de Deus, e você descobrirá que os maus pensamentos desaparecerão (Tg 2:1-13).
—*Mike Wittmer*

A Bíblia em um ano

❏ Gênesis 4–6; Mateus 2

Desagradamos a Deus quando tratamos as pessoas com favoritismo.

30 de dezembro

Combatendo os equívocos

Leitura:
Lucas 20:9-19

Jesus olhou para eles e perguntou: "Então o que significa esta passagem das Escrituras: 'A pedra que os construtores rejeitaram se tornou a pedra angular'?".
—Lucas 20:17

A Bíblia em um ano
☐ Zacarias 13–14; Apocalipse 21

Jesus contou parábolas para despertar corações a fim de as pessoas verem o que precisavam ver. Para despertar os fariseus arrogantes, Ele contou a história do bom samaritano (Lc 10:25-37). Para despertar da frieza os duros de coração, contou a história de um pai que deu uma festa para o filho (15:11-32). E aos que estavam prestes a rejeitá-lo, contou a história sobre o proprietário da vinha que enviou seu filho para recolher a colheita e os arrendatários desta o mataram (20:9-19).

Com essa história, Jesus procurou despertar os fariseus que, cegados por seus próprios equívocos a respeito do Messias, queriam crucificá-lo para proteger seus próprios interesses (v.19). Matando o Filho, os fariseus estavam selando o seu próprio destino. Eles tropeçariam na mesma pedra que rejeitaram (v.17).

Toda época precisa passar por uma reviravolta em relação aos equívocos sobre Jesus. Talvez a nossa geração precise descobrir e aceitar que Jesus não é apenas figura distante, de outro mundo, refletida em algumas de nossas obras de arte das catedrais; o revolucionário capaz de ser encaixado numa causa política favorita; ou o guru do bem-estar, feliz em abençoar todo e qualquer estilo de vida. Não, Jesus é Aquele que ama abundantemente e emite juízo. Ele é intimidador, mas divinamente bom.

Com as histórias de *As crônicas de Nárnia* (Ed. Martins Fontes, 2009), C. S. Lewis procurou despertar um mundo indiferente ao Cristo que pensava conhecer, mas não conhecia. Veriam no leão Aslam o Jesus que rejeitaram? Veriam como o Salvador intimidador, mas bom, que Ele realmente é? Continuemos todos a contar as histórias sobre Aquele que contesta todos os nossos equívocos (Mt 16:21-28). —*Sheridan Voysey*

Os seguidores de Jesus também necessitam combater os seus equívocos a respeito de Quem Ele verdadeiramente é.

3 de janeiro

Melhor ou pior?

Leitura:
2 Timóteo 3:1-5,10-17

Você, porém, deve permanecer fiel àquilo que lhe foi ensinado.
—2 Timóteo 3:14

No início de cada novo ano, os especialistas dão suas previsões sobre economia, política, clima e uma série de outros assuntos. Haverá guerra ou paz? Pobreza ou prosperidade? Progresso ou estagnação? Todos estão esperando que o ano atual seja melhor do que o anterior, mas ninguém sabe o que acontecerá.

Há, no entanto, algo sobre o qual podemos estar certos. Um orador convidado para falar em minha igreja sugeriu que, ao perguntarmos se o mundo será melhor ou pior, a resposta é: sim e não!

Paulo disse a Timóteo: "Saiba que nos últimos dias haverá tempos muito difíceis […] os perversos e os impostores irão de mal a pior. Enganarão outros e eles próprios serão enganados. Você, porém, deve permanecer fiel àquilo que lhe foi ensinado" (2Tm 3:1,13,14).

J. B. Phillips descreve as Escrituras como nosso "equipamento completo" que nos prepara plenamente para todos os ministérios da obra de Deus. "Toda a Escritura é inspirada por Deus e útil para nos ensinar o que é verdadeiro e para nos fazer perceber o que não está em ordem em nossa vida. Ela nos corrige quando erramos e nos ensina a fazer o que é certo. Deus a usa para preparar e capacitar seu povo para toda boa obra" (vv.16,17).

Assim como a escuridão espiritual do nosso mundo se torna cada vez mais profunda, também a luz de Cristo brilha mais intensamente por meio de todos aqueles que o conhecem e amam. Jesus é a nossa alegria e esperança — hoje, amanhã e para sempre!

—David McCasland

A Bíblia em um ano

☐ Gênesis 7–9; Mateus 3

Os poderes do mal que a cercam não são páreo para o poder de Jesus em seu interior.

29 de dezembro

Amigos versus inimigos

Leitura:
2 Reis 6:8-23

Se seus inimigos tiverem fome, dê-lhes de comer; se tiverem sede, dê-lhes de beber.
—Provérbios 25:21

Um drama televisivo narrou as experiências de uma divisão da marinha norte-americana durante a Segunda Guerra Mundial. O episódio dos fuzileiros navais atacando o litoral de Iwo Jima foi emocionalmente difícil de ver. Dos jovens fuzileiros que sobreviveram ao temporal de balas e morteiros, muitos paralisaram na praia aterrorizados, sem saber o que fazer.

Esse medo compreensível me faz lembrar um episódio da vida de Eliseu (2Rs 6:8-23). O rei da Síria (que estava em guerra com Israel) saiu em busca de Eliseu por ele ter alertado o rei de Israel sobre os planos militares dos sírios (vv.8-13). Depois de descobrir onde o profeta estava, o rei enviou um grande exército para capturá-lo (v.14). Como os fuzileiros navais apavorados, o empregado de Eliseu gritou quando viu que o inimigo os tinha cercado: "o que faremos agora?" (v.15). O profeta pediu para Deus acalmar seu jovem servo, abrindo-lhe os olhos para ver o enorme exército de Deus que ultrapassava em número as tropas inimigas (vv.16,17).

Mas espere, a história fica ainda melhor. Eliseu pediu a Deus que cegasse o exército inimigo, e depois saiu e disse ao inimigo que eles tinham cercado a cidade errada, e que ele próprio os conduziria ao lugar correto. Sem saber que se tratava de Eliseu, os soldados inimigos o seguiram à cidade capital de Israel onde ele os entregou ao rei de Israel. Ali, Eliseu pediu ao Senhor que restaurasse a visão deles (2Rs 6:18-20).

Parecia que o profeta os havia emboscado, mas, quando o rei de Israel quis matá-los, o profeta falou: "Dê-lhes comida e bebida e mande-os de volta para casa, para o senhor deles" (vv.21-23).

Você quer fazer amizade com o inimigo? Pratique a bondade e ela certamente superará a hostilidade. Como você procederá por amor a Jesus (Rm 12:20)? —*Jeff Olson*

A Bíblia em um ano
☐ Zacarias 9–12; Apocalipse 20

Abençoar o nosso inimigo traz bênçãos para a nossa vida.

4 de janeiro

Crime e castigo

Leitura:
Naum 1:1-15

O Senhor é lento para se irar, mas tem grande poder e nunca deixa de castigar o culpado.
—Naum 1:3

Uma personalidade da mídia inglesa foi grandemente honrada em vida. Em seu funeral, alguém disse que "a história dele tinha sido uma epopeia de doação de tempo, talento e tesouro, e que ele poderia encarar a vida eterna com confiança". Mas a polícia iniciou uma investigação criminal de *mais de 300 alegações de abuso sexual infantil e estupro* que o incriminavam. Se comprovada a culpa dele, ninguém conseguirá responsabilizá-lo por seus delitos. Ele está *morto*. Isso parece injusto? O profeta Naum nos ajuda a lidar com esta questão, revelando um Deus justo e misericordioso:

• "O Senhor é Deus zeloso, cheio de vingança e ira" (Na 1:2). Deus é zeloso por Sua glória e por aqueles que Ele ama. É impossível ofender a glória, a honra de Deus e aqueles a quem Ele ama e não enfrentar a Sua ira.

• "O Senhor é lento para se irar, mas tem grande poder e nunca deixa de castigar o culpado" (v.3). Deus é longânimo. Ele retarda a Sua ira com misericórdia. Jamais devemos confundir a Sua paciência com impotência. Naum nos dá um retrato do Seu poder altíssimo nos versículos 3-6. Deus não é apenas justo; Ele também tem o poder de executar justiça.

• "O Senhor é bom; é forte refúgio quando vem a aflição. Está perto dos que nele confiam" (v.7).

O teólogo Jonathan Edwards nos faz lembrar de que todos nós somos pecadores nas mãos de um Deus irado. Ele disse: "Todo aquele que não está em Cristo agora desperte e fuja da ira que há de vir". Apenas aqueles que se refugiarem em Cristo serão capazes de encarar a vida eterna com confiança. Todos nós um dia devemos comparecer à presença de Deus. Você está pronta? (Ec 12:13,14; Rm 2:5; Hb 9:27). —*Poh Fang Chia*

A Bíblia em um ano

☐ Gênesis 10–12; Mateus 4

Reconforta-a saber que Deus é justo e misericordioso e que julgará a todos por seus atos?

28 de dezembro

Descubra o que é seu

Leitura:
Romanos 8:13-27

E o Espírito nos ajuda em nossa fraqueza...
—Romanos 8:26

Graças a um programa de resgate financeiro, alguns moradores da minha cidade encontraram tesouros perdidos e recuperaram dinheiro, propriedade e outros bens financeiros. Mel recuperou um dinheiro que o seu antigo banco não lhe havia enviado. Roberto registrou-se no site do programa e descobriu que sua avó lhe deixara uma herança significativa. O lema do programa é: *Descubra o que é seu.*

Imagino como seria a nossa vida se descobríssemos as riquezas espirituais inexploradas que nos pertencem pelo Espírito Santo! Um tesouro que temos nele é o poder de fazer o que é correto. O poder de Deus que opera em nós nos capacita a exterminar "...as obras do corpo..." (Rm 8:13). Não devemos tentar ser bons por conta própria, porque "...o Espírito de Deus nos ajuda em nossa fraqueza" (v.26). Quando a força de vontade não basta, precisamos da ajuda sobrenatural; e só então conseguimos nos reconciliar com quem nos feriu, evitar sites prejudiciais ou rejeitar o segundo prato de comida. Outro tesouro que o Espírito Santo nos proporciona é a capacidade de pensar clara e corretamente. Nem sempre acordamos com pensamentos que honram ao Senhor, pois há momentos que despertamos com ideias de medo, terror ou culpa. Nessas situações, é reconfortante lembrar que "...permitir que o Espírito controle a mente resulta em vida e paz" (v.6).

Assim como as pessoas às vezes negligenciam o seu dinheiro e perdem os seus benefícios, muitos cristãos não conseguem notar e utilizar o poder do Espírito Santo. Nossa vida é repleta de esforços próprios para fazermos o bem e sermos bons. No entanto, apenas o poder de Deus agindo em nós, produzirá o melhor (Gl 5:22,23; 1Co 12:1,4; Jo 15:26). Descubra o que é seu hoje! —*Jennifer Benson Schuldt*

A Bíblia em um ano

☐ Zacarias 5–8; Apocalipse 19

Deus nos deixou o Encorajador, o Espírito da verdade, para nos orientar e para aprendermos mais sobre o papel do Espírito na Trindade.

5 de janeiro

Confiança no mundo

Leitura:
João 14:1-6

Eu sou o caminho, a verdade e a vida. Ninguém pode vir ao Pai senão por mim.
—João 14:6

Minha água mineral tem um gosto bom, mas como posso confiar na declaração de que ela vem de uma fonte na montanha? Relata-se que cerca de 40% da água engarrafada é simples água de torneira. Além disso, muitas pessoas no Reino Unido e na Europa desconfiam que a carne bovina que ingerem pode conter carne de cavalo. Testes em carne rotulada como "bovina" têm revelado essa fraude comum na indústria alimentícia (já foi identificado o DNA de cavalo em amostras). Essas histórias propagam o cinismo, o medo e a desconfiança.

Porém nós temos em quem confiar. Jesus falou: "Eu sou o caminho, a verdade e a vida" (Jo 14:6). As pessoas, por outro lado, podem ser instáveis — elas nos desanimam e nos decepcionam. "O coração humano é mais enganoso que qualquer coisa e é extremamente perverso; quem sabe, de fato, o quanto é mau" (Jr 17:9)? Confiemos em Deus e em Sua Palavra, que não muda. "Eu sou o Senhor e não mudo" (Ml 3:6).

Se você teve experiências amargas com alguém em quem confiava e magoou-se pela fria realidade das promessas não cumpridas, Jesus ensina: "não se aflijam nem tenham medo" (Jo 14:27).

As Escrituras nos aconselham a agir com sabedoria: "Acima de todas as coisas, guarde seu coração" (Pv 4:23). À medida que seguimos os passos de Jesus, podemos discernir em quem confiar, aonde ir e o que fazer. Jesus reafirma a Sua promessa: "e conhecerão a verdade, e a verdade os libertará" — uma promessa que dura por toda a vida (Jo 8:32). "Jesus Cristo é o mesmo ontem, hoje e sempre" (Hb 13:8). —*Ruth O'Reilly-Smith*

A Bíblia em um ano
☐ Gênesis 13–15; Mateus 5:1-26

A minha fé e o meu amor estão firmados no Senhor. —*Edward Mote*

27 de dezembro

Humanas novamente

Leitura:
Colossenses 3:5-10

Revistam-se da nova natureza e sejam renovados à medida que aprendem a conhecer seu Criador...
—COLOSSENSES 3:10

Numa conferência sobre as forças mundiais em Doha, capital do Catar, os líderes globais lançaram o projeto *Eduque Uma Criança*, o qual busca construir pontes entre as nações para reconhecer a nossa humanidade e intervir em favor daqueles em risco. Esse projeto acredita que financiar o desenvolvimento das crianças tornará o mundo mais pacífico.

O apóstolo Paulo sugere que, por meio de Jesus, Deus abriu uma nova possibilidade para todos os povos do mundo, um jeito completamente novo de ser humano. Deus criou a humanidade como algo bom, mas as nossas escolhas rebeldes corromperam a Sua obra. Em vez de abandonar o ser humano, Deus planejou renová-los "à medida que aprendem a conhecer seu Criador" (Cl 3:10). Com essa renovação, Deus nos devolve à vida humana "boa" que Ele pretendeu desde o início.

A nova vida em Jesus nos mantém longe da: "...imoralidade sexual, da impureza, da paixão sensual, dos desejos maus" (v.5). Lança fora a raiva, a maldade e a linguagem obscena (v.8). Em troca, nossa nova vida transforma nossa natureza humana e reordena nossa identidade humana a não ser mais "judeu ou gentio" (v.11).

C. S. Lewis escreveu: "Alguém tem a imagem de um mergulhador despindo-se, traje a traje, desnudando-se, então, brilhando por um momento no ar e depois atravessando a água verde, morna e iluminada pelo sol em direção à água negra, fria, congelante, descendo para a lama e o limo; e então subindo novamente, com os pulmões quase explodindo, de volta à água verde, morna e iluminada pelo sol e, por fim, à luz do sol, segurando na mão a coisa que foi buscar lá embaixo. Essa coisa é a natureza humana, mas, associada a ela, toda a natureza, o novo Universo" (Gn 1–2). —*Winn Collier*

A Bíblia em um ano
☐ Zacarias 1–4; Apocalipse 18

Jesus nos renova para vivenciarmos o tipo de humanidade que Deus pretendeu para nós.

6 de janeiro

Provadas pela paciência

Leitura:
2 Coríntios 6:1-10

Mostramos quem somos por nossa pureza, nosso entendimento, nossa paciência e nossa bondade, pelo Espírito Santo que vive em nós e por nosso amor sincero.
—2 Coríntios 6:6

Enquanto jantava com amigos num restaurante de Uganda, meu filho de 9 anos e eu pedimos mais um copo de chá gelado. Pelo fato de o restaurante ser um ambiente descontraído e propriedade de amigos, quando vi que o nosso garçom estava ocupado servindo a outros, peguei nossos copos e fui em direção à cozinha. Foi quando meu filho me disse baixinho: "Mamãe, tudo bem se demorar um pouquinho para eles trazerem nosso chá. Por favor, seja paciente". Meu filho estava sentado à mesa "das crianças", e eu, na "dos adultos". Assim, voltando para o meu assento, falei aos meus amigos o que meu garoto tinha dito. Nós nos maravilhamos com tal atitude e conversamos sobre o quanto poderíamos aprender por meio dele.

O apóstolo Paulo escreveu: "Mostramos quem somos por nossa pureza, nosso entendimento, nossa paciência e nossa bondade, pelo Espírito Santo que vive em nós" (2Co 6:6). Diversas vezes, fico exposta aos cristãos que demonstram mais paciência do que eu, incluindo o meu filho. O exemplo deles diz muito.

Mas ainda tendo a pensar: "Por quanto tempo devemos esperar algo antes de agir?". No caso do nosso chá, após esperar mais 20 minutos antes que o garçom voltasse à nossa mesa, meu filho me deu um tapinha no ombro e disse: "Mamãe, acho que tudo bem ir até a cozinha agora". O esforço dele em ser discreto e não chamar atenção para o serviço lento me impulsionou a entrar na cozinha com uma atitude gentil e compreensiva em vez de uma atitude nervosa e soberba.

O dicionário *Houaiss* afirma que *paciência* é a "virtude que consiste em suportar dissabores e infelicidades; resignação". Hoje, invoquemos o Espírito Santo para nos ajudar a exercitar a paciência de bom grado (1Tm 1:16). —Roxanne Robbins

A Bíblia em um ano
☐ Gênesis 16–17; Mateus 5:27-48

Sejamos exemplos para todos os que vierem a crer em Jesus para a vida eterna.

26 de dezembro

A escolha definitiva

Leitura:
Josué 24:15-24

Nós serviremos ao Senhor.
—Josué 24:21

Considerando que meu pai costumava valorizar os deuses ancestrais, foi notável a sua afirmação aos 90 anos, próximo ao fim de sua vida: "Quando eu morrer", ele disse com esforço, "ninguém deve fazer nada além do que a igreja fizer. Nada de adivinhações, nem sacrifícios aos ancestrais, nem rituais. Assim como minha vida está nas mãos de Jesus Cristo, minha morte também estará!".

Meu pai escolheu o caminho de Cristo como Salvador em idade avançada. Seus colegas zombavam dele: "Um idoso como você não deveria estar indo à igreja!". Mas a escolha de meu pai de seguir e adorar o Deus verdadeiro foi definitiva, como a escolha do povo ao qual Josué se dirigiu.

Josué os desafiou: "…escolham hoje a quem servirão […]. Eu e minha família serviremos ao Senhor" (24:15). A resposta foi firme, eles escolheram adorar ao Senhor. Mesmo depois de Josué os ter alertado sobre os custos (vv.19,20), eles ainda assim decidiram seguir o Senhor, evocando o Seu livramento, a Sua provisão e proteção (vv.16,17,21).

Tal escolha confiante, entretanto, pede ações igualmente confiantes, como Josué os lembrou firmemente: "Então lancem fora os falsos deuses que estão em seu meio e voltem o coração para o Senhor, o Deus de Israel" (v.23). Você já se decidiu por viver para Deus? —*Lawrence Darmani*

A Bíblia em um ano

☐ Ageu 1–2; Apocalipse 17

Uma escolha definitiva exige ações definitivas.

7 de janeiro

Peça sabedoria

Leitura:
1 Reis 3:7-28

Se algum de vocês precisar de sabedoria, peça a nosso Deus generoso, e receberá.
—Tiago 1:5

Salomão foi inteligente, pois, nos primeiros anos de seu reinado, em vez de pedir ouro e prata, pediu a Deus que lhe concedesse sabedoria. Percebendo que estava numa situação difícil de lidar, ele pediu a Deus "um coração compreensivo, para que eu possa governar bem o teu povo e saber a diferença entre o certo e o errado" (1Rs 3:7-9). Deus "se agradou" e concedeu o pedido do rei (vv.10-12). Não muito depois, a sabedoria de Salomão foi provada.

Duas mulheres pediram a Salomão que resolvesse uma disputa pela maternidade. Ambas tinham recentemente dado à luz, mas um dos bebês morrera. Elas reivindicavam a maternidade da criança que ainda estava viva (vv.16-22). Depois de ouvi-las, Salomão exigiu uma espada e ordenou: "Cortem a criança viva ao meio e deem metade a uma mulher e metade à outra" (v.25)! Decisão absurda, mas *brilhante*! Dessa forma, revelou-se a verdadeira mãe. Ela chorou e implorou ao rei que a criança fosse dada à outra mulher (v.26). Salomão imediatamente soube a quem deveria entregar o bebê (v.27).

Hoje, também nos deparamos com decisões difíceis. Tiago escreveu que, quando temos de saber o que fazer, devemos clamar ao Senhor por sabedoria. Ele reconhece que, se nos encontrarmos em apuros, Deus nos guiará. E o Senhor não nos repreenderá por pedirmos sabedoria (Tg 1:5).

Deus não nos censura por buscarmos Sua sabedoria para lidar com situações difíceis; Ele recebe o nosso clamor com prazer. Faça o que é sábio hoje! —*Jeff Olson*

A Bíblia em um ano
☐ Gênesis 18–19; Mateus 6:1-18

Feliz é a pessoa que encontra sabedoria, aquela que adquire entendimento. —*Provérbios 3:13*

25 de dezembro

Noite silenciosa

Leitura:
Lucas 2:8-14

Glória a Deus nos mais altos céus, e paz na terra àqueles de que Deus se agrada!
—Lucas 2:14

É costume que, em todos os meses de dezembro, durante o jogo final de basquete de uma universidade americana em sua própria quadra, os seus fãs pratiquem uma tradição chamada: "Noite silenciosa". O jogo começa e a torcida permanece em silêncio total. Ouvem-se somente os ecos da bola quicando na quadra, o barulho dos tênis dos atletas e ocasionais conversas entre jogadores e técnicos. O silêncio permanece até o time marcar seu décimo ponto. Quando isso acontece, os fãs se soltam e o lugar explode!

Certa noite, há 2.000 anos, um grupo de pastores estava sentado em um campo próximo à pequena cidade de Belém da Judeia (v.8). Era possível ouvir as ovelhas andando pela encosta. Talvez os pastores conversassem sobre os acontecimentos do dia ou dos planos para o dia seguinte. Era provavelmente uma noite tranquila e rotineira.

Tudo mudou num instante. Primeiro, um anjo cercado por uma luz brilhante surgiu da escuridão e anunciou, com grande alegria, que um bebê nascera em Belém naquela noite (vv.9-12). Os pastores estavam aterrorizados. Quem poderia culpá-los? Um anjo era, provavelmente, a última coisa que esperavam ver naquela noite. Antes de recuperarem o fôlego e assimilar tudo que o anjo lhes dissera sobre o bebê na manjedoura, uma multidão de anjos se juntou ao primeiro e começou a louvar a Deus. Deve ter sido uma cena impressionante (vv.13,14).

Assim como aquela noite não fora banal e comum, o bebê de quem o anjo falava também não era comum. Esse bebê, que fez os anjos irromperem em canções, não era outro senão Jesus. É o Seu nascimento que o mundo ainda para e comemora tantos anos depois, porque Ele é o Filho de Deus que veio para transformar e salvar o mundo (Is 9:6,7).—*Jeff Olson*

A Bíblia em um ano
❏ Sofonias 1–3; Apocalipse 16

O povo que anda na escuridão verá grande luz. Para os que vivem na terra de trevas profundas, uma luz brilhará. —Isaías 9:2

8 de janeiro

Onde você está?

Leitura:
Gênesis 3:1-10

Então o SENHOR Deus chamou o homem e perguntou: "Onde você está". —GÊNESIS 3:9

Os dois rapazes adolescentes ouviram o som do carro dos seus pais que chegavam naquele momento e entraram em pânico. Como explicariam a bagunça que tinham feito em casa? As instruções de seus pais tinham sido claras naquela manhã antes de eles saírem da cidade: sem festas, sem amigos desordeiros. Mas os amigos indisciplinados chegaram, e os rapazes permitiram que eles permanecessem, apesar da advertência dos pais. Agora a casa estava numa tremenda confusão, e os jovens estavam embriagados e desgrenhados. Amedrontados, eles se esconderam da presença dos pais.

Foi assim que Adão e Eva devem ter se sentido depois de terem escolhido desobedecer a Deus e, em seguida, terem ouvido o som do Senhor se aproximando. Com medo, eles se esconderam. "Onde você está?". Deus chamou (Gn 3:9). Adão respondeu: "…Ouvi que estavas andando pelo jardim e me escondi. Tive medo, pois eu estava nu" (v.10). O pecado nos faz sentir nus e com medo e nos torna ainda mais vulneráveis à tentação.

Deus ainda está chamando as pessoas: "Onde você está?". Muitos fogem, tentando se esconder dele ou abafar o som da Sua voz. Porém, não podemos nos esconder de Deus; Ele sabe exatamente onde estamos. Em vez de nos escondermos com medo, podemos responder desta forma: "Deus, tem misericórdia de mim, pois sou pecador" (Lc 18:13).
—*Lawrence Darmani*

A Bíblia em um ano
❏ Gênesis 20–22; Mateus 6:19-34

*O único lugar possível de esconder o seu pecado
é sob o sangue do Senhor Jesus Cristo, o Salvador.*

24 de dezembro

Distante numa manjedoura

Leitura:
Lucas 2:1-7

Ela deu à luz seu primeiro filho, um menino. Envolveu-o em faixas de pano e deitou-o numa manjedoura, porque não havia lugar para eles na hospedaria. —Lucas 2:7

O cântico natalino *Num berço de palhas* foi votado como o segundo mais popular dos EUA. Embora algumas palavras que cantamos não sejam mencionadas na Bíblia, por exemplo: os animais presentes no momento do nascimento ou o bebê não chorar, o cântico afirma algumas verdades teológicas profundas.

Somos informados de que Maria "deu à luz seu primeiro filho, um menino. Envolveu-o em faixas de pano e deitou-o numa manjedoura, porque não havia lugar para eles na hospedaria" (v.7). Por que Lucas menciona que Jesus foi colocado na manjedoura de animais? Por que era importante Jesus ter sido colocado na manjedoura? A canção *Num berço de palhas* revela a Sua condescendência da glória para a pobreza (Fp 2:6-8). O Rei dos reis, colocado não em um berço de ouro, mas numa manjedoura de madeira. Paulo comentou: "Embora fosse rico, por amor a vocês ele se fez pobre, para que por meio da pobreza dele vocês se tornassem ricos" (2Co 8:9).

O berço de palhas declara que Jesus é totalmente humano e que experimentou as aflições e tragédias. "Portanto, era necessário que ele se tornasse semelhante a seus irmãos em todos os aspectos, de modo que pudesse ser nosso misericordioso e fiel Sumo Sacerdote diante de Deus e realizar o sacrifício que remove os pecados do povo. Uma vez que ele próprio passou por sofrimento e tentação, é capaz de ajudar aqueles que são tentados. [...]. Nosso Sumo Sacerdote entende nossas fraquezas..." (Hb 2:17,18; 4:15).

A canção diz que o mundo não tem espaço para Jesus. Pouco mudou em mais de 2.000 anos. Jesus tem sido rejeitado e expulso de escolas, universidades, comunidades e de lugares que anteriormente o acolhiam. Que Ele encontre espaço em nosso coração (Jo 1:10-14). —*K. T. Sim*

A Bíblia em um ano

☐ Habacuque 1–3; Apocalipse 15

Deus se tornou ser humano, na pessoa de Jesus, e habitou entre nós cheio de graça e verdade. E vimos a glória do Filho único do Pai.

9 de janeiro

Bom conflito

Leitura:
Números 32:1-27

Minha oração é que todos eles sejam um, como nós somos um, como tu estás em mim, Pai, e eu estou em ti…
—João 17:21

Na ocasião em que os filhos de Israel se preparavam para atravessar o rio Jordão pela primeira vez, eles enfrentaram um combate literal. Mas, primeiro, eles travaram uma batalha simbólica que ameaçava a nação de maneira diferente. As tribos de Gade e Rúben "possuíam rebanhos enormes" e queriam permanecer nas pastagens a leste do Jordão (Nm 32:1).

Moisés imediatamente questionou os motivos deles e lhes perguntou: "Então vocês querem que seus irmãos vão à guerra enquanto vocês ficam aqui? Por que querem desanimar o restante dos israelitas de atravessar o rio para a terra que o Senhor lhes deu" (vv.6,7)? Os líderes de Gade e Rúben poderiam ter esmorecido diante da ira desse homem poderoso ou, até mesmo, ter reagido com raiva. Entretanto, responderam: "Queremos construir currais para nossos animais e cidades para nossos filhos. Depois estaremos prontos para marchar para a guerra na frente dos nossos patrícios israelitas" (vv.16,17). Moisés então ofereceu detalhes de como as tribos deveriam avançar.

Eles responderam: "Nós, seus servos, seguiremos suas instruções" (v.25). E assim agiram. Quando somos confrontados com discordâncias, tendemos a vacilar entre a delicadeza desonesta e a ira pecaminosa. Ambos os extremos são errados. Jesus jamais fugiu ao confronto. No entanto, Ele orou por unidade até mesmo quando a Sua crucificação se aproximava. O conflito é inevitável. Quando surgir, que isso possa nos levar à honestidade altruísta de Jesus e ao Seu caminho que conduz à paz duradoura. —*Tim Gustafson*

A Bíblia em um ano

☐ Gênesis 23–24; Mateus 7

Felizes as pessoas que trabalham pela paz... —*Mateus 5:9*

23 de dezembro

Ansiando por resgate

Leitura:
Mateus 1:18-25

Ela terá um filho, e você lhe dará o nome de Jesus, pois ele salvará seu povo dos seus pecados. —Mateus 1:21

O filme *Homem de aço*, lançado em 2013, é uma releitura da história do Super-homem. Recheado de deslumbrantes efeitos especiais e ação ininterrupta, o filme atraiu multidões aos cinemas ao redor do mundo. Alguns disseram que o apelo principal do filme era baseado em sua incrível tecnologia. Outros destacaram o apelo permanente da "mitologia" do Super-homem.

Amy Adams, a atriz que interpreta Lois Lane nesse filme, tem uma visão diferente a respeito do apelo do Super-homem. Ela diz que se trata de um desejo humano básico: "Quem não gosta de acreditar que há uma pessoa que pode vir e nos salvar de nós mesmos?".

Essa é uma ótima pergunta. E a resposta é que alguém *já* veio para nos *salvar* de nós mesmos, e esse alguém *é* Jesus. Vários anúncios foram feitos sobre o nascimento de Jesus. Um deles foi o do anjo Gabriel a José: "Ela [Maria] terá um filho, e você lhe dará o nome de Jesus, pois ele salvará seu povo dos seus pecados" (Mt 1:21).

Jesus veio — Ele fez isso para nos salvar de nossos pecados e de nós mesmos. Seu nome significa "o Senhor salva" — e a nossa salvação foi a Sua missão. A ânsia de um resgate que preenche o coração humano, em última análise, foi cumprida por Jesus. "Tudo isso aconteceu para cumprir o que o Senhor tinha dito por meio do profeta: 'Vejam! A virgem ficará grávida! Ela dará à luz um filho, e o chamarão Emanuel, que significa 'Deus conosco'" (vv.22,23). —*Bill Crowder*

A Bíblia em um ano

☐ Naum 1–3; Apocalipse 14

O nome e a missão de Jesus têm o mesmo significado – Ele veio para nos salvar.

10 de janeiro

Sou redimido!

Leitura:
Salmo 40:8-10

Cantem ao Senhor e louvem o seu nome; proclamem todos os dias a sua salvação.
—Salmo 96:2

Um dia, quando Ana foi visitar o marido no hospital, ela começou a falar com um enfermeiro que estava cuidando dele. Ana gosta de conversar com as pessoas onde quer que esteja e também procura maneiras de lhes falar sobre Jesus. Ela perguntou ao enfermeiro se este sabia o que queria fazer no futuro. Quando ele respondeu que não tinha certeza ainda, Ana comentou sobre a importância de conhecer a Deus primeiro para que Ele possa nos ajudar a tomar tais decisões. O enfermeiro, em seguida, levantou a manga da camisa para mostrar-lhe a tatuagem em seu braço: "Sou redimido!".

Eles perceberam que ambos compartilhavam o amor pelo Senhor Jesus Cristo! E ambos tinham encontrado maneiras de demonstrar sua fé naquele que morreu para nos dar a vida eterna.

O título de uma canção antiga de Steve Green expressa melhor essa verdade: "As pessoas precisam do Senhor". Cabe a nós encontrarmos maneiras de compartilhar as boas-novas com eles: "Anunciei a tua justiça a toda a comunidade; não tive medo de falar, como bem sabes, ó Senhor" (Sl 40:9). Nem todos se sentem confortáveis quando falam com estranhos, e não há um método único que sirva para todas as ocasiões. Mas Deus usará a nossa personalidade e a Sua luz em nós para espalhar o Seu amor.

"Sou redimido!" Vamos permitir que Deus nos guie para encontrarmos maneiras de falar aos outros sobre Jesus Cristo, nosso Redentor! —*Dave Branon*

A Bíblia em um ano
☐ Gênesis 25–26; Mateus 8:1-17

As boas-novas do evangelho são por demais excelentes para serem mantidas em segredo.

22 de dezembro

Príncipe da Paz

Leitura:
Isaías 9:2-7

Em paz me deitarei e dormirei, pois somente tu, Senhor, me guardas em segurança.
—Salmo 4:8

Enquanto passeava por uma loja, a filha de minha amiga, que tinha de 12 anos, comentou sobre um tiroteio que matou tragicamente 6 adultos e 20 crianças numa escola nos EUA. Seu irmão de 6 anos não sabia muito sobre o doloroso acontecimento, mas olhou para sua mãe e disse: "Acho que meu nome favorito para Jesus é Príncipe da Paz". "O meu também", respondeu minha amiga. E o meu favorito também.

No rastro incompreensível do mal, ansiamos pelo "próprio Senhor da paz" que nos oferece "…paz em todos os momentos e situações" (2Ts 3:16). Quando a paz parece evasiva, como aconteceu com Jó quando lamentou: "Não tenho paz, nem sossego; não tenho descanso, só aflição" (Jó 3:26), nós ansiamos, como escreveu Rebekah Lyons, pela "percepção de que o luto traz o conforto de que, acima de tudo, há um Deus esperando para nos resgatar em nossa hora mais tenebrosa". De modo maravilhoso, o nosso Salvador, a nossa fonte mais verdadeira de tranquilidade nesse mundo conturbado, nos foi dado como bebê. "Pois um menino nos nasceu, um filho nos foi dado. O governo estará sobre seus ombros, e ele será chamado de Maravilhoso Conselheiro, Deus Poderoso, Pai Eterno e Príncipe da Paz" (Is 9:6).

Por meio de Jesus Cristo podemos experimentar a paz, pois "Reinará com imparcialidade e justiça no trono de Davi, para todo o sempre. O zelo do Senhor dos Exércitos fará que isso aconteça!" (v.7).

Clame ao Senhor quando o seu coração estiver partido. Apoie-se em Seu amor e deixe que Ele lhe traga conforto em tempos de luto e paz em momentos difíceis.

O Príncipe da Paz é a sua verdadeira fonte de paz (Mc 5:34). —*Roxanne Robbins*

A Bíblia em um ano

☐ Miqueias 6–7; Apocalipse 13

Busque a paz perfeita e insuperável do Senhor em meio aos momentos difíceis.

11 de janeiro

Enviados

Leitura:
João 20:19-23

Paz seja com vocês! Assim como o Pai me enviou, eu os envio. —João 20:21

O irmão Colm O'Connell, um sacerdote irlandês, ofereceu-se como voluntário para ir ao Quênia durante um ano como professor da escola St. Patrick, em 1976. Quase 40 anos depois, ele ainda está lá e criou um programa de corrida aclamado internacionalmente. A escola tem cinco campeões olímpicos e 25 campeões mundiais; sendo o mais recente, David Rudisha, campeão nos 800 metros nas Olimpíadas de Londres. Cada corredor de St. Patrick entra em campo sabendo que foi enviado assim como os outros que o precederam.

Depois da ressurreição, Jesus disse aos Seus discípulos que os enviava ao mundo da mesma maneira que o Pai o enviara (Jo 20:21). Mas como Jesus foi enviado ao mundo? Marcos 10 narra Jesus dizendo aos discípulos que nem o "Filho do Homem veio para ser servido, mas para servir e dar sua vida em resgate por muitos" (v.45). Deus veio para se entregar inteiramente e por alto preço.

Que isto encerre as perguntas sobre a grandiosidade do amor de Deus. Quando você pensar que Deus a abandonou, olhe para a cruz onde Jesus foi pendurado enquanto o inferno buscava devorá-lo. Quando você se questionar se Deus nos abandonou, olhe para a cruz onde Jesus suportou a rejeição e orou com o coração em sofrimento enquanto ofegava: "Pai, perdoa-lhes, pois não sabem o que fazem" (Lc 23:34). Se você se questionar se Deus deseja recolher a sua dor, sua morte e fazer disso algo belo, olhe para a ressurreição, na qual Jesus triunfou sobre a morte para você transbordar com vida.

E que isto também plenamente nos diga como nós, sendo cristãos, devemos viver em nosso mundo. Devemos nos doar inteiramente em nome daquele que já nos concedeu tudo. Somos enviados — assim como Jesus o foi (Mc 10:35-45). —*Winn Collier*

A Bíblia em um ano

❏ Gênesis 27–28; Mateus 8:18-34

O fato de Jesus ter sido enviado por Deus nos encoraja a ter fé nele e a trabalhar para Ele!

21 de dezembro

Quebrando a tradição

Leitura:
Atos 5:12-42

Vão ao templo transmitam ao povo esta mensagem de vida!
—Atos 5:20

Era difícil perceber o quanto as tradições natalinas estavam enraizadas em mim até me casar. Meu marido e eu temos ideias parecidas sobre quando começar a decoração ou abrir os presentes, mas a questão real é mais profunda. Nas inconstâncias, as tradições dão a sensação de estabilidade. Embora nem assados natalinos, decorações de árvore ou reuniões de família nos garantam a felicidade, nós os valorizamos. Mas nem toda tradição traz alegria ou vida.

Pedro e seus companheiros apóstolos enfrentaram muito mais do que um costume enraizado. Atos 5 registra a descoberta de uma fortaleza fincada no coração das pessoas. Para os invejosos saduceus, a tradição era mais importante do que a verdade, especialmente quando seus costumes lhes garantiam poder (v.17). Os apóstolos, porém, decidiram que "esta mensagem de vida" era mais importante do que as ameaças de homens (v.29).

A fortaleza da má religião continuará a oferecer o engano de sua falsa estabilidade ao apresentar-se como detentora da verdade. Mas, em vez de dar vida, ela procura modos de silenciar e punir quem se move na autoridade de Jesus (At 5:18,33,40). Felizmente, uma verdade maior prevalece: a Palavra de Deus está acima dos costumes e regras de homens (Sl 119:38,39). Por vivermos na nova aliança de Cristo, precisamos reagir à mentalidade religiosa como a Igreja Primitiva o fez. Tenhamos a ousadia de orar: "E agora, Senhor, ouve as ameaças deles e concede a teus servos coragem para anunciar tua palavra" (At 4:29).

Envolvido no corpo de um recém-nascido (Jo 1:14; Gl 1:11-24; 4:4), Jesus veio desfazer as obras dos homens, para que nós e nossas tradições possamos ser feitas novas (Jr 31:31-34; Mc 2:22). —*Regina Franklin*

A Bíblia em um ano

☐ Miqueias 4–5; Apocalipse 12

As nossas tradições podem trazer mais intimidade com Cristo quando priorizarmos a verdade encontrada nas Escrituras.

12 de janeiro

Olhando além do calvário

Leitura:
João 19:25-27

Perto da cruz estavam a mãe de Jesus, a irmã dela, Maria, esposa de Clopas, e Maria Madalena.
—João 19:25

O *Mount Grace Priory* é um monastério medieval na Inglaterra. Por centenas de anos, os monges cartuxos viveram ali em solidão, dedicando-se à oração.

As ruínas são impressionantes, mas um dos seus monumentos atraiu a minha atenção. No centro do pátio da igreja, há uma escultura chamada *Madonna da Cruz*. Esculpida por Malcolm Brocklesby em 1996, ela representa a mãe de Jesus, Maria, levantando seu Filho recém-nascido ao céu. É impressionante a postura determinada de Maria e sua expressão serena. Talvez o traço mais impressionante seja a Madonna em formato da cruz. Como Brocklesby assinala numa inscrição: "A escultura da Madonna reflete totalmente a imagem da cruz, o símbolo terrível e perfeito na essência do cristianismo. A cruz é parte inegável da existência do cristianismo".

A mãe de Jesus sabia que seu chamado seria doloroso. Como Simeão lhe disse: "…você sentirá como se uma espada lhe atravessasse a alma" (Lc 2:35). Essa profecia foi cumprida em João 19. Maria está "perto da cruz" olhando para seu Filho naquele madeiro (v.25). Ele está sofrendo. Ela o ama além das palavras. Mesmo nesse momento, Jesus está preocupado com o bem-estar da sua mãe (vv.26,27). Maria sentiu a espada atravessar-lhe a alma.

Mas há um motivo pelo qual o artista retrata Maria com a aparência serena — O escultor ressalta: "Ela está olhando além do Calvário, para a ressurreição" (20:1-18). À medida que reflito sobre os versos de hoje e essa escultura, pergunto-me: *Será que eu, como Maria, aceitarei o sofrimento inerente ao meu chamado divino? Será que olharei além da dor para a vitória prometida por Deus* (2Tm 1:8)? —*Sheridan Voysey*

A Bíblia em um ano

☐ Gênesis 29–30; Mateus 9:1-17

As dores da cruz anunciam a vitória da ressurreição.

20 de dezembro

Um papai para o Natal

Leitura:
João 1:1-5,9-14

Mas, a todos que creram nele e o aceitaram, ele deu o direito de se tornarem filhos de Deus.
—João 1:12

A maioria das crianças vai pedir ao Papai Noel uma extensa lista de brinquedos e outros agrados no Natal. Um estudo com dois mil pais britânicos revelou, porém, que a maioria das crianças do Reino Unido coloca um novo irmão ou irmã no topo da sua lista de Natal, seguido de perto pelo pedido de uma rena verdadeira. O décimo desejo de Natal mais popular da lista foi um "papai".

João nos diz quem Jesus realmente é: em primeiro lugar, Jesus é Criador (1:1-5). "No princípio aquele que é a Palavra…" (v.1) ecoa a frase inicial do livro de Gênesis (Gn 1:1). Jesus é o Deus autoexistente, preexistente, onipotente, eterno, Criador. Ele é o *Logos* que, ao falar, trouxe tudo à existência, dando luz e vida à Sua criação (Jo 1:4,5; Gn 1:3,20-28).

Em segundo lugar, Jesus é Deus encarnado (Jo 1:9-14). Duas vezes João falou da encarnação de Jesus. O Criador veio ao mundo que Ele criou e "…se tornou um ser humano e morou entre nós…" (vv.10,14). Jesus acrescentou humanidade à Sua divindade, tornando-se uma pessoa com duas naturezas: perfeitamente humana, no entanto, perfeitamente divina (Fp 2:6-8).

Jesus veio ao nosso mundo para iluminar "todos", para que não precisemos viver nas trevas do pecado (Jo 1:9; 3:19-21; 12:46). Ele veio para nos dar nova vida (1:13; 3:6,7; 8:12), para que possamos viver como filhos de Deus (1:12; Gl 4:1-7). Jesus nos oferece o presente da filiação. O presente de um "Pai" perfeito está no topo da lista das muitas bênçãos abundantes que Ele quer que experimentemos neste Natal. "Mas, a todos que creram nele e o aceitaram, ele deu o direito de se tornarem filhos de Deus" (Jo 1:12). Busque seu "Aba, Pai" neste Natal! —*K. T. Sim*

A Bíblia em um ano
☐ Miqueias 1–3; Apocalipse 11

Jesus, o Salvador, é o nosso Deus Criador e temos um Pai celestial perfeito que nos ama.

13 de janeiro

A bela noiva

Leitura:
Apocalipse 19:4-9

Alegremo-nos, exultemos e a ele demos glória, pois chegou a hora do casamento do Cordeiro, e sua noiva já se preparou. —APOCALIPSE 19:7

Já fiz muitos casamentos. Geralmente eles são planejados de acordo com os sonhos da noiva e se tornam singularmente únicos. Mas há algo que sempre se repete: a noiva se apresenta adornada em seu traje nupcial, com o cabelo lindamente arrumado e a face brilhante, as noivas roubam a cena.

Acho intrigante o fato de Deus nos descrever como a Sua noiva. Falando da Igreja, Ele diz: "...chegou a hora do casamento do Cordeiro, e sua noiva já se preparou" (Ap 19:7).

Esse pensamento é maravilhoso para as pessoas que se sentem desanimadas com a condição da Igreja. Sou filha de um pastor, pastoreei três igrejas e tenho anunciado o evangelho em muitas igrejas ao redor do mundo. Aconselhei pastores e membros a respeito de problemas profundos e preocupantes na igreja. E embora a Igreja muitas vezes pareça impossível de ser amada, meu amor por ela jamais mudou.

Mas a minha razão para amá-la já mudou. Agora a amo acima de tudo pelo que ela é. A Igreja pertence a Cristo, é a Noiva dele. Assim como ela é preciosa para Jesus Cristo, é preciosa para mim também. O amor do Cordeiro por Sua noiva, sendo nós tão falhas como somos, é nada menos do que singularmente extraordinário! —*Marion Stroud*

A Bíblia em um ano

☐ Gênesis 31–32; Mateus 9:18-38

Como Cristo ama a Sua noiva, a Igreja, da mesma forma nós também devemos amá-la.

19 de dezembro

Gentileza de Natal

Leitura:
Romanos 12:7-9

Se seu dom [...] for o de demonstrar misericórdia, pratique-o com alegria.
—Romanos 12:8

Meu filho passou sua primeira década de vida no clima quente do leste africano. Para o seu aniversário de 10 anos, usei as milhas no programa de fidelidade e o levei à parte oeste dos EUA, para conhecer a neve. Uns amigos nos cederam graciosamente sua casa, enquanto eles viajavam em férias de Natal. Quando meu filho e eu chegamos, só tínhamos um código de abertura da porta da garagem para entrar, mas uma queda de energia impediu a abertura. Eram 21h30 da véspera de Natal e não tínhamos como entrar. Timidamente, bati à porta dos vizinhos e expliquei nossa situação. Para minha surpresa, a família nos convidou a passar a noite com eles. Como Jó, essa família abriu suas portas a desconhecidos (Jó 31:31,32), abençoando-nos! Quando entramos, eles nos levaram imediatamente ao seu jardim para assar *marshmallows* sobre uma fogueira crepitante.

Que delícia! Mais tarde, meu filho e eu ficamos num quarto de hóspedes encantador. Na manhã de Natal, encontramos um enorme café da manhã e meias cheias de presentes de nossos atenciosos anfitriões (Rm 12:7-9).

Eu amo a definição da *Wikipédia* em inglês para bondade: "Comportamento bom e caridoso [...] preocupação com os outros. Conhecida como uma virtude [...]. As pesquisas já demonstraram que os atos de bondade beneficiam os seus receptores e doadores". A bondade também está incluída no fruto do Espírito (Gl 5:22). Quando estendemos bondade aos outros, glorificamos o Senhor que "...é justo em tudo que faz, é cheio de bondade" (Sl 145:17).

Neste Natal, escolha demonstrar a sabedoria de Provérbios 3:3 e "Não permita que a bondade e a lealdade o abandonem; prenda-as ao redor do pescoço e escreva-as no fundo do coração" (Pv 11:17). —*Roxanne Robbins*

A Bíblia em um ano

☐ Jonas 1–4; Apocalipse 10

Quem pratica o bem se beneficia, mas quem pratica o mal prejudica-se a si mesmo.

14 de janeiro

O primeiro mentiroso

Leitura:
Gênesis 3:1-10

Não mintam uns aos outros, pois vocês se despiram de sua antiga natureza e de todas as suas práticas perversas.
—Colossenses 3:9

O filme *O primeiro mentiroso* é uma comédia de 2009 que se passa num mundo onde a humanidade nada sabe sobre a mentira. Na história, o roteirista fracassado Mark Bellison é o que inventa a mentira. Ele mente pela primeira vez sobre o seu saldo para o caixa do banco. Depois, diz à mãe, que está morrendo, a mentira definitiva: "O Céu existe". Ela morre feliz, mas o resto do mundo é abalado por sua falácia. O filme termina com Mark bem casado, com um filho que adquiriu a capacidade de mentir. O mundo alternativo de Mark é uma mentira; ele não a inventou e não foi o primeiro a mentir. Jesus deixou claro que se trata de uma invenção do diabo. Ele é o pai da mentira e "…Sempre odiou a verdade, pois não há verdade alguma nele" (Jo 8:44). Satanás engendrou as primeiras mentiras ao contradizer Deus e enganar Eva dizendo que ela não morreria levando-a a crer que Deus mentira (Gn 3:1,4).

Depois disso, os homens se tornaram "filhos do diabo" e mentirosos crônicos (Jo 8:44). Adão e Eva mentiram para Deus para fugir da responsabilidade (Gn 3:11-13; Nm 23:19). Caim mentiu para Deus sobre o seu irmão (Gn 4:9). Abraão disse meia-verdade sobre seu relacionamento com Sara — *duas vezes* (12:13; 20:2). Sara mentiu para Deus (18:15). Isaque mentiu, negando que Rebeca fosse sua esposa (26:7). E estamos na metade de Gênesis! Mentir foi e é parte da natureza humana.

O Céu é verdade: um lugar de paz eterna (Jo 8:42-45; 14:1-4), e o inferno produz tormento interminável (Ap 20:10-15). Todos os pecadores não arrependidos, incluindo os mentirosos Êx 20:16, verão que o lugar dessas pessoas é o "lago de fogo que arde com enxofre" (Ap 21:8). Definitivamente, isso não é mentira! (Sl 5:6; Pv 6:16,17; 12:22). —*K. T. Sim*

A Bíblia em um ano

☐ Gênesis 33–35; Mateus 10:1-20

Se amamos a Jesus amamos a Deus, pois foi Ele que o enviou a nós.

18 de dezembro

O relógio de Deus

Leitura:
Lucas 2:36-40

Falava a respeito da criança a todos que esperavam a redenção de Jerusalém.
—Lucas 2:38

Visito regularmente duas senhoras idosas. Uma delas não tem preocupação financeira alguma, está em forma para sua idade e mora em sua própria casa. Mas ela sempre encontra algo negativo para dizer. A outra sofre de artrite e tem muitos esquecimentos. Ela mora em um lugar simples e tem um bloco de anotações em que registra seus compromissos para não os esquecer. Mas seu primeiro comentário para qualquer visitante em seu pequeno apartamento é sempre o mesmo: "Deus é tão bom comigo". Ao ler o seu bloco de notas em minha última visita, percebi que ela havia escrito no dia anterior: "Sair para almoçar amanhã! Que maravilha! Mais um dia feliz!".

Ana era uma profetiza na época do nascimento de Jesus, e suas circunstâncias eram complicadas (Lc 2:36,37). Viúva desde cedo e possivelmente sem filhos, ela talvez se sentisse inútil e desamparada. Mas seu interesse maior estava em Deus e em servi-lo. Ela anelava pelo Messias, mas nesse ínterim se ocupava com as questões do Senhor: orando, jejuando e ensinando aos outros tudo o que aprendia sobre Ele.

Finalmente chegou o dia em que ela, já com seus 80 anos, viu o pequeno Messias nos braços da jovem mãe. Toda a sua espera paciente tinha valido a pena. Seu coração regozijou-se com alegria enquanto ela louvava a Deus e contava a alegre novidade aos outros. —*Marion Stroud*

A Bíblia em um ano

☐ Obadias 1; Apocalipse 9

*É difícil enxergar o plano de Deus e o nosso,
mas o ideal é estarmos no ponto em que ambos convergem.*

15 de janeiro

Graça não merecida

Leitura:
Efésios 2:1-10

E o resultado da dádiva de Deus é bem diferente do resultado do pecado de um único homem...
—Romanos 5:16

No início da minha caminhada com o Senhor, uma amiga me disse que, quando eu viesse a compreender melhor o quanto sou indigna da graça de Jesus, eu aceitaria a graça divina ainda mais. Muitos anos depois, ainda penso sobre essa exortação quando, às vezes, abandono o reconhecimento do meu pecado e da minha necessidade de um Salvador para achar que, talvez, eu mereça algum tratamento especial baseado nas minhas boas obras.

Se o orgulho se instalar e nosso pensamento se tornar cada vez mais errante, veja o que as Escrituras afirmam:

• "Estamos todos impuros por causa de nosso pecado; quando mostramos nossos atos de justiça, não passam de trapos imundos" (Is 64:6).

• "Mas Deus é tão rico em misericórdia e nos amou tanto que, embora estivéssemos mortos por causa de nossos pecados, ele nos deu vida juntamente com Cristo..." (Ef 2:4,5).

• "Vocês são salvos pela graça, por meio da fé. Isso não vem de vocês; é uma dádiva de Deus. Não é uma recompensa pela prática de boas obras, para que ninguém venha a se orgulhar" (vv.8,9).

O apóstolo Paulo descreveu um "espinho na carne" que o ajudava a experimentar profundamente a suficiência da graça de Deus. Ele escreveu: "aceito com prazer fraquezas e insultos, privações, perseguições e aflições que sofro por Cristo. Pois, quando sou fraco, então é que sou forte" (2Co 12:10). Quando participamos da obra do Senhor, não estamos conquistando o nosso caminho para o Céu, mas refletindo a Sua graça e obra salvífica ao "realizar as boas obras que ele de antemão planejou para nós" (Ef 2:10).

—*Roxanne Robbins*

A Bíblia em um ano

☐ Gênesis 36–38; Mateus 10:21-42

Compreender a graça de Deus nos ajuda a realizar a Sua vontade.

17 de dezembro

Simplesmente confiar

Leitura:
Salmo 56

Quando eu tiver medo, porém, confiarei em ti. —Salmo 56:3

Quando os nossos filhos eram pequenos, levá-los ao médico era uma experiência interessante. A sala de espera era repleta de brinquedos com os quais podiam brincar e revistas e livros infantis que eu lia para eles. Então, não havia problema em chegar a esse local com eles. Mas, assim que os pegava para entrar no consultório, tudo mudava. Repentinamente, o divertimento se tornava medo no momento em que a enfermeira se aproximava com a seringa para a injeção necessária. Quanto mais perto ela chegava, mais firmemente se agarravam ao meu pescoço. Procuravam consolo, provavelmente esperando o resgate, sem saber que era para seu próprio bem.

Algumas vezes, neste mundo turbulento, passamos de momentos de paz e tranquilidade para o doloroso estado de sofrimento. Nesse ponto, a pergunta é: "Como vou reagir?". Podemos ser temerosos e nos perguntar por que Deus permitiu que isto acontecesse conosco, ou podemos confiar que, em meio a este sofrimento Ele está fazendo algo que ao final será para o nosso bem, mesmo que doa. Seria bom nos lembrarmos das palavras do salmista que escreveu: "Quando eu tiver medo, porém, confiarei em ti" (Sl 56:3).

Assim como meus filhos, quanto mais difícil for, mais firmemente devemos nos achegar a Ele. Confie no Senhor. Seu amor nunca falha! —*Joe Stowell*

A Bíblia em um ano
☐ Amós 7–9; Apocalipse 8

Apegue-se ao seu Pai celestial;
Ele é a sua única esperança.

16 de janeiro

Tome conta dos tesouros

Leitura:
Esdras 8:24-30

Guardem bem esses tesouros até que os apresentem aos líderes [...] que os pesarão nos depósitos do templo do Senhor... —Esdras 8:29

O jogador de beisebol Ichiro Suzuki nasceu no Japão e liderou ligas profissionais japonesas e nos EUA como rebatedor. Indiscutivelmente, ele é um dos melhores rebatedores de todos os tempos. O fabricante de equipamentos esportivos *Mizuno* faz tacos artesanais e personalizados para Suzuki. Eles usam a madeira Tamo da ilha japonesa de Hokkaido, e Suzuki cuida deles como se fossem violinos *Stradivarius*. Ele usa uma maleta feita especialmente à prova de choque e sem umidade para protegê-los.

Quando os israelitas voltaram do cativeiro na Babilônia, Esdras designou sacerdotes e levitas para guardarem os tesouros que lhes haviam sido confiados para a reconstrução do Templo (Ed 8:24-27). Após os preciosos metais e itens haverem sido pesados e contados, os homens se empenharam em levá-los até Jerusalém em segurança. Esdras enfatizou a guarda dos tesouros porque sabia que sua mordomia seria avaliada — eles precisavam se certificar de que nenhum dos tesouros se perdesse (vv.28,29). Os sacerdotes e levitas aceitaram essa responsabilidade e, chegando em Jerusalém, os itens foram novamente contados e registrados todos os números e pesos. Um exemplo de mordomia fiel e responsável.

Deus chamou cada um de nós para guardar com cuidado os tesouros que Ele nos confiou. Somos chamados a preservar o evangelho compartilhando-o com alegria; a controlar nosso tempo investindo-o com sabedoria; a conservar nossos dons espirituais desenvolvendo-os e usando-os com fidelidade; a cuidar de nossos bens materiais investindo-os com propósito; e a guardar a Palavra de Deus lendo-a, meditando, memorizando e estudando-a com paixão. Guardemos bem esses tesouros para a glória de Deus (Mt 25:14-30). —*Marvin Williams*

A Bíblia em um ano
☐ Gênesis 39–40; Mateus 11

Sejamos fiéis na administração dos "tesouros" que Deus nos concedeu.

16 de dezembro

Vida de verdade

Leitura:
João 17:9

Minha oração não é por este mundo, mas por aqueles que me deste, pois eles pertencem a ti. —João 17:9

Recentemente, alguns amigos e eu lemos os evangelhos em voz alta durante um curto retiro. Tínhamos alugado o chalé de uma comunidade religiosa e participamos de alguns dos seus cultos. Sofremos com o momento de louvor — sem vida e sem alegria. Mais tarde, quando nos encontramos com os líderes daquele grupo, percebemos que os valores que defendiam conflitavam fortemente com o cristianismo bíblico. Compreendemos, então, que, mais do que louvor e adoração, faltava-lhes *vida de verdade*.

Na oração de Jesus ao Pai, "Minha oração não é por este mundo, mas por aqueles que me deste, pois eles pertencem a ti" (Jo 17:9), podemos ver o cuidado do Mestre com os Seus. Saber que Ele se importa conosco, que nos garante vida ao sermos salvos do pecado por Seu sacrifício e que participaremos das Suas "bênçãos" eternas (Ef 3:6) enche-nos de paz e alegria. Essa verdade deveria fazer todos os cristãos o adorarem com coração grato e fervorosamente.

Paulo instruiu os cristãos de Corinto com verdades encontradas em 1 Coríntios 1. Paulo afirma que eles "…foram chamados por Deus para [serem] seu povo santo" (v.2). Devemos viver "…de modo puro e sem culpa até o dia em que Cristo voltar" (Fp 1:10). Vidas assim refletem os mandamentos e as instruções encontradas nos evangelhos e em toda a Bíblia. A verdadeira vida em Cristo exige mais do que simular adoração e certamente não é o redefinir valores com base em nossos desejos. É expressa pela vida de ardente adoração ao Pai, ao Filho e ao Espírito Santo. E brilha naqueles que seguem as ordenanças de Deus "…enquanto esperam ansiosamente pela volta de nosso Senhor Jesus Cristo" (1Co 1:7). *Essa é a vida de verdade* que Jesus revela nos evangelhos (Rm 12:1,2)! —*Tom Felten*

A Bíblia em um ano

☐ Amós 4–6; Apocalipse 7

Deus quer que sejamos sacrifícios vivos, santos e agradáveis a Ele para experimentarmos a Sua agradável e perfeita vontade.

17 de janeiro

Manual de instruções

Leitura:
Filipenses 4:4-13

Não vivam preocupados com coisa alguma; em vez disso, orem a Deus pedindo aquilo de que precisam e agradecendo-lhe por tudo que ele já fez. —Filipenses 4:6

Quando nossa filha e seu noivo começaram a receber os presentes de casamento, foi uma época feliz. Um dos presentes que eles receberam foi um armário que tinha que ser montado, e eu me ofereci para essa tarefa. Eles já estavam muito ocupados se preparando para o casamento. Embora isso tenha levado algumas horas, foi mais fácil do que eu esperava. Todas as peças de madeira eram pré-cortadas e pré-perfuradas, e todo o programa de montagem fora incluído. As instruções foram praticamente infalíveis.

Infelizmente, a maior parte da vida não é assim. A vida não traz um manual com instruções simples, nem encontramos todas as peças necessárias à mão. Enfrentamos muitas situações sem ter clareza sobre como devemos lidar com elas ou se vamos conseguir resolvê-las. Podemos facilmente nos sentir oprimidos por esses momentos difíceis.

Mas não precisamos carregar os nossos fardos sozinhos. Deus quer que os levemos a Ele: "Não vivam preocupados com coisa alguma; em vez disso, orem a Deus pedindo aquilo de que precisam e agradecendo-lhe por tudo que ele já fez. Então vocês experimentarão a paz de Deus, que excede todo entendimento e que guardará seu coração e sua mente em Cristo Jesus" (Fp 4:6,7).

Temos um Salvador que nos compreende e nos oferece a Sua paz em meio às nossas lutas. —*Bill Crowder*

A Bíblia em um ano

☐ Gênesis 41–42; Mateus 12:1-23

O segredo da paz é entregar cada ansiedade ao cuidado de Deus.

15 de dezembro

Pessoas ou Deus?

Leitura:
Jeremias 17:1-14

Ó Senhor, se me curares, serei verdadeiramente curado; se me salvares, serei verdadeiramente salvo. Louvo somente a ti!
—Jeremias 17:14

Quero que as pessoas pensem bem de mim e minha tendência é agradar as pessoas, especialmente quando elas me elogiam. Muitas vezes, tenho a sensibilidade para perceber ou não as expectativas das pessoas simplesmente olhando no rosto delas ou pelo tom de sua voz. Contudo, pela graça de Deus, arrisco declarar que eu fui viciada em agradar os outros, mas hoje o Senhor é maior do que qualquer impulso de agradar aos outros que eu possa sentir.

Se formos honestas, admitiremos que somos propensas a confiar mais no que as pessoas dizem e fazem do que nas afirmações invisíveis e inaudíveis de Deus. Até relacionamentos que terminamos ou que enfraqueceram com o passar do tempo têm o poder de nos fazer desejar crer nas palavras do homem, ao invés de confiar nas palavras do Senhor, que não mudam (Sl 102:27; Hb 13:8). Afinal de contas, não podemos tocar fisicamente a face de Deus. Contudo, Jeremias ilustra o resultado final de fazer as pessoas serem a fortaleza para a nossa segurança: "Assim diz o Senhor: 'Maldito é quem confia nas pessoas, que se apoia na força humana e afasta seu coração do Senhor. É como arbusto solitário no deserto; não tem esperança alguma. Habitará em lugares desolados e estéreis, numa terra salgada, onde ninguém vive'" (Jr 17:5,6).

Como cristãs, não podemos reivindicar frutos em todas as estações a menos que primeiro façamos uma aliança de servir apenas ao Senhor, com as nossas ações e motivações (vv.7-10). Quando confrontadas com a tentação de buscar nossa segurança nos outros (Is 2:22), encontramos a liberdade quando Deus é o nosso Lugar Alto, Aquele a quem contemplamos.

A Ele apenas sejam toda a glória e a honra (1Tm 1:17; 1Sm 30:1-20). —*Regina Franklin*

A Bíblia em um ano

❏ Amós 1–3; Apocalipse 6

Confiar apenas em Deus é diferente de nos isolarmos do conselho dos outros.

18 de janeiro

Mais do que romance

Leitura:
Rute 2:1-23

Esse homem é um de nossos parentes mais próximos, o resgatador de nossa família.
—Rute 2:20

Em nosso encontro de ex-alunos, alguns participantes lembravam-se com entusiasmo das aventuras e desventuras do passado enquanto eu simplesmente os ouvia. Não pude participar da conversa, porque passei a maioria das horas extracurriculares na biblioteca debruçada sobre algum dos romances de Jane Austen! Assim, não é difícil imaginar que Rute seja um dos meus livros favoritos do Antigo Testamento.

A jovem Rute corria perigo, mas ela não era uma criatura fraca. Embora fosse viúva, sem filhos, e sua sogra se queixasse, Rute recusou-se a afundar na autocomiseração. Em vez disso, ela escolheu entregar sua lealdade à sogra e a Deus (1:16,17).

Por ser uma mulher estrangeira será que a moabita, Rute, sentia os olhares nada amistosos quando trabalhava no campo de cevada? Será que se sentia deslocada nesta nova terra? Independentemente do que sentisse, nada a impedia de fazer tudo o que pudesse para cuidar da sua sogra. Isso é impressionante, porque muitos homens e mulheres que amam o cônjuge não suportam a sogra e vemos isso nas piadas sobre as sogras.

Então, o cavaleiro de armadura brilhante entrou em cena. Talvez, Boaz não fosse bonitão, mas certamente tinha caráter, era confiável, másculo e ainda assim sensível. Veja o que ele disse para Rute: "Avisei os homens para não a tratarem mal. E, quando tiver sede, sirva-se da água que os servos tiram do poço" (2:9).

Boaz é um símbolo de Cristo como Provedor e Protetor de Sua noiva — nosso Provedor. E Rute é exemplo de alguém que se coloca sob a proteção e o cuidado do Deus generoso e soberano. Que essa linda história de amor a encoraje a confiar no nosso Deus Redentor e que você possa lhe servir com fidelidade (Ef 1:14). —*Poh Fang Chia*

A Bíblia em um ano
☐ Gênesis 43–45; Mateus 12:24-50

Quem confia em Jesus conta com a Sua proteção e provisão sempre.

14 de dezembro

Presas na armadilha

Leitura:
Salmo 62:6-8

Ó Senhor, Deus dos Exércitos, quem é poderoso como tu, Senhor? Tu és totalmente fiel!
—Salmo 89:8

Houve um tempo em minha caminhada íntima com Jesus em que a vida se tornou extremamente difícil. Disse a uma amiga que eu me sentia como um rato golpeado para frente e para trás entre as patas de um gato que brinca com sua vítima antes de dar o golpe final.

Há algum tempo, li o blog de uma mulher cujo marido estava morrendo de câncer. No momento mais difícil dessa batalha, ela foi à lanchonete do hospital para comer algo. Ali, em vez de demonstrar compaixão e gentileza, a caixa dificultou-lhe as coisas porque faltavam cinco centavos. Voltei a pensar no meu momento de luta intensa. Às vezes, parece que, quando já estamos no nível máximo de estresse, tristeza, nervosismo ou mágoa, outra flecha é lançada em nossa direção. Em outros exemplos, até mesmo a menor infração contra nós pode parecer exagerada, inoportuna e injusta. É então que questionamos o amor, a proteção e a provisão de Deus.

Quando as circunstâncias parecem insuportáveis, Deus sinceramente deseja que encontremos conforto nele. O Senhor anseia que experimentemos nos melhores e nos mais desafiadores momentos da nova vida que "Somente ele é minha rocha e minha salvação, minha fortaleza onde não serei abalado. Minha vitória e minha honra vêm somente de Deus; ele é meu refúgio, uma rocha segura. Ó meu povo, confie nele em todo tempo; derrame o coração diante dele, pois Deus é nosso refúgio" (Sl 62:6-8).

Posso testificar que Deus me tirou da fase mais tenebrosa que já vivi e que Ele concedeu deu à mulher que mencionei a esperança, a confiança e a alegria mesmo após a morte do marido.

Peça que Deus a ajude a compreender que Ele está com você "por onde você andar" (Js 1:9; Sl 18:2). —*Roxanne Robbins*

Lembre-se de que Deus é a nossa Rocha, Fortaleza, Libertador, Rochedo, Escudo e Lugar Seguro.

A Bíblia em um ano
☐ Joel 1–3; Apocalipse 5

19 de janeiro

Erros transformados em beleza

Leitura:
Lucas 22:39-51

Mas Jesus disse: "Basta!". E, tocando a orelha do homem, curou-o. —Lucas 22:51

No início de sua carreira, o músico de jazz Herbie Hancock foi convidado para tocar no quinteto de Miles Davis, uma lenda musical de sua época. Numa entrevista, Hancock admitiu que estava nervoso, mas, pelo fato de Davis ter sido sempre tão acolhedor, ele descreveu aquela experiência como algo maravilhoso. Durante uma apresentação, quando Davis estava próximo do auge de seu solo, Hancock tocou um acorde errado. Ele ficou mortificado, mas Davis continuou como se nada tivesse acontecido. "Ele cantou algumas notas que fez aquele acorde se tornar o certo", disse Hancock.

Que exemplo de liderança amorosa! Davis não repreendeu Hancock ou o fez parecer tolo. Não o culpou por arruinar sua apresentação. Simplesmente ajustou o seu plano e tornou um erro potencialmente desastroso em algo belo.

O que Davis fez por Hancock, Jesus fez por Pedro. Quando Pedro cortou a orelha de uma pessoa entre a multidão que tinha vindo para prender Jesus, o Mestre a recolocou (Lc 22:51), indicando que o Seu reino era de cura, não de violência. Jesus usou seguidamente os erros dos Seus discípulos para lhes mostrar um caminho melhor.

O que Jesus fez por Seus discípulos, Ele também faz por nós. E o que Ele faz por nós, podemos fazer pelos outros. Em vez de evidenciar cada erro, podemos transformá-los em lindos atos de perdão, cura e redenção. —*Julie Ackerman Link*

A Bíblia em um ano
☐ Gênesis 46–48; Mateus 13:1-30

Jesus deseja transformar os nossos erros em exemplos surpreendentes da Sua graça.

13 de dezembro

Refletor do Filho

Leitura:
João 1:1-9

...para falar a respeito da luz, a fim de que, por meio de seu testemunho todos cressem.
—João 1:7

A aconchegante vila de Rjukan, Noruega, é um lugar encantador para viver, exceto no inverno. Localizada em um vale ao pé da altíssima montanha Gaustatoppen, a cidade não recebe a luz solar direta durante quase metade do ano. Os moradores por muito tempo consideraram a ideia de colocar espelhos no topo da montanha para refletir o Sol. Mas a ideia não foi exequível até pouco tempo. Em 2005, um artista local iniciou o "Projeto Espelho" para unir pessoas que poderiam fazer tal ideia tornar-se realidade. Os espelhos entraram em ação 8 anos mais tarde, em outubro de 2013. Os moradores aglomeraram-se na praça da cidade para absorver o reflexo da luz do sol.

Em um sentido espiritual, grande parte do mundo é como a vila de Rjukan — montanhas de lutas impedem que a luz de Jesus os alcance. Mas Deus coloca os Seus filhos de modo estratégico para agirem como refletores da Sua luz. Uma dessas pessoas foi João Batista, que veio "...para falar a respeito da luz...", Jesus — que concede luz "...para iluminar aqueles que estão na escuridão e na sombra da morte e nos guiar ao caminho da paz" (Jo 1:7; Lc 1:79).

Assim como a luz solar é essencial para a saúde emocional e física, também a exposição à luz de Jesus é essencial para a saúde espiritual. Felizmente, todos os cristãos estão em posição para refletir a luz de Cristo nos lugares escuros do mundo. —*Julie Ackerman Link*

A Bíblia em um ano
☐ Oseias 12–14; Apocalipse 4

Um mundo envolto em trevas precisa da luz de Jesus.

20 de janeiro

O presente do tempo

Leitura:
João 12:20-36

Quem odeia sua vida neste mundo a conservará por toda a eternidade. —João 12:25

Como enfermeira, Geni sabia que a qualquer momento poderia ser requisitada para ajudar numa emergência médica, mas nunca esperou que isso realmente acontecesse. Certo dia, enquanto passava férias numa estância, um homem que estava próximo caiu repentinamente. O treinamento de Geni entrou em ação e suas rápidas ações o mantiveram vivo. Mais tarde, o homem quis dar a ela uma expressão concreta de seu profundo reconhecimento e presenteou-a com um belo relógio com a seguinte mensagem gravada: *Obrigado pelo presente do tempo.*

Há muito tempo, um rei judeu pediu a Deus o presente do tempo. Ezequias tinha exterminado da terra as práticas de adoração pagã e guiado seu povo de volta à vida baseada na justiça, misericórdia e obediência ao único Deus verdadeiro. Mas, perto dos 40 anos, ele ficou mortalmente enfermo. Quando isso ocorreu, ele "virou o rosto para a parede […] e orou e chorou amargamente". O resultado? Deus acrescentou 15 anos à sua vida (2Rs 20:1-11). Conseguimos compreender a reação do jovem rei às más notícias.

Mas Jesus sabia que Sua morte era necessária — algo que exigia a rendição de Sua vontade (Lc 22:42). Falando de Sua própria morte, Ele disse: "se o grão de trigo não for plantado na terra e não morrer, ficará só. Sua morte, porém, produzirá muitos novos grãos". Depois, Ele nos convidou a nos unirmos a Ele: "Se alguém quer ser meu discípulo, siga-me […] E o Pai honrará quem me servir" (Jo 12:24-26).

Quem aprende *a viver* verdadeiramente se vê apegando-se cada vez menos *à vida*. Como Jesus disse: "Quem ama sua vida neste mundo a perderá. Quem odeia sua vida neste mundo a conservará por toda a eternidade" (Jo 12:25). —*Tim Gustafson*

A Bíblia em um ano
- Gênesis 49–50; Mateus 13:31-58

Quanto mais do Céu existe em nossa vida menos da Terra cobiçaremos. —C. H. Spurgeon

12 de dezembro

O choro do bebê

Leitura:
Lucas 2:1-14

Ela deu à luz seu primeiro filho, um menino. Envolveu-o em faixas de pano e deitou-o numa manjedoura, porque não havia lugar para eles na hospedaria. —Lucas 2:7

Certo estado norte-americano instituiu uma lei exigindo que toda grávida que queira abortar faça uma ecografia do bebê, receba explicações médicas precisas desse exame e ouça os batimentos cardíacos do embrião. Logo após a aprovação dessa lei, uma blogueira que apoia o aborto comprou iPods para as clínicas de aborto para oferecer a cada paciente uma maneira de abafar o som dos batimentos cardíacos do bebê. Aumentando o volume do que ouviam, elas poderiam sufocar o som da vida dentro delas.

Maria pôde sentir a vida dentro de si. A criança prometida (Lc 1:30-32) que mexia em seu ventre agitava seu coração de alegria durante os últimos dias da gestação. Quando o casal chegou a Belém, Jesus nasceu, e ela carinhosamente o tomou nos braços pela primeira vez. Com amor "…envolveu-o em faixas de pano e deitou-o numa manjedoura…" (2:7). Esse era o comportamento normal de uma mãe carinhosa — deitar amavelmente no berço a vida humana criada à imagem de Deus (Gn 1:27).

Infelizmente, um rei cruel tentaria destruir o filho de Maria temendo que Jesus se apoderasse de seu trono. Herodes "…enviou soldados para matar todos os meninos de dois anos para baixo…" (Mt 2:16). Esse ato terrível levantou "…choro e grande lamentação…" (v.18). As mulheres pranteavam ao ouvir o último choro de seus filhos.

Quando um bebê é abortado, isso desafia o amor maternal normal e destrói a vida criada à imagem de Deus. *Não* é normal; é aberração. Pela graça divina, os que permitem a morte de uma pelo aborto podem achar perdão (1Jo 1:9). Mas, se você estiver pensando nisso hoje, não sufoque a verdade da visão de Deus sobre a vida e o som dos batimentos cardíacos e do choro do bebê (Dt 30:19; Sl 139:13-16). —Tom Felten

A Bíblia em um ano

☐ Oseias 9–11; Apocalipse 3

Os filhos são herança do SENHOR, uma recompensa que ele dá. —Salmo 127:3

21 de janeiro

Privilégio do amor

Leitura:
1 Tessalonicenses 2:1-20

Sim, vocês são nosso orgulho e nossa alegria!
—1 Tessalonicenses 2:20

Quando nossos filhos nasceram, meu marido e eu interrompemos um capítulo de nossa vida. O ministério de jovens tinha sido meu nicho desde que nos casáramos há muitos anos e há mais tempo ainda para o meu marido. Aquele outono foi uma longa série de despedidas, enquanto nos preparávamos para liderar uma nova igreja: nosso último retiro de jovens, jantar de Natal, culto de jovens. Na noite final com eles, tivemos nossa despedida mais difícil. Amamos os estudantes universitários que se reuniam conosco para buscar a Deus. Com cadeiras na sala, refrigerantes na geladeira e os corações preparados, abrimos a eles nossa casa e nossa vida.

Mesmo conhecendo a dor das dificuldades de relacionamento, da separação física e das acusações daqueles que não compreendem, o apóstolo Paulo considerou um grande privilégio investir na vida dos outros. Ele sabia que a ordem de Cristo "vão e façam discípulos" dizia respeito a pessoas, não a programas (Mt 28:19).

O amor é um privilégio que exige um grande investimento. Por entregarem sua vida independentemente do custo (Jo 15:13; 1Jo 3:16; Et 2:5-20; 4:14), aqueles que amam de verdade no reino se arriscam voluntariamente a serem rejeitados ao aconselhar, incentivar e insistir para os outros viverem "de modo que Deus considere digno" (1Ts 2:12). Como Paulo, porém, eles descobrem os segredos do reino: uma vida rendida a Jesus é grande ganho (Mc 8:35), e aqueles que vão a Cristo por intermédio de nosso ministério são "...nosso orgulho e nossa alegria" (1Ts 2:20)!

Quando investimos nos outros, o retorno é valioso porque, verdadeiramente, nada do que este mundo oferece pode se comparar à alegria de ver os outros se renderem plenamente a Jesus (3Jo 1:4). —*Regina Franklin*

A Bíblia em um ano

☐ Êxodo 1–3; Mateus 14:1-21

Investir na comunhão pessoal com Deus e na vida de outras pessoas é o que podemos fazer de melhor com o nosso tempo.

11 de dezembro

A família de fé

Leitura:
1 Tessalonicenses 2:6-14

Nós os amamos tanto que compartilhamos com vocês não apenas as boas-novas de Deus, mas também nossa própria vida.
—1 Tessalonicenses 2:8

Durante os anos de 1980, uma turma de solteiros em nossa igreja se tornou uma família muito unida para muitas pessoas que haviam perdido um cônjuge pelo divórcio ou morte. Quando alguém precisava se mudar, os membros do grupo empacotavam as coisas, carregavam móveis e preparavam a comida. Os aniversários e feriados não eram mais solitários conforme a fé e a amizade se fundiam num relacionamento de contínuo encorajamento. Muitos desses laços forjados durante a adversidade há três décadas continuam a florescer e dão suporte a indivíduos e famílias ainda hoje.

A carta de Paulo aos seguidores de Jesus em Tessalônica cria uma imagem de relacionamentos de entrega na família de Deus, "agimos como crianças entre vocês. Ou melhor, fomos como a mãe que alimenta os filhos e deles cuida" (1Ts 2:7). "Noite e dia nos esforçamos para obter sustento, a fim de não sermos um peso para ninguém enquanto lhes anunciávamos as boas-novas de Deus" (v.9). "E sabem que tratamos a cada um como um pai trata seus filhos" (v.11).

Como mães, pais, irmãos e irmãs, Paulo e seus companheiros compartilhavam o evangelho e suas vidas com estes cristãos com quem passaram a se afeiçoar (v.8).

Na família da fé, Deus nos provê mães, pais, irmãs e irmãos. O Senhor nos dá a Sua alegria à medida que compartilhamos nossas vidas, juntos, em Sua graça e amor.
—*David McCasland*

A Bíblia em um ano

☐ Oseias 5–8; Apocalipse 2

Deus nos ama; amemo-nos uns aos outros.

22 de janeiro

Fé que retrocede

Leitura:
Hebreus 10:32-39

Mas não somos como aqueles que se afastam para sua própria destruição.
—Hebreus 10:39

Os cientistas localizaram, na Indonésia, os restos mortais de um povo antigo que pode ter encolhido ao longo dos anos devido ao nanismo insular. Os pesquisadores usaram o termo *hobbit* para identificar o seu achado. Como *hobbits* são criaturas fictícias, ficamos naturalmente curiosos sobre a diminuição do tamanho desses seres humanos.

O autor de Hebreus escreveu para uma comunidade de cristãos que vivia com muita dor e miséria, sem retroceder na fé. Embora enfrentassem grande sofrimento, eles se mantiveram fiéis a Deus (v.32). "Houve ocasiões em que foram expostos a insultos e espancamentos; em outras, ajudaram os que passavam pelas mesmas coisas" (v.33). Muitos foram mortos. Outros jogados na cadeia. Seus bens e meios de subsistência lhes foram tirados. Ainda assim, "Sabiam que lhes esperavam coisas melhores" e, enfrentaram a perseguição temporária ao mesmo tempo em que se inclinavam para a alegria eterna (v.34).

Entretanto, sabemos que a dor desgasta a alma. Ao longo dos anos, o corpo e a mente enfraquecem. Muitas vezes carregamos o peso do desapontamento quando o socorro de Deus parece tardar ou Suas promessas parecem vazias. Para aqueles que estão suportando desafios como esses, o autor de Hebreus os encoraja a ter ânimo: "Portanto, não abram mão de sua firme confiança [...]. Vocês precisam perseverar, a fim de que, depois de terem feito a vontade de Deus, recebam tudo que ele lhes prometeu" (vv.35,36).

Fraqueza e dúvida fazem parte da luta humana. Mas, quando mantemos o nosso coração firme na promessa e na alegria do Senhor, afirmamos que não somos "como aqueles que se afastam para sua própria destruição". Não retrocedemos em nossa fé (v.39).

—Winn Collier

A Bíblia em um ano

☐ Êxodo 4–6; Mateus 14:22-36

Somos pessoas de fé cuja alma é preservada. —Hebreus 10:39

10 de dezembro

Sábias aos olhos de Deus

Leitura:
Tiago 3:13-18

Se vocês são sábios e inteligentes, demonstrem isso vivendo honradamente, realizando boas obras...
—Tiago 3:13

Quem é a pessoa mais brilhante do mundo? Quem tem o QI mais alto? Uns diriam Abdesselam Jelloul, com QI de 198. Outros Marilyn vos Savant, com 228 de QI. O livro *Guinness* de recordes registra o australiano Terence Tao com 230 de QI — o mais alto confirmado no mundo. Albert Einstein tinha QI de *apenas* 160, sendo a média do QI humano em torno de 90-109. Note que uma pessoa com alto QI não é necessariamente uma pessoa sábia. Todas as pessoas podem agir de maneira tola.

Sendo assim, quem pode ser considerado *sábio*? Tiago diz que a pessoa sábia é aquela que compreende os caminhos de Deus e o mostra "...realizando boas obras com a humildade que vem da sabedoria" (Tg 3:13). Uma pessoa sábia não é motivada ou controlada pela "inveja amarga e ambição egoísta" (v.14). Como vive a pessoa sábia? Ela é "antes de tudo pura", uma pessoa de integridade e honestidade. Ela é "pacífica, amável", mantendo relacionamentos harmoniosos com os outros, "disposta a ceder", atenta aos sentimentos dos outros e ajunta "uma colheita de justiça" porque está aberta a pensar. "Cheia de misericórdia" e compassiva, "não mostra favoritismo", não age com parcialidade e é "sempre sincera" (v.17).

As pessoas sábias não são medidas pelo quanto sabem ou por sua *qualidade* de vida. Isso nada tem a ver com inteligência, mas com o caráter. Não tem a ver com o que está na mente delas, antes com o que está no coração. Para ser sábia, não é preciso ter um QI elevado. Você precisa simplesmente conhecer a Deus e compreender os Seus caminhos (Pv 3:13-18; 4:1-11; 8:32-35; 24:14).

"O temor do SENHOR é o princípio da sabedoria; o conhecimento do Santo resulta em discernimento" (Pv 9:10). —*K. T. Sim*

A Bíblia em um ano

☐ Oseias 1–4; Apocalipse 1

A sabedoria é doce para a alma; e quem a encontra tem um futuro brilhante. Ela traz esperanças que não serão frustradas.

23 de janeiro

A arte da remoção

Leitura:
2 Reis 22:1-20

Você se arrependeu e se humilhou diante do SENHOR […] rasgou as roupas e chorou diante de mim. E eu […] o ouvi, diz o SENHOR.
—2 REIS 22:19

Recentemente, meu filho removeu três dentes do siso que precisaram ser extraídos devido a possíveis efeitos prejudiciais sobre os demais dentes. Se não tivessem sido tirados (Deus lhe deu apenas três dentes do siso!), as consequências poderiam ter incluído: dor, infecções e alterações na mordida.

Durante o tempo dos reis na antiga Canaã, algo destrutivo precisava ser removido do povo de Deus. Eles haviam abandonado o Senhor e queimado "incenso a outros deuses", despertando Sua ira (2Rs 22:17). Um bom rei, chamado Josias, estava no trono de Judá, mas nem tudo ia bem para o Reino do Sul (vv.1,2). Isso veio à tona após as Escrituras conhecidas na época (o Pentateuco, inteiro ou em parte) serem redescobertas no Templo. Quando o secretário da corte leu o Livro da Lei para Josias, ele "rasgou suas roupas" em sinal de tristeza (v.11).

Por quê? O Livro da Lei revelou a condenação de Deus ao Seu povo e a punição prometida. Isso entristeceu profundamente o rei que mandou assessores consultarem a profetisa Hulda. Ela lhes disse que Deus acabaria por trazer "…desgraça sobre esta cidade e sobre seus habitantes", por seus pecados (v.16). Porém, também disse que Josias, por sua humildade e arrependimento, seria poupado de testemunhar tal destruição. A punição ocorreria depois que ele tivesse morrido em paz (v.20).

O relato de Josias e Seu povo apresenta uma relação de causa e efeito: *quando nos afastamos de Deus e de Sua Palavra, caímos em desobediência e aceitamos o que não é verdade.* Entretanto, se estudarmos regularmente a Palavra de Deus, isso nos ajudará a nos mantermos fiéis a Ele e a nos arrependermos do que é falso em nossa vida. Pratique essa arte da remoção hoje (2Tm 3:16,17). —*Tom Felten*

A Bíblia em um ano

❏ Êxodo 7–8; Mateus 15:1-20

A Palavra de Deus nos ensina a fazer o que agrada ao Senhor.

9 de dezembro

Refúgio e Juiz

Leitura:
Naum 1:1-9

O Senhor é bom; é forte refúgio quando vem a aflição. Está perto dos que nele confiam —Naum 1:7

Quando um réu se coloca diante de um juiz, ele se coloca à mercê da corte. Caso o réu seja inocente, a corte será um refúgio. Mas, se for culpado, esperamos que a corte seja diligente na sua punição.

Em Naum, vemos Deus como refúgio e juiz. Está escrito: "O Senhor é bom; é forte refúgio quando vem a aflição…" (1:7). Mas também está escrito: "…mas arrasará seus inimigos com uma tremenda inundação. Perseguirá seus adversários escuridão adentro" (v.8). Mais de cem anos antes, Nínive havia se arrependido depois que Jonas anunciou o perdão de Deus, e a terra foi salva (Jn 3:10). Mas, durante os dias de Naum, Nínive estava tramando "…o mal contra o Senhor…" (Na 1:11). No capítulo 3, Naum detalha a destruição de Nínive.

Muitas pessoas conhecem apenas um lado dos procedimentos de Deus com a raça humana, mas não o outro. Acreditam que Ele é santo e quer apenas nos punir, ou que Ele é misericordioso e quer apenas demonstrar a Sua bondade. Na verdade, Ele é juiz e refúgio. Pedro escreve que Jesus "…sempre julga com justiça" (1Pe 2:23). Consequentemente, "…Ele mesmo carregou nossos pecados em seu corpo na cruz, a fim de que morrêssemos para o pecado e vivêssemos para a justiça; por suas feridas somos curados" (v.24).

Toda a verdade sobre Deus é boa-nova! Ele é Juiz, mas, por mérito de Jesus, podemos ir até Deus como nosso forte refúgio. —*Dave Branon*

A Bíblia em um ano
☐ Daniel 11–12; Judas

A justiça e a misericórdia de Deus revelam-se na cruz de Cristo.

24 de janeiro

Firmadas no Senhor

Leitura:
Salmo 119:105-112

…continuem a crer nessa verdade e nela permaneçam firmes. Não se afastem da esperança que receberam […] as boas-novas…
—Colossenses 1:23

Minha sala de aula tinha servido para alguns atores descansarem e entreterem-se entre algumas cenas para o musical da escola. As cortinas tinham sido fechadas, eu sobrevivera aos danos e ia limpar tudo. Quando dobrei o tapete que eu sempre deixava na frente da sala, as palavras escritas na parte de baixo chamaram minha atenção.

Tua palavra é lâmpada para meus pés e luz para meu caminho (Sl 119:105). Lembrei-me de que no início do ano escolar, eu tinha escrito esse versículo sob o tapete como uma declaração simbólica do meu verdadeiro chamado. Em meio às pilhas de papel sobre a minha mesa, tarefas para fazer e lições para planejar, minha responsabilidade básica era permanecer sob a verdade e autoridade de Jesus. Não importa o que a vida nos trouxer, podemos tentar apenas sobreviver ou verdadeiramente vencer. O segredo está em como posicionar os nossos pés.

Jesus nos disse que cada dia apresentaria suas próprias inquietações (Mt 6:34), mas também declarou Sua soberania sobre qualquer aflição que enfrentássemos (Jo 16:33). Estar firmada na Palavra de Deus não é simplesmente um clichê cristão. Requer a decisão de crer no que Deus diz acima de qualquer coisa que ouvirmos ou lermos. Além disso, é uma decisão de crer que Jesus — a Palavra viva de Deus (Jo 1:1-4) — é mais poderoso do que qualquer pessoa que encontremos.

A nossa declaração de fé envolve a decisão de permanecer firme e seguir as verdades da Palavra de Deus (Sl 33:4; 105:11,12; 1Co 16:13; 2Co 1:21,24). —*Regina Franklin*

A Bíblia em um ano
☐ Êxodo 9–11; Mateus 15:21-39

A Palavra do Senhor é verdadeira e podemos confiar em todos os Seus feitos.

8 de dezembro

Um mundo em paz

Leitura:
Miqueias 4:1-7

Todos viverão em paz, sentados sob suas videiras e figueiras, pois não haverá nada a temer...
—Miqueias 4:4

Certa vez, meus amigos e eu entrevistamos adeptos das quatro principais religiões praticadas em Singapura para descobrir seus ensinamentos sobre a utopia. O assunto nos intrigava, porque sabíamos que todas as pessoas vivem num mundo imperfeito. Os desafios de viver num mundo decaído incluem mais do que as dificuldades econômicas e a erosão das morais piedosas. As pessoas enfrentam relacionamentos rompidos, sonhos desfeitos e a morte de entes queridos. Não há como escapar à dor e às adversidades da vida.

É realista desejarmos a utopia? Se você for cristão — não. Temos um vislumbre dos "últimos dias" em que Deus trará paz e restauração ao mundo. Nesse tempo, pessoas de todas as nações aprenderão a seguir a Lei e os ensinamentos de Deus (v.2). Não será preciso um grande orçamento para defesa, porque a calma sobrevirá a todas as nações quando elas voltarem suas energias aos propósitos pacíficos e abandonarem a guerra (v.3). As pessoas viverão sem medo, tendo segurança, prosperidade e bênção (v.4). E Deus ocupará o primeiro plano (v.1).

Parece bom demais para ser verdade? Miqueias nos garante que o próprio Deus Altíssimo pronunciou essas palavras (v.4). Essas promessas vieram dele, não do profeta. Isaías fez as mesmas predições (Is 2:2-4,11). O mesmo Espírito deu as mesmas profecias — coisas que certamente acontecerão (Ap 21:22-27).

Assim, enquanto esperamos ansiosamente esse dia, que possamos dizer: "Embora as nações ao redor sigam seus deuses, nós seguiremos o Senhor, nosso Deus, para sempre" (Mq 4:5). Não há necessidade de tentar criar a utopia nesta vida. Sabemos que, no tempo de Deus, Ele trará paz ao nosso mundo (Zc 2:10,11). —*Poh Fang Chia*

A Bíblia em um ano

☐ Daniel 8–10; 3 João

As promessas de Deus nos encorajam e nos trazem paz quando enfrentamos as imperfeições do mundo.

25 de janeiro

Onde posso ajudar?

Leitura:
Gálatas 6:1-10

Por isso, sempre que tivermos oportunidade, façamos o bem a todos, especialmente aos da família da fé. —Gálatas 6:10

Nossa cidade foi atingida por uma tempestade fortíssima. Centenas de galhos de árvores espalhados por toda a parte cortaram as linhas de energia, deixando casas e empresas sem energia elétrica por vários dias. Tínhamos um gerador para a energia básica em nossa casa, mas não era o suficiente para podermos cozinhar. Quando saímos para encontrar um lugar para comer, dirigimos por um longo trecho, encontrando vários locais fechados. Finalmente, encontramos um restaurante aberto e que tinha energia elétrica, mas estava repleto de clientes famintos na mesma situação que nós.

Quando uma mulher se aproximou para anotar os nossos pedidos, disse-nos: "Na realidade, não sou funcionária do restaurante. Nosso grupo da igreja estava tomando café da manhã aqui, e vimos como o pessoal estava sobrecarregado com tantos clientes chegando a todo instante. Dissemos ao gerente do restaurante que estávamos dispostos a ajudar servindo às mesas se isso fosse aliviar o fardo e ajudar as pessoas a comer".

A vontade daquela senhora em servir me lembrou das palavras de Paulo: "Por isso, sempre que tivermos oportunidade, façamos o bem a todos…" (Gl 6:10). Em face das muitas necessidades ao nosso redor, gostaria de saber o que poderia acontecer se todos nós pedíssemos a Deus para nos mostrar "oportunidades" para servir-lhe e para ajudar e fazer o bem aos outros hoje. —*H. Dennis Fisher*

A Bíblia em um ano

☐ Êxodo 12–13; Mateus 16

Quando servimos os que estão passando por necessidades, seguimos o exemplo de Cristo.

7 de dezembro

Aqui vem...

Leitura:
Gálatas 3:26–4:7

Mas, quando chegou o tempo certo, Deus enviou seu Filho, nascido de uma mulher e sob a lei.
—Gálatas 4:4

Eu levava minha família para visitar parentes quando fui multado por excesso de velocidade. Dirigi acima do limite da velocidade e não havia o que discutir. Mas, ao descobrir que o seguro dispararia por causa da multa, entrei em contato com o promotor público e solicitei um acordo. Ele concordou, e logo recebi um documento legal pelo correio que começava assim: "Aqui estou, Sr. Wallace, promotor público" e explicava que me acusaria de uma infração menor. Dei risada com esse início estranhamente informal: "Aqui estou". Parecia deslocado naquele documento legal. Mas quanto mais eu pensava a respeito, mais parecia *correto*. Fui pego por um problema legal e não havia nada que eu pudesse fazer a não ser pagar a multa e avisar os meus amigos para evitarem cair nessa armadilha da velocidade. Mas o promotor descobriu uma maneira de eu honrar a lei sem me causar mais desastres financeiros.

Isso me faz refletir sobre o meu relacionamento com Deus. Eu tinha passado voando irresponsavelmente por todas as placas do caminho quando Ele generosamente me parou. Eu estava numa enrascada legal, amaldiçoado como quem não era "…obediente a tudo que está escrito no Livro da Lei" (Gl 3:10). Mas veio Jesus, o substituto voluntário, "tomando sobre si a maldição por nossas ofensas" (v.13).

Ao contrário do promotor, que veio em minha defesa apenas parcialmente, o sacrifício de Jesus é completo. A justiça foi plenamente aplicada a Jesus para que eu pudesse ser livre do pecado, não para o pecado, mas para celebrar a minha nova vida como filho de Deus. E já que sou o Seu filho, aqui vem o Seu Espírito também (4:5,6)!

Sim, *aqui vem* Jesus, tomando o nosso pecado e nos dando vida (Ef 2:1-10). —*Mike Wittmer*

A Bíblia em um ano

☐ Daniel 5–7; 2 João

Jesus faz a diferença ao entrar em nossa vida com a Sua salvação eterna.

26 de janeiro

Um salmo pela luta

Leitura:
Salmo 42

Meu coração se enche de tristeza, pois me lembro de como eu andava com a multidão de adoradores.
—Salmo 42:6

Era uma lanchonete em que você faz fila, pede e, ao lado, espera a comida chegar. Após eu ter feito exatamente isso, um jovem avançou para a frente da fila e fez seu pedido usando gestos e palavras quebradas. Para ele foi difícil pagar, porque um dos pulsos era virado e os dedos apontavam para o corpo. E caminhar até uma mesa significou superar o funcionamento irregular de suas pernas. Esse jovem lutou fisicamente, mas com coragem.

Muitas de nós lutamos com deficiências internas — pesar, dependência, depressão e ansiedade. As tarefas diárias podem se tornar quase impossíveis quando estamos exaustas, inquietas e preocupadas. O autor do Salmo 42 descreveu assim os seus problemas internos: "Dia e noite, as lágrimas têm sido meu alimento" (v.3); "Meu coração se enche de tristeza" (v.4); "estou profundamente abatido" (v.6). Devido a esses sentimentos, certas perguntas dominaram sua mente: "Por que [minha alma] está tão triste" (v.5)?, "Por que tenho de andar entristecido" (v.9)?

No desespero do salmista havia esperança. Ele estendeu a mão Àquele que poderia ajudar, declarando: "Ainda voltarei a louvá-lo, meu Salvador e meu Deus" (vv.5,6). Nas noites em que não conseguia dormir, entoava cânticos a Deus e orava: "ao Deus que me dá vida" (v.8). Ele sabia que, apesar de seu sofrimento, Deus o sustentava naquele momento derramando diariamente Seu amor sobre ele (v.8). Lembre-se de que Deus (v.6) inspirou o salmista a reerguer-se.

O salmista perseverou a despeito de emoções intensas e perguntas não respondidas. Nas dificuldades, busque o Deus vivo e lembre-se de que "os que confiam no Senhor renovam suas forças" (Is 40:31). —*Jennifer Benson Schuldt*

A Bíblia em um ano

☐ Êxodo 14–15; Mateus 17

O Senhor ajuda os que caíram e levanta os que estão encurvados sob o peso de suas cargas. —Salmo 145:14

6 de dezembro

Um dom de esperança

Leitura:
Juízes 13:1-7

...Ele começará a libertar Israel das mãos dos filisteus.
—Juízes 13:5

Quando um potente tufão varreu a cidade de Tacloban, nas Filipinas, em 2013, aproximadamente 10 mil pessoas morreram e muitos que sobreviveram perderam suas casas e empregos. As provisões básicas se tornaram escassas. Três meses depois, enquanto a cidade ainda lutava para se levantar de tamanha destruição, um bebê nasceu no acostamento de uma estrada próxima a Tacloban, entre chuvas torrenciais e ventos fortes. Ainda que o clima trouxesse memórias dolorosas, os moradores se uniram para encontrar uma parteira e transportar a mãe e o recém-nascido até uma clínica. O bebê sobreviveu, cresceu e se tornou um símbolo de esperança durante uma época de desespero.

Quarenta anos de opressão filisteia marcaram um período austero na história nacional de Israel. Nessa época, um anjo informou uma israelita que ela daria à luz um filho de forma sobrenatural: "Você ficará grávida e dará à luz um filho, do qual jamais cortará o cabelo, porque ele será consagrado a Deus como nazireu desde o nascimento" (Jz 13:3). De acordo com o anjo, o bebê seria um nazireu — um homem separado para Deus — e começaria "...a livrar Israel do poder dos filisteus" (v.5). A criança, Sansão, foi um presente de esperança que nasceu em um momento difícil.

Os problemas são inevitáveis, entretanto Jesus tem o poder para nos resgatar do desespero. Cristo nasceu "...para iluminar aqueles que estão na escuridão e na sombra da morte e nos guiar ao caminho da paz" (Lc 1:76-79). —*Jennifer Benson Schuldt*

A Bíblia em um ano

☐ Daniel 3–4; 1 João 5

Jesus é a esperança que acalma as tempestades da vida.

27 de janeiro

Reconciliadas com Deus

Leitura:
Efésios 2:1-22

Vocês são salvos pela graça, por meio da fé. Isso não vem de vocês; é uma dádiva de Deus.
—Efésios 2:8

Os teólogos debatem sobre o propósito do apóstolo Paulo ao dizer: "somos declarados justos por meio da fé, e não pela obediência à lei" (Rm 3:28). Os cristãos tradicionais seguem a visão de Martinho Lutero, de que pecadores, como nós, são incapazes de fazer boas obras suficientes para satisfazer a um Deus santo. Deus nos salva quando depositamos nossa fé em Jesus. Quando confiamos em Cristo, Deus, o Pai realiza o que Lutero denominou "alegre troca", colocando a culpa por nosso pecado em Jesus e contando Sua justiça como nossa.

Mas alguns acadêmicos refutam essa visão dizendo que Lutero projetou suas lutas monásticas sobre Paulo e que o apóstolo afirmava algo diferente. Eles dizem que Paulo usou o termo justificação (ser "declarado justo") não para descrever o ato de um indivíduo receber a salvação por meio de Jesus, mas como os judeus e gentios poderiam conviver corretamente. Então, a nova visão afirma que a justificação não diz respeito à salvação pessoal, mas sim à reconciliação étnica.

Como ocorre com muitas questões, a resposta correta para esse debate não é "ou", mas "e". Na primeira metade de Efésios 2, Paulo celebra o precioso evangelho da salvação pessoal. Nós estávamos "...mortos por causa de nossos pecados...", mas Deus "...nos ressuscitou com Cristo e nos fez sentar com ele nos domínios celestiais" (vv.5,6). A segunda metade explica que Deus, que nos salvou individualmente, não nos deixou à nossa própria sorte; Ele promoveu "...a paz ao criar para si, desses dois grupos, uma nova humanidade" (v.15).

Paulo não separou a salvação pessoal da unidade no Corpo; ele as uniu. A mesma justiça que perdoa os nossos pecados nos une a outros cristãos (2Co 5:14-21). —*Mike Wittmer*

A Bíblia em um ano

☐ Êxodo 16–18; Mateus 18:1-20

O amor de Cristo nos impulsiona a viver por Ele e em comunhão com outros cristãos.

5 de dezembro

O valor da alma

Leitura:
Mateus 6:25-34

Acaso vocês não são muito mais valiosos que os pássaros?
—Mateus 6:26

Ao longo da próxima semana, cante *Noite Santa*! Precisamos cantar esse hino bem alto, cantá-lo durante o Advento e o Natal e, por mim, poderíamos cantá-lo todos os meses do ano. Esses versos nos falam de uma verdade profunda: *Estava o mundo pecador errante, Até que o Cristo na terra apareceu.* Quando, em um ato de absoluta humildade, Deus veio a nós como mera criança e, depois, sofreu como somente Jesus poderia sofrer, aprendemos algo acerca do enorme valor que Deus atribui a nós. O Natal oferece muitas verdades, e, com certeza, essa é uma delas: você tem grande valor para Deus.

Tendo isso em mente, trago-lhe uma oração e uma bênção: *A todos os que já foram repudiados ou deixados de lado; a todos os que, amargurados pelas rupturas em sua história, agora tremem ou se agitam à menção da palavra "amor"; a todos os pais profundamente cansados, esmagados por remorso, perda ou desespero; a toda criança, crescida, mas ainda ansiosa por carinho e aceitação; a todos nós que, compulsivamente, julgamos nosso reflexo no espelho, reproduzimos conversas repetidamente ou levamos toda crítica a um lugar muito escuro; a cada um de nós que temos vergonha de nossos medos e nossas maquinações, e que escondemos o fato de que, de nossos próprios modos sofisticados, ainda temos de deixar a luz acesa à noite... Oro para que você conheça, nestes lindos dias, o profundo valor de sua alma, toda a importância de seu ser. Há uma surpreendente glória em você — e eu sei disso porque o Deus de toda beleza e poder o chamou à existência. E Deus se deleita em, simplesmente, estar com você.*

Nestes dias, oro para que você cante essa canção em voz alta — e oro para que vocês a cantem uns para os outros. —Winn Collier

A Bíblia em um ano

☐ Daniel 1–2; 1 João 4

Somos valiosas para o Criador e o louvamos em alta voz.

28 de janeiro

A vontade de Deus

Leitura:
Gênesis 1:1-31

A terra era sem forma e vazia, a escuridão cobria as águas profundas, e o Espírito de Deus se movia sobre a superfície das águas. —Gênesis 1:2

A pequena imagem do ultrassom parecia filme de ficção científica. As saliências distintas claramente definidas como mãos e cabeça mostraram-me a promessa daquele que seria o nosso primeiro filho. Ainda não sabíamos o gênero, os traços de personalidade ou qualidades que encheriam aquele coração que agora batia. A pequena vida no útero e as fotos do ultrassom eram tesouros para nós. Lembravam-nos de que aquilo que não podíamos ver a olho nu, embora invisível a nós, era real.

A capacidade de produzir e trazer à existência algo visível que tenha vindo do invisível é inerente a todas as coisas vivas (Gn 1:12,24). Entretanto, os humanos são os únicos com capacidade de ter esperança. Vivemos na esperança porque, embora desfigurados pelo pecado, carregamos o "DNA" de nosso Criador (v.27).

Para o cristão, ver algo que esperamos frutificar, não depende das habilidades que são inerentes aos seres humanos. Firmamos nossas esperanças na certeza de que Deus cumpre as Suas promessas (Sl 139:13,15,16; Fp 1:6; Hb 6:18). Como a formação de uma criança no útero da mãe, a materialização da esperança em vida acontece em estágios — muitos deles imperceptíveis a olho nu. A espera pode ser difícil, pois nossas emoções se alteram especialmente em longas demoras.

Quando nossas dores se empilham, precisamos escolher o refúgio na esperança da vida eterna. "Essa esperança é uma âncora firme e confiável para nossa alma" (Hb 6:19). Quer a esperança se realize ou não, ela se fundamenta nos planos perfeitos de Deus. "Mantenham os olhos fixos nas realidades do alto, onde Cristo está sentado no lugar de honra, à direita de Deus" (Co 3:1). —*Regina Franklin*

A Bíblia em um ano

☐ Êxodo 19–20; Mateus 18:21-35

Apeguemo-nos a Ele e sejamos pacientes aceitando a Sua vontade amorosa com esperança.

4 de dezembro

Abrindo espaço

Leitura:
Lucas 9:18-36

Então uma voz que vinha da nuvem disse: "Este é meu Filho, meu Escolhido. Ouçam-no!".
—Lucas 9:35

Por que devemos nos lembrar da cruz no Natal? Nossas vozes ressoavam em toda a sala de estar. A última véspera de Natal tinha sido como muitas outras: tínhamos lido as Escrituras, tido comunhão e cantado juntos. E, desde então, as palavras de uma canção tinham adquirido um novo significado. Depois de vendermos a nossa casa, moramos um mês e meio com os meus sogros. Graciosamente, eles nos ofereceram o uso de sua casa e viajaram deixando os armários e gavetas vazios para o nosso uso.

Embora tivessem aberto espaço para nós, fomos desafiados a viver com os nossos pertences acumulados aos de outra pessoa. Eles haviam nos oferecido espaço, mas, de direito, a casa ainda era deles. Cantando o verso "Abram espaço para Ele", percebi a diferença entre simplesmente dar espaço a Jesus em nosso coração e torná-lo nosso Senhor. Mais do que embalar algumas caixas e mover itens para o fundo do armário, a boa-nova da chegada de Jesus exige nada menos do que ocupar todo o espaço em nosso coração (Gl 2:20).

Transferimos a propriedade a Ele. Trocamos completamente a nossa agenda para a dele. Jesus disse: "Se alguém quer ser meu seguidor, negue a si mesmo, tome diariamente sua cruz e siga-me. Se tentar se apegar à sua vida, a perderá. Mas, se abrir mão de sua vida por minha causa, a salvará" (Lc 9:23,24).

Embora gostemos de celebrar o nascimento milagroso do precioso menino Jesus (2:6,7), precisamos também nos lembrar do incansável amor do Salvador expresso em Sua morte brutal por nós (Is 53:3-6). *Sua vida pela nossa, a nossa vida pela dele.* Até que ponto esvaziamos o nosso coração para que Ele possa reinar plenamente (Lc 18:18-30)?

—*Regina Franklin*

A Bíblia em um ano

☐ Ezequiel 47–48; 1 João 3

O nosso coração é a morada de Cristo e todos os seus aposentos devem pertencer ao Senhor.

29 de janeiro

Cidadania

Leitura:
Filipenses 3:12-21

Nossa cidadania, no entanto, vem do céu... —Filipenses 3:20

Onde está a sua cidadania? Não, eu não estou perguntando se você é cidadã naturalizada do seu país. Também não estou perguntando se você é africana, francesa ou brasileira. De acordo com a Bíblia, há apenas duas cidadanias — a do mundo e a do Céu; o reino das trevas e o reino da luz. Em qual dessas você mantém a cidadania? A qual delas você pertence? Essas são as questões colocadas pelo pastor Carl Haak em seu sermão, intitulado retoricamente: "Nossa pátria está nos Céus", de 1997.

O apóstolo Paulo proclama com autoridade que a cidadania de todos os verdadeiros cristãos "...vem do céu, e de lá aguardamos ansiosamente a volta do Salvador, o Senhor Jesus Cristo. Ele tomará o nosso frágil corpo mortal e o transformará num corpo glorioso..." (Fp 3:20,21). "Ele nos resgatou do poder das trevas e nos trouxe para o reino de seu Filho amado, que comprou nossa liberdade e perdoou nossos pecados" (Cl 1:13,14).

Como disse um comentarista: "A Bíblia considera a Igreja como um posto avançado do reino de Deus". Seguindo esse mesmo raciocínio, o pastor Charles H. Spurgeon ilustrou o significado de "cidadania celestial" usando o exemplo de um cidadão inglês que vivia nos Estado Unidos: "Embora ele viva nos EUA e faça seus negócios lá, ainda assim, é estrangeiro e não pertence àquela nação". Como cidadãos do Céu e "...peregrinos e estrangeiros..." (1Pe 2:11), temos privilégios e responsabilidades. Temos também a obrigação de brilhar por Cristo e de nos lembrarmos que refletimos o próprio reino dos Céus (Fp 1:27). —*Roxanne Robbins*

A Bíblia em um ano
☐ Êxodo 21–22; Mateus 19

Não importa o que aconteça, exerçam a sua cidadania de maneira digna do evangelho de Cristo.

3 de dezembro

Guerra incomum

Leitura:
2 Crônicas 20:1-12

…Não sabemos o que fazer, mas esperamos o socorro que vem de ti.
—2 Crônicas 20:12

Em certa maratona em 1980, uma mulher embarcou num ônibus. Nada demais, exceto que ela deveria estar *correndo*! Mais tarde, ela voltou à corrida, porém, cedo demais, pois ela terminou muito à frente de outros concorrentes. Logo surgiram as dúvidas quando se tornou evidente que ela não parecia cansada como alguém que tinha acabado de participar de uma maratona. Nem sequer parecia uma corredora!

Numa batalha antiga, o exército de Judá também não *parecia* ter acabado de vencer uma grande batalha. Mas isso tinha acontecido. Alguns mensageiros foram dizer ao rei Josafá: "Um exército enorme de Edom vem de além do mar Morto contra o rei…" (2Cr 20:2). O rei "ficou amedrontado" (v.3). O que ele fez em seguida pode não parecer liderança forte, mas foi. Primeiro, ele convocou o povo para jejuar e orar. Depois, reconheceu a história de Deus com o povo judeu e Sua supremacia (v.6), e lembrou a Deus de Sua promessa: "Não deste esta terra para sempre aos descendentes de teu amigo Abraão" (v.7)?

Ele admitiu sua necessidade. "Não sabemos o que fazer, mas esperamos o socorro que vem de ti" (v.12). Finalmente, o rei estava pronto para liderar seu povo na batalha e não escolheu guerreiros poderosos, mas *cantores* "para irem adiante do exército cantando e louvando o Senhor por sua majestade" (v.21). O resultado foi impressionante. Aqueles que pretendiam atacá-los subitamente se voltaram uns contra os outros (vv.22,23). Nem um inimigo sequer foi deixado para lutar com o exército de Judá (v.24). O final feliz? "E reino de Josafá teve paz, pois seu Deus lhe deu descanso de todos os lados" (v.30).

As coisas nem sempre são como parecem. Nosso grande Deus é sempre confiável, mas nunca previsível (2Cr 20:20). —*Tim Gustafson*

A Bíblia em um ano

☐ Ezequiel 45–46; 1 João 2

Permanecer firmes, louvar e adorar o Senhor Deus nos ajuda a vencer as batalhas.

30 de janeiro

Ainda por vir

Leitura:
Daniel 12:1-13

Muitos dos que estão mortos e enterrados ressuscitarão, alguns para a vida eterna e outros para a vergonha e a desonra eterna. —Daniel 12:2

Minha irmã poderia tirar uma licença de um ano do trabalho para estudar na Universidade Hebraica de Jerusalém. Eu lhe disse: "Prepare-se para conhecer os montes e saber para onde correr durante a grande tribulação". Embora isso fosse, em parte, um gracejo, ela e eu cremos que Jesus virá logo e levamos a sério Suas palavras proféticas em Mateus 24. Outra passagem menos conhecida acerca dos tempos finais é Daniel 12. Ela começa com as palavras "Nessa época" (v.1). Trata-se do tempo terrível revelado em 11:40-45, quando Israel enfrentará problemas sem precedentes. Contudo, exatamente nesse tempo, a esperança nascerá. Daniel 12:2 nos traz uma daquelas raras ocorrências no Antigo Testamento que falam sobre a ressurreição. Temos ali a garantia de que os que crerem terão um futuro feliz. A morte embora possa parecer definitiva, não é. Sim, despertaremos para "a vida eterna" (v.2). E Deus honrará os que permanecerem fiéis a Ele (v.3).

Como frágeis seres humanos, gostaríamos de saber quanto tempo teremos de sofrer. A visão de Daniel proporciona algumas verdades confortantes:

• Para quem crê, o sofrimento é temporário (v.7) e o melhor ainda está por vir. "Quanto a você, siga seu caminho até o fim. Você descansará e, no final dos dias, se levantará para receber sua herança" (v.13).

• Nossas provações nos purificam, limpam e refinam (v.10).

M. Overton escreveu: "Embora a noite seja escura e o dia pareça nunca chegar, minha fé no Senhor está segura naquele que não pode errar. Pois logo a névoa se dissipará, e o Senhor tudo claro fará; ainda que o caminho meu pareça escuro, meu Deus jamais cometeu erro algum" (1Co 15:50-57; Ap 20:4-6,12-15). Aleluia! —*Poh Fang Chia*

A Bíblia em um ano

☐ Êxodo 23–24; Mateus 20:1-16

A esperança da ressurreição nos incentiva a sermos fiéis.

2 de dezembro

Teologia de beira de estrada

Leitura:
2 Tessalonicenses 1:7-12

…quando ele vier do céu. Virá com seus anjos poderosos, em chamas de fogo, trazendo juízo sobre os que não conhecem a Deus…
—2 Tessalonicenses 1:7,8

Ao viajar pela estrada li a mensagem: "O INFERNO EXISTE". Concordei com as palavras, mas, por algum motivo, aquela lição de teologia de beira de estrada não permaneceu na minha mente. Porém, voltando pela mesma rodovia do outro lado dessa placa, li: "JESUS EXISTE". Essas duas verdades me fizeram perguntar: *Por que a existência do inferno não me faz compartilhar Cristo mais frequentemente?* A Bíblia nos encoraja: "…Resgatem outros, tirando-os das chamas do julgamento" (Jd 1:23). Creio que o fogo seja literal; o inferno é um verdadeiro *inferno*. Não é uma grande festa para os pecadores na qual poderão usufruir de uma eternidade repleta de prazeres pervertidos. Será um lugar de mal e desespero porque "Eles serão punidos com destruição eterna, separados para sempre da presença do Senhor e de seu glorioso poder" (2Ts 1:9).

A eternidade é *todo* o tempo. Aqueles que terminarem no inferno serão "separados para sempre da presença do Senhor" (v.9). O *hades* é um destino, não é o cruzamento desagradável da jornada de alguém rumo ao aperfeiçoamento espiritual. O teólogo Matthew Henry escreveu que as pessoas no inferno "estarão morrendo sempre e nunca morrerão. Seu sofrimento correrá paralelamente à linha da eternidade".

A realidade da destruição eterna é perturbadora e nos faz tremer. Mas nos faz abrir a boca? Será que nos compele a compartilhar as "boas-novas de nosso Senhor Jesus" com as pessoas que conhecemos? Estamos dispostas a lhes falar que ser uma pessoa "boa" não basta para tirá-las do inferno (Ap 3:19; 19:20)? Estamos dispostas a correr o risco da decepção por sua incredulidade? Estamos dispostas a lhes dizer que "…a dádiva de Deus é a vida eterna em Cristo Jesus, nosso Senhor" (Rm 6:23)? —*Jennifer Benson Schuldt*

A Bíblia em um ano

☐ Ezequiel 42–44; 1 João 1

Sejamos zelosas, pois Deus corrige e disciplina aqueles que o amam e são amados por Ele.

31 de janeiro

Decepções

Leitura:
Romanos 5:1-5

E essa esperança não nos decepcionará, pois sabemos quanto Deus nos ama, uma vez que ele nos deu o Espírito Santo para nos encher o coração com seu amor.
—Romanos 5:5

Ian Usher estava tão decepcionado com sua vida a ponto de decidir leiloá-la. Ele queria se livrar de todas as memórias que compartilhava com sua ex-esposa e disse: "No dia em que todos os meus bens forem vendidos, pretendo sair pela porta da frente com minha carteira e passaporte e nada mais mesmo". Seus planos incluíam despedir-se de sua mãe antes de partir e encontrar um novo lugar para chamar de lar. "Verei para onde a vida me levará a partir dali. É tempo de me livrar do velho e receber o novo". Uma nova abordagem, mas, definitivamente, não a maneira como Paulo disse aos cristãos de Roma para lidarem com as decepções da vida.

O apóstolo incentivou os cristãos a se lembrarem de que a morte de Jesus lhes concedera a paz com Deus e uma nova vida nele (Rm 5:1). Essa paz lhes daria poder para enfrentar as "dificuldades e provações", não para fugirem delas (v.3). Sofrimentos de todos os tipos produziriam resistência e capacidade de perseverar nas dificuldades sem fugir. Paulo disse que a perseverança se desenvolveria, se aprofundaria e aprovaria o caráter deles (v.4). Um caráter aprovado e fortalecido produziria a confiança de que Deus estaria com eles em qualquer decepção. Essa confiança no Senhor não decepcionaria, porque Seu amor seria derramado no coração dos cristãos pelo Espírito Santo (v.5). O amor de Deus proporcionava a garantia de que a confiança deles no Senhor era justificada.

Em vez de fugirmos das nossas dificuldades e provações, podemos nos regozijar ao enfrentá-las, sabendo que elas ajudarão a desenvolver em nós um caráter mais perseverante e aprovado. E isso aumenta a nossa confiança em Deus ao enfrentarmos as decepções presentes e futuras (1Sm 30:3-6). —*Marvin Williams*

A Bíblia em um ano

☐ Êxodo 25–26; Mateus 20:17-34

Para suportar as decepções e ansiedades, busque forças no Senhor.

1.º de dezembro

Deus a conhece

Leitura:
Jeremias 1:4-8

Eu o conheci antes de formá-lo no ventre de sua mãe...
—Jeremias 1:5

No site para os interessados em antiguidades foi postado uma série fascinante de imagens de malas abandonadas por pacientes do *Willard Asylum for the Chronic Insane* (Asilo para pessoas com doenças psicológicas crônicas) falecidos entre 1910–60. As imagens deixam muitas perguntas. Numa das malas estava uma escova de cabelo de mulher embrulhada ao lado de uma pequena vassoura de palha. Outra continha um relógio, um pequeno recipiente de graxa de sapatos e um cãozinho da raça *terrier* escocês feito à mão. Havia livros, instrumentos musicais, fotografias e jornais. Cada foto trazia lembranças de alguém que tinha sido mãe, irmão ou amigo de alguém e deixara tudo para trás. Os objetos deixam vislumbres sobre quem foram as pessoas que os possuíram.

Sabemos que Deus deu uma palavra de ânimo ao profeta Jeremias que também *nos* anima. "Eu o conheci antes de formá-lo no ventre de sua mãe; antes de você nascer, eu o separei..." (Jr 1:5). Jeremias não era uma surpresa para Deus; ninguém é. O Senhor não nos conhece como se fôssemos apenas um fato aleatório. Pelo contrário, Deus nos *conhece* intimamente (indicando um conhecimento profundo e pessoal, as pessoas já chamaram isso de conhecimento da *alma*). Ainda mais, Deus nos *formou*. Somos ideia e criação dele. Deus nos *desejou*.

Jeremias contestou como se a mensagem fosse boa demais para ser verdade. Deus chamou o profeta, mas ele temeu e disse: "Ó Soberano Senhor, não sou capaz de falar em teu nome! Sou jovem demais para isso" (v.6)! O medo nos impede de ouvir as palavras de amor de Deus e de receber a Sua alegria.

Deus persistiu. "...não tenha medo [...] pois estarei com você e o protegerei" (v.8). Ele nos conhece e nos ama por inteiro (Jr 17:7-10). —*Winn Collier*

Somos felizes quando confiamos no Senhor e quando depositamos a nossa esperança nele.

A Bíblia em um ano

☐ Ezequiel 40–41; 2 Pedro 3

1.º de fevereiro

Caixa de pizza

Leitura:
1 Tessalonicenses 1:1-10

Agora, partindo de vocês, a palavra do Senhor tem se espalhado por toda parte.
—1 Tessalonicenses 1:8

Minha esposa e eu estávamos no centro da cidade para compartilhar o evangelho com os passantes. Encontramos um homem sem-teto de 23 anos e falamos de Jesus usando o método "A grande história". Desenhamos círculos para explicar a história e o plano de Deus para a salvação. Sentados num banco com uma caixa de pizza aos pés, desenhei nela, falando das boas-novas. Deus tocou no coração dele, e ele recebeu Jesus como Salvador! E melhor: mais tarde o vimos compartilhando os círculos desenhados na caixa com alguém que havia se sentado a seu lado. E pouco depois, o novo convertido mostrava os círculos para *outra* pessoa.

Quando Paulo escreveu aos cristãos da igreja de Tessalônica, ele os elogiou pelo "seu trabalho fiel, seus atos em amor e sua firme esperança" por causa do que Jesus havia feito em seus corações (v.3). Paulo, Silas e Timóteo haviam compartilhado o evangelho e a igreja recebera a mensagem "com a alegria" (vv.1,5,6). Isso era uma bela coisa por si só, mas então os novos convertidos começaram a espalhar a palavra. O apóstolo escreveu: "partindo de vocês, a palavra do Senhor tem se espalhado por toda parte" (v.8). Eles estavam vivendo segundo a verdadeira fé em Jesus e apresentando Sua mensagem apaixonadamente (vv.9,10).

Separe um tempo para compartilhar Jesus com alguém no trabalho ou com alguém estranho onde for possível, o Espírito Santo poderá conduzir essa pessoa à salvação e a compartilhar a sua fé com outros. Quem sabe, você poderá ser testemunha do desabrochar de um "evangelista de caixa de pizza"! Apenas inicie a conversa e veja em que direção o Espírito conduzirá. —*Tom Felten*

A Bíblia em um ano

☐ Êxodo 27–28; Mateus 21:1-22

Para compartilhar de Jesus busque o poder de Deus e não a sabedoria humana.

30 de novembro

Ações e aventura

Leitura:
1 João 3:11-20

…não nos limitemos a dizer que amamos uns aos outros; demonstremos a verdade por meio de nossas ações. Com isso saberemos que pertencemos à verdade… —1 João 3:18,19

Tive a chance de sentar nas poltronas de cinema que simulam vibrações para frente e para trás, para os lados, para cima para baixo, sincronizadas com as ações da tela.

Achei a experiência bem similar ao ato de dirigir em Uganda, onde eu desvio de galinhas, cabras, gado, *boda-bodas* (moto-táxi, táxi-bicicleta), micro-ônibus e pedestres que sobem e descem ao redor de buracos do tamanho de crateras e outros obstáculos. Embora experimentar as poltronas tenha sido divertido, imaginei: "Paguei por uma experiência que vivo de graça todos os dias".

Seguir a Jesus é seguir um caminho cheio de emoções. Por meio de uma experiência muito mais instigante que a da poltrona no cinema, andar com Ele traz desafios e emoções que excedem o que nos é oferecido por qualquer passeio simulado. Apesar de Jesus não chamar todas as pessoas para os caminhos desafiantes da África, Ele chama todos nós para sairmos do nosso lugar. O Senhor instruiu o Seu povo: "Levante-se e prepare-se para agir" (Jr 1:17).

Paulo aconselha "…ponha em prática a comunhão que vem da fé, à medida que entender e experimentar todas as coisas boas que temos em Cristo" (Fm 1:6). Porque, quando a nossa fé e as nossas ações são conjuntas, nossas ações "completam" a nossa fé (Tg 2:22). Antes de começar, porém, lembre-se de que, para realizar ainda mais do que podemos esperar, nossa primeira ação deve ser nos oferecer a Jesus e ao povo ao qual Ele nos chamou para servir (2Co 8:5).

É verdade! Nossas ações revelam Deus agindo em nós e por nosso intermédio e levam Sua esperança a outras pessoas (1Jo 3:18,19). Mostremos que pertencemos à verdade e a Deus ao seguir os Seus mandamentos voltados para a ação (vv.11,23,24; Dt 11:8).

—*Roxanne Robbins*

Obedecer aos mandamentos de Deus é um passo importante para termos forças para avançar e conquistar o que Ele preparou para nós.

A Bíblia em um ano

☐ Ezequiel 37–39; 2 Pedro 2

2 de fevereiro

Você só precisa de amor

Leitura:
Êxodo 34:6-7

[Deus] Cubro de amor mil gerações... —Êxodo 34:7

Encontrei uma sequência de 10 minutos de velhas mensagens de correio de voz de meus filhos quando tinham 3 e 4 anos enquanto examinava alguns arquivos antigos. Eles me ligavam enquanto eu estava no trabalho ou em viagem. "Papai, eu amo você", crepitou uma vozinha metálica. "Quando você voltar para casa, podemos passear de bicicleta?" Minha favorita foi a mensagem em que um deles repetia, pausadamente: "Eu te amo, papai. Eu te amo, papai. Eu te amo, papai". Lágrimas de intenso amor vieram aos meus olhos ao lembrar-me daqueles dias maravilhosos.

Todos realmente necessitam e anseiam por amor. As Escrituras confirmam esse anseio humano e nos dizem que esse desejo inextinguível é simplesmente outra expressão do fato de todos ansiarmos por Deus. O apóstolo João diz que "Deus é amor" (1Jo 4:8). Não se trata somente de Deus *representar* o amor. Em vez disso, Deus *é* amor. Ele é "cheio de amor e fidelidade" (Êx 34:6). O Senhor define o amor. Ele inventou toda a noção de amor, o qual é a exata expressão do Seu ser.

Se desconhecemos o amor, não conhecemos a Deus. "Quem não ama não conhece a Deus, porque Deus é amor", insiste João (1Jo 4:8). Mas, se nosso amor é forte e verdadeiro, isso significa que recebemos esse dom de nosso Criador. O poeta e romancista Wendell Berry diz belamente: "Acredito que o mundo foi criado e aprovado por amor, que ele subsiste, é coeso e resiste por amor, e que, na medida em que ele seja redimível, ele só pode ser redimido por amor. Acredito que o amor divino, encarnado e que vive no mundo, o convoca sempre para a integridade, que é, em última análise, a reconciliação e reparação com Deus". —*Winn Collier*

A Bíblia em um ano
☐ Êxodo 29–30; Mateus 21:23-46

Sabemos quanto Deus nos ama e confiamos em seu amor. Deus é amor, e quem permanece no amor permanece em Deus, e Deus nele. —1 João 4:16

29 de novembro

Conheça o seu inimigo

Leitura:
2 Samuel 1:17-27

Se, de fato, vocês desejam de todo o coração voltar ao Senhor, livrem-se de seus deuses estrangeiros…
—1 Samuel 7:3

Há alguns anos, uma canção pop perguntava: "Você conhece o inimigo?".

Davi conhecia alguém que o considerava inimigo: o rei Saul. Esse rei perturbado de Israel odiava Davi, e isso gerou problemas para o futuro monarca. Nervoso, Davi pensava: "Um dia, Saul me apanhará" (1Sm 27:1), mas ele não odiava Saul. Na verdade, ele o chamava de "o ungido do Senhor…" (1Sm 26:9).

Embora tenha tido a chance de matar Saul, Davi recusou-se a fazê-lo (1Sm 26:7-9). Assim, quando um jovem falou que dera fim à vida de Saul (uma mentira com a intenção de agradar), Davi não gostou do que ouviu (2Sm 1:14-16). Saul *tinha* morrido, mas por sua própria mão e espada (1Sm 31:4).

Saul e seu filho Jônatas, o melhor amigo de Davi, haviam morrido numa batalha contra os filisteus. Cheio de dor, Davi "entoou uma canção fúnebre" (2Sm 1:17), que incluiu: "Seu esplendor, ó Israel, está morto sobre os montes! Como caíram os valentes" (v.19)! *Esta não parece a lamentação de alguém que conhecia seu inimigo!* "Quão amados e estimados eram Saul e Jônatas!" (v.23). *O quê? Jônatas eu entendo, mas Saul…* Davi prosseguiu afirmando o quanto amava Jônatas (vv.25,26). Mas o fato é que ele também celebrou a vida de Saul. Por quê? Por causa de sua reverência e de seu amor por Deus. Reconhecia que Saul havia sido ungido do Senhor, e isso era tudo o que precisava saber.

Jesus falou: "…amem os seus inimigos e orem por quem os persegue" (Mt 5:44). Nossos adversários humanos são profundamente afetados pelos nossos verdadeiros inimigos: o pecado e Satanás. Saber disso nos ajuda a vê-los como Jesus os vê. Sim, conheça seus inimigos, mas saiba que Deus também quer que você os ame (Lc 6:27-36). —*Tom Felten*

A Bíblia em um ano

☐ Ezequiel 35–36; 2 Pedro 1

A Palavra de Deus nos ensina a sermos misericordiosas como o nosso Pai celestial o foi em relação a nós.

3 de fevereiro

Uma simples palavra

Leitura:
Gênesis 12:1-9

Então Abrão partiu, como o Senhor havia instruído.
—Gênesis 12:4

Assinei uma revista que promove a simplicidade. Editam artigos sobre soluções descomplicadas para problemas domésticos, dificuldades de relacionamentos e enigmas da moda. Por exemplo, uma edição listou 799 novos usos para itens que você possui, e outra apresentou refeições saborosas feitas com apenas três ingredientes.

Em alguns casos, a compreensão da vontade de Deus para nossa vida vem de uma *simples* palavra: obediência. Abrão (mais tarde, Abraão) obedeceu quando Deus lhe disse para deixar sua terra natal e se estabelecer num lugar novo (Gn 12:1). Embora tivesse 75 anos e soubesse que a viagem seria desafiadora, "Abrão partiu, como o Senhor havia instruído" (v.4). Ele *simplesmente* obedeceu. Deve ter sido tentador questionar a vontade de Deus nessa situação. Talvez ele tenha pensado em perguntar a opinião de amigos sobre a grande mudança. Eventualmente todos nós questionamos o que Deus quer que façamos em certas situações. Algumas vezes a resposta é complexa; em outras, é tão simples quando obedecer às instruções do Senhor. Por exemplo, sabemos que Deus quer que sejamos: *Moralmente puros* — "A vontade de Deus é que vocês vivam em santidade; por isso, mantenham-se afastados de todo pecado sexual" (1Ts 4:3).

Gratos em qualquer situação — "…Sejam gratos em todas as circunstâncias" (5:18).

Exemplos de santidade — "É da vontade de Deus que, pela prática do bem, vocês calem os ignorantes que os acusam falsamente" (1Pe 2:15).

Se você estiver se perguntando o que fazer em determinada situação, considere esta questão: Como posso simplesmente obedecer a Deus e a Sua Palavra? —*Jennifer Benson Schuldt*

A Bíblia em um ano

☐ Êxodo 31–33; Mateus 22:1-22

Muitas decisões que precisamos tomar exigem a nossa obediência ao Senhor.

28 de novembro

Um lugar onde estar

Leitura:
Neemias 1:4-11

Na casa de meu Pai há muitas moradas. Se não fosse assim, eu lhes teria dito. Vou preparar lugar para vocês. —João 14:2

Milhares de filamentos de tempo, acontecimentos e pessoas entremeiam-se formando uma tapeçaria que chamamos de "lar". Mais do que simplesmente uma casa, o lar é o lugar onde o sentido, o pertencimento e a segurança se unem sob a cobertura de nossos melhores esforços, em amor incondicional. O lar nos chama com memórias profundamente entranhadas em nossa alma. Mesmo quando o nosso lar não é perfeito, sua forte influência em nós é dramática, magnética.

A Bíblia fala frequentemente de lar, de moradia. Vemos um exemplo no anseio de Neemias por uma Jerusalém restaurada (Ne 1:3,4; 2:2). Não é de surpreender, então, ouvir Jesus falar de um lar, uma moradia, quando Ele quer nos consolar. "Não deixem que seu coração fique aflito. Creiam em Deus; creiam também em mim. Na casa de meu Pai há muitas moradas. Se não fosse assim, eu lhes teria dito…". Ele começou, e em seguida, acrescentou: "vou preparar lugar para vocês" (Jo 14:1,2).

Para aqueles que têm lindas memórias ternas de moradias terrenas, essa promessa nos conecta a algo que podemos facilmente entender e pelo qual esperamos. E para aqueles cujas moradias foram tudo menos confortáveis e seguras, Jesus promete que um dia eles ouvirão a doce canção entoada nessa moradia, pois nela habitarão com Ele.

Seja qual for o motivo da luta ou hesitação em sua jornada de fé, lembre-se disto: há uma moradia no Céu já esperando, preparada especialmente para você. Jesus não falaria isso se não fosse verdade. —*Randy Kilgore*

A Bíblia em um ano

☐ Ezequiel 33–34; 1 Pedro 5

Que a lembrança de nosso lar terreno nos conduza com esperança à nossa moradia celestial.

4 de fevereiro

A história de dois filhos

Leitura:
Mateus 21:28-32

Nem todos que me chamam: 'Senhor! Senhor!' entrarão no reino dos céus, mas apenas aqueles que, de fato, fazem a vontade de meu Pai, que está no céu. —Mateus 7:21

Uma mãe pede aos seus filhos para limparem seus quartos. O primeiro grita: "Não seja chata, mãe!" e se tranca no quarto. Mais tarde, ele se sente mal e decide limpá-lo. O segundo diz: "Sim, mãe, faço tudo por você", e continua a jogar videogame. Um chefe diz a dois empregados para entregarem os seus relatórios antes de saírem do trabalho. Um responde: "Isso é impossível!", mas faz hora extra para cumprir a tarefa. O outro diz: "Claro, sem problemas" e esquece o assunto.

As duas histórias acima são versões modernas de uma antiga parábola contada por Jesus. Era uma acusação aos líderes religiosos que diziam as coisas certas, mas não as praticavam. Na verdade, questiona sobre: "Como reagimos à autoridade?". E mais importante: "Como reagimos à autoridade de Jesus"? A escória da sociedade, tais como os coletores de impostos e as prostitutas, foram recebidos no reino de Deus porque creram e se submeteram à autoridade de Cristo (Mt 21:31,32). Os líderes religiosos, que pensavam ser os homens mais espirituais de Israel, foram rejeitados porque, embora seu palavreado religioso fosse perfeito, trataram a autoridade de Jesus com desprezo.

A submissão à autoridade de Deus em Cristo exige mais do que meras palavras. É um chamado à obediência ao Senhor. Deus, que vê o nosso coração, não se impressiona com manifestações exteriores que não se traduzem em obediência (Ez 18:25-32).

Aqui temos uma lição para quem tem dúvidas e questionamentos sobre a fé. Seja honesta. Certifique-se de que os seus questionamentos e lutas provêm de um desejo sincero de conhecer a verdade sobre Jesus e não do desejo de adiar a decisão, de dar as costas ao seu pecado, e deposite a sua confiança em Cristo. —*Poh Fang Chia*

A Bíblia em um ano
☐ Êxodo 34–35; Mateus 22:23-46

Deixemos as nossas rebeldias para trás e busquemos um coração novo e um espírito novo.

27 de novembro

Em processo...

Leitura:
Colossenses 3:10-19; 4:5,6

Acima de tudo, revistam-se do amor que une todos nós em perfeita harmonia.
—Colossenses 3:14

Pensei que soubesse amar meu marido após 18 anos de casamento. As provações, os filhos e Deus tinham realizado incontáveis mudanças significativas em nosso relacionamento. Mas toques gentis do Senhor para eu ler um livro específico sobre amor continuavam a interromper minhas atividades diárias. Assim que esse livro chegou ao mercado, soube que seria um ótimo recurso para muitas pessoas. Era o momento que Deus queria que eu colocasse meu orgulho de lado e não visse apenas o que Ele tinha feito em minha vida, mas o que ainda desejava fazer.

A transformação nem sempre é fácil, sobretudo quando envolve o nosso coração. Os relacionamentos, sejam com Deus, cônjuge ou outra pessoa, são uma jornada, não um destino. Embora nos fortaleçamos com as coisas que Deus faz em nós, as circunstâncias da vida invariavelmente geram tensões ou ajustes que exigem que nos submetamos humildemente à Sua obra contínua (Rm 8:28; 1Ts 5:23,24). Deus frequentemente usa nossos relacionamentos mais próximos para produzir em nós a transformação que será o testemunho do amor de Jesus para o mundo incrédulo (Jo 13:35; Cl 4:5).

De comportamentos escondidos no coração às ações de autopreservação, Deus nos chama para nos revestirmos da nova natureza e sermos renovadas à medida que aprendemos a conhecer o nosso Criador e nos tornamos semelhantes a Ele (Cl 3:10). A verdadeira mudança, porém, requer humildade para abrirmos mão dos nossos direitos a fim de abraçarmos os dele (Sl 25:9; Pv 10:12).

À medida que nosso valor e propósito ficam mais escondidos em Cristo (Cl 3:3), menos precisamos provar que estamos certas, mais queremos que Sua Palavra viva em nós e mais amamos verdadeiramente (Jo 15:12-17). —*Regina Franklin*

A Bíblia em um ano

☐ Ezequiel 30–32; 1 Pedro 4

Jesus é o exemplo de como devemos reagir em nossos relacionamentos.

5 de fevereiro

Chuvas extraordinárias

Leitura:
Ezequiel 34:25-31

Abençoarei meu povo e suas casas ao redor de meu santo monte. E, no devido tempo, enviarei as chuvas de que precisam; haverá chuvas de bênçãos. —Ezequiel 34:26

O que os peixes, os girinos e as aranhas têm em comum? Todos eles caíram do céu como chuva em várias partes do mundo. Os peixes caíram sobre a cidade australiana de Lajamanu. Os girinos caíram sobre áreas centrais do Japão em várias ocasiões. Choveram aranhas sobre as montanhas de San Bernardo, na Argentina. Embora os cientistas suspeitem que o vento desempenhe seu papel nestas intrigantes chuvas, ninguém consegue explicar totalmente tal fenômeno.

O profeta Ezequiel descreveu uma chuva torrencial muito mais extraordinária, uma chuva de bênçãos (Ez 34:26). Ezequiel falou sobre um tempo em que Deus enviaria bênçãos como chuvas para avivar o Seu povo. Os israelitas seriam salvos das nações inimigas, teriam comida suficiente, seriam libertos da escravidão e livres da vergonha (vv.27-29). Esses presentes fariam reviver a relação de Israel com Deus. As pessoas saberiam que Deus estava com eles e que o povo de Israel é o povo do Senhor Soberano (v.30).

Deus também abençoa os Seus seguidores nos dias de hoje (Tg 1:17). Às vezes as bênçãos abundam como chuva; às vezes elas pingam gota a gota. Se muitas ou poucas, as coisas boas que recebemos vêm com uma mensagem de Deus: *Eu vejo as suas necessidades. Você é minha, e cuidarei de você.* —*Jennifer Benson Schuldt*

A Bíblia em um ano
❏ Êxodo 36–38; Mateus 23:1-22

As bênçãos do dia a dia são os lembretes diários do amor de Deus por nós.

26 de novembro

Confiar e obedecer

Leitura:
Josué 5:1-9

Quando todos os reis […] souberam como o Senhor havia secado o Jordão, para que os israelitas atravessassem, perderam o ânimo e se encheram de medo por causa deles.
—Josué 5:1

Sendo oficial do exército, aprendi que poderia usar a artilharia aérea para neutralizar o inimigo antes do verdadeiro confronto via ofensiva terrestre. O objetivo era prejudicar as habilidades de combate do inimigo, gerar medo e desmoralizar suas tropas antes do combate por terra.

Depois de 40 longos anos, os israelitas entraram na Terra Prometida sem precisar de ataques aéreos. Quando "os reis cananeus que viviam junto ao mar souberam como o Senhor havia secado o Jordão para que os israelitas atravessassem, perderam o ânimo e se encheram de medo por causa deles" (Js 5:1). Foi o momento oportuno para o "general Josué" lançar uma ofensiva completa a Jericó. Mas Deus lhe ordenou que fizesse algo radical do ponto de vista humano. Era incrivelmente tolo como estratégia militar e extremamente perigoso. Deus ordenou que Josué circuncidasse "esta segunda geração de israelitas" (v.2). O procedimento cirúrgico causaria um atraso de 10 a 14 dias para a recuperação, incapacitaria todo o exército judeu e colocaria a nação inteira em risco, tornando-a fraca demais para se defender do ataque dos cananeus.

Sim, a ordenança de Deus foi desconcertante. Com certeza, os Seus caminhos não são os nossos caminhos. *O que você fará se descobrir que os caminhos do Senhor parecem absurdos e incompreensíveis?* Josué obedeceu à ordem de Deus em vez de ceder à razão humana e decidiu confiar no Senhor ainda *mais* (Js 6:1-5; Gn 17:10-14). Oswald Chambers escreveu: "Fé é a confiança deliberada no caráter de Deus cujos caminhos você pode não entender no momento".

Josué demonstrou confiança inabalável no Senhor pela obediência. Façamos o mesmo.
—*K. T. Sim*

A Bíblia em um ano
☐ Ezequiel 27–29; 1 Pedro 3

A obediência revela a nossa confiança em Deus.

6 de fevereiro

Prepare o caminho

Leitura:
Lucas 3:1-9

João percorreu os arredores do rio Jordão, pregando o batismo como sinal de arrependimento para o perdão dos pecados.
—Lucas 3:3

Em 2004, na Indonésia, um terremoto de magnitude 9.3 desencadeou ondas gigantes que destruíram totalmente cidades e vilas. Milhares de pessoas perderam a vida simplesmente por não saberem que a tal onda volumosa estava chegando. Depois disso, muitos países instituíram sistemas de alertas de *tsunami* alertando os cidadãos para que pudessem se mudar para lugares mais elevados.

João Batista alertou o povo de que ele preparava "o caminho para o Senhor" (Lc 3:4). Por milhares de anos, Deus enviou os Seus profetas para dizer ao povo que o Messias estava chegando. Mas os israelitas não lhes deram atenção. Em Lucas 3, sete pessoas em posições de grande poder são destacadas (Lc 3:1,2), porém Deus usou um homem simples e desconhecido, que vivia no deserto, para anunciar a vinda do Rei (v.2). Tibério César, Pôncio Pilatos, Herodes Antipas, Filipe e Lisânias eram governadores maus e opressivos. Os dois sumos sacerdotes não davam a mínima importância ao bem-estar espiritual do povo. Eles faziam parte de uma sociedade desonesta e corrupta. Os coletores de impostos trapaceavam, os soldados abusavam de seu poder, e as pessoas comuns sofriam graves injustiças (vv.10-14).

Hoje, vivemos num mundo igualmente perverso e injusto, impulsionado por ganância e egoísmo. É nele que devemos proclamar a vinda do Salvador. João alertou as pessoas quanto ao julgamento se elas se recusassem a se arrepender (v.9). Mas a mensagem divina não tratava apenas da condenação (Ez 33:2-9). João também anunciava "as boas-novas ao povo" (v.18) e chamava as pessoas ao "arrependimento" e a se voltarem a Deus "para o perdão dos pecados" (v.3).

Como João, devemos preparar com zelo "o caminho para a vinda do Senhor" (v.4), para que todos vejam "a salvação enviada por Deus" (v.6). —K. T. Sim

Deus usou os profetas para preparar o coração das pessoas para o arrependimento e Ele quer nos usar também.

A Bíblia em um ano

☐ Êxodo 39–40; Mateus 23:23-39

25 de novembro

Atalhos perigosos

Leitura:
Mateus 4:1-10

Jesus, porém, respondeu: "As Escrituras dizem: 'Uma pessoa não vive só de pão, mas de toda palavra que vem da boca de Deus'". —Mateus 4:4

Durante as eleições em meu país, uma mãe batalhadora que eu conhecia trocou o seu voto por um pacote de fraldas. Nós havíamos discutido os benefícios de votar em cada um dos candidatos, portanto a escolha que ela fez me decepcionou. "Mas e as suas convicções?", perguntei-lhe. Ela permaneceu silenciosa. Seis meses depois que o seu candidato vencera, os impostos ficaram ainda mais altos. Tudo agora é mais caro do que antes, inclusive as fraldas!

Em muitos países ao redor do mundo, a corrupção política não é algo novo. A corrupção espiritual também não. Satanás tentou seduzir Jesus a "negociar" Suas convicções (Mt 4:1-10). O tentador foi até Ele quando o Senhor estava cansado e faminto. Ofereceu a satisfação imediata para Jesus, pão fresco em segundos, um livramento miraculoso, os reinos do mundo e sua glória.

Mas Jesus era sábio. Ele sabia que os atalhos são inimigos muito perigosos. Podem oferecer uma estrada livre de sofrimento, mas no fim das contas a dor que carregam é muito pior do que qualquer coisa que possamos imaginar. "As Escrituras dizem…", Jesus repetiu essas palavras três vezes durante Sua tentação (vv.4,7,10). O Senhor Jesus se manteve firme ao que sabia ser a verdade de Deus e de Sua Palavra.

Quando somos tentadas, Deus pode nos ajudar também. Podemos depender dele e da verdade de Sua Palavra para nos ajudar a evitar atalhos perigosos. —*Keila Ochoa*

A Bíblia em um ano
☐ Ezequiel 24–26; 1 Pedro 2

O caminho de Deus não é fácil, mas conduz à satisfação eterna.

7 de fevereiro

Colheita de generosidade

Leitura:
2 Coríntios 9:1-13

…Compartilha generosamente com os necessitados; seus atos de justiça serão lembrados para sempre —2 Coríntios 9:9

No leste da África, descobri que com pouco se faz muito. Por exemplo, meus colegas e eu conseguimos ajudar a alimentar 20 crianças em Uganda por muito menos do que custaria alimentar 20 crianças em algumas partes do mundo ocidental. Amo doar e ver o sorriso no rosto das mulheres e crianças que servimos na região subsaariana. Quando penso na alegria que sinto ao ajudar os outros, posso reconhecer o que me motiva a compartilhar. Posso ministrar porque muitas pessoas enviam suas doações sacrificiais ao povo de Uganda por meu intermédio.

Quando Deus supre as minhas necessidades, tenho tudo o que preciso e ainda sobra para dividir com os outros. O apóstolo Paulo acrescentou: "Pois é Deus quem supre a semente para o que semeia e depois o pão para seu alimento. Da mesma forma, ele proverá e multiplicará sua semente e produzirá por meio de vocês muitos frutos de justiça" (v.10). Esse versículo aplica o princípio da semeadura para quem age com generosidade. Assim como plantar sementes de justiça produz uma "colheita de amor" (Os 10:12) ou plantar sementes de paz produz uma colheita de justiça (Tg 3:18), você colherá generosidade ao plantá-la.

Tudo o que doamos é multiplicado pelo Senhor. Ele nos supre com bondade e generosidade. Ao contrário da economia e dos mercados de ações, o mercado de "doação" de Deus produz consistentemente juros altos. Paulo nos aconselha: "Portanto, não nos cansemos de fazer o bem. No momento certo, teremos uma colheita de bênçãos, se não desistirmos. Por isso, sempre que tivermos oportunidade, façamos o bem a todos, especialmente aos da família da fé" (Gl 6:9,10). —*Roxanne Robbins*

A Bíblia em um ano
☐ Levítico 1–3; Mateus 24:1-28

A atitude generosa é mais importante do que o valor doado.

24 de novembro

Conselhos oportunos

Leitura:
Judas 1:17-25

...edifiquem uns aos outros [...] orem no poder do Espírito Santo e mantenham-se firmes no amor de Deus, enquanto aguardam a vida eterna que nosso Senhor Jesus Cristo lhes dará... —Judas 1:20,21

A Bíblia em um ano
☐ Ezequiel 22–23; 1 Pedro 1

Vi um grupo interagindo com outros na estação de trem onde eu estava. Compartilhavam as Escrituras com os que os ouviam. Um deles se aproximou e me pediu para responder uma pesquisa. Uma das perguntas se referia a Apocalipse 22:17. Uma jovem me perguntou: "Quem você acha que é a 'noiva'?" Respondi: "A igreja". Ela replicou: "Leia o texto com cuidado e veja que é Deus, a Mãe". Não há registro de Deus como mãe nas Escrituras. Como devemos reagir quando os falsos ensinos predominam e nem todos os mestres da Palavra são dignos de confiança?

Em primeiro lugar, lembremos as palavras dos apóstolos, que escreveram grande parte do Novo Testamento (Jd 1:17). Eles predisseram sobre os falsos ensinamentos que viriam. Não devemos desanimar sem razão, nem temer ao ver falsos ensinamentos se infiltrando na igreja.

Em segundo, cresçamos no entendimento da Palavra de Deus (v.20), pois as Escrituras são completamente confiáveis e suficientes. Alguém disse: "O cristão mais protegido é aquele que tem o desejo de crescer verdadeiramente na fé cristã".

E por fim, Judas nos exorta a vivermos na dependência de Deus e sob o Seu amor por nós, a habitar nesse amor e a nos deleitarmos nele, a inspirarmo-nos nele e sermos animadas por este amor (vv.20,21). Uma pessoa cheia do amor de Deus não estará vulnerável às estratégias dos falsos mestres. Podemos reagir aos falsos ensinamentos com graça e verdade, estendendo a mão aos outros com verdadeira compaixão e sabedoria espiritual (vv.22,23).

Finalmente, podemos descansar no poder de Deus, que nos guardará de cair e nos apresentará sem defeito à Sua presença gloriosa (v.24; At 20:29,30; 2Co 11:13-15 e 2Jo 7). Essas verdades resistem ao que é falso! —*Poh Fang Chia*

Se conhecemos a Palavra de Deus, reconhecemos os falsos ensinamentos.

8 de fevereiro

Obra de paz

Leitura:
Habacuque 2:9-17

Ali esperarei para ver o que ele diz, que resposta dará à minha queixa. —Habacuque 2¹

Enquanto chacoalhávamos lentamente pela "estrada" de duas pistas devastada pela chuva, passamos por habitações deterioradas onde galinhas ariscas se esquivavam de crianças descalças. Cercas simples delimitavam jardins dos quais brotavam milho e tomates escassos. Os agricultores eram resistentes e açoitavam pesados búfalos ao lavrarem os campos maiores. De repente, a casa do prefeito, uma vasta mansão que mais parecia uma fortaleza surgiu ao longe. Mas ele raramente visitava esse lugar rural ou o seu povo empobrecido. Esse representante do povo tinha a sua vida luxuosa numa cidade distante de seu domínio isolado. Seu povo necessitava de eletricidade, água e saneamento básico. Mas isso não o importava. Pior ainda, sabíamos que, numa região próxima, outro líder municipal cometera assassinato em massa para consolidar sua permanência no poder político.

O profeta Habacuque faz perguntas difíceis a Deus a respeito desse tipo de injustiça. A violência e a opressão haviam invadido a sua terra; e ele lamentou: "Até quando, Senhor, terei de pedir socorro? Tu, porém, não ouves" (Hc 1:2). Deus respondeu: "Que aflição espera vocês que constroem casas enormes com dinheiro obtido por meio de opressão!". O Senhor ainda alertou: "Acreditam que a riqueza comprará segurança e manterá sua família afastada do perigo. Mas, com os homicídios que cometeram, envergonharam seu nome e condenaram a própria vida" (2:9,10).

Não temos respostas para toda a injustiça do mundo. Mas esse tema ressoa nos escritos dos profetas (Is 58:3-8; Mq 6:8) e é a chave do Sermão do Monte proferido por Jesus (Mt 5–7).

Algum dia, Deus ajustará todas as coisas. Até lá, o Seu plano é nos usar para trabalhar por paz e justiça. —*Tim Gustafson*

A Bíblia em um ano

☐ Levítico 4–5; Mateus 24:29-51

Deus quer que façamos a nossa parte em trabalhar pela justiça.

23 de novembro

O mal

Leitura:
Jó 1:1–2:10

Então Jó se levantou e rasgou seu manto. Depois, raspou a cabeça, prostrou-se com o rosto no chão em adoração.
—Jó 1:20

A primeira razão pela qual as pessoas não acreditam em Deus é a existência do mal. Elas presumem que um Deus bom não permitiria que o mal existisse, e que um Deus onipotente seria capaz de mantê-lo distante. Assim, a existência do mal significa que o Senhor ou não é bom ou não é poderoso. Portanto, muitos concluem que Ele não existe.

Os cristãos não podem resolver o problema do mal, ninguém pode. Mas temos mais a dizer sobre isso do que qualquer um. Em primeiro lugar, *o teísmo vence o ateísmo*. Pense no horror de acreditar que o mal existe, mas que Deus não existe. Se o mundo fosse simplesmente uma série de acontecimentos aleatórios, o que nos protegeria de sermos atingidos pelos ricochetes do fliperama da morte? No entanto, vivemos sabendo que Deus rege o mundo. Toda vez que saímos de casa, presumimos que é suficientemente seguro nos aventurarmos lá fora.

Essa crença em Deus inspirou Jó a desafiá-lo: "dize-me que acusações tens contra mim. Que vantagem tens em me oprimir" (Jó 10:2,3)? Imagine a situação de Jó se ele não acreditasse em Deus. Onde ele iria com a sua queixa? Em segundo lugar, *o cristianismo prevalece sobre outros teísmos*. Os cristãos têm um Deus transcendente que torna nossa vida segura. Também temos um Deus que sofreu e que entende o que vivemos. Jesus "Nosso Sumo Sacerdote entende nossas fraquezas…" (Hb 4:15). E "Uma vez que ele próprio passou por sofrimento e tentação, é capaz de ajudar aqueles que são tentados" (2:18).

Não sabemos por que Deus permite o mal, mas sabemos que Ele também o enfrentou. Ninguém sofreu mais do que Jesus, assim, quando você derrama sua dor em oração, está clamando Àquele que a compreende (Is 53:1-12). —*Mike Wittmer*

A Bíblia em um ano
☐ Ezequiel 20–21; Tiago 5

Jesus suportou muita dor por nós e a Sua morte e ressurreição nos encorajam a persistir.

9 de fevereiro

Verdadeira salvação

Leitura:
Gálatas 3:1-14

Será que perderam o juízo? Tendo começado no Espírito, por que agora procuram tornar-se perfeitos por seus próprios esforços?
—GÁLATAS 3:3

O que alguém deve fazer para ser salvo? Leia Gálatas para obter a resposta.

O problema que surgiu nas igrejas da Galácia permanece uma questão com a qual muitos cristãos lutam até hoje. Será que somos salvos pela crença em Jesus Cristo e em Seu sacrifício na cruz por nós, ou precisamos fazer algo mais? Paulo se esforçou para ajudá-los a entender que somos justificados pela graça, apenas por meio da fé. Nada podemos fazer para garantir a nossa salvação. Jesus já o fez.

Nosso Salvador prometeu cumprir a Lei (Mt 5:17). E Ele o fez. Suas palavras finais "Está consumado!" (Jo 19:30) na cruz foram traduzidas do grego *tetelestai*: expressão coloquial usada no comércio e que significava "integralmente pago".

Um pastor comenta: "A suficiência da cruz é uma crença divisora de águas. Se duvidarmos de que ela nos justifique totalmente diante de Deus, buscaremos aumentar a cruz com as nossas obras, negando sua suficiência e, por assim dizer, 'caindo para longe da graça' (Gl 5:4)". Isso não significa que perderemos a nossa salvação, mas revela que podemos substituir a plena vida em Jesus por uma forma de religião que não tem poder nem alegria. Assim, onde entram a leitura da Bíblia e o batismo? Não para alcançar a salvação, mas para crescer nela (1Pe 2:2) e proclamar a salvação em Cristo (Mt 28:19).

Para ser salvo, apenas uma coisa é necessária — fé em Jesus Cristo. Todo o que nele crê é declarado justo diante de Deus (At 13:39; Rm 8:1). —*Poh Fang Chia*

A Bíblia em um ano

☐ Levítico 6–7; Mateus 25:1-30

Não há nenhuma condenação para os que estão em Cristo Jesus.

22 de novembro

Acusada ou convidada?

Leitura:
Apocalipse 3:14-20

Preste atenção! Estou à porta e bato. Se você ouvir minha voz e abrir a porta, entrarei e, juntos, faremos uma refeição, como amigos.
—APOCALIPSE 3:20

As pessoas tendem a ler a Bíblia de duas maneiras. Uma é lê-la principalmente como uma acusação à raça humana. Em outras palavras, somos rebeldes pecadores determinados a viver distantes de Deus. A outra é ler as Escrituras como um convite. Sim, somos pecadores que se afastaram do Deus Criador e de Seu desígnio para a nossa vida (Rm 3:23). Sim, nós nos rebelamos, mas Deus anseia por nos perdoar e restaurar para que possamos declarar ao mundo Sua história de resgate e renovação.

Se lermos a Bíblia como acusação, tenderemos a ver o Senhor como cruel e irado. Mas, se a lermos como um convite, estaremos mais propensos a ver o Deus misericordioso e amoroso que "…enviou seu Filho ao mundo não para condenar o mundo, mas para salvá-lo" (Jo 3:17). Ler as Escrituras apenas como uma acusação só acumula vergonha e condenação. Lê-la como um acusado, e, ainda assim, convidado, pode nos fazer sentir quebrantados e angustiados, mas também nos edificará com grande esperança. Por pertencermos a Jesus, temos a capacidade de sermos muito mais do que nossa carne pecaminosa: "A velha vida acabou, e uma nova vida teve início" (2Co 5:17).

A *acusação* grita sozinha: "Tente com mais afinco!". O *convite* sussurra: "Renda-se!". A acusação exige de nós mais esforço, porém, o convite nos chama para beber da graça de Deus. A acusação vocifera: "Corrija seus erros!", mas o convite diz: "Preste atenção! Estou à porta e bato. Se você ouvir minha voz e abrir a porta, entrarei e, juntos, faremos uma refeição, como amigos" (Ap 3:20).

Quando você ler a Bíblia, pense em si mesma como convidada. —*Jeff Olson*

A Bíblia em um ano

☐ Ezequiel 18–19; Tiago 4

Deus é bondoso, tolerante e paciente, e as manifestações da Sua bondade nos levam ao arrependimento.

10 de fevereiro

Fuga cristã

Leitura:
Mateus 7:24-27

Quem ouve minhas palavras e as pratica é tão sábio como a pessoa que constrói sua casa sobre uma rocha firme.
—Mateus 7:24

Em muitas partes do mundo, este é o momento incrível para ser cristão. A maioria de nós caminha pela rua e encontra uma igreja para frequentar. Se nenhuma interessar, podemos em poucos minutos, baixar sermões dos nossos pregadores prediletos e ouvir o ensino bíblico gratuito. E as Escrituras? Podemos ler a Bíblia em nosso idioma e em diferentes versões, em brochura, letras vermelhas e formatações em linhas finas. Podemos lê-la, ouvi-la ou assisti-la dramatizada. Os comentários bíblicos e devocionais para smartphones só precisam ser baixados da web. Podemos assistir à TV, ouvir rádio, comentar em sites e baixar músicas cristãs de todos os gêneros imagináveis. Podemos comprar canecas, calendários, camisetas e ímãs de geladeira, adornados com versículos da Bíblia para estarmos sempre imersos na Palavra. Que delícia! Ou, talvez, que distração!

Jesus terminou Seu Sermão do Monte com a advertência: ouvir simplesmente Suas palavras não representa nada. O que importa é as colocarmos em prática, sermos sal e luz em nossas comunidades (Mt 5:13-16), preferindo a reconciliação à amargura (vv.21-26), a fidelidade à luxúria (vv.27-32), cumprindo nossas promessas (vv.33-37), amando nossos inimigos (vv.38-48), mantendo pura nossa espiritualidade (6:1-18), adorando a Deus acima dos bens (vv.19-34; 7:7-12), recusando-nos a condenar os outros (vv.1-6) e seguindo Jesus pelo caminho estreito do discipulado (vv.13,14).

Quem fizer isso enfrentará bem as tempestades da vida (vv.24,25). Caso contrário, perecerá (vv.26,27). Para muitos de nós, ouvir outro sermão ou ler outro livro cristão é a última coisa que precisamos. Feche o livro. Desligue o *player* (Tg 1:19-25; 2:14-26). —*Sheridan Voysey*

A Bíblia em um ano

☐ Levítico 8–10; Mateus 25:31-46

Observe a Lei perfeita que liberta, persevere nela e a pratique sem esquecer o que ouviu e você será feliz no que fizer.

21 de novembro

Visitantes inoportunos

Leitura:
Tiago 1:2-12

Meus irmãos, considerem motivo de grande alegria sempre que passarem por qualquer tipo de provação, pois sabem que, quando sua fé é provada, a perseverança tem a oportunidade de crescer.
—Tiago 1:2,3

Minha esposa e eu recebemos, recentemente, uma ligação apavorada de nosso filho e de sua esposa. Na noite anterior, eles haviam encontrado dois morcegos na casa deles. Sei que eles são uma parte importante do ecossistema, mas, dentre as criaturas de Deus, não são os meus favoritos; especialmente dentro de casa.

Contudo, ficamos gratos por poder ir à casa de nosso filho e colaborar com eles. Nós os ajudamos a tampar os buracos que podem ter sido usados por esses visitantes indesejados para entrar na casa.

O sofrimento é outro visitante indesejado que frequentemente intromete-se em nossa vida. Quando as provações surgem, podemos facilmente entrar em pânico ou perder a confiança. Mas essas circunstâncias difíceis podem se tornar instrumentos que o nosso amoroso Pai celestial usa para nos tornar mais semelhantes a Cristo. Por isso, Tiago escreveu: "Meus irmãos, considerem motivo de grande alegria sempre que passarem por qualquer tipo de provação, pois sabem que, quando sua fé é provada, a perseverança tem a oportunidade de crescer. E é necessário que ela cresça, pois quando estiver plenamente desenvolvida vocês serão maduros e completos, sem que nada lhes falte" (Tg 1:2-4).

Não se espera que desfrutemos de nossas provações ou celebremos o sofrimento. Mas, quando esses visitantes indesejados chegam, podemos ver a mão de Deus neles e confiar que o Senhor pode usá-los para nos tornar mais semelhantes a Seu Filho. —*Bill Crowder*

A Bíblia em um ano

☐ Ezequiel 16–17; Tiago 3

As provações podem nos afligir, mas o nosso Deus está sempre conosco.

11 de fevereiro

Vivendo de outro modo

Leitura:
Daniel 9:1-22

...nós pecamos e fizemos o mal. Fomos rebeldes contra ti e desprezamos teus mandamentos e estatutos.
—Daniel 9:5

Meu marido e eu tomamos a decisão de não ter TV por assinatura. Os benefícios dessa decisão superaram o da economia em dinheiro. Convivemos com outra família enquanto construíamos nossa nova casa e descobrimos o que não estávamos perdendo. Conhecíamos a toxicidade da televisão, mas agora, com o acesso diário, víamos a sexualidade descarada e a cosmovisão carnal permeada em muitos comerciais.

Preso a uma cultura estrangeira, Daniel conheceu em primeira mão os desafios da vida numa sociedade mergulhada em pecado. Ao mesmo tempo que sua história nos ensina como permanecermos puros e dedicados à oração independentemente do que os outros à nossa volta estejam fazendo (Dn 6:4-12), os acontecimentos que o levaram à Babilônia também contêm lições.

O povo de Israel escolheu a idolatria acima de seu amor por Deus apesar dos alertas dos profetas por muitos anos. Sabiam como realizar seus rituais, pedir por intervenção divina e dizer as palavras certas, mas seus corações permaneciam apaixonados pela cultura secular (Is 29:13).

Daniel, porém, era diferente — um dos remanescentes levados ao cativeiro —, não escolhera viver na Babilônia, mas decidira viver de modo diferente ali. Ele via o pecado da sociedade pagã para a qual fora levado, porém, mais importante do que isso, ele reconhecia as concessões que haviam se infiltrado no meio do povo de Deus. Porque Daniel se importou mais com os padrões divinos do que com a sua própria necessidade de conforto ou entretenimento, o Senhor não apenas lhe falou, mas lhe deu "percepção e entendimento" (Dn 9:22).

A mesma oportunidade está disponível a nós hoje e a nossa capacidade de superar uma cultura ímpia começa com o arrependimento (2Co 6:14-18). —*Regina Franklin*

A Bíblia em um ano
☐ Levítico 11–12; Mateus 26:1-25

A nossa separação do pensamento mundano está diretamente ligada à nossa intimidade com Jesus.

20 de novembro

Resgate exigido

Leitura:
Gálatas 6:1-5

Irmãos, se alguém for vencido por algum pecado, vocês que são guiados pelo Espírito devem, com mansidão, ajudá-lo a voltar ao caminho certo.
—Gálatas 6:1

Ao unir uma boia salva-vidas com um *frisbee*, surge a invenção chamada "ResQ Disc". Quando um salva-vidas o arremessa a alguém se afogando, o cabo interior, leve e resistente, se desenrola permitindo que a pessoa seja resgatada com segurança. Esse dispositivo permite que o salva-vidas ajude alguém sem pular na água.

Quando vemos uma pessoa lutando, muitas de nós somos compelidas a "pular" e ajudar. Essa reação não é inteiramente errada — pelo menos, espiritualmente falando — porque Paulo escreve: "Irmãos, se alguém for vencido por algum pecado, vocês que são guiados pelo Espírito devem, com mansidão, ajudá-lo a voltar ao caminho certo" (Gl 6:1). O ato de ajudar vale o atrito que muitas vezes acompanha o confronto. Significa confirmar externamente o que a pessoa em luta está sentindo interiormente — a convicção da presença do Espírito Santo (Ez 36:27).

A humildade e a bondade importam quando ajudamos os amigos que estão em pecado (Gl 6:1). Essas qualidades demonstram a graça de Deus e nos protegem do orgulho espiritual. Acusar pode produzir culpa e vergonha excessiva, mas a ternura retira a pessoa em luta do isolamento e a conduz à comunhão com Deus e com outros cristãos.

Os que "são guiados pelo Espírito" devem ajudar nesse acolhimento (v.1). Permanecendo firmes na fé, temos benefícios maravilhosos: perfeita paz (Is 26:3), força (40:31) e a alegria da Sua presença (Sl 16:11). Quando os outros precisarem de ajuda, estaremos plenas e prontas para sermos usadas por Deus. Apesar de ao fim "…cada um de nós [ser] responsável pela própria conduta" (Gl 6:5), é importante nos envolvermos quando vemos um irmão se afundando no pecado (2Ts 3:11-15; 2Pe 2:20,21). —*Jennifer Benson Schuldt*

A Bíblia em um ano

☐ Ezequiel 14–15; Tiago 2

Que nenhuma de nós nunca se canse de praticar o bem e promover a paz.

12 de fevereiro

A Rocha

Leitura:
Salmo 31:1-5

Confiem sempre no Senhor, pois o Senhor Deus é a Rocha eterna. —Isaías 26:4

Em 2003, o *Old Man of the Mountain* (Velho da Montanha), de 635 toneladas, um afloramento natural de granito com 12 m de altura nas montanhas em New Hampshire, nos EUA, desmoronou e deslizou até o sopé. Alguns dos residentes reagiram ao incidente com profunda tristeza. Um homem disse ter perdido o membro mais velho de sua família. Desde que as rochas rolaram, o comércio local também viu cair sua receita decorrente do turismo.

Davi usou a metáfora de uma rocha para descrever Deus: "…Que tu sejas para mim rocha de proteção, fortaleza onde estarei seguro. És minha rocha e minha fortaleza…" (Sl 31:2,3). Ele descreveu Deus desse modo porque o Senhor proporcionava proteção e segurança para ele e seu povo (v.4). Buscar refúgio em Deus é melhor do que esconder-se numa fortaleza feita pelo homem ou atrás de rochas enormes.

Quando a Bíblia menciona o Senhor como a Rocha, isso é um símbolo de resistência e fiel permanência, e um lugar no qual as pessoas em perigo frequentemente se refugiavam. Contudo, Israel seguiu buscando outras rochas, deuses ou fontes de proteção, resistência e refúgio, e, por isso, sofreu extrema decepção. Essas outras rochas ruíam sob o peso da vida por não serem a "Rocha eterna" de Israel (Is 26:4). Deus lembrou ao Seu povo que somente Ele era a única Rocha verdadeira: a fonte de estabilidade, resistência, permanência e fidelidade.

Por vezes as rochas das quais dependemos: família, dinheiro, relacionamentos, contatos e carreiras, desmoronam repentinamente no meio da noite. Que nos lembremos de rejeitar todas as outras falsas rochas, de clamarmos à Rocha poderosa e fiel e de dependermos da única Rocha eterna que nunca desmoronará (Mt 7:24-27). —*Marvin Williams*

A Bíblia em um ano

☐ Levítico 13; Mateus 26:26-50

Edifique a sua vida sobre a Rocha eterna.

19 de novembro

Verdadeira identidade

Leitura:
Colossenses 3:1-4

Pois vocês morreram para esta vida, e agora sua verdadeira vida está escondida com Cristo em Deus. —COLOSSENSES 3:3

O segundo no ranking norte-americano de melhor oficial do exército, Peter Chiarelli, foi a um jantar formal quando Valerie Jarrett, consultora presidencial, sentou-se à mesa e de costas para ele. O uniforme de Chiarelli tinha uma listra ao lado da calça quase idêntica à do uniforme da equipe de garçons e vendo de relance as calças listradas, Valerie pediu uma bebida ao general Chiarelli. Ele atendeu o pedido dela e a serviu. Ela se sentiu envergonhada pelo equívoco, mas Chiarelli ignorou o contratempo e até a convidou para jantar em sua casa com sua família.

Paulo faz uma declaração impressionante sobre nossa verdadeira identidade, anunciando que fomos ressuscitados "para uma nova vida com Cristo" (Cl 3:1). Todos os que "morreram com Cristo" (2:20) foram renovados por Deus e libertos "dos princípios espirituais deste mundo". Paulo não diz que *podemos* ser elevados à nova vida. Ao contrário, ele declara nossa união com Jesus como fato consumado. Nós, que estávamos nos afogando na morte, agora estamos totalmente repletos de vida.

Essa existência esplêndida descreve quem realmente somos e é a verdade essencial sobre nós. Podemos não reconhecer isso completamente. Outras pessoas podem não perceber toda a renovação e bondade que Deus colocou em nós. Não importa, porque Deus vê o que é verdade, e Ele nos chama para praticar esta verdade: "mantenham os olhos fixos nas realidades do alto" (3:1).

A antiga vida que se apega a nós certamente decairá como uma relíquia condenada da era da morte da qual fomos resgatados. Agora "Cristo é a verdadeira vida", e Deus promete que, um dia, participaremos "de sua glória" (v.4). Não se engane, nossa verdadeira identidade está em Jesus (Gl 2:20,21). —*Winn Collier*

A Bíblia em um ano

☐ Ezequiel 11–13; Tiago 1

A obediência à Lei não nos torna justos diante de Deus, se assim fosse, não haveria necessidade de Cristo morrer por nós.

13 de fevereiro

Ambiente tóxico

Leitura:
Deuteronômio 12:29,30

...não caiam na armadilha de seguir os costumes das nações e adorar seus deuses.
—Deuteronômio 12:30

Dois golfinhos morreram de *overdose* num parque marinho. Os legistas supõem que havia sido colocado heroína na água do tanque. Os treinadores descreveram que um deles estava tremendo e espumando pela boca. Devido aos sintomas e à presença de buprenorfina nos corpos, é provável que tenham morrido devido à toxicidade.

É surpreendente que Deus tenha conduzido o Seu povo a uma terra espiritualmente tóxica e idólatra. Para prepará-los ao desafio, Moisés lhes disse: "Quando o Senhor, seu Deus, for adiante de vocês e destruir as nações, […] não caiam na armadilha de seguir os costumes das nações e adorar seus deuses" (vv.29,30). Para garantir que não fossem infectados por qualquer das práticas nocivas. Moisés ordenou que derrubassem os altares idólatras, despedaçassem as colunas sagradas, queimassem os postes de Aserá e quebrassem as imagens esculpidas (v.3). Ao fim desse trabalho, Deus sabia que Seus filhos ainda poderiam vir a adorar falsos deuses, por tentação vinda de falsos profetas, membros da família e até de amigos íntimos. O Senhor considerou essa situação um teste. Se os israelitas seguissem seus pares e dessem as costas a Deus, o Senhor saberia que eles não o amavam de todo o coração.

Nós vivemos em ambientes tóxicos em que a ameaça de idolatria é menos óbvia, mas igualmente perigosa. Deixar a cultura ditar a nossa adoração pode significar curvar-se ao talento de celebridades, sentir orgulho dos feitos de nossos filhos ou honrar a natureza em vez do Criador. Destrua os ídolos "não tão óbvios" para seguir melhor o primeiro mandamento: "Não tenha outros deuses além de mim" (Êx 20:3). Sobre a idolatria, leia Sl 115:4-8; 1Rs 18:21. Sobre a adoração a Deus, leia Hb 12:28,29. —*Jennifer Benson Schuldt*

A Bíblia em um ano

☐ Levítico 14; Mateus 26:51-75

Somente a comunhão íntima com o Senhor nos trará discernimento contra a cultura do pecado.

18 de novembro

Começando com oração

Leitura:
Salmo 82

Façam justiça ao pobre e ao órfão, defendam os direitos do oprimido e do desamparado.
—Salmo 82:3

Em 21 de novembro de 1835, George Müller escreveu: "Hoje eu decidi, no meu coração, não mais meramente *pensar* em fundar um orfanato, mas *de fato* fundá-lo, e passei muito tempo em oração a fim de descobrir a vontade de Deus". Müller ansiava por viver Tiago 1:27: "A religião pura e verdadeira aos olhos de Deus, o Pai, é esta: cuidar dos órfãos e das viúvas em suas dificuldades…". Ele orou e, em resposta, Deus revelou ao líder da igreja os seguintes propósitos para abrir um orfanato (Sl 82:3):

• Demonstrar que até um homem pobre, tal como Müller, pela fé e oração, com a bênção do Senhor, pode ser usado para resgatar outros (v.4).

• Ser usado por Deus para beneficiar as crianças pobres e os órfãos com a ajuda divina e buscar fazer-lhes o bem.

• Educar as crianças para andar com Deus.

• Glorificar a Deus reconhecendo que todas as realizações vêm de Suas mãos fiéis.

Depois de muita oração e sem fazer campanhas para arrecadação de fundos, Müller obteve provisões para sustentar lares e mais de 10 mil órfãos. Acredito que ainda hoje, em vez de realizar uma campanha financeira nas redes sociais, Müller dobraria os joelhos e clamaria a Deus por suas necessidades. Embora eu não esteja sugerindo que arrecadar fundos seja errado, podemos aprender muito sobre confiar em Deus e em Seus vastos recursos com esse servo (v.8). George Müeller registrava todos os pensamentos que Deus lhe concedia em resposta às suas orações (Dt 4:9).

Somos sábias ao apresentar as nossas necessidades primeiro ao Senhor pedindo que Ele nos guie na melhor maneira de compartilhá-las. —*Roxanne Robbins*

A Bíblia em um ano

☐ Ezequiel 8–10; Hebreus 13

Não esqueçam das maravilhas de Deus nem dos testemunhos que ouviram. Passem adiante aos seus filhos e netos.

14 de fevereiro

Culpa e graça

Leitura:
Atos 3:9-19

Agora, arrependam-se e voltem-se para Deus, para que seus pecados sejam apagados…
—Atos 3:19

Foi emocionante testemunhar o desenvolvimento de minha filha quando ela começou a andar aos 9 meses. Ela se pôs em pé, segurou-se numa mesinha e deu seu primeiro passo! Aprendeu a dobrar os joelhos para sentar-se após ficar em pé e, dominando essa posição, aos 12 meses já perambulava pela casa.

Durante mais de 40 anos, o aleijado de nascença de Atos 3 e 4 nunca teve a alegria de ficar em pé. Porém um milagre mudou a sua situação. Em um instante, ele estava caminhando, saltando e louvando atraindo a atenção de todos no Templo (3:6-10). Pedro e João logo se viram cercados por milhares de adoradores (v.11; 4:4). Aproveitando essa oportunidade, Pedro pregou as boas-novas (3:12-16). Por duas vezes disse à multidão que, pela fé, no nome de Jesus, aquele homem fora curado (v.16). Contrastando o mal que eles haviam feito a Jesus, Pedro falou acerca do bem que Deus havia feito a eles. Jesus morrera na cruz (Gl 3:13), mas Deus o honrou por meio dela (v.13). Eles condenaram o "Santo e Justo", mas libertaram um assassino (At 3:14). Esta é a base do plano de salvação de Deus: a morte substitutiva e propiciatória de Jesus (Mt 20:28; 1Tm 2:5,6), o Salvador sem pecado tomando o lugar do homem pecaminoso (Rm 8:3; 2Co 5:21; 1Jo 2:2; 3:5). Eles mataram o "Autor da vida", mas Deus ressuscitou Jesus para lhes oferecer a Sua vida de ressurreição (At 3:15).

Pedro os condenou por sua culpa, mas lhes conferiu a graça de Deus. Pois, quando a culpa é admitida, a graça de Deus se torna "ainda maior" (Rm 5:1,2,20,21; 6:20). E quando nos arrependemos de nossos pecados e voltamos a Deus, nossos pecados são "apagados" (At 3:19; Tt 3:3-7). —*K. T. Sim*

A Bíblia em um ano

☐ Levítico 15–16; Mateus 27:1-26

Nossa culpa é dissipada pela graça divina.

17 de novembro

O jeito certo

Leitura:
1 Reis 1:5-53

Pois os que se exaltam serão humilhados, e os que se humilham serão exaltados.
—Lucas 14:11

Lance Armstrong esteve no topo do mundo. Ele venceu a cobiçada *Volta da França* sete vezes. Ele derrotou o câncer e viu sua instituição beneficente tornar-se uma aclamada fonte de ajuda para pacientes dessa enfermidade. Entretanto, a casa caiu quando se descobriu que Armstrong havia liderado um projeto de uso de *doping* nas equipes de ciclismo em que participara em sua carreira. Seus títulos da *Volta da França* foram cassados, e ele foi desligado da *organização*, e seu nome tornou-se sinônimo de traição e hipocrisia.

Adonias, filho do rei Davi, poderia se identificar com a queda de Armstrong. Ele não queria títulos de ciclismo, mas a fama e a fortuna de ser o rei de Israel. Assim, ele tentou usurpar o trono com uma ajudinha dos amigos (1Rs 1:5,7). Negando a soberania de Deus e precisando da humildade que os grandes líderes possuem, Adonias prosseguiu com seu plano egoísta exatamente quando o pai idoso, o rei Davi, ainda reinava. Como Armstrong, porém, o príncipe acabou sofrendo séria humilhação.

Davi soube dessa traição e estabeleceu Salomão como o próximo rei de Israel. Em seguida, os amigos de Adonias fugiram dele como ratos pulando de um navio naufragando (vv.32-35,49). Finalmente, na tentativa de salvar a própria pele, o príncipe desvalido correu para a Tenda sagrada, agarrou-se aos chifres do altar e clamou por sua vida. Salomão, mostrando misericórdia, resolveu poupá-lo. Com palavras que refletiam a posição humilhada de Adonias, ele simplesmente falou: "Vá para casa" (vv.51,53).

Jesus disse: "Pois os que se exaltam serão humilhados, e os que se humilham serão exaltados" (Lc 14:11). Humildemente: esse é o jeito correto de liderar e viver. —*Tom Felten*

A Bíblia em um ano

☐ Ezequiel 5–7; Hebreus 12

Humilhem-se diante do Senhor, e ele os exaltará.
—Tiago 4:10

15 de fevereiro

Um plano melhor

Leitura:
1 Crônicas 17:1-14

Pois os que se exaltam serão humilhados, e os que se humilham serão exaltados.
—Lucas 14:11

Muitos anos atrás, minha mulher e eu sentimos que Deus estava nos tirando de nossa zona de conforto para iniciar uma nova obra num ministério já estabelecido. Porém, quando nos reunimos com a liderança desse ministério, nossos planos foram rejeitados. Em essência, eles disseram que nossa visão era boa, mas não naquele momento. Desapontados perguntamos a Deus: "Por quê?". Pouco depois, soubemos que eu estava com câncer e um longo tratamento seria necessário. Se nossos planos para o ministério tivessem ido adiante, meus problemas médicos teriam criado uma situação difícil para todos os envolvidos. Além disso, nossa visão para o ministério *deu* frutos anos depois, não por nossas mãos, mas com Deus usando outros para realizarem os *planos dele no Seu tempo* (Jr 29:11).

O rei Davi queria construir uma casa para Deus (1Cr 17:1). Suas intenções eram boas, mas Deus tinha um plano ainda melhor e disse a Davi por meio do profeta Natã: "Não será você que construirá uma casa para eu habitar" (v.4). Depois, Ele disse ao rei que um de seus filhos, depois revelado como sendo Salomão (22:6), construiria a casa ou o Templo para Deus. O Senhor também disse a Davi que estava estabelecendo mais do que uma casa para ele, pois a partir dele, Deus criaria uma dinastia de reis (v.10)!

Aceitando o plano de Deus acima dos seus próprios, Davi começou a fazer preparativos para que Salomão construísse o Templo (22:5). Depois, ele disse ao seu filho: "que o Senhor seja com você e lhe dê êxito na construção do templo do Senhor" (v.11).

Como reagimos quando Deus permite que os nossos planos sejam alterados e até esmagados? Com raiva e autopiedade? Nossa atitude deve ser de humildade e calma confiança de que Deus está realizando o melhor para nós (Is 55:8,9). —*Tom Felten*

A Bíblia em um ano
☐ Levítico 17–18; Mateus 27:27-50

Os planos de Deus para nós são sempre os melhores.

16 de novembro

Um bom nome

Leitura:
Provérbios 10:2-15

A boa reputação vale mais que grandes riquezas; ser estimado é melhor que prata e ouro.
—Provérbios 22:1

O nome de Charles Ponzi será para sempre associado ao esquema de fraude financeira que ele elevou como seu modo de vida. Após pequenos crimes financeiros e curtos períodos na cadeia, na década de 1920, ele passou a oferecer aos investidores um retorno de 50% sobre seu dinheiro em 45 dias e de 100% em 90. Ainda que parecesse bom demais para ser verdade, o dinheiro corria. Ponzi usava o dinheiro de novos investidores para pagar os mais antigos e financiar seu estilo de vida exuberante. Em agosto de 1920, sua fraude foi descoberta. Os investidores haviam perdido 20 milhões de dólares e cinco bancos haviam falido. Ponzi passou três anos na prisão, foi depois deportado à Itália e morreu aos 66 anos sem um centavo, em 1949.

O livro de Provérbios, no Antigo Testamento, faz frequente contraste entre as reputações do sábio e do tolo: "O justo deixa boas lembranças, mas o nome dos perversos apodrece. […] Quem anda em integridade anda em segurança; quem segue caminhos tortuosos será exposto" (Pv 10:7,9). Salomão resume dizendo: "A boa reputação vale mais que grandes riquezas; ser estimado é melhor que prata e ouro" (22:1).

Buscamos preservar um bom nome, não para honrarmos a nós mesmos, mas para glorificarmos a Cristo nosso Senhor cujo nome é sobre todo e qualquer nome. —*David McCasland*

A Bíblia em um ano

☐ Ezequiel 3–4; Hebreus 11:20-40

Um bom testemunho honra o nosso Deus grandioso.

16 de fevereiro

Carta de amor

Leitura:
Salmo 119:97-104

*Como eu amo a tua lei;
penso nela o dia todo!*
—SALMO 119:97

Todas as manhãs quando chego em meu escritório, tenho um hábito simples: verifico todos os meus e-mails. Na maioria das vezes, dou uma lida rápida e de forma superficial. Porém, há alguns que me deixam bem ansiosa para abrir imediatamente. Você adivinhou! São aqueles enviados por meus entes queridos.

Alguém já disse que a Bíblia é a carta do amor de Deus para nós. Mas, assim como eu, talvez em alguns dias, você não sinta o desejo de abrir essa carta divina e o seu coração não se identifica com as palavras do salmista: "Como eu amo a *tua* lei!" (Sl 119:97, ênfase adicionada). As Escrituras são *Teus* mandamentos (vv.19,98), *Teus* preceitos (vv.22,99), *Teus* decretos (23,117), *Tua* palavra (vv.17,101).

Uma pergunta de Thomas Manton (1620–70), quando era professor na Abadia de Westminster, no Reino Unido, continua relevante para nós ainda hoje. Ele perguntou: "Quem é o autor das Escrituras? Deus. Qual é o fim das Escrituras? Deus. Por que as Escrituras nos foram dadas, senão para podermos desfrutar eternamente do Deus bendito?".

Diz-se que, quanto mais você conhece uma pessoa, menos você a admira. Mas o inverso é verdadeiro em relação a Deus. A familiaridade com as Escrituras, ou melhor, com o Deus da Palavra, gera afeição, e a afeição produz ainda mais familiaridade.

Quando abrir a sua Bíblia, lembre-se de que Deus a ama mais do que qualquer outra pessoa e Ele tem uma mensagem para você. —*Poh Fang Chia*

A Bíblia em um ano

❏ Levítico 19–20; Mateus 27:51-66

Conhecer a Bíblia nos ajuda a conhecer o Deus da Bíblia.

15 de novembro

A névoa no ar

Leitura:
Filipenses 1:20-26

…que Cristo seja honrado por meu intermédio, quer eu viva, quer eu morra.

—Filipenses 1:20

O escritor Samuel Johnson declarou: "Quando um homem se cansa de Londres está cansado da vida, pois em Londres há tudo o que a vida pode proporcionar". Ele viveu no século 18 em Londres, na Inglaterra. Sua visão pode ter sido tendenciosa, mas, naquela época, Londres era o ápice de tudo o que este mundo tinha a oferecer. Nenhuma outra cidade tinha mais diversões ou atrações, e a indústria britânica, o comércio e o seu alcance global pareciam ilimitados.

Não conseguimos verdadeiramente entender o quanto Samuel Johnson estava satisfeito com tudo o que encontrava em Londres. Mas, nas palavras do apóstolo Paulo, podemos ver o contraste entre a vida centrada apenas neste mundo e a focada no Céu. Ele aparentemente tinha "perdido" o mundo. Colocado na prisão, Paulo não podia usufruir o que ele chamava tipicamente de "a boa vida". A morte era uma possibilidade clara.

"Pois para mim, o viver é Cristo, e o morrer é lucro" (Fp 1:21). Como ele poderia dizer isso? Paulo amava tanto Jesus que mal conseguia esperar para estar com Ele. Suas palavras soam com entusiasmo e paixão. "Mas, se continuar vivo, posso trabalhar e produzir fruto para Cristo" (v.22). "Estou dividido entre os dois desejos" (v.23). O apóstolo chegou ao ponto em que a sua motivação para permanecer vivo era servir a Jesus e colocar as necessidades dos outros antes das suas (v.24).

É fácil nos apegarmos com teimosia às prioridades erradas. Podemos nos tornar tão preocupados com as "boas" coisas que esta vida tem a oferecer que deixamos passar as riquezas muito melhores encontradas em Cristo. Mas Jesus nos diz: "Que vantagem há em ganhar o mundo inteiro, mas perder a vida?" (Mc 8:36; Tg 4:13-17). —*Tim Gustafson*

A Bíblia em um ano

☐ Ezequiel 1–2; Hebreus 11:1-19

Os nossos desejos mais profundos podem ser plenamente satisfeitos apenas em Jesus.

17 de fevereiro

O evangelho customizado

Leitura:
Filipenses 3:1-11

…Alegramo-nos no que Cristo Jesus fez por nós. Não colocamos nenhuma confiança nos esforços humanos, ainda que, se outros pensam ter motivos para confiar nos próprios esforços, eu teria ainda mais! —FILIPENSES 3:3,4

A Bíblia em um ano
☐ Levítico 21–22; Mateus 28

Na saída do parque de diversão, os alto-falantes tocavam uma canção alegre com o refrão "Em tudo que fizer, celebre-se!". Lembrei-me dos desfiles que tínhamos visto um pouco antes nos incentivando a celebrar nossos sonhos, "sejam quais forem". Meu filho de 12 anos proclamou, com ironia, que seu sonho era conquistar o mundo. Meu sonho era um refrigerante grátis, mas isso também foi excluído. Deveríamos ter celebrado? Os parques temáticos parecem vender sorrisos e autoestima. Isso faz sentido comercial, pois ninguém fica num lugar para ser repreendido. Os parques de diversão são incríveis e, a maneira mais rápida de entreter pessoas são as canções cativantes que afirmam que elas são ótimas.

Compreendo isso, mas é importante analisar essa mensagem à luz do evangelho. Quem cantarola as canções do mundo sem refletir tem maior probabilidade de ser influenciado por elas. O evangelho "customizado" incentiva o narcisismo sugerindo que o nosso maior problema é não nos celebrarmos suficientemente, daí os outros não perceberem quão especiais somos. Essa mensagem positiva é cruel, pois o pobre sujeito que segue o conselho deles — "Em tudo que fizer, celebre-se! —" não conseguirá manter seu casamento nem terá muitos amigos.

O apóstolo Paulo confessou ser pecador; assim, apesar de ter fortes razões para sentir-se superior, as suas realizações eram "…insignificantes comparadas ao ganho inestimável de conhecer a Cristo Jesus, meu Senhor" (v.8). Somos muito mais especiais do que uma canção possa expressar, porque pertencemos a Jesus. Em tudo o que fizermos, celebremos o Senhor (Co 3:12-25). —*Mike Wittmer*

E tudo que fizerem ou disserem, façam em nome do Senhor Jesus, dando graças a Deus, o Pai, por meio dele. —*Colossenses 3:17*

14 de novembro

Sua história

Leitura:
João 4:1-30

Venham ver um homem que me disse tudo que eu já fiz na vida! Será que não é ele o Cristo? —João 4:29

Quando tomamos decisões em resposta a situações do dia a dia, não costumamos parar para refletir sobre o *porquê do objeto* de nossas escolhas. Geralmente, reagimos com base no que vemos e nos esquecemos de que quase todas as situações têm uma história em seu contexto.

O encontro de Jesus com a mulher no poço nos faz lembrar que nossas interações com os outros e nossas decisões diárias não ocorrem isoladamente (Jo 4:7). Escondendo sua expectativa de ser rejeitada sob um disfarce de praticidade, a mulher samaritana simplesmente queria ser amada. Mas nem ela nem os outros conseguiam ver como a história dela continuava a impulsionar as suas escolhas. O passado é poderoso; e, se pudéssemos retirar as camadas sob as quais nos escondemos, talvez nos surpreenderíamos ao descobrir como nossas feridas ainda falam alto, mesmo frente às pequenas decisões da vida. Defensiva e acostumada ao isolamento, a mulher samaritana se concentrou nas circunstâncias e foi em busca de água planejando voltar à rotina (v.12).

Assim como essa mulher, tentamos percorrer lugares difíceis na vida ao afastar nossas decisões do domínio da nossa história mantendo-nos focadas apenas nos aspectos práticos. Queremos esquecer o passado e prosseguir na esperança de mudança embora ironicamente escolhamos, muitas vezes, comportamentos que nos mantêm acorrentadas ao *ontem*. Mas para a mulher no poço, e para nós, Jesus redefine tudo (2Co 5:17). O Mestre sabia todas as coisas que ela fizera ao longo da vida e, mesmo assim, prometeu que a existência dela poderia ser diferente (Jo 4:10,13,14). Ao resgatar nossa história, Jesus nos convoca a olharmos além do passado quando lhe permitimos tomar *o que era* a fim de produzir *o que será* (Jr 29:11-14; Cl 1:13,14; Jo 8:1-12). —Regina Franklin

A Bíblia em um ano

☐ Lamentações 3–5; Hebreus 10:19-39

Deus usa nossas experiências do passado para transformá-las de situações de cativeiro em situações de abundância.

18 de fevereiro

É tarde demais para mudar?

Leitura:
João 3:1-8,13-16

"Como pode um homem velho nascer de novo?", perguntou Nicodemos. —João 3:4

Há ditados em várias línguas sobre a dificuldade de mudanças de hábitos estabelecidos há muito tempo. Em inglês: "Você não pode ensinar truques novos a um cão velho". Em francês: "Você não pode ensinar um macaco velho como ter uma cara engraçada". Em espanhol: "Um papagaio velho não pode aprender a falar".

Quando Jesus disse a Nicodemos que ele deveria "nascer de novo" para "ver o reino de Deus", ele questionou: "Como pode um homem velho nascer de novo?". "Acaso ele pode voltar ao ventre da mãe e nascer uma segunda vez?" (Jo 3:3,4). O professor e autor Merrill Tenney sugere que, na realidade, Nicodemos estava efetivamente dizendo: "Reconheço que um novo nascimento é necessário, mas estou velho demais para mudar. Meu padrão de vida está definido. O nascimento natural está fora de questão e o renascimento psicológico parece ainda menos provável. Meu caso já não tem esperança".

A resposta de Jesus incluía estas palavras: "Porque Deus amou tanto o mundo que deu seu Filho único, para que todo o que nele crer não pereça, mas tenha a vida eterna" (v.16). Essa é a oferta de vida nova e um novo começo para qualquer pessoa, jovem ou idoso. Qualquer que seja a nossa idade ou situação na vida, por intermédio do poder de Deus, nunca é tarde demais para mudarmos. —*David McCasland*

A Bíblia em um ano
☐ Levítico 23–24; Marcos 1:1-22

É possível ser transformada porque o nosso Deus é poderoso.

13 de novembro

Uma pessoa normal

Leitura:
1 Reis 17:1-6

Elias era humano como nós...
—Tiago 5:17

As pessoas comuns não costumam ser lembradas por muito tempo depois de morrerem. O profeta Elias, porém, é uma exceção. Os autores do Novo Testamento o mencionaram mais do que a qualquer outro profeta do Antigo Testamento. O profeta Elias era um sujeito comum? Bem, ele realizou algumas coisas extraordinárias: ressuscitou um menino e fez descer fogo do céu. Mas Tiago nos lembra de que "Elias era humano como nós..." (Tg 5:17). Tanto quanto nós, ele tinha paixões, sentimentos e coisas que o faziam sofrer e, certa vez, ficou tão desanimado a ponto de desejar a própria morte (1Rs 19:4).

O profeta aparece pela primeira vez no Antigo Testamento com um currículo nada impressionante: Elias era de Tisbé, em Gileade e nem sequer temos certeza de onde ficava sua cidade natal. Contudo, ele recebeu uma mensagem de Deus (1Rs 17:1). E sua proclamação foi contra Baal, o deus pagão das tempestades que, supostamente, fazia chover. Isso é importante, porque, segundo a lei do Antigo Testamento (Dt 18:20-22), Elias precisaria, primeiramente, demonstrar que Javé era o único Deus verdadeiro e que ele era Seu profeta, antes de chamar o povo ao arrependimento.

Por que Deus mandou que Elias se escondesse perto do riacho de Querite? Deus usou esse tempo de silêncio na vida de Elias para ensinar-lhe a confiar e obedecer. Foi tempo suficiente para que os israelitas vissem que o Senhor trouxera a seca à terra deles. O profeta testemunhou o poder de Deus em prover por todas as suas necessidades, as provisões diárias e a sua proteção.

Independentemente de quem Deus chamar, Ele também o equipará para o que precisa ser feito. Elias definitivamente servia ao Deus verdadeiro e excelente (1Co 1:26-31).
—*Poh Fang Chia*

Deus deve receber toda a adoração e o louvor pelo que Ele faz por nosso intermédio.

A Bíblia em um ano

☐ Lamentações 1–2; Hebreus 10:1-18

19 de fevereiro

Ferido

Leitura:
Isaías 61:1-3

O Espírito do Senhor Soberano está sobre mim, pois o Senhor me ungiu para levar boas-novas aos pobres.
—Isaías 61:1

Minha filha me ensina constantemente que a perspectiva é tudo nos relacionamentos. Observando sua adolescência, vejo um espelho para minhas próprias incompreensões, o que ouço nem sempre é o pretendido. Ela acha fácil compreender a intenção oculta nas palavras de quem confia. Contudo, até a afirmação mais benigna de alguém que a feriu pode se tornar uma flecha apontada para seu coração.

Em Isaías 61, vemos a obra de Jesus como nosso Messias. Conscientes de nossa incapacidade de administrar nosso pecado, afirmamos com sinceridade que nosso perdão vem pelo Seu sangue. Às vezes nos esquecemos de que aquelas feridas que pagaram o preço por nosso pecado são suficientes para curar o nosso coração partido. Mateus 5:4 diz: "Felizes os que choram, pois serão consolados". Os poderes das trevas querem nos manter em dor e contenda. Protegemos nossas dores e atacamos se alguém se aproximar. Com a dor, nossa cautela logo se transforma em suspeita. O mais leve comentário se enche de intenção agressiva. Mal-entendidos se enchem de discórdia e logo surgem as ofensas.

Mas o verdadeiro discernimento nos faz ver todas as coisas pelo ponto de vista da cruz, o lugar de reconciliação com Deus, conosco e com os outros. Podemos trocar nossa mágoa pela Sua cura (Is 61:1). Seja a dor vinda de traição verdadeira ou suposta, a integridade não é apenas algo para a eternidade. O mesmo sangue que permanece suficiente para cobrir nosso pecado mais tenebroso pode também curar nossa dor mais profunda (Sl 109:22,26; 1Co 11:23-26). —*Regina Franklin*

A Bíblia em um ano

☐ Levítico 25; Marcos 1:23-45

Na cruz de Cristo, temos o perdão dos nossos pecados e a cura para as feridas da alma.

12 de novembro

Um modo de vida

Leitura:
Salmo 5

Escuta minha voz logo cedo, Senhor; toda manhã te apresento meus pedidos e fico à espera. —Salmo 5:3

No dia anterior à entrevista de Billy Graham, em 1982, no *Today Show*, o diretor de relações públicas, Larry Ross, pediu uma sala privada onde Graham pudesse orar antes da entrevista. Mas, quando o Sr. Graham chegou ao estúdio, o assistente do evangelista informou a Ross que o Sr. Graham não precisava da sala. Ele disse: "Sr. Graham começou a orar quando acordou hoje de manhã, orou enquanto tomava café da manhã, orou no carro no trajeto até aqui e, provavelmente, estará orando durante toda a entrevista". Ross disse depois: "Para mim, como jovem, aprendi uma grande lição".

A devoção não é um acontecimento esporádico; é um modo de se relacionar com Deus. Esse tipo de relacionamento íntimo é desenvolvido quando o povo de Deus vê a devoção como um estilo de vida. Os salmos nos encorajam a começar cada dia levantando as nossas vozes ao Senhor (Sl 5:3); a preencher o nosso dia em conversas com Deus (55:17), e, diante de acusações e difamações, entregarmo-nos por completo à oração (109:4). Desenvolvemos a oração como modo de vida porque desejamos estar com Deus (42:1-4; 84:1,2; 130:5,6).

A oração é o nosso modo de nos conectarmos com o Senhor em todas as circunstâncias da vida. Deus sempre nos ouve e podemos falar com Ele em qualquer momento do dia. —*Marvin Williams*

A Bíblia em um ano
☐ Jeremias 51–52; Hebreus 9

Na oração, Deus ouve mais do que as suas palavras: Ele ouve o seu coração.

20 de fevereiro

A oração de Paulo

Leitura:
Efésios 1:15-23

...não deixo de agradecer a Deus por vocês. Em minhas orações... —Efésios 1:16.

Você ora por si mesma? Pede a Deus por provisão de necessidades, livramento das tentações e perdão dos pecados? Paulo nos traz motivos de oração ao orar para que a igreja de Éfeso tivesse "sabedoria espiritual e entendimento". Por quê? Para crescer "no conhecimento dele" (v.17). O apóstolo também orou para que os corações fossem iluminados a fim de que compreendessem três coisas:

(1) a esperança concedida àqueles que Ele chamou,
(2) a rica e gloriosa herança que Ele dera a Seu povo santo e
(3) a grandeza insuperável do poder de Deus aos que creem (vv.18,19).

Somente a sabedoria e a revelação espiritual concedidas pelo Espírito Santo desenvolverão o pleno e verdadeiro conhecimento de Deus, pois "ninguém conhece os pensamentos de Deus, senão o Espírito de Deus" (1Co 2:11). O autor Warren Wiersbe escreveu: "Conhecer a Deus pessoalmente é salvação. Conhecê-lo cada vez mais é santificação. Conhecê-lo perfeitamente é glorificação". Precisamos conhecê-lo cada vez mais! Ao analisarmos a segunda parte da oração de Paulo, não nos esqueçamos de que ele era um fariseu que conhecia as Escrituras de memória. Mas, naquele tempo, ele não via Cristo nas Escrituras. Somente após Deus abrir os olhos de seu coração Paulo começou a apreciar a esperança que o Senhor nos concedeu por meio da salvação, o amor que o Pai revelou ao nos considerar Sua herança e o poder de Deus que opera em todos os que nele creem.

Assim, busquemos a Deus com confiança, Ele é "o Pai glorioso de nosso Senhor Jesus Cristo" (Ef 1:17; 1Jo 5:14,15) e cresçamos no conhecimento dele. —*Poh Fang Chia*

A Bíblia em um ano
☐ Levítico 26–27; Marcos 2

Estamos certas de que o Senhor nos ouve sempre que lhe pedimos que abra os nossos olhos à Sua vontade.

11 de novembro

O aguilhão do pecado

Leitura:
2 Samuel 12:7-14

Por que, então, você desprezou a palavra do Senhor e fez algo tão horrível? —2 Samuel 12:9

Por que o perdão de Deus não a livra das consequências? Em junho de 1972, cinco homens foram pegos roubando a sede de um partido político. As investigações revelaram que a invasão era espionagem e sabotagem política. Durante dois anos, o presidente em exercício, pertencente ao partido rival, negou qualquer tipo de envolvimento, no entanto, ele havia ordenado que isso fosse encoberto. "O encobrimento do *Watergate*" resultou na renúncia do presidente dos EUA e na prisão de 43 pessoas, incluindo dezenas de funcionários de alto escalão.

O rei Davi cometeu fraude, adultério e assassinato e conspirou para encobrir suas transgressões. Entretanto, Deus enviou o Seu profeta Natã para confrontar Davi e revelar-lhe os seus pecados. Natã disse: "Assim diz o Senhor". Ele lembrou ao rei de que havia uma autoridade superior a quem ele devia prestar contas. Era Deus quem o havia abençoado. Sem o Senhor, Davi seria simplesmente um pobre pastor (vv.1,7,8)! Em sua cobiça e soberba, Davi rejeitara e desprezara Deus como seu provedor e protetor (v.10)!

Por graça, Deus remove a culpa do pecado, mas, por justiça, Deus pune o pecador. Embora perdoado, Davi pagou um alto preço por seus pecados: "…quatro ovelhas para cada ovelha" e "a espada não se [afastou] de sua família" (Êx 22:1; 2Sm 11:27; 12:1-4,9-14). O filho do adultério morreu, e três outros filhos de Davi morreram pela espada em desavenças familiares (13:29; 18:15; 1Rs 2:25). Davi aprendeu que os seus pecados tiveram consequências terríveis.

Quando pecamos, desagradamos a Deus e o desprezamos (Nm 20:1-13; Sl 106:32,33). Que possamos, em vez disso, escolher andar com Ele em verdade e honra. —*K. T. Sim*

A Bíblia em um ano
☐ Jeremias 50; Hebreus 8

Honramos o Senhor quando não desprezamos a Sua Palavra.

21 de fevereiro

Salvando os pequeninos

Leitura:
Mateus 18:6-14

Da mesma forma, não é da vontade de meu Pai, no céu, que nenhum destes pequeninos se perca. —Mateus 18:14

Os pais de Jeniffer tiveram casos extraconjugais e eram propensos à violência. Nesse cenário, a menina logo foi física e emocionalmente negligenciada tornando-se vulnerável aos outros. Um tio a levou a um parque e abusou sexualmente dela. Jeniffer teve sina semelhante nas mãos de um vendedor de seguros que os visitou e do namorado de sua mãe. Aos 8 anos, um de seus irmãos também abusava dela. A menina desenvolveu a ideia de que só seria amada se estivesse sexualmente disponível. Você pode imaginar a sua adolescência? Aos 30 anos, Jeniffer estava no segundo casamento, propensa a casos amorosos e desesperada por aceitação.

Jesus amava as crianças (Mt 18:10; 19:13-15) e reservou algumas de Suas palavras mais duras contra os que abusavam delas e as conduziam ao pecado. Ele disse: "teria sido melhor ter amarrado uma grande pedra de moinho ao pescoço e se afogado nas profundezas do mar" (18:6). Estremecemos ao pensar no destino, no dia do julgamento, das pessoas que abusaram dessa garota.

Deus deseja profundamente salvar os "pequeninos" feridos e também os que os feriram. Jesus se comparou ao pastor que procura uma única ovelha perdida e se alegra quando a encontra (vv.12-14). A vida de Jennifer mudou quando ela compreendeu a profundidade do amor de Cristo. Se o Pai a amou tanto assim, ela não precisava mais de maneiras ilícitas para obter a aceitação alheia.

Alguns dos seus abusadores podem ter agido assim por terem sofrido abusos na infância. Seja como for, Deus continua a buscar e salvar os "pequeninos" perdidos, independentemente de sua idade (Dt 6:1-9; Ef 6:4; Co 3:21). —*Sheridan Voysey*

A Bíblia em um ano
☐ Números 1–3; Marcos 3

Em Cristo encontramos aceitação, independentemente de quem somos ou do que façamos.

10 de novembro

Expostas

Leitura:
Efésios 6:10-18

Mas nós, que vivemos na luz, devemos ser sóbrios, protegidos pela armadura da fé e do amor, usando o capacete da esperança da salvação.
—1 Tessalonicenses 5:8

Tenho uma amiga muito próxima que é casada com o líder sênior de uma nação africana. Durante décadas, essa nação foi conhecida por extensa perseguição. Recentemente, enquanto o marido dela servia como catalisador para que o seu povo fosse liberto do regime opressivo, minha amiga e seus três filhos passaram um ano morando comigo em Uganda.

Certa noite, meu filho e eu fomos à igreja com ela e seus filhos. Quando entramos em seu veículo blindado, percebi que as janelas de 10 cm de espessura e à prova de balas estavam abertas. Minha amiga explicou: "As janelas não foram feitas para abrir, mas os mecânicos que consertaram o veículo ontem ficaram intrigados e mexeram nelas. Agora, não conseguimos fechá-las". Embora o veículo blindado de minha amiga tenha sido projetado para proteger contra granadas e outras armas, se a blindagem total do carro não estiver intacta, seus passageiros estarão vulneráveis.

Como cristãs, temos um inimigo à espreita, buscando rachaduras em nossa armadura por onde ele possa atacar. "Pois nós não lutamos contra inimigos de carne e sangue, mas contra governantes e autoridades do mundo invisível…" (Ef 6:12). É por isso que somos instruídas a nos fortalecermos no Senhor e vestirmos "toda a armadura de Deus", para que possamos "resistir ao inimigo no tempo do mal" (vv.10,11).

Todos os dias, lembre-se de vestir todas as partes da armadura de Deus: coloque o cinto da verdade e a couraça da justiça, como calçados, use a paz das boas-novas, levante o escudo da fé, use a salvação como capacete. E, ao empunhar a espada do Espírito que é a Palavra de Deus, você rechaçará o inimigo e frustrará seus ataques devastadores (vv.13-17; 1Sm 14:1-6). —*Roxanne Robbins*

A Bíblia em um ano

☐ Jeremias 48–49; Hebreus 7

A Palavra de Deus é o manual que nos prepara para enfrentarmos as batalhas espirituais.

22 de fevereiro

Qual é o seu lema?

Leitura:
Lucas 12:4-7,22-32

Não temais! Bem mais valeis do que muitos pardais.
—Lucas 12:7

Na animação *Os Croods* (2013), no qual Grug Crood é o pai de uma família de homens das cavernas. Eles acreditam que não existe lugar seguro além de sua caverna e à noite eles se juntam para o pai proteger a todos. O pai acha que a filha adolescente deve desistir do seu lado aventureiro, pois isso poderá colocá-la em perigo. O lema paterno para a família é: "Nunca *deixe* de ter medo". Ou melhor: "*Sempre* tenha medo".

Jesus muitas vezes disse o oposto aos Seus seguidores: "Não tenha medo!". Ele disse a Simão quando o chamou (Lc 5:10). Quando Jairo, um líder da sinagoga, cuja filha estava morrendo, veio a Ele, Jesus lhe disse as mesmas palavras "Não tenha medo" (8:50).

Lucas registra que Jesus disse aos Seus discípulos para não terem medo quando Ele os ensinou que Deus se importava com eles muito mais do que com os pardais: "…não tenham medo; vocês são muito mais valiosos que um bando inteiro de pardais" (12:7). E depois de Sua ressurreição, Jesus disse às mulheres que vieram ao túmulo: "Não tenham medo!" (Mt 28:9,10).

O medo é um sentimento universal. Temos preocupações a respeito de nossos entes queridos, de nossas necessidades e do nosso futuro. Como podemos aprender a ter fé? O Senhor nos deu o fundamento sobre o qual podemos construir a nossa confiança nele: Ele mesmo disse: "…Não amem o dinheiro; estejam satisfeitos com o que têm. Porque Deus disse: 'Não o deixarei; jamais o abandonarei'. Por isso, podemos dizer com toda a confiança: 'O Senhor é meu ajudador, portanto não temerei; o que me podem fazer os simples mortais?'" (Hb 13:5,6). —*Anne M. Cetas*

A Bíblia em um ano

☐ Números 4–6; Marcos 4:1-20

O amor de Deus nos liberta da prisão do medo.

9 de novembro

Testemunhas celestiais

Leitura:
Apocalipse 6:1-17

…quanto tempo passará até que julgues os habitantes da terra e vingues nosso sangue?
—Apocalipse 6:10

Jay Cutler, jogador de futebol americano do time *Chicago Bears*, liderou seu time num jogo de campeonato contra o odiado time *Green Bay Packers*. Cutler foi fortemente bloqueado algumas vezes durante o primeiro tempo, o suficiente para ele pedir para deixar o campo. Alguns fãs ficaram furiosos ao verem o que eles pensavam ser um Cutler saudável sentado no banco. Ele não parecia estar incentivando o time. Simplesmente lançava um olhar vazio enquanto o time perdia.

Essa resignação diante da adversidade era a mesma de como eu costumava pensar sobre o Céu: *Quando eu sair desta competição terrena, irei para meu descanso eterno e lá dormirei muito.* Mas, então, li o retrato do Céu descrito por João, onde os santos martirizados gritam a Deus: "…quanto tempo passará até que julgues os habitantes da terra e vingues nosso sangue?" (v.10). Esses santos não estão descansando, eles estão orando ativamente pela justiça de Deus! Orígenes escreveu que "todos os patriarcas que dormiram antes de nós lutam ao nosso lado e nos ajudam com as suas orações". Gregório de Nazianzo disse que seu falecido pai "agora realiza lá, com suas orações, mais do que nunca com o seu ensino". E Martinho Lutero disse a seu amigo que, se ele morresse primeiro, o amigo deveria empurrá-lo ao Céu com as suas orações, "pois confessamos um único Deus e, com todos os santos, permanecemos no nosso Salvador". Lutero estava descrevendo a comunhão dos santos — todos os cristãos, quer estejam mortos ou vivos, permanecem conectados em Jesus.

Eles continuam como testemunhas atuantes, incentivando-nos das arquibancadas lotadas. A morte pode tê-los empurrado para a lateral do campo, mas eles continuam no jogo (Hb 12). *Mike Wittmer*

A Bíblia em um ano

☐ Jeremias 46–47; Hebreus 6

Uma grande multidão de testemunhas observa a nossa perseverança nos caminhos do Senhor.

23 de fevereiro

Tocadas pelo amor de Cristo

Leitura:
2 Coríntios 2:1-11

Escrevi aquela carta com grande angústia, com o coração aflito e muitas lágrimas. Minha intenção não era entristecê-los, mas mostrar-lhes quanto amo vocês. —2 Coríntios 2:4

A Bíblia em um ano
☐ Números 7–8; Marcos 4:21-41

Amo a jovem Raquel, filha de meu colega Jeff Olson, como se fosse minha filha. Fiquei muito preocupado quando, numa viagem missionária de 8 meses à área rural do Quênia, ela contraiu malária. Felizmente, sua saúde se recuperou após alguns medicamentos fortes. O ministério dela a afetou fisicamente. Porém, suas emoções foram ainda mais tocadas, enquanto ela se derramava por pessoas que lidavam com os efeitos do pecado.

Servir aos outros por Jesus também é um ministério eficaz. Paulo foi afetado a ponto de derramar muitas lágrimas em seu trato com a igreja de Corinto (2Co 2:4). Em uma "visita dolorosa" anterior, ele repreendera aquela igreja incentivando-os a se arrependerem de seus pecados (v.1). Aparentemente, um homem cujo nome não é citado causou problemas e magoou Paulo (v.5). Paulo se refere a uma "carta severa" enviada após sua visita, chamando as pessoas ao arrependimento de seus pecados (7:8-10). Paulo conhecia a sensação de ter sido magoado ao servir aos outros. Podemos esperar o mesmo. Abrimos mão de uma parte de nós mesmos quando, amorosamente, escolhemos ajudar as pessoas a lidarem com pecados, vícios, dor e desânimo.

Mas as bênçãos sempre vêm rapidamente. No caso de Paulo, aparentemente o "vilão" sem nome de Corinto se arrependeu de seus maus caminhos. E, embora tivesse sido adversamente afetado, o apóstolo não guardou rancor. Em vez disso, implorou aos coríntios para "perdoá-lo e confortá-lo" (2:7) e escreveu: "Se vocês perdoam esse homem, eu também o perdoo" (v.10).

De algum modo, ministrar aos outros por Jesus nos afetará, mas os efeitos duradouros podem ser lindos (Jo 11:32-36). —*Tom Felten*

Se nos dispomos a servir ao próximo, Jesus abençoará os resultados na vida deles e na nossa.

8 de novembro

O mediador

Leitura:
Êxodo 20:18-26

Enquanto o povo continuava a distância, Moisés se aproximou da nuvem escura onde Deus estava.
—Êxodo 20:21

Imagine-se ao pé de uma montanha, com todos de sua comunidade ao redor, ombro a ombro. Trovões e lampejar de relâmpagos; você ouve um clangor de trombeta. Entre chamas, Deus se manifesta no topo da montanha. O cume é envolto em fumaça; toda a montanha passa a tremer e você também (Êx 19:16-20).

Os israelitas tiveram essa experiência aterrorizante próximo ao monte Sinai. Eles imploraram a Moisés: "…Fale você conosco e ouviremos; mas não deixe que Deus nos fale diretamente, pois morreríamos!" (20:19). Os israelitas estavam pedindo a Moisés que fosse o mediador entre eles e o Todo-Poderoso: "o povo continuava a distância, Moisés se aproximou da nuvem escura onde Deus estava" (v.21). Após encontrar-se com Deus, Moisés trouxe as mensagens do Senhor ao pé da montanha para o povo que ali estava.

Hoje, adoramos o mesmo Deus que manifestou a Sua surpreendente grandiosidade no monte Sinai. Porque Ele é perfeitamente santo e nós somos excessivamente corrompidos, não podemos nos relacionar com o Senhor. Caso estivéssemos sozinhos, nós também tremeríamos de terror (e realmente deveríamos). Mas Jesus nos possibilitou que conhecêssemos Deus quando tomou os nossos pecados sobre Si, morreu e ressuscitou (1Co 15:3,4). Ainda hoje, Jesus é o mediador entre nós e Deus, que é santo e perfeito (Rm 8:34; 1Tm 2:5). —*Jennifer Benson Schuldt*

A Bíblia em um ano
☐ Jeremias 43–45; Hebreus 5

Jesus é a ponte sobre o precipício do pecado e é Ele quem nos leva à presença de Deus.

24 de fevereiro

Não seja tola

Leitura:
Provérbios 5:1-23

Mantenha distância dessa mulher; não se aproxime da porta de sua casa! Se o fizer, perderá sua honra e entregará a homens impiedosos tudo que conquistou. —Provérbios 5:8,9

Não há nada de novo sob o sol. O rei Davi, o homem mais respeitado de Israel, cometeu adultério enquanto seus soldados lutavam pela vida (2Sm 11:1-5).

Certa vez, descobriu-se que um líder de destaque da igreja teve um relacionamento extraconjugal. Infelizmente, ele escolheu ignorar seus votos de casamento e envolver-se com outra mulher. Seu caso acabou vindo a público e trouxe vergonha aos dois, devastando ambas as famílias. A excelente reputação do pastor foi maculada.

O caso desmoronou o seu longo ministério e a sua família, também forçou seu afastamento da igreja que pastoreava e prejudicou a imagem das entidades de cunho social que criara e das importantes missões em que atuava como presidente e vice-presidente. Ele personificou a advertência de Salomão: "Mantenha distância dessa mulher; não se aproxime da porta de sua casa! Se o fizer, perderá sua honra e entregará a homens impiedosos tudo que conquistou" (Pv 5:8,9).

A confusão sórdida poderia ter sido evitada se ele tivesse seguido o conselho de Davi e de Salomão, filho de Bate-Seba. Ele implorou ao seu próprio filho que se guardasse contra os doces "lábios da mulher imoral", pois "Seus pés descem para a morte; seus passos conduzem direto à sepultura" (vv.3,5).

Na história do mundo, quantos já traíram seu cônjuge e não se arrependeram? Somos cercados de histórias tristes de vidas promissoras que foram destruídas nos bancos de areia do sexo ilícito. Na próxima vez em que você se sentir propensa a praticar a luxúria, abra os seus olhos e observe os destroços ao seu redor. Não seja tola (2Sm 11:6-17,26). —*Mike Wittmer*

A Bíblia em um ano

☐ Números 9–11; Marcos 5:1-20

Honrem o casamento e mantenham pura a união conjugal, pois Deus certamente julgará os impuros e os adúlteros. —Hebreus 13:4

7 de novembro

Deus entrega o Seu Filho

Leitura:
Gênesis 22:1-18

Deus providenciará o cordeiro para o holocausto, meu filho.
—Gênesis 22:8

Deus prometeu a Abraão que ele seria o pai de uma nação que abençoaria o mundo (Gn 12:1-4). Isso exigia a presença de um filho, mas Abraão não tinha herdeiros (15:1-15) e já havia passado muito tempo desde a promessa inicial. Finalmente, quando Abraão tinha 99 anos (e Sara, 90), o Senhor lhes apareceu novamente e prometeu-lhes um filho. Sara riu (18:12). *Era* engraçado um casal de idosos ter um bebê! A alegria e o riso voltaram quando a promessa de Deus se cumpriu — o nascimento de Isaque (21:5).

A vida se tornou ricamente boa para Abraão que agora tinha seu filho e a família assentada em Berseba. Abraão irradiava alegria. Contudo, uma nuvem escura envolveu a história, pois lemos essas terríveis palavras: "Tome seu filho, seu único filho, Isaque, a quem você tanto ama, e vá à terra de Moriá. Lá, em um dos montes que eu lhe mostrarei, ofereça-o como holocausto" (22:2).

Abraão obedeceu. A coragem e a fé o moveram, mas qualquer pai admitirá que o pedido deve ter parecido insano. Abraão juntou a madeira e a pedra de faísca para a fogueira, tomou seu filho e os suprimentos, e juntos fizeram a viagem de três dias montanha acima. Que pesarosa deve ter sido aquela viagem! Felizmente, a história terminou bem. Abraão levantou a faca para sacrificar o seu filho, mas um anjo interrompeu o doloroso ato dizendo: "Não toque no rapaz [...] Não lhe faça mal algum. Agora sei que você teme a Deus de fato" (v.12).

Deus fez esse pedido a um ser humano uma única vez, porém, essa história apontou para o dia em que Deus sacrificaria Seu Filho, Jesus. Deus poupou o filho de Abraão por amor; mas, pelo mesmo motivo, Ele não poupou Seu próprio Filho (Jo 3:16; Rm 8:31-39).
—Winn Collier

A Bíblia em um ano

☐ Jeremias 40–42; Hebreus 4

Agradecemos ao Pai porque o Seu Filho revelou o amor divino por nós sacrificando-se por nossos pecados.

25 de fevereiro

Amparadas

Leitura:
Salmo 62

Que minha alma espere em silêncio diante de Deus, pois nele está minha esperança.
—Salmo 62:5

A placa "Vende-se" em nosso jardim anuncia que estamos em transição. Meu marido e eu estamos dando um passo de fé vendendo nossa casa e deixando a posição atual dele no ministério para nos mudarmos para uma comunidade a quase 50 km distante daqui. Confiante de que Deus é poderoso, procuro a Sua orientação enquanto esperamos pelo desconhecido. Transito entre dois sentimentos: paz por estarmos onde estamos e pronta para avançar quando o Senhor comandar.

Paulo escreveu: "Sei viver na necessidade e também na fartura. Aprendi o segredo de viver em qualquer situação, de estômago cheio ou vazio, com pouco ou muito. Posso todas as coisas por meio de Cristo, que me dá forças" (Fp 4:12,13). Isso é desejável em teoria, romântico em perspectiva e, na realidade, dolorido. Viver no abrigo da proteção de Deus é um exercício de rendição.

A verdadeira estabilidade não é o resultado do acúmulo de bens, ter casa própria ou o mesmo emprego durante 40 anos. Embora tudo isso possa parecer trazer mais segurança, na realidade, não passa de uma frágil segurança. A qualquer momento, tudo pode mudar. Mesmo quando prevista, a mudança não é fácil. Felizmente, Deus é capaz de lidar com nossas questões quando chegamos a lugares inesperados. Mas há algo incrível em sentar em silenciosa admiração diante do Deus da criação enquanto esperamos que Ele se mova por nós (Sl 62:1,5).

Não sei quando a nossa propriedade será vendida ou para qual casa nos mudaremos. Há dias em que essa realidade é um pouco perturbadora. Mas, quando volto à Palavra de Deus, sou lembrada de que "Somente ele é minha rocha e minha salvação, minha fortaleza onde jamais serei abalado" (v.2). —*Regina Franklin*

A Bíblia em um ano

☐ Números 12–14; Marcos 5:21-43

Em silêncio diante de Deus, minha alma espera, pois dele vem minha vitória. —Salmo 62:1

6 de novembro

Espelhos

Leitura:
Filipenses 2:1-5

Bezalel fez a bacia de bronze e seu suporte de bronze com espelhos doados pelas mulheres que serviam à entrada da tenda do encontro.
—Êxodo 38:8

Quando Moisés reuniu os filhos de Israel para começar a trabalhar no tabernáculo (Êx 35–39), ele chamou Bezalel, um artesão talentoso, para ajudar a fazer a mobília. Diz-se que foi pedido para algumas mulheres doarem seus espelhos de bronze para a bacia que ele estava construindo (38:8). Elas entregaram os seus espelhos para ajudar a preparar o lugar onde a presença de Deus habitaria.

Doar nossos espelhos? Para a maioria de nós, isso seria muito difícil. Não nos foi pedido que o fizéssemos, no entanto, isso me faz pensar como o autoexame minucioso pode ser desconcertante. Pode nos fazer pensar demais em nós mesmos e muito pouco nos outros.

Quando conseguimos esquecer facilmente o nosso rosto e com rapidez nos lembrar de que Deus nos ama como somos, com todas as nossas imperfeições que achamos que temos, então podemos começar a "Não [procurar] apenas os próprios interesses, mas [nos preocupar] também com os interesses alheios" (Fp 2:4).

Agostinho disse que nos perdemos no amor por nós mesmos, e, no entanto, nos encontramos ao amarmos os outros. Colocando de outra forma: o segredo da felicidade não está exclusivamente no aperfeiçoamento pessoal, mas em nos doarmos. Entregando a nossa vida e todo o nosso ser, em amor. —*David Roper*

A Bíblia em um ano

☐ Jeremias 37–39; Hebreus 3

Aquele que se doa aos outros não será consumido pelo egoísmo.

26 de fevereiro

Sendo mexido

Leitura:
Colossenses 3:18–4:1

…Lembrem-se de que vocês também têm um Senhor no céu. —COLOSSENSES 4:1

Pratiquei alguns esportes na escola. Tive múltiplas rotinas de exercício ao longo dos anos e, agora, corro cinco ou seis dias por semana. No entanto, ninguém jamais me chamaria de ágil. Durante anos, os treinadores me incentivaram a alongar e condicionar os meus músculos para serem mais flexíveis. Concordo com a ideia, mas nunca quis suportar a dor e a inconveniência exigidas para seguir esse conselho. Dói alongar, mas, com os anos se acumulando, sei que é preciso seguir os conselhos dos treinadores. Agarro-me à esperança de que isso valerá a pena; mas, por enquanto, esses exercícios são realmente dolorosos.

Paulo moldou a visão de uma nova humanidade, uma ordem inteiramente nova de existência humana trazida à vida por Jesus Cristo quando se tornou o Deus encarnado. Jesus é o cabeça da Igreja. E essa nova humanidade permite que todas as coisas sejam reconciliadas, todas as raças, nações e a criação em Cristo (1:20). Mas é impossível ter uma nova humanidade sem que a atual seja mexida e virada de cabeça para baixo. Gostamos da ideia de Deus consertar as coisas, desde que o que Ele consertar coincida com aquilo que presumimos necessitar de conserto — e nada mais.

Porém, a nova criação e humanidade planejadas por Deus refazem o mundo a partir do zero. Essa restauração começa com a família, esposa, marido e filhos (3:18-20). Depois, ela transforma o nosso trabalho e vocação, e até mesmo os cenários injustos como aqueles enfrentados no primeiro século (vv.22-24). Finalmente, o evangelho derruba a maneira de como usamos nosso poder e a maneira como os patrões exercem a sua influência (4:1). Deus mexe e transforma *tudo*. —*Winn Collier*

A Bíblia em um ano

☐ Números 15–16; Marcos 6:1-29

Deus transforma cada grupo de pessoas e cada área da vida de maneiras específicas.

5 de novembro

Cresça

Leitura:
1 Coríntios 3:1-4

...porque ainda são controlados por sua natureza humana. Têm ciúme uns dos outros, discutem e brigam entre si. Acaso isso não mostra que são controlados por sua natureza humana e que vivem como pessoas do mundo?
—1 Coríntios 3:3

Um casal de quase 60 anos decidiu divorciar-se, mas os dois se recusavam a sair da casa. Para resolver o impasse, um juiz ordenou que eles dividissem o ambiente. Isso incluía a construção de uma parede para dividir a sala de estar no térreo e a vedação da porta que dividia o espaço de convivência no andar superior. O marido fez os pedreiros construírem uma escada espiral, para ir mais facilmente de sua sala de estar à sua sala de jantar. Ele também transformou a vida de sua ex-mulher em um pesadelo gritando e batendo nas paredes. Os dois prometeram permanecer na casa até um deles sair. Que triste esse comportamento infantil!

Paulo precisou abordar esse tipo de comportamento com os cristãos de Corinto. Embora tivessem recebido o Espírito Santo e a mente de Cristo, isso não os impediu de exibir uma conduta de divisão. De fato, eles pareciam estar no mesmo lugar em que Paulo os deixara. Assim, em 1 Coríntios 3:1, ele os chamou de "criancinhas em Cristo", pois eram incapazes de passar do leite (os elementos básicos do evangelho) para o alimento sólido (apropriação do evangelho ao atual comportamento). O ciúme e a discórdia os dividiam em facções insalubres e demonstravam que eles ainda estavam sob a influência de um sistema de valores oposto a Deus (3:3,4).

Como seguidores de Jesus, precisamos fazer mais do que crer no evangelho. Precisamos aplicá-lo em todas as áreas de nossa vida, incluindo nossos relacionamentos uns com os outros. Quando vivemos o evangelho, movemo-nos para além de ciúme, discórdias, facções e crescemos em direção à maturidade espiritual (Gl 5:16; Tg 4:1). —*Marvin Williams*

A Bíblia em um ano

☐ Jeremias 34–36; Hebreus 2

Quando permitimos que o Espírito nos guie, satisfazemos os anseios da nossa alma.

27 de fevereiro

Controladores

Leitura:
Josué 10:10-15

O sol parou e a lua ficou onde estava… —Josué 10:13

Os apreciadores de café de uma cidade europeia puderam tomar uma xícara grátis desta bebida no café *Kauko*. Em troca ficaram à mercê da ação dos usuários da internet que controlavam o ambiente da cafeteria. Esses "deuses no café" podiam ajustar a iluminação, música e decoração durante um minuto, enquanto observavam as reações das pessoas. Os *controladores* daquele café tinham poder durante tempo limitado e espaço finito.

No entanto, Deus tem o controle definitivo de tudo que existe (Sl 115:3). Ele demonstrou a Sua soberania na batalha entre os israelitas e os guerreiros amorreus. "O Senhor trouxe pânico sobre os amorreus" (Js 10:10), e isso permitiu aos israelitas derrotarem um grande número deles. A ação de Deus pelo bem de Israel mostra que Ele tem poder sobre os que se opõem a nós.

Quando os amorreus recuavam, o Senhor "os destruiu com uma terrível chuva de pedras de granizo […]. As pedras eliminaram mais inimigos do que os israelitas mataram à espada" (v.11) provando que Deus pode mudar o clima em um momento. Toda gota de chuva, onda do oceano e rajada de vento responde ao Seu comando. O Seu poder se estende por todo o Universo. Enquanto Israel continuava a destruir seus oponentes, a nação começou a ficar sem tempo. Deus se manifestou novamente e respondeu ao pedido de Josué: mais luz do dia (v.12). "O sol parou e a lua ficou onde estava…" (v.13).

Recordar o poder soberano de Deus pode nos livrar de "brincar de deus" em nossa vida. Não precisamos moldar todas as circunstâncias em nosso favor. Podemos afrouxar o controle sobre as pessoas com quem vivemos. Podemos nos aquietar e saber que Ele é Deus (Sl 46:10; 95:3-5). —*Jennifer Benson Schuldt*

A Bíblia em um ano

☐ Números 17–19; Marcos 6:30-56

Ele faz o que quer entre os anjos do céu e entre os habitantes da terra. Ninguém pode detê-lo… —Daniel 4:34,35

4 de novembro

Sem ofensa

Leitura:
João 3:16-17

Deus enviou seu Filho ao mundo não para condenar o mundo, mas para salvá-lo por meio dele. —João 3:17

A leitura do livro *The Next Christians* (Os próximos cristãos) de Gabe Lyons foi inspiradora. Uma de suas mensagens mais profundas é que os cristãos que realmente querem restaurar os quebrantados não se ofendem pelo estilo de vida depravado dessas pessoas. Lyons diz que, em vez de condenarmos e nos afastarmos de pessoas cujas vidas estão disfuncionais após anos de abuso de drogas, imoralidade sexual ou materialismo ganancioso, devemos alcançar as pessoas onde elas estão. Isso inclui estender a mão e oferecer a esperança da restauração oferecida por Jesus.

Em vez de fugir da confusão que poderia ofender algumas pessoas, devemos correr para dentro da confusão. Por exemplo, recentemente, minha filha passou dois meses indo aos bares na Tailândia e declarando o amor de Deus às jovens presas ao tráfico sexual.

Os cristãos que não se ofendem pelo mundo imitam o próprio Jesus. Ele não se ofendeu por causa dos pecadores que encontrava, párias sociais ou profanos. A mulher pega em adultério não deixou Jesus ofendido (Jo 8:3-11). O leproso que pediu por cura também não (Mt 8:1-4), o publicano rico e odiado (Lc 19:2-10), nem a mulher com a reputação de ser imoral que lavou os pés de Jesus com suas lágrimas (7:36-50). Até mesmo a presença do centurião romano não o ofendeu (Mt 8:5-13).

Os centuriões eram a espinha dorsal do exército romano. Eles proporcionavam a força que exercia a ocupação, por Roma, do território judeu e, finalmente, realizaria a execução de Jesus. Mas Cristo não hesitou quando o soldado lhe pediu para curar o seu servo. De fato, Ele elogiou publicamente a fé daquele homem (v.10) nos ensinando que para restaurar pessoas a Ele devemos resistir ao nosso *impulso de ficarmos ofendidos e nos afastarmos delas* (Rm 6:14). —*Jeff Olson*

A Bíblia em um ano

☐ Jeremias 32–33; Hebreus 1

Devemos amar o pecador como Jesus o amou.

28 de fevereiro

Como no Céu

Leitura:
Efésios 1:9-11

E o plano é este: no devido tempo, ele reunirá sob a autoridade de Cristo tudo que existe nos céus e na terra.
—Efésios 1:10

Na "oração do Pai Nosso", Jesus ensinou aos Seus seguidores que eles deviam orar pela vinda do reino de Deus e pela realização de Sua vontade "na terra como no céu" (Mt 6:10). Os evangelhos estão repletos de histórias de Céu e Terra se unindo em Jesus e à Sua volta.

Desde o início, o Céu e a Terra convergem na concepção divina de Cristo (Lc 1:35). Eles se sobrepuseram quando anjos apareceram a Maria e José para explicar sua inexplicável gravidez (Mt 1:18-25; Lc 1:26-35). Aconteceu quando Deus enviou anjos do Céu para anunciar o nascimento de Jesus (2:8-15). Céu e Terra continuaram a se unir no batismo de Jesus, quando se ouviu uma voz do Céu: "Você é meu Filho amado" (Mc 1:11). O mundo de Deus e o nosso se cruzou toda vez que Jesus perdoou pecados e curou doenças (2:1-12). Isso ocorreu quando a água se transformou em vinho (Jo 2:1-11), a graça substituiu a condenação (8:1-11), Lázaro ressuscitou (11:38-44), os mares agitados se aquietaram (Mc 4:35-41), milhares de famintos alimentaram-se com alguns pães e peixes (6:30-44), e pescadores frustrados fizeram, por duas vezes, sua maior pesca (Lc 5:1-7; Jo 21:1-6).

Algo radicalmente novo aconteceu na vinda de Jesus e por meio dela. Ele anunciou que pessoas de todas as origens estão incluídas e todas as dimensões da criação são tocadas quando o tão esperado reino de Deus vem à Terra "como no céu".

Foi isso que Jesus iniciou em Seu nascimento e ministério, que foi estabelecido por Sua morte e ressurreição e se completará quando Ele voltar. Essa é a missão renovadora da criação pela qual Jesus nos ensinou a orar e também nos salvou para que sejamos parte dela hoje e sempre — "na terra como no céu" (Ef 1:10). —*Jeff Olson*

A Bíblia em um ano
☐ Números 20; Marcos 7:1-7

O propósito de Deus é reunir sob a autoridade de Cristo tudo que existe nos Céus e na Terra.

3 de novembro

Lição de humildade

Leitura:
Provérbios 3:5-12

Confie no SENHOR de todo o coração; não dependa de seu próprio entendimento. Busque a vontade dele em tudo que fizer, e ele lhe mostrará o caminho que deve seguir.
—PROVÉRBIOS 3:5,6

A Bíblia em um ano
☐ Jeremias 30–31; Filemom

"Sei que você deu o melhor de si, mas não foi o suficiente." Se você ouvisse essas palavras desanimadoras, seus pensamentos poderiam ser: "Opa! Espere aí, faço o melhor que posso. Certamente isso vale alguma coisa!". Sim e não! Na Bíblia parafraseada *A mensagem* (Ed. Vida, 2011), lemos: "Fomos todos infectados pelo pecado, contaminados. Nossos melhores esforços só fazem sujar a roupa" (Is 64:6). Além disso é possível que o nosso melhor não atinja o alvo por falta de experiência, conhecimento ou habilidade.

É correto darmos o melhor de nós, mas é incorreto nos orgulharmos de nossos esforços. O orgulho é o maior inimigo do cristão. Influencia-nos a depender de nosso entendimento e a não buscar a vontade de Deus em tudo que fazemos. Devemos aprender a dizer: "Não sou capaz de atender a essa exigência, de fazer o que me pedem; mas Ele pode, então eu posso". Hudson Taylor, fundador da *Missão para o interior da China*, é um maravilhoso exemplo. Ele escreveu: "Onde Ele me colocará ou como me levará para lá, cabe a Ele decidir, não a mim; pois, nas posições mais fáceis, Ele precisa dar-me graça e, nas mais difíceis, Sua graça é suficiente. Então, se Deus me colocar numa posição de perplexidade, Ele não precisará dar-me muita orientação? Em posições muito difíceis, muita graça? Em circunstâncias de grande pressão e provação, muita resistência?".

Deus sabe que facilmente posso sentir-me sábia aos meus próprios olhos e desejar que meus esforços sejam percebidos e recompensados. Como Pai amoroso, Ele me corrige (Pv 3:7,11,12; Nm 12). Portanto, quando ouvir um comentário depreciativo por seu melhor esforço, pare e pense: meu Pai amoroso quer me ensinar humildade? O Senhor resiste ao orgulho dos que buscam lhe servir. —*Poh Fang Chia*

Deus se opõe aos orgulhosos, mas concede graça aos humildes. —Tiago 4:6

29 de fevereiro

Uma boa trabalhadora

Leitura:
2 Timóteo 2:14-26

Esforce-se sempre para receber a aprovação do Deus a quem você serve. Seja um bom trabalhador, que não tem de que se envergonhar e que ensina corretamente a palavra da verdade. —2 Timóteo 2:15

Você pensa que Deus a vê como uma boa trabalhadora? Essa é uma pergunta de difícil resposta. Algumas de nós sentem que nunca poderiam ser suficientemente boas para merecer tal elogio; outras confessam que buscar a aprovação divina não é sua prioridade. Além do mais, é fácil ser indevidamente modesta, ou ter uma imagem exageradamente positiva de si mesma. Então, como se autoavaliar corretamente?

Paulo nos fornece um padrão objetivo para nos mensurarmos. Ele define um bom trabalhador como alguém que "não tem de que se envergonhar e que ensina corretamente a palavra da verdade" (2:15). Embora o ensinamento de Paulo seja endereçado a um pastor, ele se aplica igualmente a todos os cristãos. Precisamos ser estudantes diligentes da Palavra de Deus que a interpretam de maneira sã e a proclamam sem enfraquecimento ou distorção. Todo cristão é responsável por ensinar, repreender, corrigir e instruir outros com a Palavra de Deus — seja para grandes públicos, pequenos grupos ou em discipulado individual.

Tendo dito isso, Paulo alerta que precisamos evitar "…conversas tolas e profanas…" (v.16), que não edificam, somente levando a mais comportamento ímpio e minando a fé dos outros. William Barclay explica: "O objetivo de toda discussão e de toda ação cristã é aproximar as pessoas umas das outras e de Deus". No fim das contas, nosso objetivo não é vencer discussões. Somos apenas canais; Deus é o agente de mudança (v.25).

Estamos prontas para explicar a Palavra da verdade corretamente neste mundo, neste lugar de grande confusão e falta de compreensão das leis morais de Deus? Nossa resposta determinará se somos boas trabalhadoras (Is 50:4,5). —*Poh Fang Chia*

A Bíblia em um ano
☐ Números 21–22; Marcos 7:8-13

O Senhor Soberano nos dá palavras de sabedoria quando o buscamos.

2 de novembro

Sejamos insistentes

Leitura:
Lucas 18:1-8

…orar sempre e nunca desanimar. —Lucas 18:1

Deveria ser uma daquelas idas "bate e volta" à loja — eu só precisava de sabão em pó. Mas minha filha viu alguns brinquedos em oferta e implorou: "Podemos olhar os brinquedos?". Respondi com um "Talvez". Então, ela usou uma tática de negociação comum entre as crianças — a insistência. "Mãe, por favooor?". Ela continuou insistindo até finalmente nos envolvermos totalmente com bonecas e livros infantis.

Espiritualmente falando, a persistência dos filhos de Deus não é um incômodo para Ele. A Bíblia nos incentiva a "…orar sempre e nunca desanimar" (v.1). De fato, Jesus contou uma história sobre uma viúva que importunava um juiz com repetidos pedidos de justiça (v.3). O juiz tinha má reputação, mas, mesmo assim, pensou: "Vou lhe fazer justiça, pois assim deixará de me importunar" (vv.5,7). Até mesmo o juiz desonesto acabou emitindo uma decisão justa.

Deus é um justo juiz (Sl 7:11), e Jesus nos assegurou de que fará justiça aos Seus escolhidos "…que clamam a ele dia e noite…" (Lc 18:7). Além de justiça, Deus também dá "bons presentes" e o auxílio do Espírito Santo àqueles que lhe pedem (Mt 6:7; 7:11; Lc 11:8,13).

Você tem dificuldade em pedir e bater à porta com o fervor da viúva persistente (Dt 10:10)? Talvez tenha orado sobre algo, mas depois desistiu e tentou resolver a questão por si mesma. Se assim for, lembre-se de que Deus "…é capaz de realizar infinitamente mais do que poderíamos pedir ou imaginar" (Ef 3:20).

Voltar a Deus repetidas vezes coloca o resultado em Suas mãos e nos permite sempre dizer: "Porque ele se inclina para ouvir, orarei enquanto viver" (Sl 116:2). —*Jennifer Benson Schuldt*

A Bíblia em um ano

☐ Jeremias 27–29; Tito 3

O Senhor ouve as nossas súplicas e anseia que o amemos e o sirvamos.

1.º de março

Um contador de histórias

Leitura:
Colossenses 1:13-23

Isso inclui vocês, que antes estavam longe de Deus. Eram seus inimigos, [...] Agora, porém, ele os reconciliou consigo por meio da morte do Filho no corpo físico.
—Colossenses 1:21,22

Logo depois da Guerra Civil americana (1861–65), Lew Wallace, major-general da União, serviu como governador dos territórios do Novo México, que ainda não haviam se tornado um estado. Seu trabalho o colocou em contato com muitos personagens que compõem a história mítica do velho oeste, incluindo Billy Kid e o Xerife Pat Garrett. Foi nesse contexto que Wallace escreveu o que tem sido chamado por alguns de "o livro cristão mais influente" do século 19: *Ben-Hur: Um conto sobre o Cristo* (Ed. Abril, 2012).

Wallace testemunhou o pior impacto do pecado sobre a humanidade, quando viu a violência da Guerra Civil americana e o oeste selvagem. Na vida e nesse seu livro mais vendido, Wallace compreendeu que apenas a história de Jesus Cristo tem o poder de redimir e reconciliar.

Para o cristão, o clímax de nossa vida foi o momento em que Deus "nos resgatou do poder das trevas e nos trouxe para o reino de seu Filho amado, que comprou nossa liberdade e perdoou nossos pecados" (Cl 1:13,14). Agora temos o privilégio de sermos contadores da maravilhosa história de redenção que Deus realizou entre nós. —*Randy Kilgore*

A Bíblia em um ano
☐ Números 23–25; Marcos 7:14-37

A diferença que Cristo faz em sua vida é uma história que vale a pena contar.

1.º de novembro

Passe-me o binóculo!

Leitura:
Salmo 19:1-6

Os céus proclamam a glória de Deus; o firmamento demonstra a habilidade de suas mãos.
—Salmo 19:1

Quando eu ainda estava no Ensino Fundamental, meu amigo Kleber e eu passávamos algum tempo observando o céu noturno com binóculos alemães. Nós nos maravilhávamos com as estrelas e com as montanhas na Lua. Enquanto observávamos, passávamos o tempo alternando quem dizia: "Passe-me os binóculos!".

Séculos antes um menino, pastor judeu, olhou para o céu noturno e também se maravilhou. Ele não tinha um par de binóculos ou um telescópio para auxiliá-lo. Mas tinha algo ainda mais importante: um relacionamento pessoal com o Deus vivo. Imagino as ovelhas balindo calmamente ao fundo, enquanto Davi olhava o céu. Depois ele viria a escrever o inspirativo texto: "Os céus proclamam a glória de Deus; o firmamento demonstra a habilidade de suas mãos. Dia após dia, eles continuam a falar; noite após noite, eles o tornam conhecido" (Sl 19:1,2).

Em nossas agendas tão comprometidas, podemos facilmente nos esquecer de nos maravilharmos diante da beleza celeste que o nosso Criador nos preparou para nosso prazer e a Sua glória. Quando separamos tempo para olhar o céu noturno e nos deslumbrarmos com o que vemos, ganhamos um entendimento mais profundo de Deus, do Seu poder e da Sua glória eterna. —*Dennis Fisher*

A Bíblia em um ano

☐ Jeremias 24–26; Tito 2

Nas maravilhas da criação de Deus, vemos a Sua majestade e o Seu caráter.

2 de março

Que tipo de tristeza?

Leitura:
2 Coríntios 7:5-13

Porque a tristeza que é da vontade de Deus conduz ao arrependimento e resulta em salvação. Não é uma tristeza que causa remorso. Mas a tristeza do mundo resulta em morte. —2 CORÍNTIOS 7:10

No rastro das confissões públicas feitas por políticos, atletas e executivos decadentes, o escritor Paul Wilkes cita a autora Susan Wise Bauer: *"Desculpar-se é uma expressão de arrependimento: Sinto muito. Confessar é uma admissão de erro: Sinto muito por ter errado. Eu pequei"*. Wilkes continua: "As desculpas se dirigem à plateia. A confissão implica mudança interior que se manifestará em ação visível".

Paulo fez uma distinção semelhante e profunda: contrastou a tristeza que é da vontade de Deus e está em conformidade com os Seus padrões, à tristeza do mundo, que não está (v.10). Paulo diz que a tristeza que é da vontade divina e a dor emocional trazem o arrependimento, a transformação da mente e do comportamento.

Os coríntios receberam a repreensão de Paulo e se conscientizaram de seus pecados (vv.8,9). Paulo quis que reagissem com arrependimento e buscassem a Deus para obter o perdão e a transformação. A tristeza piedosa produzia, dentre outras coisas, sinceridade, prontidão para a reconciliação e o desejo por uma vida santificada. A tristeza que é da vontade de Deus leva à salvação. A tristeza do mundo, porém, não produz o arrependimento centrado em Deus. Pedro foi um exemplo de tristeza piedosa (Mt 26:75; Jo 21:15-19), e Judas o foi da tristeza do mundo (Mt 27:3-5).

Para o cristão não é suficiente ter remorso ou apenas lamentar os efeitos do pecado. Se o nosso arrependimento não levar à transformação centrada em Deus, torna-se autocomiseração e pesar improdutivo levando à morte. O cristão que sente a tristeza que é da vontade de Deus aceita a repreensão da Sua Palavra, percebe que transgrediu o Seu padrão, admite humildemente sua falha e se volta aos padrões e ao serviço de Deus (Sl 32:1-5; 51:1-10). —*Marvin Williams*

A Bíblia em um ano
☐ Números 26–27; Marcos 8:1-21

Deus, cria em mim um coração puro por Tua grande compaixão.

31 de outubro

Verdade em amor

Leitura:
Efésios 4:11-16

...falaremos a verdade em amor, tornando-nos, em todos os aspectos, cada vez mais parecidos com Cristo, que é a cabeça. —Efésios 4:15

Você já disse algo a alguém e depois se arrependeu? Talvez você precisou dizer palavras duras e a pessoa precisava ouvi-las, mas você se sente mal pela *maneira* como comunicou a sua mensagem. Você está entristecida por não ter "falado a verdade com espírito de amor". Mas o que isso realmente significa? Trata-se de honestidade ou de adocicar a verdade "nua e crua" para torná-la mais agradável? Essa expressão "verdade em amor" aparece em Ef 4:11-16. No texto em grego é uma longa sentença. No contexto, percebemos que é exposto em contraste às crianças imaturas, instáveis e facilmente enganadas por falsidades (v.14). A frase é uma única palavra em grego, que pode ser traduzida como "dizer a verdade com amor" e contém a ideia de manter a verdade com amor em nosso falar e em nosso agir.

Um comentarista bíblico explica assim: "'Falar a verdade' ilustra a doutrina correta, mas 'em amor' ilustra a intenção ou a atitude correta. Devemos ter grande amor pela verdade e também devemos exercê-la, mas precisamos *falar a verdade em amor*. A verdade sem amor é brutalidade, mas amor sem verdade é hipocrisia." De fato, falar a verdade em amor é o resultado de uma igreja saudável em que todos os cristãos (não somente a equipe que atua em tempo integral) usam os seus dons para servir uns aos outros (vv.11-13). Quando uma comunidade fala a verdade em amor, ela promove a unidade, o crescimento, a saúde e é "saudável em amor" (vv.15,16; Ef 4:29).

Como podemos nos tornar mais verdadeiras e amorosas? Paulo diz: "Que a mensagem a respeito de Cristo, em toda a sua riqueza, preencha a vida de vocês. [...] E tudo que fizerem ou disserem, façam em nome do Senhor Jesus" (Cl 3:16,17). —*Poh Fang Chia*

A Bíblia em um ano

☐ Jeremias 22–23; Tito 1

A paciência pode convencer o príncipe, e palavras suaves podem quebrar ossos. —Provérbios 25:15

3 de março

Herói zero

Leitura:
Juízes 3:1-11

O Espírito do Senhor veio sobre Otoniel, e ele se tornou juiz de Israel. —Juízes 3:10

"Os semelhantes se atraem". Não tenho certeza quanto à veracidade dessa frase, pois, quando eu era estudante, relacionava-me com pessoas inteligentes e bonitas. Não penso ter esses atributos. Na verdade, frequentemente pensava: *se fosse tão talentosa ou charmosa quanto a fulana, seria capaz de atrair muitas pessoas para Jesus.*

Quando lemos o livro de Juízes, é como se lêssemos um gibi de super-heróis como: Sansão, o homem forte; Débora, a profetiza. Porém, no rol dos juízes ou libertadores, há um herói sobre o qual há pouca informação. Seu nome é Otoniel. Seu relato em Juízes 3:1-11 está escrito de maneira sucinta e sem drama ou demonstração de proeza. O professor de ensino bíblico Paul Baxendale comenta: "Nada há além do estritamente essencial em seu relato. Quase nada acerca de Otoniel. O que se encontra é o que o Senhor fez e o que o Senhor está fazendo. O relato de Otoniel nos ajuda a ver o mais importante — a atividade de Deus. Pessoas interessantes podem, às vezes, obscurecer isso. Acabamos nos concentrando nesses personagens fascinantes e deixamos de ver o que o Senhor está fazendo". Semelhantemente, precisamos reconhecer que não há cristão forte — apenas cristãos submissos em cujas vidas Deus revela a Sua força. Em 2 Crônicas 16:9, lemos: "Os olhos do Senhor passam por toda a terra para mostrar sua força àqueles cujo coração é inteiramente dedicado a ele".

Quando os outros olham para a nossa vida, é mais importante que vejam Deus e o louvem. Oremos para que a Palavra de Deus habite ricamente em nosso coração, e que todos possam ver que vencemos somente pelo poder do Senhor (2Co 12). —*Poh Fang Chia*

A Bíblia em um ano
☐ Números 28–30; Marcos 8:22-38

A graça de Deus é tudo o que precisamos e o poder dele opera melhor em nossa fraqueza.

30 de outubro

Encontro inesperado

Leitura:
Rute 2:11-20

Que o SENHOR, o Deus de Israel, sob cujas asas você veio se refugiar, a recompense ricamente pelo que você fez.
—RUTE 2:12

Diogo, jovem e entusiasta, estava liderando o louvor pela primeira vez em uma igreja grande. Luísa, uma participante antiga, queria encorajá-lo, mas achou que seria difícil demais chegar até a frente da igreja antes que ele fosse embora. Porém, ela encontrou um jeito de passar pela multidão, e lhe disse: "Gostei muito do seu entusiasmo ao liderar o louvor. Continue servindo ao Senhor!".

Ao se afastar dali, Luísa encontrou-se com Sara, a quem não via há meses. Após uma curta conversa, Sara lhe disse: "Obrigada pelo que você faz para o Mestre. Continue servindo ao Senhor!". Porque Luísa se dispôs a encorajar outra pessoa, ela agora estava no lugar certo para receber esse encorajamento inesperado.

Após Rute e sua sogra Noemi deixarem Moabe e retornarem a Israel, elas receberam uma bênção inesperada. Ambas eram viúvas sem alguém que lhes concedesse provisão, então Rute foi respigar grãos de um campo (Rt 2:2,3). O campo, no fim das contas, pertencia a Boás, um parente distante de Noemi. Ele percebeu a presença de Rute, supriu suas necessidades e, mais tarde, tornou-se o seu marido (2:20; 4:13). Rute recebeu essa bênção porque estava no lugar certo na hora certa (2:11-23).

Algumas vezes Deus usa encontros inesperados para trazer bênçãos inesperadas.

—*Anne Cetas*

A Bíblia em um ano
☐ Jeremias 20–21; 2 Timóteo 4

Quando se trata de ajudar os outros, não desista, vá em frente.

4 de março

Culpadas da acusação

Leitura:
Lucas 3:7-14

Provem por suas ações que vocês se arrependeram.
—Lucas 3:8

Recentemente, li a respeito da absolvição de uma adolescente que tinha sido acusada de blasfêmia sob as rígidas leis de seu país. Se ela tivesse sido condenada, receberia a pena de prisão perpétua. Descobriu-se, porém, que um mestre religioso tinha promovido provas falsas para incriminá-la. Enquanto pensava no apuro dela, questionei-me: "Se eu fosse preso por ser cristão, haveria provas suficientes para me condenar?".

No texto de hoje, embora as multidões professassem crer, João Batista sabia que as pessoas não eram sinceras (v.7). Elas não tinham dado provas de arrependimento piedoso. Então, ele lhes disse: "Provem por suas ações que vocês se arrependeram" (v.8). As multidões, cobradores de impostos e soldados perguntavam: "…O que devemos fazer" (vv.10,12,14)?

Como seguidores de Jesus, é importante sabermos o que fazer e como viver. João disse que devemos provar que nos arrependemos (v.8). Além disso, nossa vida deve refletir o seguinte: *generosidade* — "Se tiverem duas vestimentas, deem uma a quem não tem. Se tiverem comida, dividam com quem passa fome" (v.11); *honestidade* — "Não cobrem impostos além daquilo que é exigido" (v.13); *contentamento* — "Contentem-se com seu salário" (v.14).

Para viver de modo diferente, temos de lidar decisivamente com o "corte da raiz" de nossa pecaminosidade (v.9). Os seguidores de Jesus não devem ser impulsionados por ganância e egoísmo, devendo caracterizar-se por generosidade, honestidade e contentamento.

Jesus disse: "Toda árvore que não produz bons frutos é cortada e lançada ao fogo. Portanto, é possível identificar a pessoa por seus frutos" (Mt 7:19,20). Se professamos ser cristãos, nosso viver precisa dar provas disso (Cl 3:1-15). —*K. T. Sim*

A Bíblia em um ano

☐ Números 31–33; Marcos 9:1-29

Deixem que o Espírito renove seus pensamentos e atitudes. —Efésios 4:23

29 de outubro

Deuses falsos, bênçãos verdadeiras

Leitura:
1 Samuel 7:3-13

Se, de fato, vocês desejam de todo o coração voltar ao Senhor, livrem-se de seus deuses estrangeiros…
—1 Samuel 7:4

Os deuses falsos afastam o nosso coração de Deus. Isso inclui: dinheiro, sucesso, escola, carreira, relacionamentos românticos, filhos etc… Em seu livro *Deuses falsos* (Ediouro, 2010), Timothy Keller define um deus falso da seguinte maneira: "para você é alguém mais importante do que Deus, algo que absorve seu coração e imaginação mais do que Deus, algo que você busque para lhe dar o que só Deus pode oferecer".

Os israelitas se afastaram de Deus e buscaram deuses falsos (1Sm 7:1-3). Após ser derrotado pelos temidos filisteus e sofrer a punição divina mortal por causa da desobediência, o povo se sentia distante do Senhor (4:1,2;). Eles clamaram: "Quem pode estar na presença do Senhor, este Deus santo?" (6:19,20). Muito semelhante à nossa maneira de pensar e, por vezes, nos comportar quando nos sentimos fracos ou inseguros. O povo se voltou aos falsos deuses para tentar preencher o vazio espiritual no coração. Nós poderíamos buscar coisas materiais, realizações ou sexo para nos sentirmos melhor, mas nada disso satisfará nosso profundo desejo e necessidade de Deus.

O profeta Samuel deixou claro que os israelitas vinham buscando esperança e significado em lugares errados. Ele disse ao povo: "Se, de fato, vocês desejam de todo o coração voltar ao Senhor, livrem-se de seus deuses estrangeiros […]. Voltem o coração para o Senhor e obedeçam somente a ele". Felizmente, eles "se desfizeram" de seus falsos deuses (7:34).

Dessa obediência fluiu bênçãos. O único Deus verdadeiro conquistou o povo que adorava os falsos deuses (v.10). Quais são os falsos deuses em sua vida? Entregue-os a Deus e busque somente a Ele e à Sua bênção. Não há outro Deus, nunca houve e nunca haverá (Is 43:10). —*Tom Felten*

A Bíblia em um ano
☐ Jeremias 18–19; 2 Timóteo 3

Deus nos criou para o conhecermos, crermos nele e entendermos que somente Ele é Deus.

5 de março

Bem preparadas

Leitura:
Romanos 7:14-25

E eu sei que em mim, isto é, em minha natureza humana, não há nada de bom, pois quero fazer o que é certo, mas não consigo. —Romanos 7:19

Pressionei os joelhos e mãos contra a grama pronta para desistir de meu objetivo. Pouco antes, eu tinha buscado a ajuda de uma amiga para aumentar minha força muscular e resistência. Nessa noite, estávamos fazendo ginástica e exercícios aeróbicos num parque. Eu completava a série para fortalecer os músculos inferiores, e minha mente buscava desesperadamente um modo de evitar correr a última volta de nosso exercício, pois eu estava exausta.

Sobre a batalha na mente, Cristo diz: "…essa paz que eu lhes dou é um presente que o mundo não pode dar" (Jo 14:27). Em meio à tentação, porém, podemos nos debater com pensamentos que ameaçam descarrilar a nossa perspectiva espiritual. Paulo destacou: "…permitir que a natureza humana controle a mente resulta em morte, mas permitir que o Espírito controle a mente resulta em vida e paz" (Rm 8:6). O caminhar cristão se fundamenta na fé, e Deus nos promete: "Porei minhas leis em seu coração e as escreverei em sua mente" (Hb 10:16).

Na batalha entre a carne e o espírito (Rm 7:22-25), as estratégias de autoajuda e argumentos lógicos não movem as fortalezas espirituais. Da mesma maneira, as tentativas de evitar a confrontação com o inimigo por meio de concessões só nos levarão a cativeiro ainda pior.

Conquistamos a vitória quando seguimos o processo de Deus. Nosso clamor desesperado ao Senhor em meios às lutas e escolha por obedecer (Sl 119:169,170,173) nos levam ao lugar de autoridade onde podemos dominar os pensamentos contrários à obra de Cristo na cruz e (2Co 10:5). Tal como o exercício físico, esse não é um processo único, mas uma prática diária e por toda a vida (Co 4:2; 2Tm 4:5-8). —*Regina Franklin*

A Bíblia em um ano

☐ Números 34–36; Marcos 9:30-50

A Palavra de Deus nos incentiva a orar com a mente alerta e o coração agradecido realizando o ministério que Deus nos confiou.

28 de outubro

Doar ou não doar

Leitura:
2 Coríntios 8:1-15

...deram não apenas o que podiam, mas muito além disso, e o fizeram por iniciativa própria. —2 Coríntios 8:3

Qual tem sido o seu investimento financeiro no reino de Deus, além do dízimo? Às vezes os pedidos de doações enchem minha caixa de e-mail, sem mencionar os telefonemas. *Ajude as crianças, os desabrigados, os feridos.* É impossível atender a todos. Mesmo com as contribuições que fazemos, sinto-me estranhamente culpada sempre que me desfaço de um pedido de doações ou digo: "Não, obrigada" a quem telefona pedindo contribuição. A tensão que sinto é um lembrete do chamado que preciso atender nesse mundo imperfeito. *Doe com desprendimento, tal qual Jesus.*

Estou convencida de que a doação verdadeira é a que ofertamos além do nosso dízimo. Ainda assim, poderíamos perguntar: o nosso doar deve ser determinado pela necessidade ou pelos recursos disponíveis? Paulo nos diz que as igrejas da Macedônia "...deram não apenas o que podiam, mas muito além disso" (v.3). Há momentos em que Deus nos chama a dar um passo de fé e doar, mesmo que isso não pareça prático (1Rs 17:12-14). Pelo mesmo motivo, as Escrituras ensinam que nossa primeira responsabilidade é atender às necessidades da família (1Tm 5:8,16). Jesus ensinou Seus discípulos a entregarem o que de graça haviam recebido revelando que o desprendimento no dar ocorre quando vemos Deus como nosso Provedor, independentemente do instrumento que Ele possa escolher usar (Mt 10:8-10; Pv 11:23-25).

Eles deviam dar somente o que fora depositado em suas vidas, quer fosse tangível ou intangível. Reiterando essa ideia, Paulo disse: "Doem proporcionalmente àquilo que possuem" (2Co 8:11). Os discípulos sabiam que o dar bíblico provinha de um desejo de fazer crescer a obra do reino de Deus, não as intenções de homens. O que você doará hoje? —*Regina Franklin*

A Bíblia em um ano

☐ Jeremias 15–17; 2 Timóteo 2

Quando abençoamos os outros somos também abençoadas.

6 de março

Saindo da escuridão

Leitura:
Salmo 77:1-15

Clamo a Deus; sim, grito bem alto. Quem dera Deus me ouvisse! Teus caminhos, ó Deus, são santos; que deus é poderoso como o nosso Deus?
—Salmo 77:1,13

Não sei qual era a situação que oprimia Asafe, o autor do Salmo 77, mas já ouvi e fiz lamentos semelhantes aos dele. Desde que perdi minha filha, muitos outros que experimentaram perdas de entes queridos têm compartilhado comigo esses sentimentos comoventes:

Clamar a Deus (v.1). *Estender* as mãos ao Senhor (v.2). *Experimentar* pensamentos de preocupação sobre Deus pelas horríveis circunstâncias (v.3). Sentir que os problemas indizíveis são duradouros (v.4). *Deixar-se oprimir* pelo sentimento de ter sido rejeitado (v.7). *Duvidar* que as Suas promessas se cumpram (v.8). *Temer* a falta de misericórdia (v.8).

Ocorre uma reviravolta na vida de Asafe quando ele se lembra das grandes obras de Deus (v.10). Seus pensamentos se voltam para o amor do Senhor, para as memórias do que Ele fez, Seus feitos maravilhosos no passado, o conforto da fidelidade e da misericórdia divina, as lembranças das maravilhas e da grandeza de Deus, Sua força e redenção. "És o Deus que realiza maravilhas; mostras o teu poder entre as nações!" (v.14).

O desespero é verdadeiro e as respostas não surgem facilmente. Mesmo na escuridão quando nos lembramos da glória, da majestade, do poder e do amor de Deus, o nosso desespero tende a diminuir lentamente. Como Asafe, podemos relembrar o agir de Deus, especialmente a salvação que Ele nos concede por meio de Seu Filho Jesus, e, assim, podemos voltar para onde já estávamos descansando com gratidão em Seu grande amor. —*Dave Branon*

A Bíblia em um ano

☐ Deuteronômio 1–2; Marcos 10:1-31

Relembrar os atos de Deus no passado pode trazer a esperança ao presente.

27 de outubro

A Porta

Leitura:
João 10:1-10

Sim, eu sou a porta. Quem entrar por mim será salvo. Entrará e sairá e encontrará pasto. —João 10:9

Meu marido e eu temos um novo membro na família — uma gata malhada de dois meses chamada Jasper. Para mantê-la segura, tivemos que acabar com alguns hábitos antigos, como deixar as portas abertas. Mas uma coisa continua sendo um desafio: a escadaria totalmente acessível. Os gatos gostam de subir em coisas. Ainda filhotes, descobrem que o mundo fica mais bonito se você o olhar lá de cima. Então sempre que estamos juntos no primeiro andar da casa, ela decide subir. Tentar mantê-la confinada em um lugar seguro próximo a mim testa a minha ingenuidade. Os portões que são adequados para crianças ou cães não funcionam com os gatos.

Meu dilema com os gatos e os portões trazem à mente a metáfora que Jesus usou para se descrever: "…eu sou a porta das ovelhas" (Jo 10:7). Os apriscos no Oriente Médio eram cercados e possuíam uma abertura para as ovelhas entrarem e saírem. À noite, quando as ovelhas estavam seguras dentro do aprisco, o pastor se deitava junto a essa abertura para que nem as ovelhas nem os predadores passassem por ele.

Ainda que eu queira manter a Jasper segura, não estou disposta a me tornar um portão para ela. Tenho outras prioridades. Mas foi isso que Jesus Cristo fez por nós. Ele se coloca entre nós e o nosso inimigo, o diabo, para nos proteger do dano espiritual.
—*Julie Ackerman Link*

A Bíblia em um ano
☐ Jeremias 12–14; 2 Timóteo 1

Quanto mais perto do Pastor estivermos, mais distante estaremos do lobo.

7 de março

Exposto

Leitura:
Gênesis 2:18-25

O homem e a mulher estavam nus, mas não sentiam vergonha. —Gênesis 2:25

Após a tragédia, alguns tentaram classificar o homicídio-suicídio como crime passional. Outros imaginaram se a concussão que o homem sofrera semanas antes, ou se a medicação prescrita para a cura contribuíra para os seus atos. Um de seus colegas de time sugeriu, talvez, um dos pensamentos mais perspicazes sobre o fato: "As pessoas podem tentar eliminar os relacionamentos que têm com outras. Sei que, quando o fato aconteceu, eu estava sentado e pensando: *O que eu poderia ter feito de maneira diferente?* Quando você pergunta a alguém: 'Como vai?', quer mesmo saber? Quando você responde a alguém como você vai, está realmente dizendo a verdade?".

Esse colega de time pode não ter tido a percepção exata, mas ele realmente expressou o tipo de relacionamento aberto e honesto que Deus pretendia desde o início de tudo. Ao relatar sobre Adão e Eva, a Bíblia declara: "O homem e a mulher estavam nus, mas não sentiam vergonha" (v.25). A palavra hebraica traduzida como "nu" implica muito mais do que a nudez física. A ideia é que tudo deles estava exposto. Nenhuma parte de quem eram estava oculta. Eles eram vistos em sua totalidade.

Hoje, o pecado e a fragilidade dificultam que sejamos emocionalmente abertos e honestos. Não nos sentimos seguros ou confortáveis como o primeiro casal se sentia originalmente, mas ainda precisamos estar abertos diante de Deus e dos outros.

Nossos amigos cristãos podem nos ajudar se lhes dissermos o que realmente se passa em nossa alma. E podemos, em troca, ajudar aos outros, talvez até mesmo evitar tragédias, ao perguntarmos genuinamente: "Como vai?" (Gl 6:2). —*Jeff Olson*

A Bíblia em um ano
☐ Deuteronômio 3–4; Marcos 10:32-52

Obedecemos a Cristo quando ajudamos a levar os fardos uns dos outros.

26 de outubro

Você é lindo

Leitura:
Gênesis 1:1-31

E Deus viu que a luz era boa...
—Gênesis 1:4

Estive em Roma e visitei as antigas catacumbas e a Basílica de São Pedro. Todas elas são maravilhas da criatividade humana, causando admiração com seu permanente tributo à maneira como os seres humanos conseguem esculpir pedras, escavar a terra e criar beleza com suas mãos a partir de elementos brutos. Tanto nos túneis cavernosos quanto na ampla catedral abobadada, senti profunda reverência. Só posso imaginar o que os artesãos desses espaços sagrados devem ter sentido ao concluírem seu trabalho.

Em Gênesis 1, vemos Deus atuando como o primeiro Artista-Arquiteto, fixando luzes pelo céu, criando artesanalmente lindos prados e oceanos profundos, formando criaturas para habitarem as planícies e esculpindo a humanidade a partir do barro da terra. Após cada criação, Deus se afastava um pouco de sua obra e declarava: "Isso é bom". Após fazer a luz, Deus disse: *Boa* (v.4); após formar a terra e as águas, Deus disse: *Bom* (v.10); após criar as plantas e árvores, Deus disse: *Bom* (v.12); após formar a lua e o sol, disse: *Bom* novamente (v.18); após fazer as criaturas do mar e do ar, Deus disse: *Bom* (v.21); após formar os animais selvagens grandes e pequenos, Deus disse: *Bom* (v.25).

Após completar Seu maravilhoso projeto, Deus se reclinou, visualizou o todo, suspirou de contentamento e pensou: Isso é muito bom! (v.31; Gn 2:18-20). É importante recordar que a palavra traduzida como "bom" significa *lindo* em nosso idioma. Deus não estava apenas declarando a criação como algo adequadamente finalizado, mas como algo esteticamente deslumbrante.

Deus, o Artista, teve prazer em Sua criação e ainda tem. Deus se compraz em todas as Suas obras e isso inclui *você* (Ef 2:10). —*Winn Collier*

A Bíblia em um ano

☐ Jeremias 9–11; 1 Timóteo 6

Deus nos conhece, pois Ele nos criou e está atento a cada uma de nossas necessidades.

8 de março

Vale a pena

Leitura:
2 Coríntios 11:24-33

Portanto, se devo me orgulhar, prefiro que seja das coisas que mostram como sou fraco.
—2 Coríntios 11:30

"Não consigo fazer esta lição!", disse Roberto, jogando longe o lápis em desespero. "É muito difícil!" Por ser disléxico, a leitura, a escrita e a ortografia pareciam impossíveis para o nosso filho aprender essas habilidades aos 9 anos. Finalmente, fomos desafiados por uma proposta de difícil solução. Tivemos que praticar a leitura e a ortografia com ele por 20 minutos, todas as noites, sem exceção. Às vezes não sentíamos o desejo de cumprir essa tarefa e nos desesperávamos para ver o seu progresso. Mas batalhamos, pois o nosso objetivo era fazer o nível de sua leitura corresponder à sua idade cronológica.

Depois de dois anos e meio, parecia que todas as lágrimas e lutas tinham infinitamente valido a pena. Roberto aprendera a ler e a escrever. E todos nós tínhamos aprendido a ser mais perseverantes.

O apóstolo Paulo sofreu todos os tipos de dificuldades quando compartilhou as boas-novas de Jesus com aqueles que nunca tinham ouvido falar sobre elas. Perseguido, espancado, preso e incompreendido, por vezes, teve que enfrentar a própria morte. "Três vezes fui golpeado com varas. Fui apedrejado uma vez. Três vezes sofri naufrágio. Certa ocasião, passei uma noite e um dia no mar, à deriva" (2Co 11:25). Mas a alegria de ver as pessoas responderem à sua mensagem fez tudo valer a pena.

Se você sente que Deus a chamou para uma tarefa muito difícil, lembre-se de que as lições espirituais e a alegria envolvidas nessa jornada, no início, podem parecer escondidas, mas elas certamente estão presentes! Deus a ajudará a encontrá-las. —*Marion Stroud*

A Bíblia em um ano
☐ Deuteronômio 5–7; Marcos 11:1-18

A jornada é tão importante quanto o destino.

25 de outubro

Buscando a santidade

Leitura:
Romanos 6:14-23

Esforcem-se para viver em paz com todos e procurem ter uma vida santa, sem a qual ninguém verá o Senhor.
—Hebreus 12:14

Vemos com frequência pesquisas que indagam se as pessoas estão felizes, satisfeitas com seu trabalho ou desfrutando da vida. Mas nunca vi uma pesquisa de opinião que perguntasse: "Você é santo?". Como você responderia essa pergunta?

Um dicionário bíblico define santidade como "separação para Deus e conduta adequada àqueles que são separados". O autor Frederick Buechner disse que, ao escrever sobre o caráter de alguém, "nada é mais difícil de expressar verdadeiramente do que a santidade". E acrescentou: "a santidade não é de forma alguma uma qualidade humana, como a virtude. A santidade não é algo que as pessoas fazem, mas algo que Deus faz no interior das pessoas".

Em Romanos 6, lemos sobre o impressionante dom que Deus nos concede por meio da fé em Seu Filho Jesus: "Pois, pelo batismo, morremos e fomos sepultados com Cristo. E, assim como ele foi ressuscitado dos mortos pelo poder glorioso do Pai, agora nós também podemos viver uma nova vida" (v.4). A busca por santidade acontece diariamente, conforme nos rendemos em obediência ao Senhor em vez de seguirmos nossos antigos caminhos de autogratificação. "Agora, porém, estão livres do poder do pecado e se tornaram escravos de Deus. Fazem aquilo que conduz à santidade e resulta na vida eterna" (v.22).

Você está se tornando mais santa? Pela graça e poder de Deus, a resposta pode ser um ressonante "Sim! Mais e mais a cada dia". —*David McCasland*

A Bíblia em um ano
☐ Jeremias 6–8; 1 Timóteo 5

A escolha por buscar a santidade é uma questão de vida ou morte.

9 de março

Liberdade verdadeira

Leitura:
João 8:31-38

Portanto, se o Filho os libertar, vocês serão livres de fato.
—João 8:36

Muitos países exercem anualmente sua liberdade de mudar o tempo. Vivenciei isso numa viagem a outro país. Era primavera e testemunhei a mudança para o "horário de verão". Há uma lei que exige que todos os relógios sejam adiantados em uma hora. Fazem isso para poupar energia e possibilitar manhãs mais claras para as crianças a caminho da escola. Em nosso mundo pós-moderno, a liberdade de mudar é muito valorizada e anda de mãos dadas com os direitos individuais. Vemos a liberdade como o poder para seguir as nossas preferências e fazer o que desejamos. Sem restrições nem regras.

O egocentrismo lhe parece bom? A Bíblia revela que isso não é liberdade real. Jesus afirma: "…todo o que peca é escravo do pecado". Em outras palavras, vida egocêntrica, fazer a nossa própria vontade, seguir nossos desejos e preferências nos levará à escravidão do pecado, não à liberdade. Mas, se permanecermos fiéis ao ensinamento de Deus, conheceremos a verdade, e ela nos libertará (Jo 8:32,34). Satanás trocou as etiquetas de preços do mundo. Ele faz parecerem inúteis as coisas de valor inestimável que trazem alegria eterna, enquanto apresenta como atraentes os lixos que levam aos vícios e à escravidão. Necessitamos desesperadamente da verdade de Deus, que nos capacita a ver a verdadeira perspectiva.

O evangelho de João apresenta um interessante padrão de "causa e efeito". Para experimentar a liberdade, precisamos primeiro conhecer a verdade e, para isso, precisamos primeiro obedecer à Palavra de Deus. O primeiro passo para a liberdade é a obediência. Isso não é intuitivo. A verdadeira liberdade só é possível quando vivemos sob a amorosa autoridade de Deus (Sl 119:45). —*Poh Fang Chia*

A Bíblia em um ano
☐ Deuteronômio 8–10; Marcos 11:19-33

Quando dedicamos a nossa vida à vontade do Senhor, andamos em liberdade.

24 de outubro

O animal de estimação

Leitura:
2 Samuel 12:1-7

Quem oculta seus pecados não prospera; quem os confessa e os abandona recebe misericórdia.
—Provérbios 28:13

Tenho um amigo empresário que afirma ter duas regras para os seus empregados: "Regra 1: O patrão está sempre certo. Regra 2: Se o patrão estiver errado, consulte a Regra 1". É brincadeira, mas refletem a maneira como muitos de nós gostaríamos de viver.

Pensar "estou sempre certo" teria impactado o rei Davi em certo momento de sua vida porque ele mentiu, roubou, cometeu adultério, traiu e assassinou um amigo; e, ainda assim, prosseguia como se não tivesse cometido pecado algum. Nessa situação, o profeta Natã teve de cumprir uma difícil tarefa (2Sm 12:1): como confrontar o homem mais poderoso do reino e fazê-lo confessar crimes que, deliberadamente, ocultara? Essa confrontação poderia ser considerada uma ofensa capital contra o rei.

Natã contou a Davi uma história sobre um pobre pastor e sua amada ovelha de estimação (v.3). Era comum os pastores terem uma ovelha especial de estimação. Tendo sido pastor (1Sm 17:15), Davi teria sentido essa ligação entre o homem e sua ovelha (2Sm 12:5,6). O profeta forçou Davi, e todos nós, a considerarmos os horrores de matar um animal de estimação. O abate gratuito da ovelha inocente expôs quão repulsivo fora o pecado de Davi e também apontou para o assassinato de outro Cordeiro inocente e amado, mil anos depois.

A morte de Jesus expõe a vileza dos nossos próprios pecados (1Pe 1:18,19; 1Jo 2:2). Davi ocultou seus pecados (Sl 32:3; 51), mas eles ainda "estão amontoados diante de Deus" (Is 59:12). O Senhor vê nossos pecados secretos (Sl 90:8). Não podemos simplesmente viver como se nada tivéssemos feito de errado (Jr 2:35; 17:9,10). Confessemos nossos pecados hoje e recebamos a misericórdia e o perdão de Deus (Pv 28:13; 1Jo 1:8-10). —*K. T. Sim*

A Bíblia em um ano
☐ Jeremias 3–5; 1 Timóteo 4

Os propósitos de Deus para a nossa vida jamais serão abalados.

10 de março

Obedecer?

Leitura:
Mateus 5:17-20

...Mas aquele que obedecer à lei de Deus e ensiná-la será considerado grande no reino dos céus. —Mateus 5:19

Os sites de música online são a maravilha da era da internet. O serviço de *streaming* nos permite ouvir e descobrir músicas de maneira interativa. Você pode clicar em curtir as músicas, estações de rádio ou artistas, ou clicar em "não curtir". Assim, elas são excluídas da sua lista criando um filtro de seleção.

Para evitar que Seus discípulos desenvolvessem uma abordagem às Escrituras do tipo "curti" e "não curti", Jesus os ensinou a ter uma visão mais ampla da Palavra. No Sermão do Monte, o Mestre disse que o Seu propósito no ensino não era o de enfraquecer a interpretação e aplicação das Escrituras, mas era completar a compreensão que Seus discípulos tinham dela (Mt 5:17). Para mostrar Sua ampla visão da Palavra de Deus, sua natureza imutável e os princípios indistintos sobre os quais os rabinos chamavam de mandamentos "leves" e "rígidos", Jesus disse "nem a menor letra ou o menor traço da lei desaparecerá até que todas as coisas se cumpram" (vv.18,19).

Para Jesus, um mandamento leve como: "não ter raiva ou ódio em seu coração" é tão importante quando um rígido: "não matar". Jesus queria que Seus discípulos entendessem claramente que Deus não havia lhes dado a liberdade para adaptar a Sua Palavra ao gosto de cada um.

Como cristãos, vamos internalizar todos os Seus ensinamentos, não apenas aqueles dos quais gostamos. Quando aceitamos e obedecemos toda a Sua Palavra, Ele nos dá poder para "vivenciarmos" o que a Bíblia diz, até mesmo aqueles ensinamentos difíceis (Tg 1:19-25). —*Marvin Williams*

A Bíblia em um ano

☐ Deuteronômio 11–13; Marcos 12:1-27

O que precisa mudar em seu coração para você obedecer aos ensinamentos de Jesus?

23 de outubro

O poder para sobreviver

Leitura:
2 Coríntios 4:7-12

De todos os lados somos pressionados por aflições, mas não esmagados. Ficamos perplexos, mas não desesperados.
—2 Coríntios 4:8

Quando criança, eu tinha um "João bobo" inflável. Era quase da minha altura e tinha um rosto sorridente. O meu desafio era bater nele forte o suficiente para mantê-lo no chão. Mas, independentemente do quanto eu tentasse, o boneco sempre voltava à sua posição inicial, em pé. O seu segredo? Havia um peso de chumbo em seu interior que sempre mantinha o boneco na posição vertical. Os veleiros funcionam pelo mesmo princípio. O peso de chumbo em suas quilhas fornece a estabilidade para mantê-los equilibrados e aprumados em ventos fortes.

Assim é na vida de um cristão. Nossa capacidade de sobreviver aos desafios não está em nós, mas em Deus, que habita em nós. Não somos isentos dos socos que a vida nos dá, nem das tempestades que inevitavelmente ameaçam a nossa estabilidade. Mas, com plena confiança de que o Seu poder nos sustenta, podemos dizer com Paulo: "De todos os lados somos pressionados por aflições, mas não esmagados. Ficamos perplexos, mas não desesperados" (2Co 4:8,9).

Junte-se aos muitos viajantes na caminhada diária que, por meio das águas profundas de dores e sofrimento, aceitam, com inabalável confiança, a verdade de que a graça de Deus é suficiente e de que em nossa fraqueza o poder dele é aperfeiçoado (12:9). Isso trará o equilíbrio para a sua alma. —*Joe Stowell*

A Bíblia em um ano
☐ Jeremias 1–2; 1 Timóteo 3

O poder de Deus em você é maior do que a pressão das provações ao seu redor.

11 de março

Não se trata de mim

Leitura:
Lucas 24:13-49

...devia se cumprir tudo que a lei de Moisés, os profetas e os salmos diziam a meu respeito.
—Lucas 24:44

O pastor e autor Tim Keller pergunta: "A Bíblia trata de mim e do que eu preciso fazer ou de Jesus e do que Ele fez?". Jesus pede para considerarmos o relato de Davi e Golias. Tendemos a ver essa história como exemplo de como Deus pode nos ajudar a matar os nossos gigantes metafóricos. Keller sugere que essa abordagem é indevida.

O evangelho de Lucas revela o porquê. No dia de Sua ressurreição, Jesus interagiu com dois de Seus seguidores na estrada que levava a Emaús. Surpreendentemente, mas com razão, eles não o reconheceram (v.16). Aquela falta de reconhecimento simboliza um problema mais profundo, que talvez seja o nosso também.

"Como custam a entender o que os profetas registraram nas Escrituras!", disse-lhes Jesus (v.25). Eles não entendiam que tudo que estava escrito no Antigo Testamento apontava para Cristo! Em Gênesis, Deus afirma que o descendente de Eva esmagaria a cabeça da serpente (3:15). Lemos também a promessa de Deus a Abraão de abençoar todas as nações por intermédio dos seus descendentes (12:2,3). Os profetas falaram do Maravilhoso Conselheiro e do Servo Sofredor que viria (Is 9:6; 53:2-6). Os salmos (2:7; 22:16-18) apresentam um Messias que seria Filho de Deus e anuncia Sua crucificação (At 2:22-35) ainda antes de esse modo de execução ter sido inventado.

Tenho a tendência de viver como se tudo tivesse a ver comigo. E, embora entenda plenamente que a Palavra de Deus não gira em torno de mim, tenho a tendência de lê-la com a perspectiva de encontrar "o que há para mim". Quando faço isso, perco de vista a maravilhosa verdade de que existe Alguém que pode dizer, em perfeita e majestosa humildade: "Trata-se de mim". E isso muda tudo! —*Tim Gustafson*

A Bíblia em um ano
☐ Deuteronômio 14–16; Marcos 12:28-44

Quando lemos a Bíblia, Jesus revela a Sua vontade para que saibamos aplicar as Suas instruções em nossa caminhada diária.

22 de outubro

As palavras se dispersam

Leitura:
Tiago 3:1-12

...mas ninguém consegue domar a língua. Ela é incontrolável e perversa, cheia de veneno mortífero...
—Tiago 3:8

No filme *Dúvida* (2008), um pregador contou sobre uma mulher que confessara ao sacerdote seu pecado de fofoca. Ele lhe disse para ir para casa, colocar um travesseiro no teto, cortá-lo e, depois, voltar. Ela seguiu a instrução. Então, o sacerdote lhe perguntou o que ela vira. "Penas por toda parte, padre". Ele disse: "Agora, volte e ajunte até a última pena que foi levada pelo vento". Ela protestou: "Isso é impossível. Não sei para onde elas foram. O vento as espalhou por toda parte". O sacerdote respondeu: "Assim é a fofoca!".

Todo pecado pode ser perdoado, mas os efeitos de alguns não podem ser corrigidos. Digamos que eu tenha contado uma fofoca a uma amiga. Depois, posso dizer-lhe que lamento pelo que disse e até pedir que esqueça; mas é impossível "desbadalar" um sino. Sempre que ela pensar no homem do qual falei, a chance de minhas palavras lhe virem à mente é grande e macularão a imagem que ela tem dele. E essa é a melhor hipótese. Talvez, ela compartilhará meu veneno com outras amigas, que o compartilharão com uma ou duas amigas, até muitas estarem envenenadas. Provérbios nos adverte de que a fofoca parece divertida, porque "Calúnias são petiscos saborosos que descem até o íntimo de quem ouve" (18:8,21). Mas acende desnecessariamente uma fogueira incontrolável, porque as "suas palavras são fogo destruidor. O perverso semeia discórdia; o difamador separa até os melhores amigos" (10:18,19; 11:12; 16:27,28).

É melhor "engolir" alguns pensamentos do que se arrepender de compartilhar demais. Evitemos a dolorosa verdade de Provérbios 13:3: "Quem despreza o bom conselho se envolve em dificuldades; quem respeita o mandamento será bem-sucedido".
—*Mike Wittmer*

A Bíblia em um ano

☐ Isaías 65–66; 1 Timóteo 2

Diga pelas costas de uma pessoa somente o que você diria a ela face a face.

12 de março

Na presença de Deus

Leitura:
Êxodo 33:7-17

Ali o Senhor falava com Moisés face a face, como quem fala com um amigo.
—Êxodo 33:11

Na guerra contra o Iraque em 2003, o capelão Cary Cash serviu em Bagdá. Depois que o seu regimento tomou o palácio presidencial de Saddam Hussein, um jovem militar, ministrado por Cash, prostrou-se e recebeu Jesus como seu Salvador. Mais tarde, o capelão batizou esse jovem no santuário do palácio. Em seu livro *A Table in the Presence* (Uma mesa na presença), Cash escreve: "Um lugar antes conhecido pela presença das trevas e traição, havia se tornado um lugar da presença de Deus". Essa presença pode ser encontrada no local em que o Seu povo estiver. Mas nem sempre foi assim. Moisés tirou os israelitas da escravidão no Egito e os levou para a liberdade da Terra Prometida (v.1). Ao longo do caminho, Moisés armava uma *tenda de reunião* "fora do acampamento, a certa distância dele", para falar com Deus e estar em Sua *presença* (v.7).

Deus deu a Moisés algumas instruções especiais para uma nova tenda do encontro. Era chamado tabernáculo e foi colocado no meio do acampamento (Nm 2:17). Deus, no entanto, através de sacrifício de Jesus e do envio do Espírito Santo, tornou possível que Deus habite no centro da nossa vida. O apóstolo Paulo escreveu: "E o segredo é este: Cristo está em vocês, o que lhes dá a confiante esperança de participar de sua glória" (Cl 1:27)!

Os que creem em Jesus e já receberam a Sua salvação não precisam mais ir lá fora, numa tenda ou tabernáculo, para encontrarem-se com o Senhor. Deus está conosco! Ele está *dentro* de nós! Cada luta, cada vitória, cada oração ocorre em Sua presença. Lembre-se de que você está na presença de Deus (2Co 6:16)! —*Tom Felten*

A Bíblia em um ano
☐ Deuteronômio 17–19; Marcos 13:1-20

Nós somos o templo do Deus vivo, somos o Seu povo.

21 de outubro

Um profeta amuado

Leitura:
Jonas 4:1-11

O Senhor respondeu: "Você acha certo ficar tão irado assim?". —Jonas 4:4

Poderíamos pensar nos profetas de Deus como santos e bem-comportados, mas um profeta teve a audácia de gritar: "tira minha vida, Senhor! Para mim é melhor morrer que viver desse modo!" (v.3). Jonas agiu assim, e suas palavras estão escritas na Bíblia para que todos as vejam.

Por que Jonas estava tão irado? Ele estava aborrecido com Deus, por mudar Seus planos (v.1). Jonas se ofendeu por que Deus era inconstante? Não; Deus mantinha o Seu caráter (v.2). Então, por que o profeta estava irado? Com base em suas palavras, há dois motivos possíveis:
• Sua reputação como profeta seria maculada se sua predição não se cumprisse (v.3).
• Seu fervor nacionalista exigia que os inimigos de Israel fossem punidos, não perdoados (v.2).

Talvez sintamos que, às vezes, temos o direito de ficar iradas com Deus. Por Ele ter permitido que perdêssemos a credibilidade enquanto cumpríamos a Sua vontade, ou por demonstrar misericórdia por nossos inimigos. Mas o que é mais importante: a reputação de Deus ou a nossa, o plano de Deus ou os nossos desejos? Deus foi gentil ao tratar com Seu profeta pecador. Ele confrontou as prioridades equivocadas de Jonas com uma lição objetiva (v.11). E a principal lição para ele, e para nós é: "Na verdade, o Senhor não demora em cumprir sua promessa, como pensam alguns. Pelo contrário, ele é paciente por causa de vocês. Não deseja que ninguém seja destruído, mas que todos se arrependam" (Lc 15:11-32; 2Pe 3:9).

Jonas conhecia Deus, mas não tinha a Sua compaixão pelos perdidos. Ele estava envolvido na missão do Senhor, mas sem a atitude correta. Se estivermos meramente fazendo a obra de nosso Pai sem termos o Seu coração, poderá haver um Jonas também em nós. —*Poh Fang Chia*

A Bíblia em um ano

☐ Isaías 62–64; 1 Timóteo 1

Deus se alegra quando um único pecador se arrepende.

13 de março

Decaídos

Leitura:
Oseias 5:1-15

Os líderes de Judá são trapaceiros e ladrões, e por isso derramarei minha ira sobre eles como água. —Oseias 5:10

Por já termos nos mudado antes, não achei estranho meu pai decidir encontrar outro emprego e nos levar a uma nova cidade. Eu tinha apenas 12 anos e detestei deixar as amigas e a vida que conhecia, mas aceitei a ideia de que Deus estava nos chamando para algo novo. Descobri o motivo real de nossa partida anos depois. Nosso pastor principal havia se envolvido num caso de adultério e muitos sabiam dessa infidelidade. Meu pai, um pastor associado, não conseguiu mais continuar naquele ministério.

Sempre ouviremos falar sobre líderes eclesiásticos decaídos. Os pastores são humanos e têm as mesmas necessidades e lutas que os seus congregados. A influência deles requer muita responsabilidade e integridade espiritual de quem está à frente do ministério. "A corrupção moral de uma nação faz cair seu governo, mas o líder sábio e prudente traz estabilidade" (Pv 28:2) e Tiago escreveu: "…não sejam muitos de vocês mestres, pois nós, os que ensinamos, seremos julgados com mais rigor" (Tg 3:1).

Profetizando para uma nação sem fé e infiel, Oseias conheceu em primeira mão a dor da traição, não somente em seu casamento, mas dos "líderes espirituais" e de todo o povo decaído de Judá. Ele viu uma geração de líderes que se envolveu em falsa adoração que incluía idolatria e apostasia, que pensavam em si próprios, não em Deus e Seus mandamentos (Jl 2:12-17).

Mudar as regras para nós mesmos ou para outros traz destruição. Em um mundo pronto para distorcer a verdade (2Tm 4:3,4), a mensagem é clara: Quanto maior é a nossa esfera de influência, maior é a nossa responsabilidade de exercer e falar a verdade.

—*Regina Franklin*

A Bíblia em um ano
☐ Deuteronômio 20–22; Marcos 13:21-37

Deus nos chama para caminharmos em Sua presença com maior responsabilidade e santidade.

20 de outubro

Solucionando o mistério

Leitura:
Romanos 5:1-11

Mas Deus nos prova seu grande amor ao enviar Cristo para morrer por nós quando ainda éramos pecadores.
—Romanos 5:8

Umas das atrações turísticas mais populares na Inglaterra são os grandes pilares de pedra de Stonehenge. Essas peças gigantescas de granito são também uma grande fonte de mistério. Todos os anos, as pessoas viajam para Stonehenge com perguntas como: "Por que elas foram erigidas?" "Quem executou essa extraordinária maravilha da engenharia?" E talvez nos perguntemos, mais do que qualquer outra coisa, como isso foi feito. Mas os visitantes vão embora sem resposta alguma das rochas silenciosas. O mistério permanece calado entre aquelas dunas.

As Escrituras falam de um mistério ainda maior: o fato de Deus ter vindo viver entre nós como homem. Paulo escreveu em 1 Timóteo 3:16: "Sem dúvida, este é o grande segredo de nossa fé: Cristo foi revelado em corpo humano, justificado pelo Espírito, visto por anjos, anunciado às nações, crido em todo o mundo e levado para o céu em glória".

Essa breve visão geral da vida de Cristo que "foi revelado em corpo humano" é notável. Contudo, o que induziu o Criador do Universo a vir, viver e morrer por Sua criação não é mistério. "Mas Deus nos prova seu grande amor ao enviar Cristo para morrer por nós quando ainda éramos pecadores" (Rm 5:8). O grande amor de Deus por nós está na Sua revelação em corpo humano e na cruz que esclareceu tudo para que todos o reconheçam. —*Bill Crowder*

A Bíblia em um ano
☐ Isaías 59–61; 2 Tessalonicenses 3

A encarnação de Cristo pode ser um mistério, mas o amor de Deus não o é.

14 de março

Batismo, por quê?

Leitura:
Mateus 3:1-15

Jesus respondeu: "É necessário que seja assim, pois devemos fazer tudo que Deus requer".
—Mateus 3:15

O aviso não poderia ter sido mais claro: "O batismo não é opção para os cristãos. Por favor, se inscrevam. As classes batismais começam em duas semanas". Após o culto, um jovem confrontou o pastor dizendo: "Sou salvo pela graça e não pelo batismo. Não vejo necessidade de ser batizado". João Batista chamou os judeus a se arrependerem de seus pecados e a se voltarem para Deus (Mt 3:2) "pregando o batismo como sinal de arrependimento para o perdão dos pecados" (Lc 3:3). "Quando confessavam seus pecados, ele os batizava no rio Jordão" (Mt 3:6). De acordo com João, o batismo é o símbolo externo do arrependimento interno e revela o compromisso de viver em santidade.

Em Jesus "não há pecado" (1Jo 3:5), e João se recusou a batizá-lo por se sentir indigno. Mas Jesus insistiu (Mt 3:11-15). Por que Jesus foi batizado quando não precisava? Será que significava a Sua aceitação ao sofrimento que suportaria como Salvador, prenunciando a Sua morte e ressurreição (Mc 10:38; Lc 12:50)? Isso lhe permitiu identificar-se com o povo pecaminoso que veio para salvar. Jesus nos diz porque foi batizado: "É necessário que seja assim, pois devemos fazer tudo que Deus requer" (Mt 3:15).

O batismo com água não salva (Ef 2:8,9), mas não significa que não seja importante ou desnecessário. Uma vez salvo, você precisa testemunhar externamente seu arrependimento interior e afirmar seu compromisso de viver em santidade (Rm 6:3-6). O batismo é o testemunho público de que você crê em Jesus (Gl 3:27; Co 2:12).

Tudo se resume à obediência. Jesus obedeceu ao mandamento do Pai, e você? (At 2:38,41; 8:12,36-38; 9:18; 16:14,15,31-33; 18:8; 22:16). —*K. T. Sim*

A Bíblia em um ano
☐ Deuteronômio 23–25; Marcos 14:1-26

O morrer para a velha natureza simboliza o renascer em Cristo.

19 de outubro

Amor verdadeiro

Leitura:
João 14:15-31

Se o seu amor por mim é real, vocês deveriam estar felizes porque eu vou para o Pai, que é maior que eu. —João 14:28

Uma menina de 13 anos roubou o carro de seu irmão e dirigiu 1.280 quilômetros para encontrar um garoto de 12 anos que conheceu via internet. Roubou o cartão de débito da mãe, fugiu pela janela do quarto e, finalmente, a polícia a deteve a 80 quilômetros da residência do menino.

Ela buscava amor e isso todas nós procuramos. Jesus falou aos Seus discípulos sobre o amor verdadeiro quando na Última Ceia lhes disse: "Se o seu amor por mim é real, vocês deveriam estar felizes porque eu vou para o Pai…" (Jo 14:28). Que difícil para eles digerirem! A vida deles consistia em seguir Jesus, espiritual e fisicamente. Contudo, Jesus lhes informou que o amor é altruísta: deseja o melhor para o outro, mesmo que isso signifique abrir mão. Disse-lhes ainda que os que aceitassem e obedecessem aos Seus mandamentos seriam os que o amavam, e que Ele os amaria e se revelaria a cada um (v.21). Suas palavras demonstram que os relacionamentos são recíprocos — não unilaterais. As duas partes investem uma na outra.

Finalmente, Jesus proclamou que o mundo precisa saber que Ele ama o Pai e que, por isso, faz tudo o que Ele requer (v.31). Deus exigiu que Jesus tomasse sobre si todos os nossos pecados durante a Sua crucificação (Isaías 53:6). Jesus se submeteu humildemente à vontade do Pai.

Quando nos submetemos mutuamente, seguimos o modelo de humildade de Cristo; e, onde existe humildade, o amor pode crescer (1Jo 2:15). Que possamos compreender "…a largura, o comprimento, a altura e a profundidade do amor de Cristo. […] ainda que seja grande demais para ser inteiramente compreendido". Daí seremos "preenchidos com toda a plenitude de vida e poder que vêm de Deus" (Ef 3:18,19). —*Jennifer Benson Schuldt*

A Bíblia em um ano

☐ Isaías 56–58; 2 Tessalonicenses 2

Nós amamos porque ele nos amou primeiro.
—1 João 4:19

15 de março

Destinos imperdíveis

Leitura:
Romanos 8:19-25

Um dia o próprio Universo ficará livre do poder destruidor que o mantém escravo e tomará parte na gloriosa liberdade dos filhos de Deus.
—Romanos 8:21

O título da edição especial de 2010 de uma revista dizia: *"Céu na Terra: os destinos imperdíveis do mundo"*. Ela traz fotos incríveis de lugares como o *Grand Canyon*, o parque Denali, do Alasca, Petra, no Jordão, e o Rio de Janeiro. Na verdade, eu tive a felicidade de visitar alguns deles. Mas ainda preciso ver a maioria daqueles cenários maravilhosos.

Essa revista chamou minha atenção pouco depois da morte de meus pais. Tanto a minha mãe quanto o meu pai foram morar com Jesus em 2013. Nas semanas e meses seguintes à morte de ambos lamentei sobre todos os "destinos imperdíveis" que eles nunca puderam visitar e desfrutar nesse vasto e maravilhoso mundo de Deus. No entanto, a esperança de uma Terra renovada me trouxe um grande conforto.

Estou completamente convencido de que Jesus morreu na cruz para nos salvar de nossos pecados (1Pe 3:18). Ele também nos perdoou para que pudéssemos nos juntar a Ele em Sua missão de recuperar, libertar e restaurar este mundo físico que criou e que atualmente geme sob o peso esmagador do pecado e da decadência (Rm 8:21,22).

Quando Deus finalmente voltar para habitar conosco para sempre, Ele trará o Céu para a Terra totalmente. Todos os efeitos nocivos do pecado acabarão para sempre, e Jesus renovará todas as coisas (Ap 21:1-5), incluindo a Terra física — recuperando sua bondade original (Gn 1:31).

As implicações profundas de uma Terra renovada são muitas para listar aqui, mas em meio ao luto encontrei muito consolo em saber que meus pais (e todos os filhos perdoados e restaurados de Deus) terão a eternidade para visitar ou revisitar os "destinos imperdíveis" que o novo Céu e Terra oferecerão. —*Jeff Olson*

A Bíblia em um ano

☐ Deuteronômio 26–27; Marcos 14:27-53

Nada se compara ao que Deus reserva para os Seus filhos na eternidade.

18 de outubro

Gritando para silenciar

Leitura:
Atos 6:8-15; 7:51-60

Eles taparam os ouvidos e, aos gritos, lançaram-se contra ele.
—Atos 7:57

Durante um debate político, um homem se esforçava para, com seu ruído, silenciar seu oponente gritando repetidamente as suas respostas. Ele falava durante a vez do outro candidato e ria enquanto seu oponente falava.

Estêvão entenderia isso. Quando a Igreja do Novo Testamento começava a crescer, esse "homem cheio de graça e poder", voou diretamente para a rota do perigo ao proclamar a verdade de Deus a um grupo de líderes religiosos (At 6:8,9). "Nenhum deles era capaz de resistir à sabedoria e ao Espírito pelo qual Estêvão falava" (v.10). E o que fizeram? Semelhantemente ao que líderes tinham feito a Jesus, acusaram falsamente Estêvão e o prenderam (vv.11,12; Mt 26:3,4,59-66). Em vez de tentar defender-se, Estêvão testemunhou sobre a obra redentora de Deus ao longo do tempo, culminando em Jesus (At 7:52). O que aconteceu a seguir foi a forma triste, mas frequentemente repetida, de algumas pessoas tentarem resistir à verdade de Deus. Os líderes religiosos "taparam os ouvidos e, aos gritos, lançaram-se contra ele..." (v.57). A verdade que Estêvão declarou penetrou até o coração deles e, assim, com o "coração incircuncidado" e "surdos para a verdade", decidiram silenciá-lo apedrejando-o (vv.51,58).

Quase morrendo, Estêvão voltou a imitar Jesus, orando: "Senhor, não os culpes por este pecado" (v.60; Lc 23:34)! Ele demonstrou o poder de Jesus com palavras e atos. Ao proclamar o evangelho, você poderá ouvir ruídos irados daqueles que desejam abafar a sua mensagem. Mas Jesus diz: "...será sua oportunidade de lhes falar sobre mim [...] eu lhes darei as palavras certas e tanta sabedoria" (Lc 21:13,15; At 13:1-9). A verdade finalmente triunfará sobre os gritos da descrença. —*Tom Felten*

A Bíblia em um ano

☐ Isaías 53–55; 2 Tessalonicenses 1

Ninguém pode distorcer os caminhos retos do Senhor.

16 de março

Bondade vista por todos

Leitura:
Marcos 10:13-16

Ao ver isso, Jesus ficou indignado com os discípulos e disse: "Deixem que as crianças venham a mim. Não as impeçam, pois o reino de Deus pertence aos que são como elas". —Marcos 10:14

As notícias sobre um simples gesto de bondade num metrô de minha cidade estão percorrendo o mundo. Um jovem sentindo-se sonolento recobriu sua cabeça com o capuz da jaqueta e, recostando-se no ombro de um passageiro mais idoso, caiu no sono. Quando alguém se ofereceu para acordar aquele rapaz, o homem mais velho calmamente disse: "Ele deve ter tido um longo dia. Deixe-o dormir. Todos nós já passamos por isso". Ele deixou que o rapaz cansado dormisse em seu ombro por quase uma hora, até que o afastou delicadamente quando chegou em sua parada. Nesse meio tempo, outro passageiro tirou uma fotografia e postou nas mídias sociais, e a postagem tornou-se viral.

A bondade desse homem se assemelha ao que todos nós almejamos — a bondade que reflete a essência de nosso Deus. Vemos essa mesma docilidade em Jesus quando os Seus amigos tentaram protegê-lo da agitação e do incômodo das criancinhas que o cercavam. À vista disso, Jesus insistiu em segurar as crianças no colo e abençoá-las. "Então tomou as crianças nos braços, pôs as mãos sobre a cabeça delas e as abençoou" (Mc 10:16). Dessa mesma forma, Ele convida todos nós para confiarmos nele como uma criança (vv.13-16).

Jesus nos faz reconhecer e nos torna conscientes de que todos nós estamos seguros em Sua presença. Acordados ou dormindo, podemos descansar no Senhor. Quando estamos exaustos, Ele providencia um local seguro para que possamos descansar. —*Mart DeHaan*

A Bíblia em um ano
☐ Deuteronômio 28–29; Marcos 14:54-72

Deus é um lugar seguro de descanso.

17 de outubro

Comece comigo

Leitura:
1 Coríntios 13:4-13

Não procurem apenas os próprios interesses, mas preocupem-se também com os interesses alheios.
—Filipenses 2:4

Eu as chamo de *Anotações da Mel* — pequenas anotações que minha filha Melissa fazia em sua Bíblia para ajudá-la a aplicar a passagem à sua vida.

Em Mateus 7, por exemplo, ela desenhou uma moldura ao redor dos versículos 1 e 2: "Não julguem para não serem julgados" porque, quando você o faz, "vocês serão julgados pelo modo como julgam os outros. O padrão de medida que adotarem será usado para medi-los". Próximo aos versículos ela anotou: "Olhe para o que você está fazendo antes de olhar para os outros".

Melissa era uma adolescente "orientada para a necessidade do outro". Ela vivia as palavras de Filipenses 2:4. Seu colega de turma, Mateus, que a conhecia desde o berçário da igreja até o segundo ano do Ensino Médio, quando ela morreu num acidente de carro, disse sobre ela em seu funeral: "Acho que nunca a vi sem um sorriso ou algo que iluminasse o dia das pessoas". Uma de suas amigas disse o seguinte: "Obrigada por ser minha amiga, ninguém era tão gentil e contente como você".

Nestes dias em que o julgamento severo de outros parece ser a regra, é bom lembrar que o amor começa em nós. As palavras de Paulo me vêm à mente: "Três coisas, na verdade, permanecerão: a fé, a esperança e o amor, e a maior delas é o amor" (1Co 13:13).

Que diferença faremos se, ao olharmos para os outros, dissermos: "O amor começa em mim". Não será esse o reflexo do grande amor de Deus por nós? —*Dave Branon*

A Bíblia em um ano

☐ Isaías 50–52; 1 Tessalonicenses 5

Reconhecermos e aceitarmos o amor de Deus por nós é a chave para amarmos os outros.

17 de março

Contente com conflito?

Leitura:
Tito 3:1-11

Se alguém tem causado divisões entre vocês, advirta-o uma primeira e uma segunda vez. Depois disso, não se relacione mais com ele.
—Tito 3:10

Com cadeiras desconfortáveis e chão de cerâmica, o restaurante refletia a frieza do inverno. Minha família esperava para conhecermos a menina de 7 anos que pretendíamos adotar. Ela estava acostumada a relacionamentos passageiros e começou chamando meus pais de "mãe" e "pai" no primeiro encontro. Cheios de otimismo, acreditamos que poderíamos mudar o seu mundo, que ela seria grata e entenderia as relações de uma família saudável. Logo notamos que a noção de *normal* dela para nós era o caos.

Paulo nos admoesta a estarmos satisfeitas com o que tivermos (Fp 4:11; 1Tm 6:7,8), mas as Escrituras fazem distinção entre o bom e o mau contentamento. Devido às suas fragilidades, alguns não se contentam sem provocar conflitos ao seu redor. Inseguros sobre o amor dos outros, tentam buscar segurança no controle do ambiente causando divisões. No entanto, Cristo redefine nossa noção de normal e saudável.

Quando deixamos de depender de nós mesmas, descobrimos que Ele nos chama a confiar em Sua proteção ao invés de confiar na nossa. Mas talvez não reconheçamos a intensidade de nossa defesa, e alguns indivíduos apenas escolhem não andar na promessa de Jesus de fazer tudo novo (2Co 5:17; Ap 21:5). Em Tito 3, Paulo mostra como lidar com conflitos de relacionamento. Em primeiro lugar, respondemos com graça, por meio da correta compreensão do que Jesus fez por nós na cruz (vv.4-7); ensinamos, exemplificamos e alertamos, se necessário (vv.8-10); finalmente, se não ocorre mudança, nos afastamos (vv.10,11).

Refletir o amor de Jesus não significa compactuar com a disfunção dos outros. Ao invés disso, precisamos mostrar que "Deus é luz" (Gl 5:19-26; 1Jo 1:5). —*Regina Franklin*

A Bíblia em um ano

☐ Deuteronômio 30–31; Marcos 15:1-25

Sigamos a direção do Espírito Santo que produz: amor, alegria, paz, paciência, amabilidade, bondade, fidelidade, mansidão e domínio próprio.

16 de outubro

Feitos novos

Leitura:
Cântico dos Cânticos 8:6,7

…Pois o amor é forte como a morte…
—Cântico dos Cânticos 8:6

Ela personifica a beleza interior e exterior, mas carrega o fardo de profunda vergonha devido aos atos de um homem egocêntrico. As mãos dele não só a tocaram, mas lhe roubaram a segurança e a honra. Talvez ele visse isso como um jogo sacrificando a inocência dela no altar de uma cultura saturada de sexo. Mas para ela foi uma dolorosa ferida no coração e na mente, por toda a vida.

Por mais que Deus se agrade em dar presentes ao Seu povo, os poderes das trevas vibram ao eliminar a esperança, destruir a paz e devastar os corações (Jo 10:10). Poucas armas são tão sutis quanto o caos criado pela perversão da intimidade sexual. Solteiros ou casados, jovens ou velhos, homens ou mulheres, a queda dos que foram afetados foi grande.

Uma imagem restauradora do projeto de Deus para a intimidade sexual, o Cântico dos Cânticos, desnuda nossas falsas aparências a respeito do amor ao descobrirmos o poder da paixão de Deus por nós. Ele se tornou o próprio Amor tão poderoso quanto a morte (Ct 8:6), um Amor disposto a ser crucificado por nós (Jo:16). Pouco se importando com nossa vergonha e incentivando-nos a vivermos sem rédeas sexuais, os poderes das trevas querem que vivamos em fragilidade sexual. Poucas de nós, se alguma, escapará deste mundo ilesa, de um jeito ou de outro. Deus, porém, estava consciente disso.

Como o noivo que lembra à sua amada que o inverno árido já passou (Ct 6:3). Ele nos chama de nosso lugar de vergonha e desolação. Faz novas todas as coisas (Is 43:19). Nenhum pecado é grande demais, nenhuma vergonha pesada demais, nenhuma mentira do inimigo é poderosa demais (1Jo 4:10). Apenas uma pergunta permanece: nós corresponderemos ao Seu amor (1Co 6:19,20)? —*Regina Franklin*

A Bíblia em um ano

☐ Isaías 47–49; 1 Tessalonicenses 4

O pecado sexual é devastador para o nosso relacionamento amoroso com Deus.

18 de março

À deriva

Leitura:
2 Coríntios 6:14–7:1

Não se ponham em jugo desigual com os descrentes. Como pode a justiça ser parceira da maldade? Como pode a luz conviver com as trevas? —2 Coríntios 6:14

Adrian Vasquez acenava freneticamente de seu pequeno barco pesqueiro, pois longe havia um transatlântico *à vista*! Após o motor de seu barco falhar, Vasquez e dois amigos ficaram à deriva no oceano durante dias, longe de casa. Alguns passageiros do navio avistaram os três e avisaram à tripulação. Mas, inexplicavelmente, o navio não parou para lançar boias salva-vidas e ajudar os três pescadores. Quando duas semanas depois Vasquez foi resgatado por outro navio, seus dois amigos já haviam morrido tragicamente.

Paulo escreveu à igreja de Corinto suplicando-lhes para voltarem e abraçarem a verdadeira fé em Jesus. Alguns membros da igreja estavam participando de rituais religiosos pagãos (1Co 10:14-22). Paulo sabia que o fato de abraçarem a idolatria era um sinal de estarem à deriva da verdadeira fé em Deus, portanto, questionou: "...Como pode a luz conviver com as trevas? [...] Como alguém que crê pode se ligar a quem não crê?" (2Co 6:14,15). Há um grande abismo entre os que estão em Cristo e os que não estão. Paulo usou a metáfora do "templo do Deus vivo" (v.16). Ele apontava para a pureza que deve estar presente em nossa vida pela obra do Espírito Santo (v.6), e implorou aos coríntios que se limpassem de "...tudo que contamina o corpo ou o espírito..." (7:1).

Paulo não estava defendendo a separação total dos incrédulos, pois isso negaria a oração de Jesus por nosso ministério *no* mundo (Jo 17:15,16). Mas o apóstolo disse aos seus leitores para não serem *do* mundo e para se firmarem na santidade em Jesus.

Você conhece algum cristão que esteja à deriva em direção ao pecado e descrença? Não o ignore, mas lance a ele uma "boia salva-vidas" (1Pe 2:12). —*Tom Felten*

A Bíblia em um ano

☐ Deuteronômio 32–34; Marcos 15:26-47

Sejamos motivo de glórias a Deus por nossa atuação neste mundo.

15 de outubro

Amém

Leitura:
2 Crônicas 5; 7:1-10

Quando Salomão terminou a oração, desceu fogo do céu e queimou […] sacrifícios que tinham sido oferecidos; e a glória do SENHOR Deus encheu o Templo.
—2 CRÔNICAS 7:1

Normalmente, ao fim de nossas orações, dizemos: Amém! Contudo, essa expressão tem mais importância do que simplesmente ser a última palavra de uma oração. Das 30 vezes em que é usada no Antigo Testamento, essa palavra é quase sempre uma resposta de aprovação a algo que foi dito.

Deus pareceu responder a oração de Salomão ao dedicar o Templo com *Amém, que assim seja!* Ao término da obra do Templo, Salomão e o povo se reuniram para dedicá-lo. Embora reinando no Céu, Deus escolhera revelar Sua presença na Terra a partir do edifício recém-construído. Após abençoar o povo, Salomão apresentou ao Senhor uma oração de dedicação. Foi uma oração de humildade, reconhecimento da fidelidade de Deus, desejo de justiça, perdão e arrependimento, desejo de ver os estrangeiros experimentarem a presença de Deus e uma oração pela presença permanente do Senhor no Templo (2Cr 6:12-15,22-27,32,33,41,42).

Deus respondeu à oração de Salomão de forma dramática. O fogo desceu do céu e consumiu as ofertas de holocausto, e a glória do Senhor encheu o Templo (7:1). Deus estava aprovando a dedicação e o uso do Templo conforme a Sua intenção — para encontros entre Ele e Seu povo por meio de sacrifícios e oração. Sim, foi como se Deus tivesse dito "Amém" à oração de Salomão.

Como seguidores de Jesus, nosso corpo é o novo templo onde Deus habita. Ele vive em nós pela presença do Espírito Santo. Quando nos submetemos, Ele nos ajuda a edificar e orientar nossa vida para encontros transformadores com Ele — o Deus vivo. Vamos dedicar, oferecer e sacrificar a nossa vida para que também possamos experimentar a presença permanente de Deus e o Seu *Amém*. —*Marvin Williams*

A Bíblia em um ano

☐ Isaías 45–46; 1 Tessalonicenses 3

A presença gloriosa e permanente de Deus é irresistível.

19 de março

A Palavra de Deus revigora

Leitura:
Isaías 55:8-11

O mesmo acontece à minha palavra: eu a envio, e ela sempre produz frutos. Ela fará o que desejo e prosperará aonde quer que eu a enviar.
—Isaías 55:11

Quando eu era garoto, nossa família costumava viajar pelo deserto no centro do país. Amávamos as tempestades que caíam nesse deserto. Elas eram acompanhadas de relâmpagos e trovões que pipocavam no ar, imensas camadas de chuva cobriam as areias quentes, tão distante quanto os nossos olhos podiam ver. A água nos refrescava e trazia o mesmo refrigério ao solo também.

A água produz mudanças maravilhosas. Por exemplo, o cacto-alfineteiro fica completamente sem vida durante a estação seca. Mas, depois da primeira chuva de verão, esse mesmo cacto desabrocha em flor exibindo delicadas pétalas rosadas, douradas e brancas.

Do mesmo modo, na Terra Santa depois das tempestades, a vegetação pode brotar no solo seco, aparentemente, durante a noite. Isaías usou a renovação provocada pela chuva para ilustrar a Palavra revigorante de Deus: "A chuva e a neve descem dos céus e na terra permanecem até regá-la. Fazem brotar os cereais e produzem sementes para o agricultor e pão para os famintos. O mesmo acontece à minha palavra: eu a envio, e ela sempre produz frutos. Ela fará o que desejo e prosperará aonde quer que eu a enviar" (Is 55:10,11).

As Escrituras trazem vitalidade espiritual. É por isso que a Palavra não volta vazia. Onde quer que encontre um coração aberto, ela traz o refrigério, alimento e vida nova.

—*H. Dennis Fisher*

A Bíblia em um ano

☐ Josué 1–3; Marcos 16

A Palavra de Deus é para a alma sedenta o que a água é para a terra seca.

14 de outubro

Formigas à procura de casa

Leitura:
Números 13:25–14:19

Senhor, tu tens sido nosso refúgio ao longo das gerações.
—Salmo 90:1

A formiga vermelha europeia pode ser melhor do que nós no mercado imobiliário. Os pesquisadores de uma reconhecida universidade descobriram que as colônias de formigas usam as conhecidas como "escoteiras" para monitorar continuamente as condições de vida de suas colônias. Utilizando habilidades sociais suficientemente complexas, a ponto de pasmar os cientistas, essas formigas trabalham juntas para encontrar o espaço certo, seguro e pouco iluminado para a rainha e suas larvas viverem.

Nos dias de Moisés, as famílias de Israel procuravam por um novo lar. Os campos de trabalho escravo no Egito tinham sido brutais. O deserto do Sinai não era um local onde poderiam se estabelecer. Mas havia um problema. De acordo com os "escoteiros" israelitas, a terra à qual Deus os estava guiando já estava ocupada por cidades cercadas de muralhas e gigantes que fizeram os "escoteiros" se sentirem como gafanhotos aos seus próprios olhos (Nm 13:28,33).

Às vezes pode ser útil nos compararmos aos insetos. As formigas vermelhas seguem instintivamente os caminhos de seu Criador ao buscarem abrigo. Nós frequentemente permitimos que os nossos medos nos impeçam de seguir e confiar em Deus. Quando descansamos na certeza de Sua presença e amor, podemos dizer: "Senhor, tu tens sido nosso refúgio ao longo das gerações". —*Mart DeHaan*

A Bíblia em um ano
☐ Isaías 43–44; 1 Tessalonicenses 2

Sentimo-nos muito bem quando estamos na presença de Deus.

20 de março

Bênçãos inesperadas

Leitura:
Mateus 5:1-12

Felizes os que choram, pois serão consolados. —Mateus 5:4

Talvez leiamos as Bem-aventuranças como uma lista de virtudes, atitudes e ações que Jesus requer de nós. Achamos que Ele nos quer humildes, misericordiosos, de coração puro e que promovamos a paz (Mt 5:5-9). Embora maravilhosas, se insistirmos nessa leitura veremos que algumas virtudes se mostrarão complicadas. Jesus realmente queria que chorássemos ou fôssemos perseguidos e insultados (vv.4,10,11)? Tal leitura também pode levar a entender a salvação baseada em obras. Se formos humildes, gentis, piedosos e tudo o mais, Deus nos abençoará. Talvez Jesus estivesse colocando uma questão diferente. Está claro que Ele não se referia a pessoas que pensavam que eram pobres, famintas ou tristes, mas às que literalmente eram (Lc 6:17-23).

Isso levou o filósofo cristão Dallas Willard a sugerir que as Bem-aventuranças não são uma lista de virtudes, mas uma lista de párias rejeitados pela sociedade, porém abençoados por Jesus (Mt 4:23-25). Pessoas pobres de espírito, que choram, humildes, os que têm fome e sede de justiça, os misericordiosos, os que têm coração puro, os que promovem a paz e não são radicais, perseguidos por causa da justiça ou por seguirem a Jesus (5:3-11). Todos eram "párias", marginalizados, para a sociedade secular e para a elite religiosa da época.

Se Jesus estava dizendo isso, a mensagem das Bem-aventuranças é radical. Ele recebe aqueles que a sociedade rejeita. Hoje essa lista incluiria assassinos, molestadores, traficantes, sem-teto, doentes mentais e obesos. Jesus ignora a "lista de popularidade" do mundo. Ele acolhe qualquer um que vier até Ele (Lc 1:46-55). —*Sheridan Voysey*

A Bíblia em um ano
☐ Josué 4–6; Lucas 1:1-20

Os desprezados pela sociedade secular por andarem na luz estão entre os felizes bem-aventurados do reino de Deus.

13 de outubro

Envergonhados e desarmados

Leitura:
Colossenses 2:13-24

Desse modo, desarmou os governantes e as autoridades espirituais e os envergonhou publicamente ao vencê-los na cruz. —Colossenses 2:15

Um capelão hospitalar recebeu o chamado para visitar um paciente. Esperava encontrar alguém gravemente enfermo, amedrontado ou agarrando-se à vida. Em vez disso, surpreendeu-se ao encontrar uma "moça de 23 anos, muito atraente, sentada alegremente no leito hospitalar, segurando a sua filha bebê e conversando com familiares e amigos". Confuso, o capelão perguntou discretamente à enfermeira o motivo da chamada. "Ah, ela está com ótima aparência, sente-se muito bem e quer ir para casa", disse a enfermeira. "Então, por que me chamou?" — "Porque em três dias desligaremos os aparelhos e você fará o funeral dela em quatro dias". O fígado dessa jovem estava parando de funcionar, mas ela não queria aceitar aquela situação.

Na carta de Paulo aos colossenses há um momento que expressa uma desconexão semelhante. Mas não é o que pode parecer. Paulo anunciou que, por Sua morte brutal e injusta, Jesus "desarmou os governantes e as autoridades espirituais e os envergonhou publicamente ao vencê-los na cruz". Mas Jesus não estava desarmado, nu e exposto ao ridículo? A cruz não era o lugar vergonhoso onde o Império Romano fez de Cristo um espetáculo público, demonstrando sua autoridade? De modo algum. Ele desarmou as autoridades tomando sobre si toda a violência e injustiça delas. As forças deste mundo se exauriram em Jesus, ficando desarmadas, nada mais restando. Além disso, Jesus "os envergonhou publicamente" (v.15) ao revelar, na cruz, o que esses poderes eram de fato: incapazes de justiça e incapazes de um julgamento correto.

A cruz destituiu os poderes de seu pretensioso farisaísmo, e a ressurreição afirmou Jesus como Senhor sobre todos (Co 3:1-4). —*Winn Collier*

A Bíblia em um ano

☐ Isaías 41–42; 1 Tessalonicenses 1

Quando morremos para esta vida colocamos a nossa identidade em Cristo.

21 de março

O jardim de Deus

Leitura:
Jeremias 1:1-12

"Você viu bem", disse o Senhor. "Isso significa que estou vigiando e certamente realizarei todos os meus planos". —Jeremias 1:12

Na primavera passada plantei uma horta de ervas, mesmo sem ter talento com plantas. Eu só as regava quando o canteiro estava seco demais. Mas, felizmente, pude cozinhar com ervas frescas ao longo do verão. Um ano mais tarde, no entanto, olhei para o meu canteiro e percebi que ele estava numa fase diferente, e eu também. A hortelã invadira todo o espaço, algumas ervas tinham sido completamente aniquiladas e outras não passavam de talos secos. Decidi que era o melhor momento para arrancar tudo.

A vida também passa por fases. Embora a verdade encontrada na Palavra de Deus seja imutável, Ele usa métodos variados em momentos diferentes para alcançar os Seus propósitos. Nosso papel, como Seu povo, é ouvir a Sua voz, compreendê-la e saber como reagir (Ec 3:1-8; 1Cr 12:32; Jo 10:4). Embora as verdades bíblicas sejam universais, a aplicação delas pode ser individualizada e pessoal. As coisas que Deus pede de você podem não ser o que Ele está pedindo de outra pessoa. Mesmo na igreja, podemos facilmente nos comparar uns com os outros e nos sentirmos ameaçadas se Deus estiver tocando alguém de forma diferente daquela que experimentamos (At 10:1-35; 11:1,2,17,18). Podemos até mesmo julgar os outros por nossas preferências pessoais ou por nosso relacionamento individual com Jesus, ao invés de à luz da Palavra. Jeremias 1 nos lembra:

• Deus sabe o que vamos fazer em Seu reino mesmo antes de nascermos (v.5).

• O Senhor nos chamou como indivíduos e nos ajudará a completar o nosso trabalho para Ele (vv.7-9).

• O nosso papel é obedecer a Sua Palavra; o dele é cumpri-la (Is 55:11). —*Regina Franklin*

A Bíblia em um ano

☐ Josué 7–9; Lucas 1:21-38

Deus jamais falha em cumprir as Suas promessas no Seu tempo.

12 de outubro

Vulneráveis

Leitura:
2 Samuel 11:1-17

Mas o que Davi fez desagradou o Senhor. —2 Samuel 11:27

Como você pode se preparar para resistir à tentação sexual? Davi foi elogiado por Deus como "...homem segundo o meu coração..." (At 13:22). Mas, quando penso em Davi, duas ocasiões importantes vêm à tona: a derrota de Golias (1Sm 17:32-50) e o adultério com Bate-Seba. Uma mostrou a fé vitoriosa de Davi; a outra, pecado e derrota. Por não ter sido derrotado durante 20 anos, Davi estava confiante demais e negligente em sua vigilância ao decidir não liderar seus soldados na guerra. Dormia à tarde. Ao levantar-se, "...reparou numa mulher muito bonita que tomava banho" (2Sm 11:1-5). Esse é um aviso para os homens cuidarem-se com o que olham (Jó 31:1; Pv 6:25; Mt 5:27-29).

O servo advertiu Davi veladamente: "É Bate-Seba, [...] esposa de Urias" (2Sm 11:3). Ela era uma mulher casada! Mas Davi foi incontestável em suas conquistas sexuais (2Sm 5:13). Ele não domou sua luxúria sexual. Como rei, ele acreditava não dever satisfações a ninguém (Dt 17:17-20).

Mas Bate-Seba engravidou e Davi tentou fazer parecer que Urias fosse o pai. Quando isso falhou, ele tramou a morte de Urias (2Sm 11:5-15). Davi transgrediu cinco mandamentos: assassinato, adultério, roubo, mentira e cobiça (Êx 20:13-17; 1Co 6:18; 15:10).

Se um gigante espiritual como Davi foi capaz de pecar tão gravemente, certamente você e eu somos igualmente capazes de falhas semelhantes ou até piores (Gn 39:11,12; 1Co 10:12; Gl 6:1; 2Tm 2:22). Então, admitamos que somos vulneráveis e clamemos pela força de Deus (Pv 6:20-29). Pela graça divina, resistiremos à tentação quando ela bater à nossa porta (Rm 5:20). —*K. T. Sim*

A Bíblia em um ano
☐ Isaías 39–40; Colossenses 4

Desvencilhe-se do pecado e fuja dele.

22 de março

Obrigada, amigos

Leitura:
Colossenses 4:7-18

Todas as vezes que penso em vocês, dou graças a meu Deus.
—Filipenses 1:3

Albert Lee, ex-diretor internacional de Ministérios Pão Diário, foi fundamental para ajudar a organização a estabelecer escritórios em 56 cidades e a distribuir recursos para mais de 150 países. Em seu 60.º aniversário, ele escreveu: "Ao refletir sobre os meus últimos 60 anos, minha história poderia ser resumida em duas palavras: *muito ajudado*".

De fato, nenhum ministério pode ser realizado sozinho. Até mesmo o apóstolo Paulo necessitou da ajuda de seus amigos. Ele foi auxiliado por Tíquico, um homem com o coração de servo, tão confiável quanto deve ser o *carteiro* que não deixará o mau tempo impedir a entrega dos seus pacotes, e tão fiel quanto o amigo em quem você confiaria para deixar como pastor temporário em sua ausência (2Tm 4:12; Tt 3:12). Tíquico nunca buscou destaque; ele simplesmente servia. Aristarco foi o companheiro de viagem de Paulo de Éfeso a Jerusalém e Roma (At 19:29; 20:4; 27:2). Ele permaneceu com Paulo em todas as adversidades. Todo líder precisa de um amigo como Aristarco, que compartilha os fardos do caminho. Paulo também teve Epafras, homem conhecido por suas zelosas orações. Você pode imaginar como ele serviu de encorajamento para Paulo ao agonizarem juntos enquanto oravam uns pelos outros. Há também o doutor Lucas (Co 4:7-14). Ele se uniu a Paulo em sua segunda viagem missionária e permaneceu até o fim e conheceu cada dor e cicatriz deste apóstolo. E, assim como Paulo, Lucas também era muito culto. Estou certa de que eles devem ter gostado de trocar e debater ideias (Pv 27:17).

Muitas de nós não seremos solicitadas a fazer coisas proeminentes para Deus, mas, ainda assim, juntas poderemos ser como Tíquico, Aristarco, Epafras ou Lucas na vida das pessoas que nos cercam (Ec 4:9-11). —*Poh Fang Chia*

A Bíblia em um ano
☐ Josué 10–12; Lucas 1:39-56

Juntas, podemos expandir o reino de Jesus até Ele voltar.

11 de outubro

Verdadeira satisfação

Leitura:
Salmo 119:129-138

O ensinamento de tua palavra esclarece, e até os ingênuos entendem.
—SALMO 119:130

Quantas vezes você, tentando mascarar a dor da vida, como eu, já se afundou em pecado: vício, imoralidade sexual, fofoca, orgulho, ira desenfreada, preguiça e outros? É muito fácil reagir ao vazio, decepção ou dor afastando-se dos mandamentos de Deus.

Descobrimos, porém, que o pecado nunca trouxe a paz ou a satisfação duradoura pela qual ansiamos. Em vez disso, ao tomarmos as coisas em nossas mãos e desobedecermos a Deus, só encontramos mágoa e, talvez até, profunda depressão. Pode ser difícil compreender como a Palavra de Deus nos satisfaz quando acreditamos que estamos perdendo um relacionamento ou conforto material. No entanto, apenas quando nos comunicamos com Deus e colocamos a nossa confiança nele e em Sua Palavra, podemos experimentar a paz "que excede todo entendimento" (Fp 4:6,7) e o contentamento que desafia as circunstâncias (1Tm 6:6).

No Salmo 119, o salmista sofreu perseguição, fome, solidão, sofrimento e ataques de inimigos, porém, ele testifica que o verdadeiro encorajamento é encontrado na Palavra de Deus. Há muito a ser adquirido das maravilhas da lei do Senhor (v.18). Siga a pista do salmista e peça a Deus para:

- Ajudá-la a entender o ensinamento da Palavra (v.130).
- Criar em você o anseio por Sua Palavra (v.131).
- Impedi-la de ser dominada pelo mal (v.133).
- Permitir-lhe experimentar o Seu amor leal (v.135).
- Dar-lhe ensinamento correto para a vida, porque Ele é justo (v.137).
- Equipá-la com sabedoria confiável (v.138).

Clame a Deus. Volte-se à Sua Palavra. Só ali você encontrará a paz e a satisfação duradoura que apenas o Senhor pode conceder (v.81). —*Roxanne Robbins*

Espere em Deus e deposite a sua esperança na Sua Palavra.

A Bíblia em um ano

☐ Isaías 37–38; Colossenses 3

23 de março

Obediência que liberta

Leitura:
Gênesis 3:1-15

Porque vocês, irmãos, foram chamados para viver em liberdade. Não a usem, porém, para satisfazer sua natureza humana… —GÁLATAS 5:13

A Bíblia em um ano

☐ Josué 13–15; Lucas 1:57-80

James Hunter, sociólogo, afirmou que muitas pessoas continuam a pensar em sua vida em termos morais; querem ter boa vida, mas não têm certeza do que seja este "bom". Para mim, isso sugere que quanto mais independentes nos tornamos mais nos desviamos dos princípios, vínculos e comunidades que nos nutrem em direção à vida real. Ganhar a tão chamada liberação pessoal pode, na verdade, levar-nos a perder aquilo que mais prezamos.

Quando Deus colocou Adão e Eva no Éden, Ele lhes deu o jardim inteiro para cuidar e cultivar. O mundo era deles. A única restrição era que não comessem do fruto da árvore do conhecimento do bem e do mal. Deus não era egoísta ou mesquinho. Ao contrário, Ele sabia que havia conhecimentos que eles não poderiam suportar. Mas, tragicamente, a serpente enganou Eva, e ela e depois Adão comeram do fruto dessa árvore. Esse conhecimento que cobiçaram os atingiu como um maremoto. Mas não lhes foi libertador. Foi como um grande peso largado sobre a alma de cada um. Eles não estavam livres; estavam com medo.

Deus chegou ao jardim perguntando gentilmente onde estavam. Adão respondeu: "Ouvi que estavas andando pelo jardim e me escondi. Tive medo, pois eu estava nu" (Gn 3:10). Eles jamais haviam conhecido o medo. Nunca haviam se escondido. Esse novo conhecimento não lhes trouxe novas possibilidades. Ao contrário, estavam encurralados, acovardados. Antes, eles dançavam abertamente. Agora corriam e se *escondiam*. Seu mundo não ficou maior; ficou menor. Ao desobedecer a Deus, Adão e Eva não se tornaram pessoas melhores, pelo contrário.

Nossa tendência é crer que seguir a Deus limita a nossa autoexpressão, mas apenas a vida nele nos liberta para sermos nós mesmos (Pv 8:32-36). —*Winn Collier*

O pecado aprisiona. A santidade liberta.

10 de outubro

Estações para todas as coisas

Leitura:
Eclesiastes 3:1-13

Há um momento certo para tudo, um tempo para cada atividade debaixo do céu.
—ECLESIASTES 3:1

Se você for como eu, deve lutar para dizer *não* no momento de receber uma nova responsabilidade, especialmente se for para uma boa causa e diretamente relacionada a ajudar os outros. Podemos ter boas razões para selecionar com cuidado as nossas prioridades. Entretanto, ao não concordarmos em fazer mais, podemos sentir o peso da culpa ou pensar que, de alguma forma, falhamos em nossa caminhada de fé.

Mas, em Eclesiastes 3:1-8, vemos que a sabedoria reconhece que tudo na vida tem seu período específico nas atividades do ser humano e na natureza: "Há um momento certo para tudo, um tempo para cada atividade debaixo do céu" (v.1).

Talvez você esteja prestes a se casar ou a ter seu primeiro filho. Talvez esteja saindo da universidade e entrando no mercado de trabalho, ou, quem sabe, se aposentando. Ao passarmos de uma estação para outra, as nossas prioridades mudam. Talvez precisemos colocar de lado o que fizemos no passado e canalizar nossa energia em algo diferente.

Quando a vida traz mudanças em nossas circunstâncias e obrigações, precisamos, com responsabilidade e sabedoria, discernir que tipo de concessões devemos fazer, buscando em tudo "…a glória de Deus" (1Co 10:31). Provérbios 3:6 promete que se reconhecermos o Senhor em todos os nossos caminhos, Ele nos guiará no caminho em que devemos seguir. —*Poh Fang Chia*

A Bíblia em um ano
☐ Isaías 34–36; Colossenses 2

*O comprometimento com Cristo
é um chamado diário que nos desafia.*

24 de março

O movimento crítico

Leitura:
Mateus 16:21-28

…Jesus começou a falar claramente a seus discípulos que era necessário que ele fosse a Jerusalém […] Seria morto, mas no terceiro dia ressuscitaria. —Mateus 16:21

A romancista Agatha Christie declarou que a melhor maneira de contar uma história para auxiliar o leitor a descobrir o final é dissimular o *movimento crítico* com uma grande revelação. Senti isso quando o filme *O Sexto Sentido* (1999) me desafiou até o fim. A *grande revelação* foi o terapeuta falando com o garoto o qual dizia ver pessoas mortas. O *movimento crítico* que surpreendeu muitos [alerta de *spoiler*] foi que o terapeuta soube mais tarde que o motivo do garoto "vê-lo" era porque o próprio terapeuta estava morto.

A história de Jesus teve uma reviravolta inesperada que poucos, se é que alguém, em Seus dias percebeu estar chegando. A "grande revelação", usando os mesmos termos, foi que Jesus era Rei (Mt 2:2; Jo 18:37). Sua proclamação real chamou a atenção de muita gente, apoiadores e também inimigos. Mas, até onde sabemos, ninguém naquele tempo teria entendido *como* Ele estabeleceria o Seu reino. Sim, Ele é o Rei dos reis. Mas, como tentou explicar uma vez àqueles que lhe eram mais próximos, Seu reino seria estabelecido por Seu sofrimento e morte (Mt 16:21). Esse "movimento crítico" surpreendeu a todos.

A cruz e a impressionante ressurreição de Jesus foram o meio improvável com o qual Ele derrotou o grande inimigo em nosso lugar: o pecado e a morte, estabelecendo oficialmente Seu reino na Terra e no Céu (Mt 16:24). Na ironia das ironias, a cruz onde o Rei Jesus foi "levantado da terra" (Jo 12:31-33), em última análise, tornou-se o "trono" no qual Seu reino glorioso começou.

Embora não tivessem a menor ideia do verdadeiro significado, até mesmo os Seus executores romanos acertaram quando penduraram essa inscrição sobre Sua cabeça: "Este é Jesus, o Rei dos judeus" (Mt 27:37). —*Jeff Olson*

A Bíblia em um ano
☐ Josué 16–18; Lucas 2:1-24

A cruz simboliza tanto a autonegação quanto a vitória.

9 de outubro

Arma mortal

Leitura:
Neemias 4:1-10

Mas os que confiam no SENHOR renovam suas forças; voam alto, como águias. Correm e não se cansam, caminham e não desfalecem.
—ISAÍAS 40:31

Muhammad Ali, a lenda do box, utilizava várias técnicas para derrotar os seus oponentes; uma delas era o escárnio. Na luta contra George Foreman em 1974, ele zombou de Foreman dizendo: "Bata-me mais forte! Mostre-me alguma coisa. Isso não me machuca. Achei que você fosse mais malvado". Irritado, Foreman socou o ar furiosamente desperdiçando sua energia e enfraquecendo sua autoconfiança.

Essa tática é antiga. Ao referir-se aos esforços de Neemias para reconstruir a muralha de Jerusalém como uma área de recreação para raposas, Tobias disse: "Basta uma raposa subir lá, e esse muro de pedra desaba" (Ne 4:3)! Esse homem pretendia enfraquecer os trabalhadores com palavras perniciosas de desânimo. Golias utilizou a mesma tática com Davi, menosprezando a arma dele: uma funda e pedras. "Pegou cinco pedras lisas de um riacho e as colocou em sua bolsa de pastor. Armado apenas com seu cajado e sua funda, foi enfrentar o filisteu" (1Sm 17:40-44).

Uma observação desanimadora pode ser uma arma mortal. Neemias não se rendeu aos desencorajamentos de Tobias, assim como Davi rejeitou a zombaria diabólica de Golias. Ao buscarem a Deus e Seu auxílio, em vez de fixarem-se em suas situações desencorajadoras, Davi e Neemias conseguiram a vitória.

O escárnio pode vir de qualquer pessoa, incluindo daquelas que são próximas a nós. Reagir negativamente apenas consome a nossa energia. Mas Deus nos encoraja por meio de Suas promessas: Ele nunca nos desamparará (Sl 9:10; Hb 13:5) e nos convida a confiarmos em Seu auxílio (Hb 4:16). —*Lawrence Darmani*

A Bíblia em um ano
☐ Isaías 32–33; Colossenses 1

Se você está passando por um túnel de desânimo, continue caminhando em direção à Luz.

25 de março

Deixe tudo para trás

Leitura:
João 4:9-14,27-29

A mulher deixou sua vasilha de água junto ao poço e correu de volta para o povoado, dizendo a todos: "Venham ver um homem que me disse tudo que eu já fiz na vida! Será que não é ele o Cristo?".
—João 4:28,29

A Bíblia em um ano
☐ Josué 19–21; Lucas 2:25-52

No mesmo ano, ou logo depois que o nosso filho obteve a carteira de motorista e começou a portá-la, recebemos vários telefonemas de pessoas que a tinham encontrado em algum lugar. Nós o advertimos para ter mais cuidado e não a deixar para trás.

Deixar as coisas para trás, no entanto, nem sempre é algo ruim. Em João 4, lemos sobre uma mulher que fora tirar água de um poço. Mas, depois que ela encontrou Jesus naquele dia, de repente, suas intenções mudaram. Deixando a água para trás, ela rapidamente voltou para contar aos outros o que Jesus tinha lhe dito (vv.28,29). Até mesmo sua necessidade física de água se tornou muito pequena em comparação ao desejo de contar aos outros a respeito do Homem que ela tinha acabado de conhecer.

Pedro e André fizeram algo semelhante quando Jesus os chamou. Eles abandonaram suas redes de pesca, que era a maneira de proverem pelo seu sustento, para seguir a Jesus (Mt 4:18-20). E Tiago e João deixaram suas redes, seu barco e até mesmo seu pai quando o Mestre os chamou. "Pouco adiante, Jesus viu outros dois irmãos, Tiago e João, consertando redes num barco com o pai, Zebedeu. Jesus os chamou, e eles também o seguiram de imediato, deixando para trás o barco e o pai" (vv.21,22).

Nossa nova vida como seguidoras de Jesus Cristo pode significar que devemos deixar algumas coisas para trás, incluindo aquelas que não trazem satisfação duradoura. Aquilo que antes desejávamos tanto é incomparável à nova vida e a "água viva" que Jesus nos oferece. —*Cindy Hess Kasper*

Cristo demonstrou o Seu amor ao morrer por nós; demonstramos o nosso ao vivermos por Ele.

8 de outubro

Ocultar ou confessar?

Leitura:
Provérbios 28:10-14

Quem oculta seus pecados não prospera; quem os confessa e os abandona recebe misericórdia.
—Provérbios 28:13

Os historiadores não tinham certeza quanto ao teólogo reformador Ulrico Zuínglio ter sido promíscuo com a filha de um cidadão proeminente. Sacerdotes com mau comportamento não eram incomuns no século 16, e fofocas pareciam algo fácil de espalhar para desacreditar Zuínglio. A dúvida persistiu até o século 19, quando Johannes Schulthess descobriu, nos arquivos de Zurique, uma carta escrita por Zuínglio. As palavras do reformador revelaram que ele fora culpado, mas também que se comprometera a ter uma vida casta novamente. Schulthess não desejava macular o legado de seu herói; por isso, mostrou a carta ao seu aluno e depois queimou-a sobre a chama de uma vela.

Após um momento, ele mudou de ideia e retirou a carta, para preservar o que restara dela. Voltou-se ao seu aluno e proclamou: "O protestantismo é a verdade em todas as circunstâncias". É tentador encobrir o pecado de um amigo, mas, em última análise, causamos mais estrago se retardarmos o inevitável. Conheço um missionário que abusou sexualmente de crianças. Em vez de entregá-lo à polícia, sua agência missionária o fez retornar a seu país por motivos não especificados. Trinta anos mais tarde, as mulheres, agora adultas, relatam ao mundo o que ele fez. Elas ainda buscam sua cura, e a reputação desse homem e dessa agência está arruinada.

Provérbios 28:13 afirma: "Quem oculta seus pecados não prospera; quem os confessa e os abandona recebe misericórdia". Não favoreçamos nossos amigos quando os encobrimos ou justificamos seu pecado. Precisamos confrontar os seus pecados e orar pelo arrependimento deles. Isso pode gerar algumas conversas difíceis, mas é o que precisamos fazer por amor uns aos outros (Tg 5:16-18). —*Mike Wittmer*

A Bíblia em um ano

☐ Isaías 30–31; Filipenses 4

Antes de orarmos uns pelos outros precisamos confessar os nossos próprios pecados.

26 de março

Submeter-se à vontade de Deus

Leitura:
Isaías 45:14-25

Jurei por meu próprio nome, disse o que é justo e não voltarei atrás em minha palavra: Diante de mim todo joelho se dobrará, e toda língua me declarará lealdade.
—Isaías 45:23

O livro *Generation Ex-Christian* (Geração ex-cristã) é sobre jovens cristãos que abandonaram o cristianismo. Nele, Drew Dyck narra uma entrevista que fez com um jovem que deixou o cristianismo para aderir à *wicca* (neopaganismo): "Em última análise, o motivo de sair foi que o Deus cristão demanda que você se submeta à Sua vontade. Na *Wicca*, é exatamente o oposto. Sua vontade é soberana. Acreditamos em deuses e deusas, mas as deidades que escolhemos servir são baseadas em nossa vontade". O desejo desse jovem em trocar o Deus verdadeiro e vivo por ídolos não é chocante, nem novidade.

Há milhares de anos, Deus chamou os gentios que serviam a deuses forjados conforme seus caprichos e vontades a deixarem seus ídolos de madeira e a abraçarem o único e verdadeiro Deus, que poderia salvá-los e formá-los. Foram ordenados a ouvir as profecias dadas pelo Senhor, a reconhecer que Ele era Deus, e que não havia outro deus além dele (Is 45:21,22). O Senhor queria que se voltassem para Ele, porque um dia todos os povos da Terra reconhecerão a Sua vontade e se submeterão à Sua lei soberana. Todo joelho se dobrará e toda língua reconhecerá que Ele é o único e verdadeiro Deus (vv.14,23; Rm 14:11), voluntariamente ou à força.

A profecia de Isaías encontra seu reflexo mais claro na exaltação e autoridade soberana de Jesus (Fp 2:9-11). Por causa da amplitude de Sua autoridade (no Céu, na Terra e debaixo dela), ninguém escapará ao Seu governo. Um dia todos reconhecerão que Jesus Cristo é exatamente quem Ele disse ser — Deus. Sua vontade é soberana. Vamos nos curvar voluntariamente perante Ele agora e submeter nossa vida à Sua vontade e domínio. Tudo para a glória de Deus, o Pai (Ap 5:13,14). —*Marvin Williams*

A Bíblia em um ano

☐ Josué 22–24; Lucas 3

Nenhum senhor deste mundo merece a submissão devida somente a Deus.

7 de outubro

O discurso do rei

Leitura:
Lucas 4:16-30

...que é chegado o tempo do favor do Senhor. —Lucas 4:19

O filme *O Discurso do rei* relata a história do rei George VI da Inglaterra. Após seu irmão abdicar ao trono, no fim da década de 1930, o novo rei convocou a ajuda de um fonoaudiólogo pouco convencional para superar seu problema de gagueira. Juntos, eles trabalharam para encontrar a voz clara do rei e sua capacidade de fazer um discurso vibrante para que a nação o apoiasse ao se preparar para enfrentar a agressão nazista.

No início de Seu ministério público, Jesus fez um discurso de Rei (vv.18-21). Para anunciar e definir Sua realeza, Ele leu o que hoje conhecemos como Isaías 61, uma passagem das Escrituras que proclama a chegada do ano do jubileu: "...é chegado o tempo do favor do Senhor" (v.2). Para os judeus, o jubileu era um ano incomum. Quando os israelitas entraram na Terra Prometida, Deus declarou que cada 50º ano seria um tempo de perdão e recomeço. Nesse ano, todas as dívidas deviam ser canceladas, as terras devolvidas e os escravos libertos (Lv 25:8-13).

Mas, em Seu discurso, Jesus se referia ao jubileu de todos os jubileus! Ele ia além de dívidas financeiras, escravidão e posse de terras. E não se aplicava somente aos judeus. Jesus, o verdadeiro Rei do mundo, estava anunciando o perdão irrestrito, o resgate e restauração de tudo que estava estragado na humanidade (Jo 14:27). Infelizmente, o povo que ouviu o Mestre rejeitou o Seu discurso. De início, eles gostaram do que Ele estava dizendo, até perceberem que o Seu jubileu também contemplava os estrangeiros (Lc 4:22-30).

A maioria de nós que está lendo o discurso de Jesus hoje compreende exatamente os estrangeiros que Ele tinha em mente. Permaneçamos com nosso Rei e proclamemos o Seu jubileu para todos! —*Jeff Olson*

A Bíblia em um ano

☐ Isaías 28–29; Filipenses 3

Jesus nos prometeu a Sua plena paz, e esse presente somente Ele pode nos entregar.

27 de março

O poder do perdão

Leitura:
Salmo 130

Tu, porém, ofereces perdão, para que aprendamos a te temer. —Salmo 130:4

A Bíblia em um ano
☐ Juízes 1–3; Lucas 4:1-30

O que você faria para seguir a Deus? Amaria os outros? *Sem dúvida.* Venderia seus bens e doaria o dinheiro aos pobres? *Feito.* E perdoar a pessoa que lhe causou mal? *Essa é mais difícil. Você tem certeza de que preciso fazer isso?* Jesus disse que sim. Duas vezes. A Oração do Senhor implora a Deus: "e perdoa nossas dívidas, assim como perdoamos os nossos devedores" (Mt 6:12). Para que entendamos isso, Jesus contou a história de um servo perdoado que se recusou a perdoar outros. Seu senhor ficou tão irado, que "mandou o homem à prisão para ser torturado…". E isso: "…também meu Pai celestial fará com vocês caso se recusem a perdoar de coração a seus irmãos" (18:34,35).

Então, por que é tão difícil perdoar? Nós lutamos porque o perdão não parece justo, nem correto. *Após o que fizeram, eles não deveriam poder pedir perdão e, de repente, tudo ficar bem. O perdão faz parecer que eles estão "levando a melhor". Estamos sendo vítimas novamente* (Lc 23:32-43).

O Salmo 130 oferece ajuda a quem reluta em perdoar. Embora devamos conceder perdão a quem nos causou mal, a verdadeira reconciliação ocorre como consequência do perdão e do arrependimento. O salmista assume a responsabilidade por seu pecado e, portanto, ele está preparado para ser reconciliado com Deus (vv.1-3). O perdão pleno é vivenciado por meio do arrependimento, e isso não significa que eles estejam "levando a melhor".

Perceba que é Deus quem perdoa primeiro (v.4). Nós estávamos à Sua mercê. Mas Ele decidiu nos conceder misericórdia e graça, embora por um alto preço — a morte de Seu Filho. O perdão raramente é fácil, mas pode ajudar a lembrar que é um sinal de verdadeiro poder e amor. —*Mike Wittmer*

O perdão demonstra o maravilhoso poder de Deus.

6 de outubro

Nossos muitos papéis

Leitura:
Deuteronômio 10:12-22

Agora, Israel, o que o Senhor, seu Deus, requer de você? Somente que você tema o Senhor, seu Deus…
—Deuteronômio 10:12

Recentemente, um pastor elencou os muitos papéis que ele poderia desempenhar, os quais incluíam: ativista comunitário, teólogo, conselheiro financeiro e *coaching*. Esses papéis surgiram das diferentes necessidades dos membros da igreja. Embora seja importante respondermos às necessidades dos outros, se as exigências nos consumirem, poderemos começar a servir às pessoas em vez de servir a Deus.

Para evitar isso, precisamos saber e nos orientar sobre o que Deus requer de nós. Após apresentar essa questão aos israelitas, Moisés anunciou a seguinte resposta: "Somente que você tema o Senhor, seu Deus, que viva de maneira agradável a ele e que ame e sirva o Senhor, seu Deus, de todo o coração e de toda a alma" (v.12). Deus queria estar no centro da vida deles. Deveriam respeitá-lo como o dono e Criador de tudo (v.14; Sl 89:11), "obedecer aos mandamentos e decretos do Senhor […] para o seu próprio bem" (Dt 10:13), amá-lo com exclusividade e apegar-se a Ele (v.20). Curiosamente, seu serviço aos outros, especialmente aos estrangeiros, devia ser o reflexo da misericórdia e justiça de Deus com pessoas que tinham necessidades significativas (v.18). Tudo na vida deles devia fluir da pessoa de Deus e do relacionamento com Ele.

Sua vida é centrada em Deus? Certa vez o pregador Vance Havner disse: "É irônico que, frequentemente, as pessoas que trabalham em nome de Deus têm a maior dificuldade de encontrar tempo para Ele. Os pais de Jesus o perderam no Templo e não foram os últimos a perdê-lo ali". Se você está perdendo Jesus em seu serviço a Deus, busque melhorar o seu relacionamento com Ele (Jr 17:7,8). Renove sua esperança e confiança no Senhor ainda hoje (Sl 63:4-8; Mq 6:6-8). —*Jennifer Benson Schuldt*

A Bíblia em um ano

☐ Isaías 26–27; Filipenses 2

Deus deseja que pratiquemos a justiça, que amemos a misericórdia e que andemos humildemente com Ele.

28 de março

Congelamento espiritual

Leitura:
Mateus 5:11-16

Não faz sentido acender uma lâmpada e depois colocá-la sob um cesto. Pelo contrário, ela é colocada num pedestal, […] para que todos as vejam e louvem seu Pai, que está no céu. —Mateus 5:15,16

A Bíblia em um ano

☐ Juízes 4–6; Lucas 4:31-44

Os cientistas descobriram recentemente o porquê sentimos o terrível "congelamento do cérebro" ao tomar sorvete. A dor aguda nas têmporas é causada pelo aumento do fluxo sanguíneo e alargamento da artéria cerebral anterior, localizada no meio do cérebro, atrás dos olhos. Isso ocorre quando essa substância entra em contato com o céu da boca e os fundos da garganta. Como evitar? Experimente desfrutá-lo em porções menores!

Há outro tipo de congelamento que muitos de nós encaramos na vida — o congelamento *espiritual*. Nosso coração começa a esfriar para Deus e Sua Palavra, e logo sentimos a dor da vida sem controle. Jesus descreveu pessoas que demonstram frieza na fé como o sal que perde o sabor e como uma lâmpada sob um cesto (Mt 5:13,15). Por outro lado, Ele declara que aqueles que são apaixonados por sua fé — mesmo a ponto de serem perseguidos por causa dela — receberão "uma grande recompensa" (vv.11,12). Então o sal e a luz que penetram em nossa cultura doente pelo pecado e preservam o que é bom glorificam a Deus (v.16) e abençoam aqueles que os estão exibindo! Como evitar a frieza? Paulo nos dá algumas dicas: "Levem uma vida pura e inculpável como filhos de Deus, brilhando como luzes resplandecentes num mundo cheio de gente corrompida e perversa" (Fp 2:15). Conforme buscamos a Deus, nossa chama espiritual se torna mais pura, mais brilhante e mais verdadeira! E quando nos encontramos regularmente e temos amizade com outros cristãos, desenvolveremos as qualidades do sal em nós mesmos (Mc 9:50; Is 2:2-5).

Vamos evitar o congelamento espiritual buscando a Deus apaixonadamente e convivendo consistentemente com Seu povo! —*Tom Felten*

Para evitar a frieza espiritual aproximemo-nos de Deus e de Seu povo.

5 de outubro

Aprenda o custo

Leitura:
1 Pedro 1:17-21

...pois foram comprados por alto preço. Portanto, honrem a Deus com seu corpo.
—1 Coríntios 6:20

Recentemente demos ao nosso filho de 2 anos um novo par de botas. Ele ficou tão feliz que não as tirou do pé até a hora de dormir. Mas, na manhã seguinte, esqueceu-se delas e colocou o mesmo par de tênis velhos de sempre. Meu marido me disse: "Gostaria que ele soubesse o quanto gastamos em algumas coisas".

As botas foram caras, mas as crianças não entendem o custo das horas de trabalho, salários e impostos. Elas recebem presentes de braços abertos, mas sabemos que não podemos esperar que apreciem plenamente os sacrifícios de seus pais para oferecer-lhes coisas novas.

Algumas vezes também me comporto como uma criança. Recebo de braços abertos os dons de Deus por meio de Suas muitas misericórdias, mas será que lhe sou grata? Considero o preço que já foi pago para que eu possa viver de forma plena?

O custo foi alto — mais do que se paga por coisas corruptíveis, como prata ou ouro. Como lemos em 1 Pedro, "Pois vocês sabem que o resgate para salvá-los do estilo de vida vazio que herdaram de seus antepassados não foi pago com simples ouro ou prata, que perdem seu valor, mas com o sangue precioso de Cristo, o Cordeiro de Deus, sem pecado nem mancha" (1:18,19). Jesus deu a Sua vida, um alto preço a ser pago, para nos tornar parte de Sua família. E Deus "ressuscitou Cristo dos mortos e lhe deu grande glória" (v.21).

Ao compreendermos o custo de nossa salvação, aprenderemos a ser realmente gratas.

Senhor, quero agradecer-te pela salvação e por todas as maneiras que demonstras o Teu amor por mim. —*Keila Ochoa*

A Bíblia em um ano

☐ Isaías 23–25; Filipenses 1

A salvação é infinitamente cara, mas nos é concedida gratuitamente.

29 de março

Como cenas vivas

Leitura:
João 1:1-14

Pois a palavra de Deus é viva e poderosa. É mais cortante que qualquer espada de dois gumes, […] trazendo à luz até os pensamentos e desejos mais íntimos. —HEBREUS 4:12

Visitei uma Exposição Interativa da Bíblia e lembrei-me da beleza e sabedoria das Escrituras. Acostumada aos limites dos dias modernos, impressionei-me com um exemplar que tinha imagens impressas, belas cenas, representando eventos das Escrituras e paisagens, as quais enfeitavam as bordas das Bíblias. Era interessante observar que as imagens se tornavam visíveis ao se abrir a capa da Bíblia e as páginas deslizavam suavemente umas nas outras, como se estivessem preparadas para serem viradas. Numa sociedade onde há tantas traduções da Bíblia e guias de estudo, às vezes encaramos essa disponibilidade como um direito adquirido. Entretanto, mais do que letras impressas na página, a Bíblia revela a natureza e a essência de Deus. Não deve ser lida apenas para ampliar o pensamento ou aprendizado. Envolvemo-nos com a Palavra de Deus para sermos transformadas à semelhança de Cristo — Aquele que é a Palavra encarnada (Jo 1:1-14).

"A Palavra de Deus é viva e poderosa" (v.12) e "útil para nos ensinar o que é verdadeiro e para nos fazer perceber o que não está em ordem em nossa vida. Ela nos corrige quando erramos e nos ensina a fazer o que é certo" (2Tm 3:16,17). A Palavra de Deus nos molda e nos motiva. O texto de Hebreus 4:12 segue falando de seu poder revelador, pois expõe os lugares escondidos de nosso coração. Essas duas passagens apresentam um aspecto importante da Palavra de Deus: sua habilidade de nos transformar.

Abrindo a capa de nossa vida, tornamo-nos uma cena viva da tela da obra de Cristo, quando permitimos que a Sua Palavra esteja em nossos lábios e em nosso coração de modo que possamos obedecê-la (Dt 30:14; 2Tm 3:1-7,14-17). —*Regina Franklin*

A Bíblia em um ano
☐ Juízes 7–8; Lucas 5:1-16

A Bíblia é a carta de Deus para cada uma de nós.

4 de outubro

Poder do Espírito

Leitura:
Romanos 8:1-13

Agora, portanto, já não há nenhuma condenação para os que estão em Cristo Jesus.
—Romanos 8:9

Alguns anos atrás, um homem escreveu seu próprio obituário antes de morrer de câncer. O texto revelava seu senso de humor e detalhava uma séria confissão. Esse homem de 59 anos confessou ter roubado o cofre de uma loja, quando jovem, e ter mentido sobre um grau de doutorado que não possuía. Na morte, seus pecados secretos foram expostos. Sua "lavagem de roupa suja" póstuma revelou transgressões sobre as quais ele, provavelmente, ponderara durante muitos anos.

Paulo escreveu que não devemos ser "dominados pela natureza humana […] pois os que são controlados pelo Espírito pensam em coisas que agradam o Espírito" (Rm 8:5). Isso não significa que não devemos nos sentir culpados por pecados não confessados do passado, mas que podemos ser vitoriosos em superar o ímpeto de buscar coisas pecaminosas hoje. Ele explica que a mentalidade do Espírito "resulta em vida e paz" (v.6). Sem a presença do Espírito Santo em nossa vida, estamos fadados à "morte" espiritual (vv.2,6). Segundo Paulo, quem crê em Jesus não é controlado por sua natureza pecaminosa, mas pelo Espírito de Deus que habita nele (v.9). O Espírito nos permitiu sermos libertos do poder do pecado e da morte.

Ora, isso significa que ficamos insensíveis aos desejos pecaminosos após receber a salvação em Jesus? Não. Embora tenhamos o Espírito Santo habitando em nós, ainda somos capazes de pecar. Mas Ele é maior e mais forte do que qualquer outra força que encontraremos na Terra, e é por isso que podemos caminhar em vida e luz com Jesus.

Como diz Paulo: "Se, contudo, pelo poder do Espírito, fizerem morrer as obras do corpo, viverão" (v.13). Que possamos viver no poder do Espírito hoje (Gálatas 2:20)!
—*Tom Felten*

A Bíblia em um ano

☐ Isaías 20–22; Efésios 6

Recebemos uma nova vida pela fé no Filho de Deus, que nos amou e se entregou por nós.

30 de março

A maravilha da visão

Leitura:
Salmo 139:7-16

Eu te agradeço por me teres feito de modo tão extraordinário; tuas obras são maravilhosas, e disso eu sei muito bem. —SALMO 139:14

No site *livescience.com*, li algo muito incrível: Se estivermos em pé no topo de uma montanha, observando uma porção maior do planeta do que observamos habitualmente, poderemos perceber as luzes brilhantes que estão a centenas de quilômetros de distância. Se a noite for muito escura, é possível vermos uma chama bruxuleante até 48 quilômetros de distância. Não é preciso telescópios nem óculos de visão noturna, pois o olho humano foi projetado por Deus, o nosso Criador, de modo tão maravilhoso que até as longas distâncias podem ser abarcadas com clara distinção.

Esse fato é uma lembrança vívida do nosso maravilhoso Criador, que projetou não só o olho humano, mas também todos os detalhes que compõem o nosso corpo humano e o imenso Universo. E, diferentemente de tudo o que há na criação, Deus nos fez à Sua imagem (Gn 1:26). A Sua imagem reflete algo muito maior do que a capacidade de ver. Fala de uma similaridade com Deus que torna possível que nos relacionemos com Ele.

Podemos fazer a mesma declaração de Davi: "Eu te agradeço por me teres feito de modo tão extraordinário; tuas obras são maravilhosas, e disso eu sei muito bem" (Sl 139:14). Os olhos não nos foram dados somente para enxergarmos, pois também fomos feitos para que, em Cristo, um dia o vejamos! —*Bill Crowder*

A Bíblia em um ano
☐ Juízes 9–10; Lucas 5:17-39

Toda a criação divina testemunha sobre Deus como o nosso grande Mestre e Criador.

3 de outubro

No fim

Leitura:
Eclesiastes 3:1-11

Ele colocou um senso de eternidade no coração humano, mas mesmo assim ninguém é capaz de entender toda a obra de Deus, do começo ao fim.
—Eclesiastes 3:11

Ao olhar para o biscoito em forma de peixinho no chão da cozinha, recordei-me das mãozinhas de meus filhos e de um período que já se foi. A imagem me fez lembrar como o tempo passa rápido. Enquanto eu lidava com noites insones, dentições de bebês e descarte de fraldas, desejava que o fim dessa fase se aproximasse. As mãos que seguravam os biscoitos em forma de peixinho, hoje carregam uma mochila esportiva, livros escolares e um *iPad*.

Deus é o Autor do tempo e nos lembra de que Ele sempre existiu (Ap 1:8). Nossos dias são numerados nesta Terra, mas Deus nos prometeu a vida eterna (Jo 3:36). Viver a dupla existência do eterno e do temporal nem sempre é fácil, como o autor de Eclesiastes transmite vividamente em suas reflexões sobre o significado da vida. Além disso, quando lidamos com tempos dolorosos, a desilusão pode facilmente turvar a nossa visão (Ec 2:13-17).

Nesses momentos, porém, precisamos nos apegar à verdade de que o conhecimento de Deus se estende até muito além do que vemos. Eclesiastes 3:11 nos lembra de que Deus "…colocou um senso de eternidade no coração humano, mas mesmo assim ninguém é capaz de entender toda a obra de Deus, do começo ao fim". Não temos de ficar presas a qualquer período difícil que se nos apresente. De semelhante modo, quando Deus nos faz atravessar períodos rigorosos de treinamento, encontramos esperança em saber que há uma linha de chegada adiante (Mt 6:34; Tg 1:2-4; Ap 21:1-7).

Mais do que viver para o momento, precisamos aguardar pacientemente o próximo movimento de Deus e nos livrarmos da ira, dessa maneira, abrindo mão da obstinação e do dia de ontem. —*Regina Franklin*

A Bíblia em um ano

☐ Isaías 17–19; Efésios 5:17-33

Um dia reinaremos com Aquele que sempre foi e sempre será!

31 de março

Em que lugar você terminou?

Leitura:
Colossenses 2:6-23

Portanto, porque estão nele, o cabeça de todo governante e autoridade, vocês também estão completos.
—Colossenses 2:10

Eis aqui algo que você nunca lerá num obituário: "Susana deixa seu marido, três filhos e seis netos. Foi tesoureira da Associação de Corretores local, diretora de Escolas Bíblicas de Férias e *terminou a maratona em 823.º lugar*". Quando morrermos, algumas perguntas cruciais nos serão feitas: "Você se arrependeu do pecado e colocou sua fé em meu Filho?". "Perdoou os outros como foi perdoado?". Nunca precisaremos responder à pergunta: "Em que lugar você terminou?". Isso não se aplica à forma como muitos de nós corremos sem parar e realizamos coisas que, esperamos, farão nossa vida valer a pena.

Preocupamo-nos com o número de curtidas em nossas postagens e blogs, nosso cartão de visitas e quantos olhares atraímos ao andar pela rua. Desperdiçamos a vida nos esforçando para responder uma pergunta que jamais nos farão.

Ninguém perguntará: "Em que lugar você terminou?" por estarem focados demais na própria corrida frenética para se preocupar com a sua. E Deus, o Único que se importa, não nos fará essa pergunta, porque Ele sabe que sem a ajuda dele não podemos acompanhar o ritmo que já foi estabelecido por Jesus. Paulo declara que "em Cristo, como ser humano, está presente toda a natureza de Deus" (Cl 2:9). A deidade de Jesus coloca em perspectiva qualquer coisa que possamos conquistar e também dá a chave para nosso sucesso. Quando colocamos nossa fé em Jesus, tudo que Ele conquistou se torna nosso. Podemos estar mancando no trecho final da corrida, mas Deus nos vê rompendo a fita por causa do que Seu Filho fez.

Você pode não se sentir vitoriosa, mas, quando está em Cristo, terminará sempre em primeiro. Nada do que fizer conseguirá ser melhor do que isso (Fp 3:5-11). —*Mike Wittmer*

A Bíblia em um ano

☐ Juízes 11–12; Lucas 6:1-26

Jesus já venceu a corrida desta vida por nós. Precisamos apenas seguir os Seus passos.

2 de outubro

Deus é sempre maior

Leitura:
1 Crônicas 10:1-14

...Então Saul pegou sua própria espada e se lançou sobre ela. —1 Crônicas 10:4

Deus é maior do que a nossa vergonha. Saul não percebeu isso e sua vida terminou tragicamente. Os israelitas travaram uma batalha cruel e foram derrotados pelos filisteus. Naquele dia, os filisteus mataram os três filhos de Saul e o feriram. Provavelmente, a humilhação, tortura e morte se seguiriam à sua captura. Incapaz de resistir à vergonha, Saul cometeu suicídio. Porém, sob esse ato desesperado, escondiam-se as maiores e mais sombrias questões de deslealdade e desobediência a Deus.

O suicídio de Saul é um dos vários registrados no Antigo Testamento (Jz 9:50-57; 16:21-31; 2Sm 17:23; 1Rs 16:15-20; 1Cr 10:4,5). Os denominadores psicológicos comuns parecem ser: a vergonha decorrente da culpa e a derrota e fracasso (2Sm 17:1-23; 1Rs 16:18; Mt 27:5; At 16:27). Em cada morte, o indivíduo usurpava a soberania de Deus.

Por ser Criador, Deus tem autoridade sobre a Sua criação e, em última análise, controla a vida e a morte (Gn 2:7; Jó 1:21; Sl 139:13-15). Portanto, tirar a vida, incluindo a própria — é pecado (Êx 20:13). Isso viola os mandamentos de Deus acerca de amarmos e respeitarmos a nós mesmos e aos outros (Lv 19:18; Mt 7:12; Ef 5:29).

A vergonha e a humilhação são difíceis de suportar e, frequentemente, levam pessoas, até mesmo algumas que creem em Jesus, a adotarem a saída mais fácil e imediata — o suicídio. Que em nossos dias mais sombrios possamos encontrar esperança ao olharmos para Aquele que levou sobre si a nossa vergonha, para que pudéssemos ter vida abundante (Jo 10:10; Rm 8:35-39; Hb 12:2). —*Marvin Williams*

A Bíblia em um ano
☐ Isaías 14–16; Efésios 5:1-16

Deus é maior do que a nossa vergonha e nada pode nos separar de Seu amor em Cristo.

1.º de abril

Tropeçando no escuro

Leitura:
João 3:1-17

Se vocês não creem em mim quando falo de coisas terrenas, como crerão se eu falar de coisas celestiais? —João 3:12

Adrian Vasquez, de 18 anos, navegou sem rumo pelo oceano por 28 dias num barco de 3 metros. Ele havia saído para pescar com amigos, mas na volta o motor falhou. Dois deles morreram pelo sol e fome. Quando Vasquez foi achado, ele estava a quase mil quilômetros de casa e desorientado. O capitão da marinha disse que Vasquez estava calado e com olhar perdido, mas pediu para ligar para a mãe e ao seu patrão para lhes explicar a sua ausência.

Nicodemos, líder religioso, veio a Jesus com perguntas. Destacando o quanto estava perdido e tateando no escuro, João esclarece que ele veio à noite (v.2). Neste evangelho, a palavra "escuridão" tem, frequentemente, significado metafórico. Representa a confusão e morte cobrindo o mundo (3:19,20) e as pessoas que tropeçam e se perdem no caminho (11:10).

Em contrapartida, Jesus é a Luz que traz salvação ao mundo (1:9; 8:12). A Luz que rompe a impenetrável escuridão. Em meio à escuridão e morte, o esplendor da obra de Deus em Seu Filho irrompe livre. Os perdidos podem ser achados pela Luz de Jesus.

A pergunta para Nicodemos era se ele andaria ou não por essa Luz, se compreendia o ensinamento de Jesus. Ele perguntou repetidamente como as coisas que lhe estavam sendo ensinadas seriam possíveis (vv.4,9), pois não conseguia entender as estranhas palavras de Jesus Cristo.

"Se você não crê em mim" Jesus disse "não posso ajudá-lo" (v.12, *paráfrase do autor*). "Se vocês não creem em mim quando falo de coisas terrenas, como crerão se eu falar de coisas celestiais" (v.12)? Suas palavras valem para nós também. Se não escolhermos seguir e entender Jesus — se não andarmos na Sua luz — permaneceremos perdidos, tropeçando no escuro. —*Winn Collier*

A Bíblia em um ano

☐ Juízes 13–15; Lucas 6:27-49

Confie, pois não há escuridão que vença a luz de Cristo.

1.º de outubro

Alcançando-nos

Leitura:
Salmo 32:1-5

Enquanto me recusei a confessar meu pecado, meu corpo definhou, e eu gemia o dia inteiro. —Salmo 32:3

Um pastor contou uma história sobre si mesmo, e relatou que, ao conversar com um senhor mais idoso a quem havia sido apresentado, disse: "Então, você trabalhava para uma empresa de serviços públicos", nomeando a tal empresa. "Certamente", respondeu aquele senhor.

O pastor observou que, quando ele era criança, os cabos dessa empresa passavam pela propriedade de seus pais. "Onde você morava?", perguntou o homem. Quando o pastor lhe disse, ele replicou: "Eu me lembro bem dessa propriedade. Naquela época, tive muita dificuldade para manter os cabos de aviso de advertência. As crianças sempre os arrancavam".

Quando o rosto do pastor ficou ruborizado de constrangimento, aquele senhor completou: "Você era um deles, não era?". Sim, na verdade, ele era. O pastor, em seguida, relatou a sua história confessando a sua falta àquele senhor.

"Mas, se não fizerem como prometeram, terão pecado contra o Senhor e não escaparão das consequências" (Nm 32:23). E os erros antigos nos encontram não importa onde estivermos. Os pecados antigos não resolvidos podem trazer consequências graves. Sobre isso, Davi lamenta no Salmo 32: "Finalmente, confessei a ti todos os meus pecados e não escondi mais a minha culpa. Disse comigo: "Confessarei ao Senhor a minha rebeldia", e tu perdoaste toda a minha culpa" (v.5).

Por meio da confissão podemos desfrutar do perdão de Deus. —*Dave Branon*

A Bíblia em um ano

☐ Isaías 11–13; Efésios 4

Os cristãos podem apagar de sua memória o que Deus já apagou de Seu registro.

2 de abril

Rolou uma grande pedra

Leitura:
Marcos 15:42-47

José comprou um lençol de linho, desceu o corpo de Jesus da cruz, envolveu-o no lençol e colocou-o num túmulo escavado na rocha. Então rolou uma grande pedra na entrada do túmulo. —Marcos 15:46

Os executores e Pilatos confirmaram a morte de Jesus (vv.37-39,43-45). Ela também foi atestada por dois membros do Sinédrio que prepararam o Seu corpo para o sepultamento (Jo 3:1; 19:38,39). Jesus foi colocado em um túmulo novo escavado na rocha. A entrada foi selada por uma grande pedra (Mc 15:46). Seriam necessários muitos homens fortes para mover a porta de 1 a 2 toneladas. Isso preocupou as mulheres que foram ungir o corpo do Senhor: "Quem removerá para nós a pedra da entrada do túmulo" (Lc 16:3)? Sua preocupação foi, porém, desnecessária porque a pedra "já havia sido removida" (v.4) por um anjo do Senhor (Mt 28:2).

As autoridades haviam estabelecido medidas adicionais de segurança para garantir que o corpo permanecesse no túmulo (27:62-66). A enorme porta foi lacrada com o selo romano e quem o rompesse sofreria severa punição, prisão e até morte. Uma guarnição de soldados romanos bem treinados foi destacada para garantir a máxima segurança. Era muito perigoso e praticamente impossível alguém entrar ou sair do túmulo.

Todavia, o impossível aconteceu! Não havia, é claro, necessidade de remover a porta de pedra para deixar Jesus sair. Ele poderia facilmente ter atravessado as paredes do túmulo ou a porta de pedra (Jo 20:19,26). A pedra foi removida para nosso benefício e revelou que algo espetacular ocorrera no interior do túmulo. Permitiu que as mulheres, os discípulos de Jesus, Seus inimigos e ainda outros entrassem ali para se certificarem de que Seu corpo não estava mais lá. A porta de pedra fora removida, não para deixar Jesus sair, mas para as pessoas entrarem e verem por si mesmas que o túmulo estava, de fato, vazio! Jesus ressurgira dos mortos! (Mc 16:5,6). —*K. T. Sim*

A Bíblia em um ano

☐ Juízes 16–18; Lucas 7:1-30

O túmulo vazio do Cristo ressurreto testemunha que a morte está vencida.

30 de setembro

Uma vida consistente

Leitura:
Daniel 6:1-10

Quando Daniel soube que a lei tinha sido assinada, foi para casa e, como de costume, ajoelhou-se no quarto no andar de cima, com as janelas abertas na direção de Jerusalém. Orava três vezes por dia e dava graças a seu Deus.
—Daniel 6:10

A Bíblia em um ano
☐ Isaías 9–10; Efésios 3

Enquanto estudava o livro de Daniel, fiquei impressionado com a facilidade com que ele poderia ter evitado ser lançado na cova dos leões. Os ciumentos rivais de Daniel, que participavam do governo da Babilônia, armaram uma cilada contra ele porque sabiam de sua prática constante de orações diárias a Deus (Dn 6:1-9). Daniel estava plenamente consciente da trama deles e poderia ter decidido orar em particular por um mês até que as coisas se acalmassem. Mas o profeta não era esse tipo de pessoa.

Daniel, ao saber que a ordem tinha sido assinada, entrou em sua casa e, no seu quarto, onde havia janelas abertas do lado de Jerusalém, orou ajoelhado três vezes por dia dando graças, diante do seu Deus, como costumava fazer. O profeta não entrou em pânico nem barganhou com Deus. Em vez disso, ele continuou a proceder da mesma forma "…como de costume" (v.10). Ele não se intimidou pela pressão da perseguição.

O poder da vida consistente de devoção ao Senhor expressada por Daniel foi uma lição para mim. A força dele veio de Deus, a quem Daniel queria agradar todos os dias. Quando sobreveio a crise, ele não precisou mudar sua prática diária de encontro com o Senhor. Simplesmente permaneceu comprometido com o seu Deus. —*David McCasland*

Deus nos capacita a representá-lo quando nos prostramos para orar.

3 de abril

Ele não está aqui!

Leitura:
Lucas 24:1-8

...Porque vocês procuram entre os mortos aquele que vive? Ele não está aqui. Ressuscitou!
—Lucas 24:5,6

Meu pai faleceu há algum tempo por causa de câncer no pâncreas. Quando chegamos ao túmulo para um enterro familiar privativo, o responsável pelo funeral estava nos esperando com as cinzas da cremação. Foi a primeira vez que vimos a pequena urna que abrigava os restos mortais de meu pai. Senti profunda tristeza. Um amado membro da família me olhou nos olhos e me disse baixinho palavras simples, mas confortantes: "Lembre-se: ele não está ali". Ao relembrar aquele dia, minha mente se transporta a outra cena de túmulo.

Era manhã e ainda estava escuro. Algumas mulheres tinham ido ao sepulcro que abrigava o corpo de seu caro amigo e Senhor — *Jesus*. Mas, ao se aproximarem da tumba, descobriram que o corpo dele havia desaparecido (vv.1-3). De repente, "dois homens apareceram, vestidos com mantos resplandecentes" e disseram: "Por que vocês procuram entre os mortos aquele que vive? Ele não está aqui" (vv.5,6).

Sei que verei meu pai novamente. Por Jesus ter ressurgido dos mortos, chegará o dia em que nos reuniremos e nunca mais nos separaremos novamente. E, embora, de tempos em tempos, eu ainda visite o túmulo dos meus pais, sei que não posso encontrá-los agora, porque eles não estão ali.

Porém, diferentemente da localização de meu pai, eu *posso* encontrar Jesus. Ele ressurgiu da Sua morte. E, porque Ele está vivo, quem o buscar ainda hoje pode conhecê-lo. Ele é o nosso Soberano Criador, o Rei que nos governa e o nosso gracioso Salvador que se revela aos que o buscam "...de todo o coração" (Jr 29:13). Somente Ele é capaz de proporcionar a paz, a esperança e o conforto que nos sustenta nos vales escuros da vida (Sl 23:4). —*Jeff Olson*

A Bíblia em um ano

☐ Juízes 19–21; Lucas 7:31-50

Porque Jesus vive podemos crer no amanhã eterno.

29 de setembro

Contra baixas expectativas

Leitura:
1 Timóteo 4:12-16

Não deixe que ninguém o menospreze porque você é jovem. Seja exemplo para todos os fiéis nas palavras, na conduta, no amor, na fé e na pureza. —1 Timóteo 4:12

Dois adolescentes iniciaram o site *TheRebelution.com* para incentivar outros jovens a superarem as baixas expectativas e fazerem "coisas *pra* valer". Citando 1 Timóteo 4:12, um de seus fundadores disse: "…somos chamados a ser exemplo em todas as áreas da vida".

Em vez de servir como a plataforma de lançamento para vida adulta, a adolescência é vista como época sem responsabilidades. Muitos adolescentes crescem e se tornam o que, em Taiwan, China, é conhecido como *cao mei zu* (Geração Morango) — têm boa aparência, mas se machucam facilmente. Noutros países são conhecidos como "adultescentes".

Cada geração precisa atentar ao que Paulo adverte: "Não deixe que ninguém o menospreze porque você é jovem" (v.12). Ser jovem não é desculpa para fugir da responsabilidade ou não dar a Deus o melhor de si. Em vez disso, se você é jovem, pode ser um exemplo para todos nós. Nem todos gostarão de você. Alguns poderão até zombar de você ou xingá-la. Mas você inspirará todos os cristãos a se manterem fiéis a Deus em meio a uma cultura que resiste a Ele.

Paulo declarou que devemos ser exemplo na palavra, conduta, amor, fé e pureza. Nosso discurso é marcado por graça e verdade? Nossas prioridades e nosso comportamento testificam nosso compromisso com Jesus Cristo? Buscamos nossa satisfação ou somos abnegadas? Demonstramos fé em Deus ao enfrentar desafios (1Sm 17:32-37)? Atendemos aos desejos de nossa carne ou somos moralmente puras não apenas na aparência, mas também em nossos pensamentos? Se você é jovem, escolha superar as baixas expectativas. E que todos os cristãos, independentemente de idade, possam seguir a Deus em obediência, buscar um caráter piedoso e buscar um futuro surpreendente! —*Poh Fang Chia*

A Bíblia em um ano

☐ Isaías 7–8; Efésios 2

Sejamos exemplos na palavra, conduta, amor, fé e pureza em nossa caminhada com Cristo.

4 de abril

É verdade – Jesus ressuscitou!

Leitura:
Lucas 24:36-53

Eles continuaram sem acreditar, cheios de alegria e espanto... —Lucas 24:41

Um noivo está em pé no fim da nave da igreja, paralisado de emoção por ver sua linda noiva com o vestido branco e esvoaçante. Ao trocarem as alianças e os votos de casamento, o noivo diz a si mesmo: Isso é bom demais para ser verdade! Em outro canto do mundo, uma enfermeira coloca uma criança recém-nascida nos braços da mãe. Ao fitar amorosamente a face rosada e os pequenos dedinhos, a mãe se enche de alegria e admiração.

Creio que foi assim que os discípulos se sentiram quando seu amado Senhor Jesus apareceu diante deles no cenáculo. "Eles continuaram sem acreditar, cheios de alegria e espanto" (v.41). Era bom demais para ser verdade, mas era e ainda é — Jesus está vivo!

Ele ressuscitou dos mortos! Uma das provas mais fortes da ressurreição é o fato de os discípulos terem tido dificuldade para crer a princípio. Se eles tivessem crido imediatamente que Jesus havia ressuscitado, poderíamos pensar que o testemunho da ressurreição tivesse sido maculado pelo profundo desejo de o verem. Mas Jesus apresentou as Suas mãos, pés e o Seu lado aos discípulos para que estes os examinassem como prova adicional de que o Seu corpo era real. Ele também comeu um peixe assado diante deles (vv.39-43).

É verdade que Jesus morreu por nossos pecados. Ressuscitou corporalmente dos mortos e oferece perdão e vida eterna a todo pecador como um presente gratuito. Embora possamos ser tentadas, por vezes, a duvidar disso, a veracidade da Sua ressurreição está detalhada na Palavra de Deus. Proclamemos a realidade da ressurreição de Jesus e as boas-novas: Há perdão de pecados para todos os que se arrependem (vv.44-47; Is 49:6; Mq 4:1,2). Aleluia! —*Poh Fang Chia*

A Bíblia em um ano

☐ Rute 1–4; Lucas 8:1-25

O Senhor ressurreto nos ensina como devemos viver e andar em Seus caminhos.

28 de setembro

Mudança de perspectiva

Leitura:
Atos 17:16-23

Enquanto Paulo os esperava em Atenas, o seu espírito se revoltava em face da idolatria dominante na cidade.
—Atos 17:16

Minha esposa levanta cedo e aprecia o silêncio antes que os outros acordem. Ela usa esses momentos para ler a Bíblia e orar. Recentemente, ao sentar-se em sua cadeira favorita, deparou-se com a bagunça deixada no sofá por "alguém" que assistira um jogo de futebol na noite anterior. A desorganização e a sua frustração comigo interromperam o clima do momento.

Ao lhe ocorrer um pensamento, ela saiu de sua cadeira e sentou-se no sofá. Dali ela pôde ver, pela janela da frente, o nascer do sol sobre o mar. A beleza da cena preparada por Deus naquela manhã mudou a sua perspectiva.

Quando ela me contou a história, ambos aprendemos naquela lição da manhã que não podemos controlar as diversas questões que afetam o nosso dia a dia, mas temos uma escolha. Podemos continuar a nos incomodar com tal "bagunça", ou mudar a nossa perspectiva. Quando Paulo estava em Atenas, "…o seu espírito se revoltava em face da idolatria dominante na cidade" (At 17:16). Mas, quando Paulo mudou a sua perspectiva, ele usou o interesse deles por religião como oportunidade para proclamar o verdadeiro Deus, Jesus Cristo (vv.22,23).

Quando a minha esposa saiu para o trabalho, era hora de outra pessoa mudar a sua perspectiva — eu deveria permitir que o Senhor me ajudasse a ver minhas "bagunças" por meio dos olhos de minha esposa e dos Seus. —*Randy Kilgore*

A Bíblia em um ano

☐ Isaías 5–6; Efésios 1

Ser sábia é saber ver as circunstâncias sob a perspectiva de Deus.

5 de abril

Posicione-se

Leitura:
Lucas 23:20-25

A multidão gritava cada vez mais alto, exigindo que Jesus fosse crucificado, e seu clamor prevaleceu. —Lucas 23:23

Segundo Tobias J. Moskowitz e L. Jon Wertheim, no livro *Scorecasting* (Marcando os pontos), a vantagem de "jogar em casa" não é mito. O time de casa vence com maior frequência do que o time visitante. Por quê? Os autores afirmam: "A tendenciosidade dos árbitros é a contribuição mais importante para se obter essa vantagem". Os árbitros respondem à pressão dos fãs para evitar serem vaiados. Quando as disputas são apertadas, os árbitros tendem a tomar decisões que favoreçam o time da casa.

Ciente da inocência de Jesus e desejando libertá-lo, mas temendo desapontar a multidão, Pilatos acabou cedendo aos clamores da turba: "Crucifique-o! Crucifique-o!" (v.21). Ele perguntou à multidão qual era o crime de Jesus, mas ela não lhe respondia. Então, ele repetiu sua convicção de que Jesus nada fizera de errado e não merecia a sentença de morte. Pilatos queria que Jesus fosse apenas açoitado, mas a multidão exigia que Ele fosse crucificado (v.23). E a multidão venceu. Pilatos decidiu atendê-la, em vez de cumprir a justiça. Diante do clamor público, Pilatos desmoronou. Ele não se posicionou em favor da justiça, rendeu-se à multidão para não a desapontar e ter de enfrentar sua alta e raivosa desaprovação (vv.24,25).

Diferentemente de Pilatos e dos árbitros, os cristãos devem se posicionar pelo que é certo, sem se importar com o ruído da multidão. Tendo sempre a Bíblia como nosso guia, desenvolvamos valores inegociáveis e determinemos, com antecedência, as convicções espirituais fundamentais das quais não abriremos mão. Estejamos preparados para enfrentar as questões difíceis exigindo justiça e verdade, as quais glorificarão a Deus (Mt 26:69-72). —*Marvin Williams*

A Bíblia em um ano
☐ 1 Samuel 1–3; Lucas 8:26-56

O amor por Cristo nos dá a ousadia para nos posicionarmos a favor de Seu reino.

27 de setembro

Como o conhecemos

Leitura:
Colossenses 2:1-4

…sejam encorajados e unidos por fortes laços de amor e tenham plena certeza de que entendem o segredo de Deus, que é o próprio Cristo.
—Colossenses 2:2

Meus filhos estão entendendo a maneira como as propagandas da TV jogam com os telespectadores, distorcendo estatísticas e fazendo afirmações ultrajantes. Temo que não tardará para que eles se cansem e desconfiem de tudo. Muitas de nós lutamos com isso em nossa fé: como posso crer no que quer que seja? Como confiar no que Deus diz? Paulo falou sobre isso dizendo aos colossenses que esperava que eles tivessem "plena certeza" no "segredo de Deus. […] Cristo" (Cl 2:2). Para ele, pouco importava se os colossenses adotassem um sistema religioso ou um conjunto abstrato codificado de princípios teológicos ou morais. Desejava tão somente que encontrassem sua esperança em Jesus Cristo. Somente nele descobririam "…todos os tesouros de sabedoria e conhecimento…" (v.3).

Com frequência, em nossos bem-intencionados esforços para encaminhar as pessoas "à verdade" damos-lhes argumentos, histórias ou uma lógica coerente. Isso tem o seu lugar, mas o convite do evangelho deve sempre apontar para Jesus. Como acontece em qualquer outro relacionamento, nós conhecemos Jesus por meio de nossa comunhão com Ele. Deve ser por isso que Paulo faz essa conexão marcante: "Que eles sejam encorajados e unidos por fortes laços de amor e tenham plena certeza de que entendem o segredo de Deus, que é o próprio Cristo" (v.2).

Em outras palavras, encontrar uma "comunidade de Jesus", na qual seu coração seja fortalecido e você vivencie a amizade unificante do amor profundo, será um ambiente onde você descobrirá a confiança na mensagem de Jesus. Precisamos vivenciar o efeito que a verdade de Jesus nos causa por meio do relacionamento mútuo. —*Winn Collier*

A Bíblia em um ano
☐ Isaías 3–4; Gálatas 6

O evangelho não se torna conhecido por ser propagado como uma teoria ou uma cosmovisão, mas ao ser vivenciado pela Igreja. —*Lesslie Newbigin*

6 de abril

Tínhamos que agir

Leitura:
João 7:37-46

Nunca ouvimos alguém falar como ele!... —João 7:46

O congressista John Lewis tinha 23 anos quando participou da histórica "Marcha sobre Washington" em luta pelos direitos civis, liderada por Martin Luther King Jr., em 1963. Meio século depois, um jornalista perguntou-lhe que influência o discurso: "Eu tenho um sonho", do Dr. King, teve na vida dele naquele dia memorável. Lewis respondeu: "Era impossível tê-lo ouvido falar e depois simplesmente voltar aos negócios e rotinas, como de costume. Sentíamos que precisávamos fazer algo; de alguma forma tínhamos que agir, que tomar alguma providência. Precisávamos sair e espalhar as boas notícias".

Muitas pessoas que encontraram Jesus descobriram que era impossível manter-se neutro em relação a Ele. João 7:25-46 registra duas reações diferentes em relação ao Senhor. Enquanto muitos "creram nele" (v.31), os líderes religiosos tentaram silenciá-lo enviando "guardas do templo para prendê-lo" (v.32). Os guardas provavelmente estavam presentes quando Jesus disse: "...Quem tem sede, venha a mim e beba! Pois as Escrituras declaram: 'Rios de água viva brotarão do interior de quem crer em mim'" (vv.37,38). Os guardas voltaram à presença dos principais sacerdotes e fariseus, e estes lhes perguntaram: "Por que vocês não o trouxeram?" (v.45). E ele responderam: "Nunca ouvimos alguém falar como ele!" (v.46).

As palavras de Jesus nos impelem a agir e a nos posicionar para além do que habitualmente estamos acostumados. —*David McCasland*

A Bíblia em um ano
☐ 1 Samuel 4–6; Lucas 9:1-17

A morte de Jesus é suficiente para o perdão dos meus pecados e inspira a minha obediência.

26 de setembro

Gatilhos

Leitura:
Mateus 26:59-75

Pedro jurou: "Que eu seja amaldiçoado se estiver mentindo. Não conheço esse homem!". Imediatamente, o galo cantou. —Mateus 26:74

Não pensei que seria tão difícil. Mas, quando o técnico do aparelho de ressonância magnética colocou o escudo contra radiação sobre os meus joelhos, deu-me os fones e saiu da sala, a sensação de incerteza me envolveu. Embora a cabeça e os ombros permanecessem fora daquele túnel, sentia-me presa. Minha mente estava a mil por hora enquanto eu descobria reações flutuantes nunca antes encontradas. Observando a contagem regressiva na parte superior da máquina, imaginei se o meu coração e mente acalmariam ou se os próximos minutos incluiriam eu pular para fora da máquina num ataque de pânico.

A partir de nossa perspectiva na história, criticamos Pedro pela decisão de fugir durante o momento de maior necessidade de Jesus. Afinal de contas, raciocinamos, Pedro vira os milagres, ouvira a necessidade do Mestre (Mt 26:41) e prometera seguir com Ele até o fim, mesmo que tivesse de morrer (v.35). Como ele podia dar-lhe as costas e agir tão covardemente? Mas, para sermos honestas, houve ocasiões de nossa vida em que fugimos quando deveríamos permanecer firmes em Jesus. Longe de existirmos como indivíduos autômatos, acionamos gatilhos que podem nos fazer fugir de situações percebidas como perigosas. O medo é um desses poderosos gatilhos.

Jesus convidou Pedro para adentrar os mais profundos mistérios do Céu: Sua morte e ressurreição (vv.27-29). Porém, entrar numa perspectiva de reino exige o nosso próprio encontro com a morte. Assim como Pedro aprendeu, nosso instinto de fuga ou luta e o desejo de nos salvarmos precisa se render à cruz (v.39). A liberdade vem quando, face a face com as nossas próprias inadequações, amamos Jesus mais do que tememos a dor (At 4:1-31; Jo 15:13; 1Jo 4:18). —*Regina Franklin*

A Bíblia em um ano

☐ Isaías 1–2; Gálatas 5

Exercer a fé em Jesus traz vitória sobre o medo por meio do poder de Deus.

7 de abril

O Espírito prometido

Leitura:
Joel 2:28-32

Então, depois que eu tiver feito essas coisas, derramarei meu Espírito sobre todo tipo de pessoa. —Joel 2:28

Nesse mundo onde as promessas são feitas e quebradas facilmente, muitos são céticos quanto ao valor que elas têm. Lemos citações como: "O problema com promessas é que, uma vez que você as faz, elas ficam fadadas a serem quebradas".
Então, quanto vale uma promessa? Depende do conteúdo, do caráter e da capacidade de cumprir de quem a faz. Felizmente, como cristãos, não precisamos ser céticos com relação às promessas. Somos recebedores de promessas que são "grandes e preciosas" (2Pe 1:4), e como diz C. H. Spurgeon, "[Deus] que faz a promessa encontrará formas e meios de cumpri-la". A leitura de hoje nos traz algumas reflexões convincentes. Deus prometeu que todos os cristãos — judeus e gentios, homens e mulheres, velhos e jovens, servos e senhores — receberiam o Espírito (Jl 2:28,29). Essa é uma incrível promessa, porque nesse ponto da história, o povo de Deus era identificado pela circuncisão e pela obediência à Torá. O Espírito Santo havia vindo apenas sobre certas pessoas, com propósitos específicos, como é o caso de Bezalel, em Êxodo 35:31.

Lemos sobre o maravilhoso cumprimento da promessa profética de Jesus sobre o Espírito Santo em Atos 2:1-6, algo que continua sendo cumprido. Pois qualquer um que invocar o nome do Senhor receberá Seu Santo Espírito como um selo para o dia da redenção e como Aquele que nos capacita para viver a vida cristã (Ef 3:16; 4:30). Assim como Deus trouxe a Sua promessa em Joel 2:28,29, Ele também cumprirá as dos versículos 30-32. O dia do julgamento está próximo, e Deus prometeu que todo aquele que receber a salvação será salvo (2Co 1:20).

Louve o Senhor por ser o Deus que cumpre as Suas promessas! —*Poh Fang Chia*

A Bíblia em um ano
☐ 1 Samuel 7–9; Lucas 9:18-36

Todas as promessas de Deus têm em Cristo o "sim".

25 de setembro

Testados e aprovados

Leitura:
Deuteronômio 8:1-5

O fogo prova a pureza da prata e do ouro, mas o Senhor prova o coração.
—Provérbios 17:3

Vivemos numa era de testes! Os alimentos, os remédios e os brinquedos foram, todos, rigorosamente testados antes de estarem disponíveis para venda. Esses testes nos ajudam a ficarmos tranquilos quanto à segurança, qualidade, funcionalidade, utilidade e confiabilidade.

Por causa da descrença e desobediência dos israelitas, Deus os forçou a passarem 40 anos perambulando pelo deserto (Nm 14:29-35). Ele não os abandonou, mas os protegeu e proveu durante a longa jornada (Êx 13:21,22; 16:35; Dt 8:4,15,16; 32:10). Deus os colocou em um "programa de treinamento" intensivo por 4 décadas, conduzindo-os propositalmente a circunstâncias difíceis por três motivos:

- Provar o caráter deles e se o amavam de coração e alma (Dt 8:2; 13:3).
- Testar sua fidelidade e obediência a Deus (8:2).
- Ensinar a necessidade, importância e suficiência da Palavra de Deus (v.3).

Os problemas e dificuldades pelos quais você está passando são parte do programa de treinamento de Deus visando o seu próprio bem (vv.5,16). Essas provações são como exames finais na escola de discipulado de Deus. São elaborados para provar a qualidade da sua fé (Pv 17:3; 1Pe 1:7) e para ajudá-la a amadurecer nela (Jó 23:10; Is 48:10; Rm 5:3-5; Tg 1:2-4; 1Pe 4:12,13). Qual é o valor e benefício de ser provado?

É normal insistirmos que as coisas sejam rigorosamente testadas antes de nos serem vendidas. Mas, às vezes, resistimos e não temos semelhante aceitação ou gratidão pelos testes espirituais aos quais somos submetidos. Chegamos a ficar amargurados ou irados com Deus quando Ele permite que adentrem a nossa vida. Mas, em vez disso, que possamos perceber que uma vida não testada não é confiável. —*K. T. Sim*

A Bíblia em um ano

☐ Cânticos 6–8; Gálatas 4

Reconhecer que as provações nos aproximam de Deus nos capacita a sermos plenamente aprovadas.

8 de abril

Por uma vida inteira

Leitura:
2 Pedro 1:3-8

Acrescentem à fé a excelência moral […] ao conhecimento o domínio próprio, […] à perseverança a devoção a Deus […] e à fraternidade o amor.
—2 Pedro 1:5-7

David Brooks, em seu livro *O animal social* (Ed. Objetiva, 2014), detalha como Gary McPherson estudou 157 crianças escolhidas aleatoriamente para tocar um instrumento musical. McPherson queria saber por que alguns alunos se tornam ótimos músicos e outros não. Ele acreditava que havia um fator. Mesmo antes de as crianças pegarem os instrumentos, perguntava: "Até quando você acha que vai tocar?". Os alunos que planejavam tocar pouco tempo, não se tornavam muito competentes. Os que planejavam praticar e tocar a vida inteira se tornavam músicos muito bons.

Pedro lembrava aos seus leitores que era essencial o comprometimento para seguir Jesus. Só então amadureceriam na fé e experimentariam o relacionamento cada vez mais profundo com o Senhor. Esse apóstolo escreveu uma sinfonia de graça, exortando os jovens cristãos, a quem se dirigia, a prosseguir em direção à maturidade cristã. Enalteceu os recursos espirituais prometidos por Deus que cada verdadeiro cristão tem em Jesus (2Pe 1:3-7; 3:18). Pedro também queria que soubessem que demandaria esforço próprio e o poder do Espírito Santo, para que a fé fosse complementada com um conjunto de traços de caráter à semelhança de Cristo (v.5). Aos seus leitores, disse para trabalharem duro no cultivo de excelência moral, do conhecimento, domínio próprio, perseverança, devoção, fraternidade e amor (vv.5-7). E se cultivassem esses traços de caráter ao longo da vida, se pareceriam mais com Jesus (v.8).

Amadurecer é um processo que exige contínuo esforço. Se estamos completamente convencidos e determinados a seguir a Jesus todos os nossos dias, é altamente provável que a nossa fé ganhe asas e voe. É firme o seu compromisso em segui-lo? (1Pe 2:1-3).
—*Marvin Williams*

A Bíblia em um ano
☐ 1 Samuel 10–12; Lucas 9:37-62

A vida comprometida com Cristo é frutífera e traz glória a Deus.

24 de setembro

O mundo invisível

Leitura:
Números 22:21-31

…a jumenta de Balaão viu o anjo do Senhor em pé no caminho, segurando uma espada. —Números 22:23

Você sabia que os micróbios de apenas uma de suas mãos superam, em número, todas as pessoas na Terra? Ou que milhões de micróbios cabem na ponta de uma agulha? Esses organismos vivos e unicelulares são pequenos demais para que os vejamos sem microscópio e vivem no ar, no solo, na água e em nosso corpo. Interagimos constantemente com eles, mesmo que seu mundo esteja completamente além dos nossos sentidos.

As realidades do mundo espiritual também, muitas vezes, não são visíveis a nós seres humanos, como o profeta Balaão descobriu. Ele estava ao longo da estrada, com seus dois servos, quando "…a jumenta de Balaão viu o anjo do Senhor em pé no caminho, segurando uma espada" (v.23). Para evitar o anjo, o animal entrou em um campo, espremendo o pé de Balaão contra um muro e se deitou apesar de Balaão ainda estar montado sobre suas costas. Balaão, num ataque de raiva, espancou o animal com uma vara, sem perceber que algo sobrenatural acontecia naquele momento, até que "o Senhor abriu os olhos de Balaão, e ele viu o anjo do Senhor em pé no caminho" (v.31).

A Bíblia nos diz que existe o "mundo espiritual" e que podemos nos deparar com as realidades desse reino — tanto o bem quanto o mal. "Não se esqueçam de demonstrar hospitalidade, porque alguns, sem o saber, hospedaram anjos" (Hb 13:2). "É vergonhoso até mesmo falar daquilo que os maus fazem em segredo" (Ef 6:12).

Somos encorajadas a permanecermos vigilantes, em oração e preparadas. Assim como Deus governa o mundo visível, Ele também governa o mundo invisível.
—*Jennifer Benson Schuldt*

A Bíblia em um ano
☐ Cânticos 4–5; Gálatas 3

Não tema, pois tudo que é visível e invisível está sob o poder do nosso Deus Soberano.

9 de abril

Sofrer por fazer o bem

Leitura:
1 Pedro 3:13-18

Lembrem-se de que é melhor sofrer por fazer o bem, se for da vontade de Deus, do que por fazer o mal. —1 Pedro 3:17

No espaço de apenas 20 minutos, quatro paquistanesas foram assassinadas a tiros na cidade de Karachi e outra na cidade de Peshawar. Para tornar a situação ainda pior, todas pertenciam a equipes médicas e participavam de um programa de vacinação contra poliomielite organizado pela Organização das Nações Unidas. Os ataques foram planejados e coordenados. O Talibã havia ameaçado as equipes da vacina antipólio. Eles se opõem às abordagens ocidentais à prevenção de doenças. As cinco mulheres morreram protegendo as crianças e tentando evitar novo surto de poliomielite.

O apóstolo Pedro falou àqueles que, como elas, se dedicam "a fazer o bem" (v.13). Neste nosso mundo doente, praticar o bem não nos torna imunes nem à tragédia, dificuldades e nem mesmo aos dolorosos efeitos do pecado. Na verdade, muitas vezes, interpor-se ao caminho do mal por outra pessoa ou renunciar às suas necessidades pelo bem do outro lhe custará muito.

No entanto, Deus é o autor da história. Mesmo que venhamos a sofrer por praticarmos a justiça, Pedro diz que seremos "abençoados" (v.14). Sabendo disso, podemos viver com ousadia e sermos generosos. "Não se preocupem e não tenham medo de ameaças" (v.14). Sofrer não parece ser a maior tragédia. Viver longe de Deus é o maior desastre, "…é melhor sofrer por fazer o bem, se for da vontade de Deus, do que por fazer o mal" (v.17).

Essa vida ousada, generosa a ponto de sofrer, foi comprovada em Jesus. Como Pedro nos lembra: "Pois Cristo também sofreu por nossos pecados, de uma vez por todas. Embora nunca tenha pecado, morreu pelos pecadores a fim de conduzi-los a Deus. Sofreu morte física, mas foi ressuscitado pelo Espírito" (v.18). —*Winn Collier*

A Bíblia em um ano
☐ 1 Samuel 13–14; Lucas 10:1-24

O sofrimento de Jesus por nós foi para o nosso bem e nos conduz a Deus.

23 de setembro

Cuidado com o orgulho!

Leitura:
Obadias 1-9

Foi enganado por seu orgulho... —Obadias 1:3

C. S. Lewis escreveu em seu livro *Cristianismo puro e simples* (Ed. Martins Fontes, 2005): "Existe um vício do qual homem algum está livre, que causa repugnância quando é notado nos outros [...]. Não existe nenhum outro defeito que torne alguém tão impopular, e, mesmo assim, não existe defeito mais difícil de ser detectado em nós mesmos. Quanto mais o temos, menos gostamos de vê-lo nos outros". Você consegue imaginar qual é? Orgulho.

Obadias escreveu que Deus estava irado com a cidade de Edom devido ao orgulho de seus habitantes (vv.2,3). E, de fato, o povo de Edom se orgulhava de muitas coisas:
- *Sua segurança* (v.3). A configuração da cidade a tornava quase inconquistável.
- *Sua riqueza* (vv.5,6). Tinha as principais rotas de comércio do Oriente Médio. Consequentemente, Edom podia taxar todo o comércio que vinha por essas rotas.
- *Suas alianças* (v.7). As nações vizinhas desejavam estabelecer bons relacionamentos.
- *Sua sabedoria* (vv.8,9). Por estarem na rota de comércio, encontravam homens instruídos de muitos lugares diferentes.

Logo, a cidade de Edom era forte, rica, inteligente e tinha boas relações com outros povos. Será que estamos cheias de orgulho pelos mesmos motivos? Sentimos que podemos fazer isso ou aquilo sozinhas e começamos a medir tudo e todos segundo os nossos padrões.

Cuidado! Porque "...Deus se opõe aos orgulhosos, mas concede graça aos humildes" (Tg 4:6; 2Cr 26:16-21). Ou, como afirmou certo escritor: "Os homens que confiam em tudo, menos em Deus, são como aquele que numa tempestade se abriga sob uma árvore, cujos galhos altos atraem o raio que o transforma em cinzas". "Os orgulhosos são detestáveis para o Senhor; certamente serão castigados" (Pv 16:5). —*Poh Fang Chia*

A autossuficiência é a mais simples manifestação do orgulho.

A Bíblia em um ano

☐ Cânticos 1–3; Gálatas 2

10 de abril

Sacrifício eterno

Leitura:
Levítico 1:1-13

Pois a vontade de Deus era que fôssemos santificados pela oferta do corpo de Jesus Cristo, de uma vez por todas.
—Hebreus 10:10

A tentativa de escalar a face norte da montanha Eiger, na Suíça, em 1936, é mostrada no filme *North Face* (Face Norte). Dois alpinistas alemães, Toni Kurz e Andi Hinterstoisser, enfrentaram as forças da natureza durante seu malfadado intento de serem os primeiros a atingir o cume. Hinterstoisser precisou cortar sua própria corda e caiu para a morte, para poupar a vida de Toni. Pouco depois, Toni sucumbiu ao frio congelante. O sacrifício para salvar o amigo fora exemplar, mas não adiantou; Toni morreu. O sacrifício de Jesus por nós, porém, nos permite sermos eternamente libertos da culpa e da morte espiritual (v.10). Somente Ele pôde fazer o que incontáveis sacrifícios do passado não puderam.

Lemos em Levítico 1 sobre um dos sacrifícios que Deus exigiu sob a antiga aliança. A oferta de expiação era queimada para limpar e restaurar os adoradores da culpa por seu pecado (v.3). É interessante, porém, que esse sacrifício lembrava o povo de Deus de sua luta permanente contra o pecado. O povo devia sacrificar um animal macho sem defeito (vv.3,10). Esses imperfeitos sacrifícios "perfeitos" precisavam ser feitos todos os anos. Deus aceitava a morte dos animais como um meio de purificar Seu povo pecador (v.4). Contudo, mais tarde, seu pecado os levaria de volta ao altar.

Na cruz, Jesus foi o único que proporcionou a expiação por nossos pecados, pois Ele era verdadeiramente perfeito. E "…mediante essa única oferta, ele tornou perfeitos para sempre os que estão sendo santificados" (v.14). Se você recebeu Jesus como seu Salvador, já não está mais sob a maldição do pecado e da morte, pois pelo Seu perfeito e eterno sacrifício, sua culpa foi substituída pela graça de Deus (Hb 9:11-14). —*Tom Felten*

A Bíblia em um ano
☐ 1 Samuel 15–16; Lucas 10:25-42

A graça de Deus apaga a culpa e traz perdão e libertação.

22 de setembro

O lugar importa

Leitura:
Lucas 5:1-11,27-32

Não vim para chamar os justos, mas sim os pecadores, para que se arrependam.
—Lucas 5:32

Durante uma pescaria, meu cunhado e eu fomos recordados de que é preciso pescar no lugar certo. Solicitamos um lugar para pesca perto de um píer de madeira e, infelizmente, não foi uma boa escolha. O peixe usado como isca, que atraía os cardumes da desejada cavala-espanhola, estava do outro lado do píer. Pescadores a menos de 45 metros de distância atingiam facilmente seus limites de pesca enquanto nos esforçávamos para conseguir uma mordiscada.

Jesus mostrou que para os "pescadores de gente" (Lc 5:10) o lugar também importa. Pouco tempo depois de recrutar alguns de Seus primeiros discípulos, o Senhor e esses homens participaram de um banquete na casa de um cobrador de impostos judeu chamado Levi. Nesse banquete, estavam muitos cobradores colegas de Levi (vv.27-29).

Esses cobradores não eram bem vistos pelos líderes religiosos judeus. Eles "...se queixaram aos discípulos: "Por que vocês comem e bebem com cobradores de impostos e pecadores?"" (v.30). Eles não conseguiam entender por que Jesus teria algo a ver com aqueles que enriqueciam colaborando com o governo romano enquanto seus conterrâneos se esforçavam para sobreviver. Mas Jesus compreendia que o lugar importa. Ele mostrou aos Seus discípulos que, para "pescar" pessoas, você precisa ir aonde os "pecadores" estão (v.32). Essa é uma "pesca" perigosa. Ela apresenta o perigo de fazer concessões ao mundo. Por isso, requer forte relacionamento com Jesus e o profundo compromisso de segui-lo em obediência.

Requer também um envolvimento regular com outros cristãos que têm ideias semelhantes. Mas, se vamos compartilhar o evangelho de Jesus com o mundo, precisamos estar no mundo — o lugar importa (Mt 28:19,20)! —*Jeff Olson*

A Bíblia em um ano
- Eclesiastes 10–12; Gálatas 1

Deus nos chama para estarmos no mundo sem sermos do mundo.

11 de abril

Ele disse, ela disse

Leitura:
Gênesis 3:1-19

Deus realmente disse que vocês não devem comer do fruto de nenhuma das árvores do jardim? —Gênesis 3:1

Em 1938, uma transmissão radiofônica da ficção *A Guerra dos Mundos*, de H. G. Wells, causou pânico aos ouvintes nos EUA que acreditaram que os alienígenas tinham pousado numa fazenda e atacariam o país. Confundiram ficção e realidade! Os falsos boletins de notícias apresentavam um repórter como "testemunha ocular" das ocorrências aterradoras. Os cidadãos confusos encheram delegacias e centenas de pessoas necessitaram de atendimento médico por choque e histeria.

A confusão foi um fator-chave na queda da humanidade. Nessa história, a serpente iniciou a conversa com Eva perguntando: "Deus realmente disse que vocês não devem comer do fruto de nenhuma das árvores do jardim?" (v.1). Não! Eva corrigiu a serpente, mas acrescentou algo à afirmação do Senhor: "Deus disse: 'Não comam e nem sequer toquem no fruto daquela árvore; se o fizerem, morrerão" (v.3). A serpente continuou sua campanha de confusão: "…vocês não morrerão!…" (v.4) e insinuou que provar a "substância ilegal" melhoraria a vida deles porque "…seus olhos se [abririam] e, como Deus, [conheceriam] o bem e o mal" (v.5).

Eva mordeu a isca, mas a vida não melhorou. Quando ambos morderam o fruto proibido, "…seus olhos se abriram, e eles perceberam que estavam nus" (v.7). (Você consegue ouvir a serpente rindo silenciosamente ao fundo?) Hoje, Satanás confunde as pessoas mentindo sobre o que Deus disse e sugerindo que não há consequências para o pecado. Ele usa frases do tipo: Uma vez só não faz mal. Ninguém vai saber. Todos fazem isso. Não seremos confundidas por mentiras quando conhecermos bem as palavras de Deus e agirmos amparadas nela (Compare Jo 8:44 com 12:44-46; Sl 37:31; Pv 30:6; Mt 4:1-10).
—*Jennifer Benson Schuldt*

A Bíblia em um ano

☐ 1 Samuel 17–18; Lucas 11:1-28

Para vencer a tentação é preciso conhecer Deus e Sua Palavra.

21 de setembro

Escolhidas por Ele

Leitura:
2 Tessalonicenses 2:13-17

…Somos sempre gratos porque Deus os escolheu para estarem entre os primeiros a receber a salvação por meio do Espírito que os torna santos e pela fé na verdade.
—2 Tessalonicenses 2:13

Quando meus filhos eram pequenos, eu orava com eles depois que os colocava para dormir. Antes de orar, sentava-me à beira da cama e conversava com eles. Lembro-me de ter dito à minha filha: "Se eu pudesse colocar em fila todas as meninas de 4 anos no mundo, eu andaria por toda a fila procurando por você. Depois de passar por todas as meninas dessa fila, eu, ainda assim, escolheria você para ser minha filha". Isso sempre a fazia esboçar um grande sorriso porque sabia que era especial.

Se esse era um momento importante de alegria para ela, imagine a graça e a maravilha demonstrada no fato de o Deus Criador do Universo ter-nos escolhido: "porque Deus os escolheu para estarem entre os primeiros a receber a salvação" (2Ts 2:13). Antes de todas as coisas existirem, Ele desejou que você fosse dele. Por esse motivo, as Escrituras geralmente usam a imagem de adoção para comunicar a surpreendente realidade de que fomos escolhidos por Ele, sem mérito ou direito de nossa parte.

Essa notícia é impressionante! Somos "amados pelo Senhor" e desfrutamos dos benefícios de fazer parte da Sua família. Essa gloriosa verdade deve preencher a nossa vida com humildade e gratidão. "Que o próprio Jesus Cristo, nosso Senhor, e Deus, nosso Pai, que nos amou e pela graça nos deu eterno conforto e maravilhosa esperança, os animem e os fortaleçam em tudo de bom que vocês fizerem e disserem" (vv.16,17). —*Joe Stowell*

A Bíblia em um ano

☐ Eclesiastes 7–9; 2 Coríntios 13

Deus escolheu amá-la e torná-la parte da Sua família.

12 de abril

Salva por Deus

Leitura:
Josué 2:1-23

O Senhor conhece quem pertence a ele...
—2 Timóteo 2:19

A aeronave RQ-170 *Sentinel* usada para coletar dados de inteligência antes e durante operações militares é invisível, não tripulada, sofisticada e secreta. Acredita-se que esse *drone* espião desempenhou um papel crítico na vigilância do esconderijo nos meses que antecederam a morte de Osama bin Laden, no Paquistão.

A "Operação ocupar Canaã" havia começado. O comandante militar que liderava o ataque à cidade fortificada de Jericó necessitava de dados de inteligência precisos sobre as forças inimigas. Não surpreendeu que Josué enviou secretamente dois espiões, com a seguinte instrução: "Façam o reconhecimento da terra, especialmente dos arredores de Jericó" (Js 2:1). Mas a estratégia de Deus para conquistar a cidade não exigia aqueles dados. Os espiões arriscaram suas vidas desnecessariamente ao entrarem em território inimigo (vv.2-7)?

Josué enviou os espiões para coletarem dados de inteligência, porém Deus os levou à casa de uma prostituta para contatarem a mulher que confessou: "...o Senhor, seu Deus, é Deus supremo em cima no céu e embaixo na terra" (vv.1,11). A fé de Raabe provou-se genuína por sua ajuda aos espiões e a levou a se tornar da família de Jesus (Hb 11:31). Depois, ela se casou com Salmom, cujo filho Boaz se casou com Rute e gerou Obede, avô de Jessé e bisavô de Davi (Mt 1:4-6; Rt 4:20-22).

"...O Senhor conhece quem pertence a ele..." (2Tm 2:19) e "Está perto dos que nele confiam" (Na 1:7). Enviou os espiões para salvarem Raabe! (Js 2:17-21) e afirmou que "jamais abandonará seu povo fiel" e que "eles receberão uma herança que dura para sempre" (Sl 37:28,18). A presença (Jr 17:10; 32:17-19), poder (2Cr 16:9) e proteção (Êx 34:6,7) de Deus preserva os que pertencem a Ele (Jo 10:27-29). —*K. T. Sim*

A Bíblia em um ano
☐ 1 Samuel 19–21; Lucas 11:29-54

A graça imerecida e salvadora de Deus nos encoraja diariamente.

20 de setembro

Libertos

Leitura:
Mateus 18:21-35

O senhor teve compaixão dele, soltou-o e perdoou-lhe a dívida. —Mateus 18:27

Eric Smallridge chama Renée Napier de "anjo" e diz isso porque Napier o perdoou por matar sua filha Meagan no acidente no qual ele dirigia embriagado. Embora esse perdão tenha demorado a chegar, Smallridge diz que "como resultado encontrou sua salvação eterna". Ainda mais: o perdão de Napier incentivou a família dele a fazer o mesmo. Em conjunto, eles apelaram ao tribunal para que Smallridge fosse libertado da prisão após ter cumprido apenas 11 anos de sua sentença de 22. O fruto do coração perdoador de Napier deu a Smallridge uma "segunda chance na vida" (Gn 50:14-21).

Jesus contou uma história sobre um rei que perdoou um de seus devedores e deu ao homem uma segunda chance (Mt 18:27). O rei estava prestes a vender o homem e sua família como escravos devido a uma dívida milionária. Mas o devedor se ajoelhou e pleiteou mais tempo prometendo pagar tudo. O rei "…teve compaixão dele, soltou-o e perdoou-lhe a dívida" (v.27). Em seguida, o devedor perdoado infelizmente se recusou a abrandar o seu coração com um homem que lhe devia muito menos. Exigiu desse o pagamento imediato. Em vez de estender o perdão que havia recebido, ele fez o homem ser detido e encarcerado, até pagar toda a dívida. Quando o rei ouviu isso, disse ao devedor perdoado: "Acaso não devia ter misericórdia de seu companheiro, como tive misericórdia de você?" (v.33).

Deus nos instrui: "Sejam compreensivos uns com os outros e perdoem quem os ofender. Lembrem-se de que o Senhor os perdoou, de modo que vocês também devem perdoar" (Cl 3:13). Sua graça derramada em nossa vida pode ajudar a abrandar nosso coração para com nossos "devedores". Então, poderemos liberá-los do que quer que nos devam (Sl 86:5). —*Jennifer Benson Schuldt*

A Bíblia em um ano

☐ Eclesiastes 4–6; 2 Coríntios 12

Deus é bom e pronto a perdoar com amor a todos que o buscam.

13 de abril

Quando Deus fala mansamente

Leitura:
1 Reis 19:1-12

Então ele se deitou debaixo do pé de giesta e dormiu. Enquanto dormia, um anjo o tocou e disse: "Levante-se e coma!". —1 Reis 19:5

Adoro tirar fotos do pôr do sol no lago próximo de onde moro. Alguns se apresentam em tons pastéis levemente sutis. Outros são pincelados de cores brilhantes e fortes. Às vezes, o Sol se esconde sorrateiramente por trás da luminosidade do lago. Outras vezes, ele desce como se fosse uma explosão de fogo.

Prefiro sempre observar o pôr do sol pessoalmente, mas me alegro muito ao ver as belas fotos que são tiradas desse cenário uma vez que ambos revelam a maravilhosa criação de Deus. Quando se trata da Sua obra nesse mundo, as minhas preferências são as mesmas. Admiro intensamente as respostas dramáticas à oração e talvez com menos intensidade as provisões comuns do pão de cada dia. Mas reconheço que ambas são obras do nosso maravilhoso Deus, Criador de todas as coisas na Terra e no Céu.

As preferências de Elias podem ter sido semelhantes às minhas. O profeta estava acostumado a ser o centro das grandes manifestações do poder do Senhor. Quando ele orou, Deus se manifestou de forma dramática — primeiro derrotando milagrosamente os profetas de Baal e, em seguida, manifestou-se finalizando uma seca longa e devastadora (1Rs 18). Mas em seguida, Elias sentiu medo e começou a correr. Deus enviou um anjo para alimentá-lo e fortalecê-lo para a sua viagem. Depois de 40 dias, o profeta chegou a Horebe. Deus então lhe mostrou que Ele agora estava se comunicando com suavidade, e não com milagres esplendorosos (19:11,12).

Se você está desanimada porque Deus não apareceu numa chama de glória, talvez Ele esteja se revelando a você com a Sua presença tranquila e suave. —*Julie Ackerman Link*

A Bíblia em um ano

☐ 1 Samuel 22–24; Lucas 12:1-31

Deus está presente nos pequenos acontecimentos e também nos grandes eventos.

19 de setembro

Para sempre com o Senhor

Leitura:
1 Tessalonicenses 4:13-18

Porque cremos que Jesus morreu e foi ressuscitado, também cremos que Deus trará de volta à vida, com Jesus, todos os que morreram.
—1 Tessalonicenses 4:14

Todo mundo quer saber como será o Céu e, nos últimos anos, muitos livros prometem revelar isso a todos. Don Piper foi um dos primeiros, com *90 minutos no céu* (Ed. Thomas Nelson, 2008). Após esse best-seller, *O menino que voltou do céu* (Ed. CPAD, 2011) e *O céu é de verdade* (Ed. Thomas Nelson, 2014) foram publicados e bem recebidos pelos leitores. Um livro tomou literalmente a direção oposta — *23 minutos no inferno* (Ed. Thomas Nelson, 2008). Esses livros que afirmam proporcionar relatos em primeira mão da vida após a morte encorajaram muitas pessoas, mas limitarei as minhas palavras ao que encontramos nas Escrituras.

As Escrituram afirmam que o Céu é o lugar onde estaremos com o Senhor (2Co 5:6-8; Fp 1:21-23; 1Ts 4:14). Isso é o suficiente, porque a presença do Senhor é o que faz o Céu ser "o Céu". Por que Lázaro não ficou chateado quando Jesus o ressuscitou? Por que ele não reclamou? Penso que ele tenha ficado feliz de voltar à vida porque Jesus estava em seu lar. A casa de Lázaro em Betânia tinha se tornado um cantinho do Céu (Lc 23:43).

João escreveu sobre outro vislumbre do Céu ao descrever sobre os santos martirizados bradando ao Senhor: "quanto tempo passará até que julgues os habitantes da terra e vingues nosso sangue" (Ap 6:9-11; 21–22)? Eles não estão sofrendo, pois foram libertos das garras do pecado. Mas também não demonstram estar totalmente satisfeitos. Por mais grandioso que possa ser estar no Céu em um corpo glorificado, há algo extraordinário a fazer enquanto estivermos aqui: sermos pessoas íntegras vivendo na Terra.

Assim, esses santos oram pela volta de Jesus e pela ressurreição de seus corpos. Unamo-nos a eles na oração final das Escrituras: "Amém! Vem, Senhor Jesus" (Ap 22:20)!
—*Mike Wittmer*

A Bíblia em um ano

☐ Eclesiastes 1–3; 2 Coríntios 11:16-33

O nosso louvor e honra pertencem somente ao Cordeiro sentado no trono celeste para todo o sempre.

14 de abril

Não se prenda aos bens materiais

Leitura:
2 Coríntios 8:1-9

…mas sua grande alegria e extrema pobreza transbordaram em rica generosidade.
—2 Coríntios 8:2

Encontrei, repetidamente, entre os pobres uma extravagante generosidade. Na Amazônia, os nativos dividiam seus escassos recursos para me alimentar. Certa noite, eles prepararam um cozido de macaco e, embora eu não desejasse comer, para eles era uma iguaria. Nos cortiços do México ou da Indonésia, você encontra pessoas que, por terem tão pouco a ajuntar e proteger, exibem a graça da generosidade.

O povo de Deus, do Antigo ao Novo Testamento, sempre deu dinheiro como ato de adoração ao Senhor e participação tangível na alegria de ver o reino de Deus estabelecido na Terra. Na Bíblia, o Senhor fala muito sobre dinheiro, mencionando-o (ou bens materiais) inúmeras vezes. Não que o dinheiro e bens sejam mais importantes do que o amor e a oração, mas o modo como o usamos retrata nossa vida como um todo. Podemos dizer que amamos a Deus e ao próximo, ou que oramos a Cristo como Senhor; mas, se os nossos bens estrangulam os nossos sentimentos, nossas palavras são vãs.

Richard Halverson diz: "Jesus Cristo em Seu ministério ensinou também sobre o dinheiro porque o caráter de uma pessoa se evidencia pelo uso que ela faz dele. Ao longo de toda as Escrituras há uma íntima correlação entre o desenvolvimento do caráter da pessoa e o modo como ela lida com o seu dinheiro". Paulo lembrou aos coríntios que a generosidade provém de uma vida fundamentada no exemplo de Jesus, que "Embora fosse rico, por amor a vocês ele se fez pobre, para que por meio da pobreza dele vocês se tornassem ricos" (2Co 8:9; Mt 6:21). —*Winn Collier*

A Bíblia em um ano
☐ 1 Samuel 25–26; Lucas 12:32–59

O caráter também se revela pela forma como lidamos com o dinheiro.

18 de setembro

Algo podre

Leitura
Juízes 2:1-18

...vocês não deviam fazer aliança alguma com os habitantes desta terra, mas sim destruir seus altares. Por que vocês desobedeceram à minha ordem? —Juízes 2:2

Tempos atrás, comecei a procurar um bom carro usado. Quando fui verificar um modelo, o veículo parecia novo. Contudo, as aparências enganam. Quando pedi ao meu mecânico para analisar a provável compra, ele encontrou alguns problemas sérios na transmissão. Se eu tivesse comprado o carro, o conserto teria custado muito caro.

O antigo Israel também tentava ter boa aparência, mas, definitivamente, lhes faltava algo "debaixo do capô"! Tendo professado lealdade eterna a Deus e prometido que o serviriam em obediência (Js 24:21-24), eles o fizeram em *parte* — não completamente. O fiel Senhor era e estava com eles ao expulsarem os pagãos e seus ídolos de Canaã (Jz 1:19,22). Mas, infelizmente, o povo foi desobediente e não completou o serviço. Expressões que indicam "não fazer" aparecem sete vezes para descrever a falta de obediência deles (vv.21-33). Em resposta, o anjo do Senhor apareceu aos israelitas e disse: "Por que vocês desobedeceram à minha ordem?" (2:2). Então, ele disse ao povo que Deus não mais os ajudaria em sua missão de "expulsar"; e "o povo chorou em alta voz" (vv.3,4).

Novamente, sua aparência de contrição era muito boa. Mas, pouco tempo depois, os israelitas "...fizeram o que era mau aos olhos do Senhor e serviram às imagens de Baal" (v.11). Deus, tomado de santa ira "...os entregou nas mãos de saqueadores que tomaram seus bens..." (v.14). Algo estava podre em Canaã — o coração do povo de Deus. Então, o Senhor os disciplinou em amor desejando que seus corações se voltassem totalmente a Ele.

O que está em seu coração hoje? Você tem compromisso com Deus ou há algo podre em seu coração que precisa ser entregue a Ele com arrependimento (2Tm 2:13)? —*Tom Felten*

A Bíblia em um ano

☐ Provérbios 30–31; 2 Coríntios 11:1-15

A fidelidade do Senhor dura para sempre, pois Ele não pode negar a si mesmo.

15 de abril

Apontando para Deus

Leitura:
Deuteronômio 8:11-18

Não se esqueça de seu Criador nos dias de sua juventude. Honre-o enquanto você é jovem, antes que venham os tempos difíceis e cheguem os anos em que você dirá: "Não tenho mais prazer em viver".
—Eclesiastes 12:1

A Bíblia em um ano
☐ 1 Samuel 27–29; Lucas 13:1-22

"Que Deus abençoe Gana" é a primeira linha do hino nacional do meu país. Outros hinos africanos dizem: "Ó Uganda, que Deus possa te defender", "Senhor, abençoa a nossa nação" (África do Sul) e "Ó Deus da criação, dirija a nossa nobre causa" (Nigéria). Os patriarcas dessas nações clamam a bênção de Deus sobre a sua terra e seu povo usando os hinos como orações. Muitos hinos nacionais na África e outros em todo o mundo destacam o Senhor Deus como o Criador e Provedor. Outros versos clamam por reconciliação, por transformação e por esperança para um povo frequentemente dividido por razões étnicas, políticas e sociais.

Nos dias atuais, os líderes nacionais e os cidadãos tendem a se esquecer de Deus e a não praticar as suas declarações cantadas em hinos, especialmente quando tudo na vida está correndo bem. Por que esperar a chegada de guerras, doenças, tempestades, ataques terroristas ou violência no período de eleições, antes de nos lembrarmos de buscar a Deus?

Moisés advertiu os israelitas a não se esquecerem do Senhor nem desistirem de seguir Seus caminhos quando a vida estivesse tranquila. "Tenham cuidado para que, em meio à fartura, não se esqueçam do Senhor, seu Deus, e desobedeçam aos mandamentos, estatutos e decretos que hoje lhes dou" (Dt 8:11). O versículo de hoje nos exorta a lembrarmos do nosso Criador nos dias de nossa juventude e antes que venham os maus dias.

Aproximemo-nos de Deus enquanto estamos fortes e saudáveis, pois isso nos prepara para dependermos do apoio e da esperança que Ele provê quando chegarem os dias difíceis. —*Lawrence Darmani*

Lembremo-nos do nosso Criador honrando-o em todos os dias, pois Ele nos concede a dádiva da vida.

17 de setembro

Não desista

Leitura:
Amós 7:10-17

Amós respondeu: "Não sou profeta e nunca fui treinado para ser profeta [...]. Mas o SENHOR me tirou de junto de meu rebanho e disse: 'Vá e profetize a meu povo, Israel'".
—AMÓS 7:14,15

Faz apenas três meses que estou atuando como diaconisa de jovens na igreja local em que frequento, e já recebi três pedidos de pessoas que querem abandonar o posto. Algumas simplesmente desaparecem durante o combate. Assim, sinto-me como o general tentando reunir seu exército para lutar quando vê que está perdendo seus soldados.

Estava desanimada até estudar Amós 7:10-17. O profeta era um pastor de ovelhas em Tecoa, na Judeia, e foi chamado para profetizar no Reino do Norte, Israel. Durante seu ministério, ele foi grandemente difamado por Amazias, que deturpou sua mensagem e lançou dúvidas sobre seus motivos (v.10). Dadas as circunstâncias, Amós poderia ter desanimado, pois seu ministério não era apreciado. Então, Amazias ordenou que Amós fosse para casa (v.12). Em essência, ele disse: "Amós, saia desse lugar onde a sua mensagem não é aceita. Vá para casa, para um lugar onde as coisas lhe são familiares e seguras!". Mas o profeta permaneceu ali mesmo, uma vez que Deus tinha lhe dado uma comissão, e Amós reconhecia que seu ministério e local de residência eram escolhas de Deus (v.15).

O teólogo Alistair Begg diz: "Quando alguém está efetivamente envolvido em servir a Deus, haverá oposição, perseguição e acusação. Consequentemente, não há lugar ideal para servir ao Senhor em nenhuma parte do mundo a não ser no lugar para onde Ele o enviou". Quando penso no meu papel na igreja, percebo que não estou no comando; Deus está. E Ele age em Sua Igreja para que venha a ser "santa e sem culpa" (Ef 5:27).

Que possamos dizer um dia: "Lutei o bom combate, terminei a corrida e permaneci fiel" (2Tm 4:7; Mt 28:18-20). Continue a lutar! Continue a correr! Continue a crer! —*Poh Fang Chia*

A Bíblia em um ano

☐ Provérbios 27–29; 2 Coríntios 10

A clara comissão de Jesus é que devemos ir e obedecer, pois onde estivermos Ele promete estar sempre ao nosso lado.

16 de abril

Não se esqueçam de mim

Leitura:
Oseias 13:1-6

Mas depois que comeram e se saciaram, ficaram orgulhosos e se esqueceram de mim.
—Oseias 13:6

É sempre mais difícil permanecer no topo do que alcançá-lo. O pugilista pode treinar com afinco para subir no ranking, mas, ao ser campeão, se ele se acomodar perderá o título para um lutador mais ávido. Isso acontece na área de negócios também. Uma estrela em ascensão dedica longas horas à escalada corporativa, mas perde a garra quando desfruta das riquezas e privilégios decorrentes do sucesso.

O mesmo vale em nossa caminhada com Deus. Você já se sentiu espiritualmente ressequida? Seu coração ansiava por Deus no que parecia ser um deserto estéril. Você lutou contra o mal-estar até finalmente se livrar dele. Misericordiosamente, Deus a iluminou por meio da Sua Palavra, e os versículos saltaram das páginas para o seu coração. Você o louvou em alta voz e derramou seu amor e adoração pensando ter experimentado o Céu. Se isso lhe ocorreu, então já sabe que os dias seguintes a uma elevação espiritual são extremamente perigosos. Primeiro, podemos querer buscar emoções cada vez maiores, mas os sentimentos são inconstantes e é impossível criar tal elevação e permanecer nela.

Segundo, podemos ficar satisfeitas e superconfiantes em nossa vida espiritual que imprudentemente, visitamos sites, assistimos a filmes e fofocamos como, normalmente, não o faríamos. Sentimo-nos tão próximas de Jesus que presumimos que essas atitudes podem ser boas só porque as cometemos. E, assim, às vezes, caímos e o ciclo recomeça.

É possível permanecermos famintas quando estamos espiritualmente satisfeitas? Lembre-se do que Deus disse a Israel: "Cuidei de vocês no deserto, naquela terra seca e sedenta" (Os 13:5,6). Se você estiver cheia de gratidão, não há lugar para o orgulho (Fp 3:12-21). —*Mike Wittmer*

A Bíblia em um ano

☐ 1 Samuel 30–31; Lucas 13:23-35

Lembre-se de que Jesus a levou ao topo da montanha e seja sempre agradecida.

16 de setembro

Pergunte ao autor

Leitura:
1 Coríntios 2:9-16

...*Mas nós temos a mente de Cristo.* —1 Coríntios 2:16

Participei por muitos anos de vários clubes de livros. Normalmente, vários amigos liam o mesmo livro e depois nos juntávamos para discutir as ideias que o autor tinha apresentado. Inevitavelmente, sempre havia alguma pessoa que levantava uma questão que nenhum de nós conseguia responder. E então, alguém disse: "E se pudéssemos perguntar ao autor". Uma nova tendência popular está tornando isso possível. Em alguns lugares, alguns autores se dispõem a se reunirem com os participantes dos clubes de livros por valores exorbitantes.

Porém, tudo é tão diferente quando nos reunimos para estudar a Bíblia! Jesus se encontra conosco sempre que estamos juntos. Sem taxas! Não há conflitos de agenda nem despesas de viagem! Além disso, temos o Espírito Santo para guiar o nosso entendimento. Uma das últimas promessas feitas por Jesus aos Seus discípulos foi de que Deus enviaria o Espírito Santo para ensinar-lhes. "Mas quando o Pai enviar o Encorajador, o Espírito Santo, como meu representante, ele lhes ensinará todas as coisas e os fará lembrar tudo que eu lhes disse" (Jo 14:26).

O autor da Bíblia não é limitado pelo tempo e muito menos pelo espaço. O Senhor pode nos encontrar a qualquer momento e em qualquer lugar. Então, sempre que tivermos uma pergunta, podemos lhe perguntar com a garantia de que Ele nos responderá — embora, talvez, não de acordo com o nosso calendário.

Deus quer que tenhamos a mente do Autor: "...Quem conhece os pensamentos do Senhor? Quem sabe o suficiente para instruí-lo?" (1Co 2:16). Que pelo ensino do Espírito venhamos a compreender a grandeza do dom que o Senhor liberalmente nos concedeu: "E nós recebemos o Espírito de Deus, e não o espírito deste mundo, para que conheçamos as coisas maravilhosas que Deus nos tem dado gratuitamente" (v.12). —*Julie Ackerman Link*

Ao ler a sua Bíblia, peça ao Autor para abrir a sua mente e o seu coração.

A Bíblia em um ano
☐ Provérbios 25–26; 2 Coríntios 9

17 de abril

Na cerca

Leitura:
João 20:19-29

Não acreditarei se não vir as marcas dos pregos em suas mãos [...] e minha mão na marca em seu lado.
—João 20:25

Imagine um carro preso numa cerca metálica com a parte frontal de um lado e a traseira, do outro. Agentes da lei viram isso ao frustrarem uma tentativa de contrabandistas cruzarem ilegalmente a fronteira do México para os EUA. Dois homens haviam subido por rampas até o topo da cerca de 4,2 m de altura e esperavam descer o carro da mesma maneira para chegarem ao seu destino desejado. Quando os agentes de fronteira chegaram ao local, os homens fugiram.

A condição espiritual de algumas pessoas é a mesma. São incapazes de mover-se *para frente ou para trás*. Querem crer em Jesus como o caminho para a salvação, mas suas dúvidas as impedem de aceitar plenamente essa verdade (1Pe 1:8,9).

Embora vários discípulos anunciassem ter visto Jesus vivo após a Sua morte, Tomé duvidou e disse: "Não acreditarei se não vir as marcas dos pregos em suas mãos" (Jo 20:25). Uma semana depois, Tomé e os discípulos estavam escondidos numa sala trancada. De repente, Jesus apareceu e convidou esse discípulo desconfiado a examiná-lo. Cristo compreendeu as dúvidas dele e proporcionou a segurança que ele necessitava dizendo: "Não seja incrédulo. Creia!" (v.27).

Jesus está lhe dizendo essas palavras hoje? Você o ouve? Talvez, como Tomé, você queira uma prova tangível da ressurreição do Senhor. Felizmente, é possível crer nele sem o mesmo nível de comprovação que Tomé teve. Sabemos disso porque Jesus disse: "Felizes são aqueles que creem sem ver" (v.29).

Se você quer conhecer Jesus, Deus pode transformar esse desejo em um relacionamento real com Ele. Leve suas dúvidas a Deus (Mc 9:14-29). Busque orientação espiritual na Bíblia e peça com fé ao Senhor para abrir seus olhos à verdade sobre o Seu Filho (Tg 1:6-8). —*Jennifer Benson Schuldt*

A Bíblia compara quem duvida a uma onda agitada pelo vento.

A Bíblia em um ano

☐ 2 Samuel 1–2; Lucas 14:1-24

15 de setembro

Deus formou o nosso coração

Leitura:
Salmo 53:1-6

De seu trono ele observa todos os habitantes da terra. Formou o coração de cada um; por isso, entende tudo que fazem.
—Salmo 33:14,15

Em fevereiro de 2009, um grupo ateísta do Reino Unido comprou um espaço publicitário nas laterais de 800 ônibus e mil pôsteres em trens de Londres, que diziam: "Provavelmente não há Deus. Pare de se preocupar e aproveite a vida". A Sociedade Bíblica Trinitariana respondeu lançando uma campanha rival de anúncios em 183 ônibus de Londres, com o versículo bíblico: "Os tolos dizem em seu coração: 'Não há Deus'" (Sl 53:1). Informaram também sobre como adquirir uma Bíblia.

Não sei o que pensar sobre essa guerra de propagandas. Mas Davi nos diz que "Deus olha dos céus para toda a humanidade, para ver se alguém é sábio, se alguém busca a Deus" (Sl 53:2). A pessoa verdadeiramente sábia é a que o busca (v.2). Em contrapartida, "Os tolos dizem em seu coração: 'Não há Deus'" (v.1).

Na Palavra de Deus, um louco não é definido por sua falta de intelecto. Se uma pessoa com alto QI vive como se não houvesse Deus — ela é considerada tola. "Elas pensam sempre no custo daquilo que oferecem…" (Pv 23:7). Então, um tolo não busca e nem pensa em orar a Deus, porque rejeitou o Senhor (Sl 53:2-4). Sem Deus e sem uma direção espiritual, o tolo é corrupto, pratica o mal e não faz o bem opondo-se e oprimindo aqueles que creem em Deus (vv.1-4).

A propaganda dos ateus está errada. Deus *existe*! E o Senhor Deus é a exata razão para alguém se preocupar! Pois aqueles que negam a Sua existência experimentarão o inigualável terror que se apoderará deles quando o encontrarem face a face (v.5)! Por terem rejeitado o Senhor "serão humilhados, pois Deus os rejeitou…" (v.5).

Então, qual é a sua escolha? Você é tola ou sábia aos olhos de Deus (Sl 11:4-7; Rm 1:18-25)?
—*K. T. Sim*

A Bíblia em um ano

☐ Provérbios 22–24; 2 Coríntios 8

Deus mostra do Céu a Sua ira contra os que praticam a insensatez e a perversidade impedindo que a verdade seja conhecida.

18 de abril

Compartilhe os seus presentes

Leitura:
Atos 20:17-35

Fui exemplo constante de como podemos, com trabalho árduo, ajudar os necessitados, lembrando as palavras do Senhor Jesus: "Há bênção maior em dar que em receber".
—Atos 20:35

Doug Eaton queria celebrar seu 65º aniversário de maneira incomum. Quando perguntou aos amigos como deveria comemorar esse grande dia, um deles sugeriu que ele fizesse 65 atos de bondade. E foi o que fez num cruzamento de muito tráfego: distribuiu notas de dinheiro durante 65 minutos. Segundo ele foi fantástico compartilhar e o melhor presente de seu aniversário.

O presente de aniversário a si mesmo — presentear outros — já era uma virtude dos cristãos na Igreja Primitiva. Ao preparar-se para se despedir dos anciãos de Éfeso, Paulo destacou a generosidade deles (At 20:35). Além de alertá-los contra os "falsos mestres, lobos ferozes", perseguições e a possibilidade de usarem sua posição para conquistar seguidores, ele os lembrou de sua prática de trabalhar com as próprias mãos, não só para se sustentar, mas também para atender às necessidades dos outros (vv.28-34). Em seguida, Paulo citou uma frase de Jesus: "Há bênção maior em dar que em receber" (v.35). Essa afirmação não aparece nos evangelhos; porém nem todas as palavras de Jesus foram registradas (Jo 21:25), mas provavelmente era conhecida na tradição oral dos apóstolos. Paulo insinuava que essas pessoas não sobreviveriam sem a generosidade dos irmãos (At 2:45; 1Jo 3:17).

Ser generoso e compartilhar deve ser uma marca distintiva dos seguidores de Jesus hoje também. Deus permite que ganhemos dinheiro não apenas para atender às nossas próprias necessidades, mas também para abençoarmos os outros (At 20:34). Honremos nosso Senhor e celebremos nossa nova vida nele disponibilizando intencionalmente os nossos bens para o serviço de Deus e para ajudar os irmãos necessitados (Lc 10:33-35).
—*Marvin Williams*

A Bíblia em um ano

❏ 2 Samuel 3–5; Lucas 14:25-35

Somos mais abençoadas quando damos do que quando recebemos.

14 de setembro

Curadas

Leitura:
Marcos 8:22-38

…Jesus começou a lhes ensinar que era necessário que o Filho do Homem sofresse muitas coisas e fosse rejeitado […]. Seria morto, mas três dias depois ressuscitaria.
—Marcos 8:31

A cura nunca foi uma questão clara para mim. Embora eu nunca tenha experimentado uma restauração física milagrosa, vi a mão provedora de Deus agir em meu corpo e no de outras pessoas. Porém, minha teologia e prática colidiam quando não via Deus se mover da maneira como eu esperava. Recentemente, porém, Ele me concedeu mais entendimento quando, no culto de jovens, fui à frente para receber oração por um menisco rompido.

Com adolescentes à minha volta, senti-me humilhada por ser a destinatária de suas orações — especialmente porque muitos deles se esforçam para crer que elas são válidas ou desejadas. Mas senti-me honrada ao ouvir a oração de uma jovem de 27 anos. Em sua vida, Deus a respondeu por meio de uma mastectomia, não por livramento milagroso. Profundamente emocionada enquanto ela orava pela minha necessidade, vi naquele momento a grandeza de Deus e a complexidade de Seus caminhos. Meu menisco rompido pouco importante, a batalha de vida e morte daquela mulher, e um Deus fiel. A oração é um acesso de extremo privilégio.

Os caminhos de Deus são muito superiores ao que conseguimos compreender. Mas há algo que podemos, definitivamente, saber a respeito da cura (Rm 11:33,34).

• A morte e ressurreição de Jesus nos redime do pecado (Is 53:5; 59:1,2; 61:1-3; Mt 11:2-5).

• O triunfo de Jesus não excluiu o sofrimento (Is 53:3,4; Mt 13:57,58; Mc 8:31).

• Deus não rejeita, mas acolhe e incentiva, nossos pedidos de intervenção milagrosa (Tg 4:3; 5:13-18; 1Jo 3:22).

Assim como o cego de Marcos 8 não recebeu sua cura da mesma maneira que os outros, as nossas histórias também variam na maneira de Deus executar os Seus planos para a nossa vida. —*Regina Franklin*

Os braços de Deus são fortes para nos salvar e Seus ouvidos estão prontos a nos ouvir.

A Bíblia em um ano

☐ Provérbios 19–21; 2 Coríntios 7

19 de abril

A ascensão de Jesus

Leitura:
Marcos 16:19,20

Quando o Senhor Jesus acabou de falar com eles, foi levado para o céu e sentou-se à direita de Deus. —Marcos 16:19

A maioria das igrejas cristãs comemora três acontecimentos principais na vida de Jesus: *Natal*, que celebra a Sua encarnação e nascimento; *Sexta-feira da Paixão*, que relembra Sua morte na cruz; e domingo de *Páscoa*, a Sua ressurreição — Seu retorno da morte. Há, porém, um evento importante esquecido pela maioria dos cristãos: O *Dia da Ascensão* — quando Jesus subiu ao Céu. Por algum motivo, o retorno do nosso Senhor à glória não recebe da Igreja o destaque merecido.

A missão de busca e resgate é bem-sucedida quando os resgatadores retornam à base em segurança e com a pessoa que foram buscar. Igualmente, o próprio Jesus, em Sua missão por nosso resgate, ascendeu ao Céu "em pessoa".

Jesus "…veio buscar e salvar os perdidos" (Lc 19:10). Sua redenção na Terra começou ao tornar-se homem (Fp 2:6-8; Hb 2:17). Sua morte por crucificação proporcionou salvação a todos os que creem nele (Rm 3:23-26; 1Pe 2:24; 3:18). Deus Pai aceitou o Seu sacrifício por nossos pecados ressuscitando Jesus dos mortos (Rm 4:24,25; 1Co 15:14-18; 1Pe 1:21). A ressurreição confirma a suficiência e eficácia da morte de Cristo (Rm 6:4-11; Hb 9:12; 1Pe 3:21,22).

Jesus ascendeu ao Céu porque Sua obra na Terra estava completa. "Agora, Cristo foi para o céu e está sentado no lugar de honra à direita de Deus, e todos os anjos, autoridades e poderes se sujeitam a ele" (1Pe 3:22). Exaltado e glorificado, Jesus continua a Sua obra intercessória por nós como nosso Sumo Sacerdote (Rm 8:34; Hb 7:24,25) e Advogado (Hb 9:24; 1Jo 2:1). E, agora, Ele está preparando o Céu para todos os verdadeiros cristãos (Jo 14:2,3; 17:4,5; Lc 24:47-53; At 1:1-11)! Você está pronta? —*K. T. Sim*

A Bíblia em um ano

☐ 2 Samuel 6–8; Lucas 15:1-10

Cristo voltou ao Céu para preparar a nossa morada eterna.

13 de setembro

Subjugada pelo peso

Leitura:
Hebreus 12:1-5

Livremo-nos de todo peso que nos torna vagarosos e do pecado que nos atrapalha…
—Hebreus 12:1

Na história naval, 10 de agosto de 1628 foi um dia trágico. Nessa data, o navio de guerra real *Vasa* fez sua viagem inaugural. Depois de levar dois anos para ser construído, ser ricamente decorado, o orgulho da marinha sueca afundou, ostentando os seus 64 canhões a apenas 2 km do porto. O que deu errado? A carga era pesada demais para permiti-lo navegar. O excesso de peso puxou o navio para o fundo do oceano.

A vida cristã também pode se tornar pesada demais pelo excesso de bagagem. Incentivando-nos em nossa jornada espiritual, o autor da carta aos Hebreus nos alerta: "Portanto, uma vez que estamos rodeados de tão grande multidão de testemunhas, livremo-nos de todo peso que nos torna vagarosos e do pecado que nos atrapalha, e corramos com perseverança a corrida que foi posta diante de nós. Mantenhamos o olhar firme em Jesus, o líder e aperfeiçoador de nossa fé. Por causa da alegria que o esperava, ele suportou a cruz sem se importar com a vergonha. Agora ele está sentado no lugar de honra à direita do trono de Deus" (12:1,2).

Como aquele navio ricamente decorado, podemos demonstrar um lado exterior impressionante para quem nos cerca. Mas, se em nosso interior estivermos sobrecarregados com o pecado, a nossa perseverança poderá ser prejudicada. Porém, há uma solução: se confiarmos na orientação divina e no poder do Espírito Santo, o nosso fardo poderá ser aliviado e a nossa perseverança nos manterá firmes.

O perdão e a graça de Deus estão sempre disponíveis durante a nossa caminhada espiritual. —*H. Dennis Fisher*

A Bíblia em um ano
☐ Provérbios 16–18; 2 Coríntios 6

A perseverança inclui o nosso querer e o nosso realizar, conforme a vontade de Deus.

20 de abril

Uma explosão maravilhosa

Leitura:
João 13:31-35

Por isso, agora eu lhes dou um novo mandamento: Amem uns aos outros. Assim como eu os amei, vocês devem amar uns aos outros. —João 13:34

No livro *Beijos da Katie* (Ed. Pensamento, 2012), Katie Davis relata sobre a alegria de viver em Uganda e a adoção de várias meninas. Um dia, uma de suas filhas perguntou: "Mamãe, se eu deixar Jesus entrar no meu coração, vou explodir?". Primeiro, Katie respondeu que não, pois a entrada de Jesus em nosso coração é um acontecimento do reino espiritual.

Após pensar mais sobre isso, Katie lhe explicou que, quando decidimos entregar a nossa vida e o nosso coração a Ele, "explodiremos com o amor, a compaixão e o pesar pelos que estão sofrendo e com alegria pelos que se alegram". Em essência, o fato de conhecermos a Cristo nos faz ter um cuidado profundo com as pessoas em nosso mundo.

A Bíblia nos desafia: "Alegrem-se com os que se alegram e chorem com os que choram" (Rm 12:15). Podemos demonstrar consistentemente essa mesma resposta amorosa por causa da ação do Espírito Santo em nosso coração. Quando recebemos o Senhor Jesus Cristo como o Salvador de nossa alma, o Espírito Santo passa a fazer Sua morada dentro de nós. O apóstolo Paulo descreveu isso da seguinte forma: "Agora vocês também ouviram a verdade, as boas-novas da salvação. E, quando creram em Cristo, ele colocou sobre vocês o selo do Espírito Santo que havia prometido" (Ef 1:13).

Importar-se com os outros com a ajuda sobrenatural de Deus mostra ao mundo que seguimos ao Senhor. A Bíblia afirma que: "Seu amor uns pelos outros provará ao mundo que são meus discípulos" (Jo 13:35). Também nos lembra do amor de Jesus por nós, pois Ele disse: "Assim como eu os amei, vocês devem amar uns aos outros" (v.34).
—Jennifer Benson Schuldt

A Bíblia em um ano

☐ 2 Samuel 9–11; Lucas 15:11-32

O amor que oferecemos aos outros reflete o amor que recebemos de Deus.

12 de setembro

O jardim do Senhor

Leitura:
Isaías 51:1-3

...O Senhor voltará a consolar Sião. [...] Seu deserto florescerá como o Éden, sua terra desolada, como o jardim do Senhor. —Isaías 51:3

Conversei com amigos agricultores sobre as melhores práticas de cultivo e até preparei uma mistura fertilizante orgânica que, supostamente, faria as minhas plantas florescerem. Porém, a estação de crescimento terminou, e eu colhi o "grande" total de um tomate — um tomatinho mirrado, pequeno, pouco maior que uma bola de pingue-pongue.

Um jardim também precisa ser propositadamente uma paisagem da terra modelada com atenção e cuidado. Isaías disse a Israel: "Olhem para a rocha da qual foram cortados, para a pedreira de onde foram extraídos" (51:1). Tenho vizinhos que praticam jardinagem que devem conhecer uma parte da alegria que Deus sentiu ao trazer um lindo jardim à vida. Quando falou de um jardim, Isaías descreveu uma paisagem exuberante transbordando beleza e graça. Esse jardim é Israel, o povo escolhido de Deus. Um jardim foi o primeiro lugar onde Deus se encontrou com os seres humanos que Ele próprio criara, e o jardim fértil continuou a ser uma imagem orientadora para o mundo e o povo que Deus amava (Gn 1–2).

Infelizmente, Israel se afastou de Deus e como resultado o seu jardim ficou em ruínas. Mas Isaías prometeu que "...O Senhor voltará a consolar Sião e terá compaixão de suas ruínas". Deus não abandona o Seu jardim — Seu povo, pois Ele não abandona as Suas promessas. Quando a obra de Deus nesta Terra estiver concluída, o solo deserto e ressecado voltará a produzir o exuberante fruto e a potente fragrância do Éden. Quando o Mestre Jardineiro terminar a Sua obra, as terras desoladas de Israel florescerão "como o Éden..." (v.3). Deus almeja que o mundo todo seja o Seu jardim e, um dia, ele o será.

—*Winn Collier*

A Bíblia em um ano

☐ Provérbios 13–15; 2 Coríntios 5

Para o que busca o seu prazer na Lei do Senhor, Deus o vê como se fosse uma árvore à beira de um rio, vicejando e prosperando em tudo o que faz.

21 de abril

O meu maior inimigo

Leitura:
Gálatas 5:16-26

Uma vez que vivemos pelo Espírito, sigamos a direção do Espírito em todas as áreas de nossa vida. —GÁLATAS 5:25

Certa vez, perguntaram a um líder cristão: "Quem é o seu maior inimigo?". Ele respondeu: "Eu o vejo no espelho todas as manhãs". Talvez esse seja o real motivo pelo qual alguns enfrentam desafios no casamento, escola, trabalho ou igreja. Quem nos causa problemas não é o nosso cônjuge, patrão ou outra pessoa. Nós somos o nosso pior inimigo.

Reveja a lista de aflições relacionais mencionadas por Paulo: "Idolatria, feitiçaria, hostilidade, discórdias, ciúmes, acessos de raiva, ambições egoístas, dissensões, divisões, inveja, bebedeiras, festanças desregradas e outros pecados semelhantes" (vv.20,21). Essas palavras significam a ausência de paz e alegria, e a característica em comum é a raiz do egocentrismo. Paulo diz que são "desejos da natureza humana" (v.19). Ele prossegue dizendo que há um modo melhor de viver: "...deixem que o Espírito guie sua vida. Assim, não satisfarão os anseios de sua natureza humana" (v.16). Em outras palavras, precisamos entregar o controle. Nossa conduta precisa ser dirigida pelo Espírito de Deus que produz este fruto: "amor, alegria, paz, paciência, amabilidade, bondade, fidelidade, mansidão e domínio próprio" (vv.22,23).

Isso dito, considere que a palavra "guiar" (v.16) também pode ser traduzida como "caminhar". O estudioso da Bíblia Leon Morris comenta: "Embora caminhar fosse lento e nada espetacular, significava progresso. Quem se mantivesse caminhando, percorreria o território e atingiria o destino. Para o apóstolo, caminhar era uma metáfora adequada. Se um cristão estivesse caminhando, iria a algum lugar". Como você pode vivenciar amor, alegria e paz em sua vida? Caminhe pelo Espírito (Rm 8:3-14)! —*Poh Fang Chia*

A Bíblia em um ano

☐ 2 Samuel 12–13; Lucas 16

O Espírito Santo é o companheiro de caminhada que nos guia e nos dá força.

11 de setembro

Vontade de quem?

Leitura:
Gênesis 39.1-6, 20-23

Ele avançou um pouco, curvou-se com o rosto no chão e orou: "Meu Pai! Se for possível, afasta de mim este cálice. Contudo, que seja feita a tua vontade, e não a minha".
—Mateus 26:39

"Que as coisas aconteçam de acordo com sua vontade", essa é a saudação que trocamos no Ano Novo chinês. Mas, por mais maravilhoso que isso possa parecer, os acontecimentos parecem correr muito melhor quando a vontade de Deus é feita, em vez da minha.

Se pudesse optar, José não teria sido escravo no Egito (Gn 39.1). Mas, apesar disso, ele foi "bem-sucedido", porque "o Senhor estava com José" (v.2). Deus começou a abençoar a casa do seu mestre "por causa de José" (v.5).

José jamais teria escolhido ir para a prisão no Egito. Mas ele foi por ter sido acusado falsamente de agressão sexual. Mas, pela segunda vez, lemos: "O Senhor estava com ele" (v.21). Estando preso, ele ganhou a confiança do carcereiro que o encarregou de todos os outros prisioneiros e de todas as tarefas que eram feitas na prisão (v.22). Assim "O Senhor estava com ele e lhe dava sucesso em tudo que ele fazia" (v.23). A sucessão de acontecimentos que levou José à prisão acabou por ser o início de sua ascensão à superintendência do Egito. Poucos escolheriam ser promovidos da maneira que Deus promoveu José. Mas o Senhor derrama as Suas bênçãos apesar das circunstâncias adversas e até mesmo por meio delas.

Deus tinha um propósito ao levar José para o Egito; e o Senhor tem um propósito por nos ter colocado onde agora estamos. Em vez de desejarmos que tudo aconteça de acordo com a nossa vontade, poderíamos dizer como o nosso Salvador antes de ir para a cruz: "…que seja feita a tua vontade, e não a minha" (Mt 26:39). —*C. P. Hia*

A Bíblia em um ano

☐ Provérbios 10–12; 2 Coríntios 4

Aquietar-se e esperar no Senhor com paciência geralmente é a maneira mais elevada de fazer a vontade de Deus.

22 de abril

Da plebe à realeza

Leitura:
1 Pedro 2:4-9

Vocês, porém, são povo escolhido, reino de sacerdotes, nação santa, propriedade exclusiva de Deus.
—1 Pedro 2:9

Estima-se que três bilhões de pessoas assistiram o casamento de Kate Middleton e do príncipe William, herdeiro do trono britânico. Se assim for, quase metade das pessoas do planeta ligou a TV para vê-los atar o laço real. Embora possa ter sido um número menor, ainda assim, o casamento foi assistido por milhares ao redor do mundo. Por que tudo isso? Suspeito que, em parte, era pelo fato de Kate ser plebeia, diferente de Diana, a mãe de William, que descendia de nobres. Ela não vinha de linhagem real. Como noiva escolhida por William, a plebeia Kate se tornou Catherine, a Duquesa de Cambridge e seu destino é ser a esposa do rei da Grã-Bretanha. Sua vida nunca mais será a mesma. Ela agora usufrui de uma vida extraordinária de honra, privilégios e influência.

Para quem conhece Jesus como Salvador e Rei, a história de Kate tem uma admirável semelhança com a nossa. Nós também fomos plebeus escolhidos por Deus para integrarmos a realeza. Aos primeiros cristãos, o apóstolo Pedro escreveu: "Vocês, porém, são povo escolhido, reino de sacerdotes, nação santa, propriedade exclusiva de Deus" (v.9). O pronunciamento de Pedro não se limita aos cristãos do primeiro século, mas aos de todos os tempos. Por sermos filhas do Rei temos tremendo privilégio e propósito.

Temos a honra de representar o Rei Jesus trabalhando pelo bem do Seu reino. Pedro acrescentou que, como resultado de nos tornarmos realeza, podemos demonstrar aos outros a bondade de Deus, pois ele nos "…chamou das trevas para sua maravilhosa luz" (1Pe 2:9). Quanto mais tomarmos posse de nossa realeza e trabalharmos pelo reino de Deus, mais seremos transformados e transbordaremos de significado e vida (Mt 5:16).
—*Jeff Olson*

A Bíblia em um ano
☐ 2 Samuel 14–15; Lucas 17:1-19

Ser filha do Rei traz privilégios e responsabilidades.

10 de setembro

Isolamento

Leitura:
Atos 2:42-47

Como era agradável a comunhão que desfrutávamos quando acompanhávamos a multidão à casa de Deus!
—Salmo 55:14

Ao completar cinco anos de serviço em Uganda me sentia exausta e desesperada. Nessa ocasião, enviei um e-mail para amigos e colegas de ministério pedindo orações. Quando eles souberam das minhas lutas, um pequeno exército de irmãos e irmãs em Cristo me sustentaram em oração e me ajudaram a atravessar esse tempo difícil. Fico feliz por não ter deixado meu orgulho me impedir de buscar a ajuda deles. Se eu tivesse me abstido de fazê-lo, com certeza, teria me isolado e poderia ter desmoronado pelo peso do estresse ao meu redor.

No Antigo Testamento, aprendemos sobre muitas ocasiões em que as pessoas eram separadas da comunidade como forma de punição por pecados como: comer o pão fermentado, fazer incenso para uso pessoal, deixar de observar o sábado ou estar cerimonialmente impuro (Êx 12:14,15; 31:13-15; Lv 7:20-22). Hoje, o confinamento solitário é reservado somente aos piores criminosos. Contudo, muitos de nós infligem autopunições escolhendo o isolamento em vez da participação na comunidade.

Quer temamos ser vulneráveis, estejamos com vergonha de algo que fizemos ou simplesmente não estejamos a fim de conversar, por vezes cremos ser mais fácil nos afastarmos do que sermos honestos com outros seguidores de Jesus. Ainda que necessitemos de períodos de solidão e tempos a sós com o Senhor, retirar-se da comunidade cristã não é saudável. Por esse motivo os cristãos descritos em Atos estabeleceram o precedente da comunidade bíblica. "Todos se dedicavam de coração ao ensino dos apóstolos, à comunhão, ao partir do pão e à oração" (At 2:42).

Praticarmos a plena e verdadeira comunhão cristã obedece a um mandamento de Jesus que é, também, um lindo presente dele para nós (vv.46,47; Fp 2:1,2). —*Roxanne Robbins*

A Bíblia em um ano

☐ Provérbios 8–9; 2 Coríntios 3

Ao compartilharmos os nossos dons e termos comunhão com outros cristãos, Deus nos concede força, consolo, sabedoria e alegria.

23 de abril

Quando os outros não perdoam

Leitura:
Filipenses 3:12-16

Não, irmãos, não a alcancei, mas concentro todos os meus esforços nisto: esquecendo-me do passado e olhando para o que está adiante, prossigo para o final da corrida, a fim de receber o prêmio celestial para o qual Deus nos chama em Cristo Jesus. —Filipenses 3:13,14

A Bíblia em um ano

❑ 2 Samuel 16–18; Lucas 17:20-37

Eu estava almoçando com dois homens que tinham entregado suas vidas a Cristo enquanto estavam encarcerados. O mais jovem estava desanimado porque a família a quem ele havia roubado não queria perdoá-lo.

Porém o homem mais velho disse: "Meu crime foi violento, continua a assombrar e afetar a família até hoje. Eles não me perdoaram, a dor deles é enorme. No início, senti-me paralisado pelo enorme desejo de obter o perdão deles também". E continuou sua história: "Certo dia, percebi que estava adicionando egoísmo ao meu quebrantamento. Era muito esperar que a família me perdoasse. Eu estava concentrado no que sentia que precisava curar do meu passado. Levou algum tempo para perceber que o perdão dessa família era uma questão entre eles e Deus".

"Como você consegue suportar isso?", perguntou-lhe o jovem.

Aquele homem lhe explicou que, apesar de não ser merecedor do que Deus fizera por ele, ainda assim, tinha a certeza de que nenhum outro homem poderia fazer o que Jesus fez. O nosso Salvador morreu por nossos pecados e mantém a Sua promessa de lançar ao longe os nossos pecados "…tanto como o Oriente está longe do Ocidente" (Sl 103:12) e que Jesus é Aquele a quem o profeta Isaías se referiu: "Eu, somente eu, por minha própria causa, apagarei seus pecados nunca mais voltarei a pensar neles" (Is 43:25).

Em face de tão grande amor, honramos ao Senhor Deus quando aceitamos o Seu perdão como suficiente. Devemos nos esquecer do passado e prosseguir para o alvo (Fp 3:13,14). —*Randy Kilgore*

*A obra do Salvador Jesus Cristo
é suficiente para perdoar todo o pecado.*

9 de setembro

Desilusão e esperança

Leitura:
Lucas 24:13-35

...Eles pararam, com o rosto entristecido. —Lucas 24:17

Um menino de 5 anos soube que sua família iria ao *Grand Canyon* [N.E.: Fenda geológica esculpida pela erosão provocada, principalmente, pelo rio Colorado, no Arizona, EUA]. Ele mal conseguia esperar. Quando o dia da viagem finalmente chegou, o menino ficou visivelmente decepcionado. Ele disse: "…pensei que era um "canhão" bem grande (*cannon*)." Quando você espera por um canhão enorme, fica desapontado até mesmo com algo tão espetacular quanto o *Grand Canyon*!

Algo semelhante aconteceu com os dois discípulos no caminho de Emaús. Eles ficaram decepcionados com Jesus, pois esperavam que "…ele fosse aquele que resgataria Israel…" (v.21). Mas Jesus fora crucificado e, agora, Seu corpo desaparecera! Se você já orou e esperou por algo: um emprego, um bebê ou uma oportunidade ministerial que sentia ser da vontade de Deus, mas isso não se realizou, você é capaz de se identificar com a desilusão dos discípulos. "Então Jesus lhes disse: 'Como vocês são tolos! Como custam a entender o que os profetas registraram nas Escrituras! Não percebem que era necessário que o Cristo sofresse essas coisas antes de entrar em sua glória?'" (vv.25,26). Os discípulos sabiam que Jesus redimiria Israel, mas não deram atenção às profecias sobre o Messias ter de sofrer. Tolamente, eles focaram em uma parte de Sua Palavra, mas não no todo. O mesmo pode se aplicar a nós.

Felizmente, Deus é paciente. Jesus caminhou e conversou com os dois discípulos desiludidos ao longo daquela estrada poeirenta. Ele lhes fez perguntas para trazer à tona a origem do desapontamento espiritual que sentiam e, na sequência os ensinou. Podemos confiar que o nosso imutável Deus tratará conosco de modo semelhante (Lc 21:17; Jo 16:33; 2Tm 3:12). —*Poh Fang Chia*

A Bíblia em um ano
☐ Provérbios 6–7; 2 Coríntios 2

Nossas decepções se transformam em esperança à medida que caminhamos com Cristo.

24 de abril

Pessoas tóxicas

Leitura:
Números 11:1-15

Então o bando de estrangeiros que viajava com os israelitas começou a desejar intensamente a comida do Egito. E o povo de Israel também começou a se queixar.
—Números 11:4

Muitos anos atrás, eu trabalhava como conselheiro em um acampamento cristão quando a equipe de programação começou a se desentender. Alguns conselheiros não gostaram da maneira que o diretor liderava e começaram a murmurar. As reclamações se alastraram e outros aderiram. Ao fim da semana, a equipe estava polarizada e o acampamento inteiro tinha sido afetado pela situação.

Ter de viver ou trabalhar com pessoas assim pode ser exaustivo e realmente tóxico. Deus pôs à prova o povo do antigo Israel, pois eles tinham o hábito de reclamar (14:27). Mas o motivo pior foi o Seu povo rejeitar a liderança do Senhor. Como começou a reclamação? Números 11:4 nos dá uma pista: "o bando de estrangeiros que viajava com os israelitas começou a desejar intensamente a comida do Egito". Em pouco tempo, "o povo de Israel também começou a se queixar". Os israelitas foram infectados pelas palavras de alguns estrangeiros que apenas os acompanhavam — pessoas cujas atitudes podres estavam estragando a todos! Até a liderança estava se desgastando. Moisés, cansado de responder às reclamações do povo, basicamente disse a Deus: "…mata-me de uma vez; para mim seria um favor!…" (v.15).

Por fim, Deus perdeu a paciência com Seu povo reclamador, incrédulo e desobediente e os fez vagar no deserto por 40 anos (14:34). A punição foi dura! É importante reconhecer o efeito que as reclamações e as pessoas ingratas podem ter sobre nós (1Co 15:33). Se as pessoas próximas não a edificam e motivam com a verdade de Deus e de Sua bondade, pode ser o momento de deixá-las para trás (1Jo 4:1). —*Tom Felten*

A Bíblia em um ano
☐ 2 Samuel 19–20; Lucas 18:1-23

…as más companhias corrompem o bom caráter.
—*1 Coríntios 15:33*

8 de setembro

Praticando boas obras

Leitura:
Mateus 6:1-3

Tenham cuidado! Não pratiquem suas boas ações em público, para serem admirados por outros, pois não receberão a recompensa de seu Pai, que está no céu. —Mateus 6:1

Meu bairro em Uganda era relativamente calmo até um negociante interromper nossa paz abrindo um bar a céu aberto do outro lado da rua, em frente à minha casa. Agora, a música alta retumba dia e noite, e o proprietário se recusa a considerar os residentes que se sentem incomodados. Ele nos diz que é um bom homem e, como dá dinheiro aos pobres, não deveríamos reclamar. Para nós que passamos as noites em claro, é fácil ignorar as autoproclamadas "boas obras" desse homem. Não nos encanta o fato de ele fazer algumas coisas que parecem ser altruísticas.

As inconsistências de meu vizinho me levaram a pensar sobre a minha vida. Será possível que, para toda coisa boa que fiz por alguém, eu tenha dito ou feito algo cruel a outra pessoa? Não conheço a minha proporção entre boas e más obras, mas sei que Deus está grandemente interessado na minha motivação para praticar as boas obras. Jesus disse: "Tenham cuidado! Não pratiquem suas boas ações em público, para serem admirados por outros, pois não receberão a recompensa de seu Pai, que está no céu" (v.1).

Entretanto, Deus nos instrui a sermos "…generosos com os necessitados, sempre prontos a repartir" (1Tm 6:18). Ele quer que ajudemos e sirvamos aos outros sacrificialmente, como Ele o fez por nós. Nosso propósito deve ser glorificá-lo, não simplesmente aparentarmos bondade diante de Deus ou de outros (Cl 3:23). Porque, se nossas boas obras nos tornassem aceitáveis ao Senhor, teríamos algo de que nos vangloriarmos. Mas esse não é o caminho de Deus (Rm 4:2).

Com o coração transformado pela graça de Deus, que possamos deixar nossas boas ações brilharem "…para que todos as vejam e louvem seu Pai, que está no céu" (Mt 5:16). Por sermos transformadas pela graça divina podemos praticar as boas obras (Rm 8:13; 2Co 4:2; 9:9). —*Roxanne Robbins*

Não somos salvas pelas boas obras, mas por sermos salvas nós as praticamos.

A Bíblia em um ano

☐ Provérbios 3–5; 2 Coríntios 1

25 de abril

Paixão óbvia

Leitura:
Daniel 6:1-22

Os oficiais foram juntos à casa de Daniel e o encontraram orando e pedindo ajuda a Deus.
—Daniel 6:11

Ao despontar da primavera, uma senhora em minha rua coloca vasos de barro contendo mudas em sua varanda. Elas enchem o jardim como um arco-íris durante todo o verão. Abróteas e tulipas parecem bailarinas de um musical. Peônias de doce fragrância balançam sob a brisa. Depois vêm as malvas-rosa altaneiras e as alegres margaridas. Essa mulher proclama sua paixão a todo transeunte sem dizer uma só palavra.

Nós também podemos tornar pública a nossa paixão por Deus e Seus caminhos em nossas atividades diárias. Muitas de nós trabalhamos com pessoas incrédulas. Veja Daniel, que era um administrador de Dario, um rei pagão. Ele era habilidoso no que fazia e também "…leal, sempre responsável e digno de confiança" (6:4). Ninguém podia acusá-lo de ter feito algo errado (2Cr 19:6,7). Os colegas de Daniel vigiavam seus passos para tentar desqualificá-lo para uma promoção importante. Como ele era íntegro no trabalho, voltaram-se à sua vida privada — especificamente, suas práticas espirituais. Havia a proibição de orar a outro que não fosse Dario e, então, "…foram juntos à casa de Daniel e o encontraram orando e pedindo ajuda a Deus" (Dn 6:11). Assim, Daniel teve de passar uma noite na cova dos leões; mas não antes de o rei Dario dizer: "…Que seu Deus, a quem você serve fielmente, o livre" (v.16). E Deus o livrou (v.22).

Os hábitos de Daniel proclamavam sua paixão pelo Senhor, e os nossos também devem proclamá-lo. A devoção dele se tornou contagiosa e o rei Dario veio a crer em Deus, declarando: "Ele é o Deus vivo, e permanecerá para sempre […] Foi ele quem livrou Daniel, do poder dos leões" (vv.26,27). —*Jennifer Benson Schuldt*

A Bíblia em um ano

❏ 2 Samuel 21–22; Lucas 18:24-43

Nossa retidão deve refletir a integridade de Deus aos que nos cercam.

7 de setembro

Você está numa guerra!

Leitura:
Efésios 6:10-20

...não lutamos contra inimigos de carne e sangue, mas contra governantes e autoridades do mundo invisível, contra grandes poderes neste mundo de trevas e contra espíritos malignos... —Efésios 6:12

Neville Chamberlain, ex-primeiro-ministro do Reino Unido, apaziguou Hitler e concordou com suas exigências, mas foi enganado antes da Segunda Guerra Mundial. Ele acreditava que Hitler era um homem de paz e se contentaria em reconquistar as terras que pertenciam anteriormente à Alemanha. Ele nada fez quando Hitler tomou a Áustria e parte da Checoslováquia. Chamberlain percebeu tarde demais que a palavra de Hitler não significava nada e, quando os tanques alemães entraram na Polônia, a Grã-Bretanha teve de declarar guerra. Às vezes me questiono se sou um Chamberlain espiritual, alheio ao fato de que estou em guerra.

Reflita sobre Judas 9, que diz: "quando Miguel discutia com o diabo a respeito do corpo de Moisés". O quê?! Miguel e Satanás disputaram pelo cadáver de Moisés? Agora, volte à história desse grande líder, a Escritura simplesmente diz que Deus "o sepultou num vale [...], mas até hoje ninguém sabe o lugar exato" (Dt 34:6). Aparentemente, aquela declaração simples "Ele o sepultou..." esconde muita atividade angelical. Não sei o que Satanás queria com o corpo de Moisés. Talvez o exibir diante dos israelitas para desencorajá-los. Ou simplesmente quisesse um *souvenir*.

Será que Satanás obscureceu os israelitas durante a jornada no deserto? Será que os instigou a murmurar sobre a comida e o tamanho dos gigantes da Terra Prometida? Quando ele viu uma oportunidade, será que se apressou em possuir o corpo de Moisés? Como os israelitas teriam reagido se percebessem que suas provações faziam parte de uma guerra maior? Os primeiros soldados a morrer são geralmente os que não sabem que estão em batalha. Mantenha-se atenta: você está numa guerra (2Rs 6:8-23). —*Mike Wittmer*

A Bíblia em um ano
☐ Provérbios 1–2; 1 Coríntios 16

Estejam atentos! Tomem cuidado com seu grande inimigo, o diabo, que anda como um leão rugindo à sua volta, à procura de alguém para devorar. —*1 Pedro 5:8*

26 de abril

A bênção da espera

Leitura:
Lucas 2:25-35

Ele [Simão] era justo e devoto, e esperava ansiosamente pela restauração de Israel. O Espírito Santo estava sobre ele.
—Lucas 2:25

Pelo que você está esperando: emprego, casamento, paz na família? Imagine esperar séculos pelo cumprimento de uma promessa sem qualquer evidência de que ela será cumprida. Era esse o clima espiritual e emocional na época em que Jesus nasceu. As pessoas aguardavam que Deus cumprisse a Sua promessa de restauração por meio do Messias. Porém as trevas políticas, sociais e espirituais ocultavam as evidências de que Deus a cumpriria. Muitas pessoas ficaram cansadas de serem justas (Hb 6:15).

No entanto, houve um homem que continuou a esperar e confiar na promessa de Deus (v.25). O Espírito Santo havia revelado a Simeão que ele não morreria "enquanto não visse o Cristo enviado pelo Senhor" (v.26). Simão aguardou o verdadeiro conforto do povo de Deus. Quando Maria e José entraram no Templo com Jesus, Simão provavelmente perguntou pela décima milésima vez: "É este?". O Espírito Santo respondeu: "Sim! É este!". A espera dele tinha chegado ao fim. Simão segurou em seus braços a salvação preparada "para todos os povos" (v.28). Jesus era a "glória" do povo de Deus trazendo o conforto do relacionamento restaurado e renovado com o Senhor (vv.30,31).

Nós não precisamos esperar pelo nascimento do Messias, pois Ele já veio, viveu e morreu para nos reconciliar com Deus. Porém, como cristãs, às vezes nos encontramos num período de espera. O Espírito Santo quer que ouçamos novamente as palavras com as quais Isaías encorajou o povo de Deus: "Mas os que confiam no SENHOR renovam suas forças; voam alto, como águias. Correm e não se cansam, caminham e não desfalecem" (Is 40:31). A salvação e a reconciliação propiciadas por Deus valem a espera.
—*Marvin Williams*

A Bíblia em um ano
☐ 2 Samuel 23–24; Lucas 19:1-27

A paciência e a esperança nos encorajam diariamente a esperar pela glória eterna que nos foi prometida.

6 de setembro

Espelho meu!

Leitura:
Tiago 1:19-27

Se, contudo, observarem atentamente a lei perfeita que os liberta, perseverarem nela e a puserem em prática sem esquecer o que ouviram, serão felizes no que fizerem.
—Tiago 1:25

Com que frequência você se olha no espelho? Alguns estudos dizem que a pessoa geralmente se olha no espelho de 8 a 10 vezes por dia. Outras pesquisas afirmam que poderia ser até 60 a 70 vezes por dia, se incluirmos olhar o nosso reflexo em vitrines de lojas e telas de celulares.

E por que queremos nos olhar com tanta frequência? A maioria dos especialistas concorda que é para verificar a nossa aparência, especialmente antes de reuniões ou encontros sociais. Se virmos algo inadequado, teremos a chance de consertar. Por que olharíamos, se não fosse para, de alguma maneira, mudar o que estivesse errado?

O apóstolo Tiago disse que se lermos ou ouvirmos a Palavra de Deus sem agir a respeito dela, seremos como alguém que ao olhar-se num espelho, vê-se a si mesmo, mas se esquece do que viu tão logo se afasta dele. "Não se limitem, porém, a ouvir a palavra; ponham-na em prática. Do contrário, só enganarão a si mesmos…" (1:22-24). Mas a melhor alternativa é olhar de perto e agir a respeito do que vemos. Tiago também afirmou: "Se, contudo, observarem atentamente a lei perfeita que os liberta, perseverarem nela e a puserem em prática sem esquecer o que ouviram, serão felizes no que fizerem" (v.25).

Se apenas ouvirmos a Palavra de Deus e não a praticarmos, apenas enganaremos a nós mesmas (v.22). Mas, quando nos examinamos à luz da Palavra de Deus e obedecemos às Suas instruções, Deus nos liberta de tudo o que nos impede de parecermos mais com Ele a cada dia. —*David McCasland*

A Bíblia em um ano
❏ Salmos 148–150; 1 Coríntios 15:29-58

A Bíblia é como o espelho que nos capacita ver a nós mesmas como Deus nos vê.

27 de abril

Uma resposta ao clamor

Leitura:
Isaías 30:15-22

...você não chorará mais! Ele será bondoso quando lhe pedirem ajuda; certamente atenderá a seus clamores.
—Isaías 30:19

Quando meus netos eram pequenos, meu filho os levou para verem a produção teatral do *Rei Leão*. Quando o jovem leão Simba se deteve ao lado de seu pai, o rei Mufasa, que havia sido morto por seu malvado tio, o pequeno Simba, sozinho e amedrontado, gritou: "Socorro! Socorro! Socorro!". Naquele momento, meu neto de 3 anos ficou em pé, em sua cadeira, e no silencioso teatro gritou: "Por que ninguém vai ajudar?".

O Antigo Testamento contém muitos relatos do povo de Deus clamando por socorro divino. Apesar de os problemas deles serem, muitas vezes, autoimpostos por causa de sua obstinação, ainda assim, Deus estava pronto para auxiliá-los.

Apesar de o profeta Isaías ter tido que entregar muitas más notícias, em meio a elas, ele assegurou ao povo: "...o Senhor esperará até que voltem para ele, para lhes mostrar seu amor e compaixão. Pois o Senhor é Deus fiel; felizes os que nele esperam. Ó povo de Sião, que mora em Jerusalém, você não chorará mais! Ele será bondoso quando lhe pedirem ajuda; certamente atenderá a seus clamores" (Is 30:18,19). Contudo, Deus com frequência olha para Seu povo para que este seja a resposta aos pedidos de socorro (Is 58:10).

Hoje, as pessoas ao nosso redor estão precisando de alguém que tome providências para ajudá-las. Tornar-se uma ferramenta nas mãos de Deus respondendo aos pedidos de ajuda em Seu nome é um alto privilégio para cada uma de nós. —*Marion Stroud*

A Bíblia em um ano

☐ 1 Reis 1–2; Lucas 19:28-48

Você sempre tem a oportunidade de demonstrar que Deus se importa: estenda sua mão amiga.

5 de setembro

Falando de Jesus

Leitura:
João 5:1-15

O homem foi até os líderes judeus e lhes disse que tinha sido Jesus quem o havia curado. —João 5:15

Enquanto esperava um mecânico trocar os pneus de meu carro, iniciei uma conversa com um homem que estava na sala de espera. Tiago estava visitando minha cidade durante alguns dias e descobrira que seu veículo necessitava de reparos. Após uma conversa superficial, o Espírito Santo me instigou a me aprofundar na conversa, e expressei-lhe a minha fé no Salvador Jesus. Trocamos informações de contato e, depois, recebi dele um e-mail com essas palavras: "Minha estada em sua cidade foi ótima, mas você foi a única pessoa através de quem ouvi falar sobre Jesus. Os outros falaram de suas igrejas". Sou muito grato por ter sentido a liberdade de falar de Jesus para o Tiago. Nem sempre foi assim. Com isso em mente, lembro-me de que certa vez Jesus falou a um homem que me encoraja muito. Cristo o encontrou em dificuldades ao lado do tanque de Betesda: um lugar onde os "cegos, mancos e paralíticos" ficavam à espera de cura (vv.3,5,7).

Jesus perguntou ao homem: "…Você gostaria de ser curado?". O homem respondeu: "Não consigo, senhor, pois não tenho quem me coloque no tanque quando a água se agita". Jesus simplesmente lhe disse para levantar-se, pegar sua maca e andar! E "No mesmo instante, o homem ficou curado…" (vv.6-9). Mas os líderes judeus o viram carregando seu leito, algo contrário às suas leis referentes ao sábado (v.10). Eles interrogaram o homem e perguntaram quem o curara, mas ele não sabia. Após Jesus reencontrá-lo, o homem soube Seu nome e "…foi até os líderes judeus e lhes disse que tinha sido Jesus quem o havia curado" (vv.14,15).

Amo o exemplo desse homem! Ele simplesmente contou aos outros a respeito de Jesus e o que Ele fizera em sua vida. Façamos o mesmo hoje (1Co 1:23; 2:2; Fp 1:18). —*Tom Felten*

A Bíblia em um ano

☐ Salmos 146–147; 1 Coríntios 15:1-28

Quando falamos de Jesus aos outros, cumprimos nossa missão como discípulos de Cristo.

28 de abril

Desprenda-se

Leitura:
Juízes 6:1-32

Disse a vocês: "Eu sou o Senhor, seu Deus. Não adorem os deuses dos amorreus [...]". Mas vocês não me deram ouvidos.
—Juízes 6:10

Nik Wallenda se tornou o primeiro homem a atravessar as cataratas do Niágara em uma corda bamba. Durante essa impressionante realização, a rede de televisão que transmitia o evento insistiu que Wallenda usasse um cabo de segurança, para que, mesmo que escorregasse, não fosse lançado à morte. Nik protestou, mas, relutantemente, concordou em usá-lo. Alegro-me pela aceitação dele, especialmente por sua esposa e filhos — mas, para alguns, isso pode ter diminuído um pouco o seu feito.

Wallenda parecia perceber isso e em sua entrevista na celebração, disse: "Eu tinha um cabo de segurança, mas não o usei". Na verdade, ele o fez, uma vez que o cabo lhe proporcionava valiosa segurança. Deu-lhe a confiança enquanto atravessava a névoa revolta. Ele pisaria com tanta segurança se soubesse que um passo em falso ou rajada de vento poderia tê-lo lançado à morte? É ótimo ter um plano reserva, mas um cabo que garanta apenas a segurança física é o melhor caminho para a nossa morte espiritual. Os israelitas tinham um "cabo de segurança". Eles adoravam a Javé, mas também cobriam suas apostas orando para deuses pagãos. E presumiam que o Deus que lhes livrara do Egito continuaria a lhes prover, mas acharam que não faria mal ter um plano B.

O pobre Gideão não entendia por que os israelitas estavam morrendo de fome. "Meu senhor, se o Senhor está conosco", perguntou ele ao anjo do Senhor, "por que nos aconteceu tudo isso?" (v.13). O anjo disse a Gideão para cortar o poste. Ele precisava destruir o altar que seu pai fizera a Baal, antes de lutar com os midianitas (v.25). E, para certificar-se de que fora entendido, Deus reduziu o exército de Gideão a 300 homens (Jz 7:7; Is 46:1-13). É impossível competir com Jesus. Confie somente nele. —*Mike Wittmer*

A Bíblia em um ano

☐ 1 Reis 3–5; Lucas 20:1-26

Quem confia em Jesus caminha em segurança, independentemente dos perigos ao redor.

4 de setembro

A necessidade de saber

Leitura:
Jó 38:1-21

Quem é esse que questiona minha sabedoria com palavras tão ignorantes? —Jó 38:2

Nosso filho mais novo é perito em fazer perguntas com frequência. Como os questionamentos mudaram da curiosidade inocente para disputas ocasionais, meu marido e eu decidimos não negligenciar o hábito de responder-lhe sempre. Mas percebi que Micah questionava não para obter conhecimento, mas informações para arranjar um escape de qualquer coisa que lhe pedíssemos para fazer.

Desde o Jardim do Éden, os seres humanos sucumbiram à tentação de obter mais conhecimento (Gn 3:5,6). Gostamos de surpresas em festas de aniversário, mas, além dessas ocasiões para presentes e felicitações, não gostamos de explorar o desconhecido com informações limitadas. O impulso de saber o que o futuro nos reserva se torna ainda maior frente às dificuldades. Mas, para sermos honestas conosco, não desejamos tantas respostas, e sim o controle. A informação, por si, é incapaz de trazer paz, como Salomão, o mais sábio dos homens, reconheceu (Ec 1:16-18). Semelhantemente a um filho que deseja renegociar as regras, levamos nossas perguntas ao Senhor, não porque queremos compreender os Seus caminhos, mas por desejarmos ver a Sua posição para defendermos melhor a nossa.

Porém, como Jó percebeu, o prêmio definitivo é relacionamento que priorizamos e não a resposta que recebemos. Ao reconhecer que a sabedoria de Deus ultrapassou em muito a sua, Jó precisou tomar uma decisão: continuar a exigir respostas ou render sua própria vontade Àquele que é maior (Jr 17:7).

Jó foi liberto após reconhecer a soberania de Deus e por sua disposição em arrepender-se "e retirar tudo que disse" por pensar conhecer um caminho melhor (Jó 42:2,6; Sl 19:9-14; 139:23,24). —*Regina Franklin*

A Bíblia em um ano

☐ Salmos 143–145; 1 Coríntios 14:21-40

Deus ama responder quem deseja aprender, mas a quem o questiona Ele muitas vezes reserva o silêncio.

29 de abril

Voz da fé

Leitura:
Habacuque 3:1-19

...mesmo assim me alegrarei no SENHOR; exultarei no Deus de minha salvação!
—HABACUQUE 3:18

A notícia anestesiante trouxe lágrimas tão depressa que ela não conseguiu contê-las. Sua mente se agitava com perguntas, e o medo ameaçava dominá-la. Tudo ia bem até uma abrupta interrupção transformá-la para sempre, sem aviso. A tragédia é algo assustador que sempre nos pega de surpresa. Pode vir com a perda de saúde, da condição financeira, de um ente querido, dos meios de sustento, moradia etc.

Embora Habacuque soubesse que a tragédia estava por vir, seu coração, ainda assim, ficou temeroso. Deus o tinha avisado antecipadamente que os caldeus seriam usados para castigar Israel por sua infidelidade. E o profeta disse: "Estremeci por dentro quando ouvi isso; meus lábios tremeram de medo. Minhas pernas vacilaram, e tremi de terror" (3:16). Essa confissão honesta aparece entre duas grandes declarações: a fidelidade de Deus na história (vv.3-15) e a resposta de fé do profeta nesse Deus fiel (vv.17-19).

Quando dúvidas enchem a nossa mente e não compreendemos as provações pelas quais estamos passando, precisamos rever a ação de Deus na história. Foi o que Habacuque fez. Nossa fé não se baseia em ficção: fundamenta-se em um Deus que sempre se mostrou fiel. Ainda assim, a despeito desse conhecimento, podemos sentir receios (v.16). O medo é uma emoção legítima diante da tragédia. No entanto, ele não precisa nos imobilizar, mas nos fazer seguir em frente louvando a Deus (v.18).

O pastor John MacArthur escreveu: "Quando todo o inferno irrompe em seu mundo, quando o ruim se torna o pior, [...] lembre-se de seu Deus [...]. Os problemas [de Habacuque] foram solucionados, não porque ele compreendeu tudo, mas porque ele conhecia o seu Deus e depositava a sua confiança nele" (Rm 8:18-39). —*Poh Fang Chia*

A Bíblia em um ano
☐ 1 Reis 6–7; Lucas 20:27-47

Ao lembrar-se dos Seus feitos em sua vida, louve a Deus apesar das dificuldades.

3 de setembro

Hino subversivo

Leitura:
Colossenses 1:15-23

O Filho é a imagem do Deus invisível e é supremo sobre toda a criação. —Colossenses 1:15

Gostamos de cantar hinos e quanto mais antigos melhores ainda. Às vezes, colocamos uma nova melodia; em outras, cantamos em sua composição original. O poder das palavras, as belas melodias e o fato de os cristãos os terem cantado muito antes de nós os tornam parte importante de nossa adoração. Colossenses 1:15-23 é um poema e, talvez, um dos primeiros hinos que Paulo usou em sua carta. Os versos eram verdades teológicas e afirmações de lealdade ao reino do Rei Jesus, acima do Império Romano.

Paulo usou a palavra grega *eikon* ao referir-se a Jesus como "imagem do Deus invisível". César pode ter cunhado *eikon* nas moedas, pois aparecia nos estandartes e na arquitetura do império. Mas Paulo afirmou que Jesus era o verdadeiro Rei, cuja imagem personifica Deus e reivindica a nossa adoração. Porém, os registros históricos faziam referências a César, a quem esse hino teria contrariado. Dizia-se que César era igual ao início de todas as coisas, da vida e da vitalidade, o salvador, aquele que findou a guerra e estabeleceu a ordem em tudo, ele chegou a ser declarado "deus manifesto".

Sabendo disso, veja os versos do hino que a igreja de Colossos cantava: Jesus "é a imagem do Deus invisível e é supremo sobre toda a criação". Por intermédio de Jesus, "todas as coisas foram criadas" (vv.15,16). Jesus "mantém tudo em harmonia". E, para ser perfeitamente claro: "por meio dele, todas as coisas foram criadas, tanto nos céus como na terra, todas as coisas que podemos ver e as que não podemos, como os tronos, reinos, governantes e as autoridades do mundo invisível" (vv.16,17). Cantar um hino de lealdade a Jesus é um ato de subversão; é contra qualquer outro poder que poderia exigir a nossa fidelidade. Encontre outras palavras de lealdade a Jesus e os atos de deslealdade aos poderes deste mundo em Colossenses 1. —*Winn Collier*

Além de Deus nada nem ninguém é digno de oração e adoração.

A Bíblia em um ano
☐ Salmos 140–142; 1 Coríntios 14:1-20

30 de abril

O Corpo de Cristo

Leitura:
1 Coríntios 12:12-31

Mas nosso corpo tem muitas partes, e Deus colocou cada uma delas onde ele quis.
—1 Coríntios 12:18

Como encorajar e apoiar quem serve a Deus em lugares desafiadores? Duas noites antes de eu me mudar para a África, anos atrás, entrei em pânico. Ao mesmo tempo em que acreditava que o Senhor me chamara para ir a Uganda, temia que, indo para lá, perderia meus amigos em meu país. Pensava que se esqueceriam de mim e, em pouco tempo, nada mais teríamos em comum após minha viagem a um novo continente, cultura e vida. Para dar o meu passo de fé, apoiei-me em Romanos 15:13, abraçando a promessa de que Deus, a fonte de esperança, me encheria "de alegria e paz" ao confiar nele. O versículo também afirma que Ele me encherá com uma quantidade transbordante de esperança, "pelo poder do Espírito Santo".

No leste africano, lancei-me ao trabalho e ministério. Em meio aos desafios e sofrimentos que enfrentei, tive pouco tempo para pensar sobre o que se passava em meu país. Surpreendentemente, (embora não tenha surpreendido a Deus), quanto mais eu me derramava sobre o povo sofrido de Uganda mais o Corpo de Cristo em meu país se conectava a mim, até mesmo quando eu correspondia pouco. Eles me apoiaram profundamente: doaram, oraram e nos unimos no amor pelo povo de Uganda. Ao servirmos juntos, a despeito da longa distância, aproximamo-nos uns dos outros e, o mais importante, do Senhor.

Todos nós somos "o corpo de Cristo", afirma 1 Coríntios 12:27. "Se uma parte sofre, todas as outras sofrem com ela, e se uma parte é honrada, todas as outras com ela se alegram" (v.26). Hoje, lembre-se de seus irmãos e irmãs que servem distantes de você, e também dos que servem bem próximos. Revele a eles a profundidade do amor, do trabalho em equipe e da força do Corpo de Cristo (Ef 3:19). —*Roxanne Robbins*

A Bíblia em um ano
☐ 1 Reis 8–9; Lucas 21:1-19

Não há poder que resista quando agimos com união como Corpo de Cristo.

2 de setembro

YOLO

Leitura:
Eclesiastes 3:1-8

Então, uma vez que morremos com Cristo, cremos que também com ele viveremos.
—Romanos 6:8

Em 1965, a banda de *folk rock The Byrds* fez um cover da canção *Turn! Turn! Turn!*, de Pete Seeger, que chegou ao topo das paradas. Quase todos os seus versos são cópias de Eclesiastes 3, o que faz essa canção ter 3.000 anos. O rei Salomão deveria receber os direitos autorais! O sucesso da canção indica a atemporalidade da Bíblia. Eclesiastes 3:2-8 expõe a nossa condição humana e é um livro para todas as épocas, mas o texto pode também soar fatalista. Ouça o ritmo incessante de sua poesia:

Há tempo de nascer, e tempo de morrer. / Tempo de matar, e tempo de curar.
Tempo de se entristecer, e tempo de dançar. / Tempo de amar, e tempo de odiar.

Coisas ruins são tão válidas quanto as boas? O que Salomão está dizendo? Sintomaticamente, ele começa seu livro escrevendo essas desanimadoras palavras: "Nada faz sentido […] Nada faz o menor sentido" (1:2). Uma inferência lógica dessa premissa é: "que as pessoas aproveitem a vida, pois a melhor coisa a fazer neste mundo é comer, beber e alegrar-se" (8:15).

Um acrônimo atual para isso, semelhante às palavras de Salomão, é YOLO: *you only live once* (você só vive uma vez). Mas essa filosofia enaltece o comportamento de risco em vez de promover o saudável entusiasmo pela vida. A linha é tênue, mas crucial. Sem um motivo para viver, sem um verdadeiro propósito na vida, não atentamos para a importância das suas diferentes fases.

A sabedoria implícita nessa antiga canção ressalta que, quando ponderamos que há tempo para tudo, inclusive o tempo de morrer, podemos começar a apreciar a verdade de que as respostas para as grandes perguntas da vida não estão dentro de nós mesmos (Rm 6:5-11). —*Tim Gustafson*

A Bíblia em um ano

☐ Salmos 137–139; 1 Coríntios 13

Estávamos mortas e agora temos nova vida em Cristo, assim sejamos instrumentos para a glória de Deus.

1.º de maio

Descanso tranquilo

Leitura:
Marcos 6:30-32; Salmo 4:7,8

Em paz me deitarei e dormirei,
pois somente tu, Senhor,
me guardas em segurança.
—Salmo 4:8

Há alguns anos, meu filho e eu concordamos em transportar um equipamento para um amigo a um sítio no interior. Não existem estradas naquele trecho, pelo menos nenhuma em que meu caminhão pudesse passar. Então, o rapaz que administrava o tal sítio dispôs-se a nos encontrar no fim da estrada com uma pequena carroça atrelada a um par de mulas.

No caminho, começamos a conversar e descobri que ele morava naquela propriedade durante o ano todo. "O que você faz no inverno?", perguntei-lhe, sabendo que os invernos na parte alta do país eram longos e intensos e que o rancho não tinha eletricidade ou telefone, apenas um rádio por satélite. "Como você aguenta?" "Na verdade", disse ele com a fala arrastada, "acho que é bem tranquilo".

Em meio aos nossos dias tão sobrecarregados, às vezes, desejamos paz e tranquilidade. Há muito barulho no ar; também há muitas pessoas ao redor. Queremos "um lugar tranquilo para descansar um pouco" (Mc 6:31). Podemos encontrar um lugar para fazer isso?

Sim, esse lugar existe. Quando tirarmos alguns momentos para refletir sobre o amor e a misericórdia do Pai e lançarmos os nossos fardos sobre Ele, encontraremos, nesse espaço de silêncio na presença de Deus, a paz que o mundo tentou levar embora.

—*H. Dennis Fisher*

A Bíblia em um ano
☐ 1 Reis 10–11; Lucas 21:20-38

Investir tempo silenciosamente na presença do Senhor traz o descanso tranquilizador.

1.º de setembro

Pontes para a compreensão

Leitura:
1 Tessalonicenses 1:1-10

Agora, partindo de vocês, a palavra do Senhor tem se espalhado por toda parte, até mesmo além da Macedônia e da Acaia, pois sua fé em Deus se tornou conhecida em todo lugar. Não precisamos sequer mencioná-la.
—1 Tessalonicenses 1:8

A Bíblia em um ano

☐ Salmos 135–136; 1 Coríntios 12

James Michener faz um relato ficcional da história e colonização do oeste americano visto pelos olhos de um comerciante franco-canadense, chamado Pasquinel. O autor reúne histórias sobre as grandes planícies e a comunidade europeia de então. A maneira como esse aventureiro circula entre a aglomeração da cidade e as planícies faz dele uma ponte entre dois mundos drasticamente diferentes.

Os seguidores de Cristo também têm a oportunidade de construir pontes entre dois mundos muito diferentes. Podem ser pontes entre aqueles que conhecem e seguem a Jesus e os que não o conhecem. Os primeiros cristãos em Tessalônica construíram pontes de entendimento e edificação naquela cultura idólatra em que estavam inseridos, e, dessa maneira, Paulo pôde lhes dizer: "a palavra do Senhor tem se espalhado por toda parte" (v.8). A ponte que eles estavam construindo tinha dois componentes fundamentais que alicerçavam a sua construção: a "Palavra do Senhor" e o exemplo de "fé em Deus". Isso tornou-se evidente para todos, e as pessoas comentavam sobre como eles tinham deixado "os ídolos a fim de servir o Deus vivo e verdadeiro" (v.9).

À medida que Deus se revela a si mesmo aos que nos rodeiam por meio de Sua Palavra e de nossa vida, podemos nos tornar uma ponte para aqueles que ainda não conhecem o amor de Cristo. Podemos anunciar que esperamos do Céu a vinda de Jesus, o Filho de Deus, o qual Deus ressuscitou dos mortos e que virá para nos livrar da ira que está por vir (v.10). —*Bill Crowder*

Viva o evangelho não apenas com palavras, mas também com o poder e a presença do Espírito Santo em sua vida.

2 de maio

Boa religião

Leitura:
Tiago 1:19-27

A religião pura e verdadeira aos olhos de Deus, o Pai, é esta: cuidar dos órfãos e das viúvas em suas dificuldades.
—Tiago 1:27

Como pastor, percebo reações interessantes das pessoas quando elas descobrem a minha vocação. Algumas se desculpam imediatamente pelo linguajar que usaram. Outras dão um sorriso forçado e em seguida encontram uma desculpa para mudar de assunto. Algo que ouço com frequência é: "Bem, eu gosto de Jesus, mas não de religião". Compreendo o sentimento. As pessoas desconfiam da igreja e da religião porque creem que a igreja é gananciosa, incute medo ou não tem amor. E é verdade que, por vezes, alguns dos que creem em Jesus já demonstraram isso. Com muita frequência, não nos portamos à altura de nosso nome e não seguimos o caminho de Jesus.

Tiago nos mostra que a religião, porém, é a prática da fé. A igreja é a maneira física que Deus nos deu para praticarmos o caminho do reino de Deus. O problema de dizer que gostamos de Jesus, mas não da igreja, é que Jesus ama a Sua Igreja. Ele disse que a edificaria (Mt 16:18). Além disso, Paulo usa a ilustração da Igreja como noiva de Jesus (Ef 5:22,23). Se nós o amamos, amamos a Sua Igreja. Quando dizemos que gostamos de Deus, mas não de religião, às vezes o que queremos dizer é que gostamos de nossas noções particulares, internas de "fé", mas não queremos nos comprometer com qualquer narrativa, prática ou comunidade de fé. Queremos a vaga noção de Deus (que se dobre aos nossos caprichos), mas não queremos nos comprometer com a difícil obra de viver relacionamentos reais guiados por verdades às quais precisamos nos curvar obedientemente (Tg 1:19-27).

A boa religião são as ações concretas realizadas numa comunidade. Necessitamos dela, e ela honrará a Deus e nos trará alegria. —*Winn Collier*

A Bíblia em um ano
☐ 1 Reis 12–13; Lucas 22:1-20

A verdadeira religião se importa com o próximo dentro das diretrizes de Deus.

31 de agosto

Domar o indomável

Leitura:
Tiago 3:1-12

…mas ninguém consegue domar a língua. Ela é incontrolável e perversa, cheia de veneno mortífero.
—Tiago 3:8

Os seres humanos aprenderam a domesticar animais selvagens: de enormes porcos vietnamitas às raposas siberianas. As pessoas gostam de ensinar até os macacos a "atuarem" em anúncios publicitários ou treinar animais para que comam em suas mãos. Como disse o apóstolo Tiago: "O ser humano consegue domar toda espécie de animal, ave, réptil e peixe" (3:7).

Entretanto, há algo que não podemos domar. Todos nós temos dificuldade para conseguir manter sob controle algo bem pequeno — a própria língua: "mas ninguém consegue domar a língua" (v.8).

Por quê? Porque, embora as nossas palavras possam estar na ponta de nossa língua, elas se originam em nosso interior. "Pois a boca fala do que o coração está cheio" (Mt 12:34). E, assim, a língua pode ser usada para o bem e para o mal. "Às vezes louva nosso Senhor e Pai e, às vezes, amaldiçoa aqueles que Deus criou à sua imagem. E, assim, bênção e maldição saem da mesma boca. Meus irmãos, isso não está certo!" (Tg 3:9). Ou como o estudioso Peter Davids disse: "Por um lado, a língua é muito religiosa, mas, por outro, ela pode ser a mais profana".

Se não conseguirmos domar a nossa língua descontrolada, ela estará destinada a ser um problema diário para nós, sempre propensa a falar "maldição" (v.10). Pela graça de Deus, não estamos abandonados à nossa própria sorte. "Assume o controle do que eu digo, Senhor, e guarda meus lábios" (Sl 141:3). Somente Ele pode domar o indomável.

—*Dave Branon*

A Bíblia em um ano
☐ Salmos 132–134; 1 Coríntios 11:17-34

Para controlar e dominar a sua língua, permita que Cristo governe o seu coração.

3 de maio

Amenidades

Leitura:
Lucas 9:21-26

Disse ele à multidão: "Se alguém quer ser meu seguidor, negue a si mesmo, tome diariamente sua cruz e siga-me". —Lucas 9:23

Amenidades. Surpreendentemente, ouvi alguém usar essa palavra ao descrever uma igreja que escolhera frequentar. Compreendi que o indivíduo estava se referindo aos diferentes ministérios que a igreja tinha a oferecer, mas também fui lembrada da grande diferença entre um barco de pesca e um transatlântico. Em Suas últimas palavras aos Seus seguidores, Jesus lhes ordenou: "…vão e façam discípulos de todas as nações" (Mt 28:19). Resumindo, Ele nos chamou para sermos pescadores de homens. Inquestionavelmente, a vida de um cristão é gratificante, mas perdemos de vista o âmago do evangelho quando nos comprometemos baseadas em quanto algo tem a nos oferecer ou atende às nossas necessidades.

A igreja é o instrumento escolhido por Deus para ser a presença visível do Seu reino. Certamente, é adequado que as igrejas alcancem a comunidade à sua volta por meio de eventos, programas e ideias que transmitem o evangelho de maneiras práticas e viáveis. A igreja precisa ser um lugar onde os indivíduos se relacionem uns com os outros. Porém, em todas as coisas, precisamos ser autênticas. A essência do caminhar cristão é a fé e, se cremos que isso é verdade, então há cristãos que nunca viram o cumprimento completo de suas esperanças deste lado do céu (Hb 11:35-40). Ao alcançar os perdidos ou discipular os cristãos, não devemos apresentar Jesus como se Ele fosse uma troca — *coloque algo, retire algo*. Possuímos as riquezas do Céu porque Ele sofreu por nós (Hb 2:10; 1Pe 2:21; 4:1).

Nossa fé em Cristo precisa ser firme para estarmos dispostas a sofrer por Ele porque sabemos que Jesus nos amou primeiro (Lc 9:23,24; 2Tm 3:12; At 14:19-23). —*Regina Franklin*

A Bíblia em um ano

☐ 1 Reis 14–15; Lucas 22:21-46

A igreja torna-se relevante quando vive o Cristo das Escrituras.

30 de agosto

Estressadas

Leitura:
Colossenses 3:22–4:6

Em tudo que fizerem, trabalhem de bom ânimo, como se fosse para o Senhor, e não para os homens.

—Colossenses 3:23

Para o cristão, o trabalho é uma oportunidade de expressar os talentos concedidos por Deus. Não obstante, nosso trabalho pode ser uma causa importante de estresse. Quando nos reportamos às personalidades diferentes ou enfrentamos desafios econômicos no local de trabalho, nossa responsabilidade como cristãs é a mesma, independentemente da localização ou da descrição de cargo: amar e refletir bem Jesus.

Por Jesus ser "a imagem do Deus invisível" (Cl 1:15), nós, Suas seguidoras, devemos ser como Ele e revelá-lo ao mundo. Quando mantemos "os olhos fixos nas realidades do alto...", tudo se torna em oportunidade para adoração, inclusive o nosso trabalho (3:1). Eis aqui algumas maneiras práticas de enfrentar desafios do local de trabalho:

• Nem todas as nossas opiniões devem ser expressadas. Nossas conversas devem ser "amistosas e agradáveis..." (4:6).

• Quando os nossos líderes tomam decisões que não apreciamos, devemos discernir entre os verdadeiros problemas, o certo do errado e as simples inconveniências para nós (Hb 13:17).

• Não fazemos para os homens, e Deus se importa com a mordomia. Não levar a sério nossa responsabilidade no trabalho é não compreender a nossa responsabilidade com Deus (Sl 90:17; Cl 3:23).

• Devemos entender onde a nossa responsabilidade começa e termina. Somos responsáveis por nossas escolhas, não pelas dos outros (Rm 12:18).

Em última análise, o modo como trabalhamos deve demonstrar que pertencemos a Jesus e o amamos. Por termos "vida com Cristo", essa realidade deve permear tudo que fazemos, até mesmo em nossos empregos (Cl 2:13; 2Ts 3:5-15) —*Regina Franklin*

A Bíblia em um ano

☐ Salmos 129–131; 1 Coríntios 11:1-16

A Palavra de Deus está repleta de princípios que podem nos ajudar a enfrentar os obstáculos diários.

4 de maio

Aquele nome

Leitura:
1 Pedro 4:12-19

Ali permaneceram com a igreja um ano inteiro [...] Foi em Antioquia que os discípulos foram chamados de cristãos pela primeira vez. —Atos 11:26

Em 2001, Mark Cuban, dono do time de basquete *Dallas Mavericks*, ofereceu ao radialista David Kaplan mais dinheiro do que ele ganharia em um ano para mudar o seu nome legalmente para "Dallas Maverick". Kaplan recusou educadamente, e Cuban disse que pagaria o dobro do valor original e doaria a mesma quantia à instituição de caridade favorita de Kaplan se ele mudasse o seu nome durante um ano. Kaplan se manteve firme, disse-lhe "não" e explicou: "Estaria dizendo que faço qualquer coisa por dinheiro; isso me incomoda. Meu nome é meu por direito de nascimento". Assim como o nome de Kaplan é seu direito de nascença, os primeiros seguidores de Jesus adotaram o nome "cristão" como direito vitalício de nascimento espiritual. Quando Barnabé e Saulo ministraram em Antioquia, ensinaram a muitos, e pelo ministério do Espírito e a pregação do evangelho, a igreja continuou a crescer numericamente (At 2:41,47; 4:4; 5:14; 6:1; 9:31; 11:21,24).

Os primeiros cristãos de Antioquia assemelhavam-se tanto a Jesus Cristo em seu viver, que receberam esse nome de pessoas que não seguiam o Senhor. O sufixo "ão" significa "fazer parte de"; assim, "cristãos" eram os que pertenciam a Cristo. O uso desse nome gerou perseguição, mas Pedro os incentivou a não se envergonharem desse seu direito e a sofrerem por levar o nome "cristão" (1Pe 4:14-16).

Para nós que somos seguidores de Jesus, "cristão" é o nosso nome por direito, e nenhum dinheiro, sofrimento ou abuso deve nos fazer comprometer esse nome. Pelo contrário, deve ser fonte de louvor a Deus, porque nos identifica com Cristo e com a bênção da salvação (v.13). Temos a responsabilidade de viver todos os dias para honrar o nome de Jesus e o nome "cristão" (v.19; Fp 3:10,11). —*Marvin Williams*

A Bíblia em um ano

□ 1 Reis 16–18; Lucas 22:47-71

Ser cristão significa ser um imitador de Cristo.

29 de agosto

Promessas descumpridas

Leitura:
Salmo 12:1-8

Muitos se dizem amigos leais, mas quem pode encontrar alguém realmente confiável?
—Provérbios 20:6

O pastor Kofi ajudou a implantar 25 igrejas em Gana e Burkina Faso, um orfanato e uma escola com mil alunos. Mas ele tinha pouco dinheiro para administrar tudo isso e achou que seria boa ideia a possibilidade de fornecer manteiga de karité a um membro da família para vender em outro país em troca de parte do lucro. Esse produto tem propriedades medicinais e cosméticas e é também utilizado para cozinhar. Embora comum em Gana, é difícil de obter nos EUA onde vivem muitos nativos da África Ocidental que a querem comprar.

Na mesma época, um pastor de uma grande igreja dos EUA prometeu mil dólares ao ministério de Kofi. Compreensivelmente, Kofi antevia bênçãos para suas igrejas e escola. Os dias se tornaram semanas, depois meses, e nenhum dinheiro chegou.

Certo dia, seu parente na América telefonou com a desculpa de "lucros inesperadamente baixos" na venda da manteiga de karité. Dinheiro algum seria enviado. Não obstante, ele quis saber se Kofi embalaria e enviaria mais manteiga de karité, ao que Kofi se recusou educadamente. E o pastor da igreja grande? Nunca mais se ouviu falar dele.

Kofi perseverou confiante: "Pela graça de Deus, sei que a obra é dele e avançará", disse ele, recusando-se a se firmar nas promessas descumpridas. O salmista escreveu: "Socorro, Senhor, pois os fiéis estão desaparecendo depressa! Os que te temem sumiram da terra! Todos mentem uns aos outros…" (Sl 12:1,2).

Mas o refrão da canção ressoa: "As promessas do Senhor são puras […] Portanto, Senhor, sabemos que protegerás os oprimidos e para sempre os guardarás desta geração mentirosa" (vv.6,7). Muitos falharão conosco, mas há um Guardião da Promessa e nele podemos sempre confiar (Mt 5:33-37). —*Tim Gustafson*

A Bíblia em um ano
- Salmos 126–128; 1 Coríntios 10:19-33

Deus nos convoca para sermos leais a Ele em todas as circunstâncias.

5 de maio

A colheita

Leitura:
Levítico 23:5,9-16

Continuem contando até o dia depois do sétimo sábado, isto é, cinquenta dias depois. Então apresentem uma oferta de cereal novo para o SENHOR.
—LEVÍTICO 23:16

Os cristãos observam o domingo de Pentecostes como o dia em que o Espírito Santo foi concedido à Igreja. Alguns o comemoram como o nascimento da Igreja, mas essa data não começou a ser celebrada na Igreja. Pentecostes é uma antiga e importante festa judaica, a quarta das sete principais festas de Levítico a serem observadas, no Templo de Jerusalém, (Lv 23:16,17; Êx 23:14-17). A Páscoa comemora o evento em que o sangue do cordeiro salvou os judeus de julgamento e morte (Lv 23:5; Êx 12:11-14). Milhares de anos depois, Jesus morreu na época da Páscoa (Mc 15:42-45; Jo 19:31-33,42). Paulo declarou: "Cristo, nosso Cordeiro pascal, foi sacrificado" (1Co 5:7).

A Festa da Primeira Colheita, ou das Primícias (23:9-11), é comemorada três dias depois, "no dia depois do sábado". Apresenta-se a Deus como gratidão um feixe dos primeiros cereais que são colhidos (v.10) na expectativa de uma colheita ainda maior. Aplicando isso à ressurreição, Paulo proclama: "Cristo de fato ressuscitou dos mortos, Ele é o primeiro fruto da colheita de todos que adormeceram […] e depois todos que são de Cristo ressuscitarão quando ele voltar" (1Co 15:20,23). Os judeus deviam contar "sete semanas completas […] cinquenta dias depois" para celebrar a Festa da Colheita ou Festa das Semanas ou Pentecostes ("50" em grego) (Lv 23:15,16). Então (maio a junho), a safra de trigo estava pronta para ser totalmente colhida (Êx 34:22).

Pentecostes é a celebração de ação de graças por colheitas abundantes (Dt 16:9-12). Foi nesse dia que Deus concedeu o Espírito Santo à Sua Igreja (At 2:1-4,41) e a colheita de 3 mil almas (Mt 9:36-38; Jo 4:35). —*K. T. Sim*

A Bíblia em um ano

☐ 1 Reis 19–20; Lucas 23:1-25

Façamos a nossa parte, pois os campos ao nosso redor já estão prontos para a colheita.

28 de agosto

Salvo pela bússola

Leitura:
Salmo 119:105-112

Tua palavra é lâmpada para meus pés e luz para meu caminho. —Salmo 119:105

Durante a Segunda Guerra Mundial, Waldemar Semenov, marinheiro mercante aposentado, servia como mecânico a bordo do *SS Alcoa Guide* quando um submarino alemão subiu à tona e abriu fogo. O navio foi atingido, incendiou-se e começou a afundar. Estando a cerca de 480 km da costa da Carolina do Norte, os marinheiros baixaram ao mar os botes salva-vidas. Felizmente, os botes estavam equipados com bússola, e Semenov e sua equipe puderam utilizá-las para navegar em direção às rotas de navegação. Depois de três dias, um avião de patrulha os avistou e os resgatou. Graças àquela bússola, Semenov e outros 26 tripulantes foram salvos.

O salmista lembrou ao povo de Deus de que seu bote salva-vidas também era equipado com uma bússola confiável: as Escrituras! Ele comparou a Palavra de Deus a uma lâmpada (v.105).

A luz cintilante lançada por uma lâmpada de azeite era suficiente apenas para mostrar ao viajante o seu próximo passo. Para o salmista, a Palavra de Deus era uma dessas lâmpadas, fornecendo luz suficiente para iluminar o caminho da vida daqueles que buscam obedecer a Deus (vv.106,109). À deriva nas águas escuras e caóticas da vida, ele creu que Deus forneceria a longitude e a latitude espiritual por meio da Sua Palavra. Em outro salmo, o autor disse que a luz de Deus e a verdade o guiariam e conduziriam (43:3).

Quando perdemos o nosso rumo na vida, temos a Bíblia como nossa bússola, guiando-nos à comunhão mais profunda com Deus e conduzindo-nos a agradá-lo com o nosso viver. Sendo a Sua Palavra uma bússola confiável com capacidade de nos resgatar e salvar, determinemo-nos a lê-la, a estudar e a obedecê-la. Verdadeiramente, a Bíblia é luz para o caminho (119:105; 2Tm 3:16,17). —*Marvin Williams*

A Bíblia em um ano

☐ Salmos 123–125; 1 Coríntios 10:1-18

As Escrituras nos corrigem, ensinam, guiam e nos conduzem à vitória.

6 de maio

Ministério de jovens

Leitura:
Atos 2:37-47

E, a cada dia, o Senhor lhes acrescentava aqueles que iam sendo salvos. —Atos 2:47

Se você já leu livros sobre ministério de jovens, foi fácil perceber que muitos enfrentam grandes lutas. E quase todos têm uma opinião a respeito de como esse ministério deve ser aprimorado. Pais, líderes de jovens e os próprios jovens têm expectativas e exigências nem sempre concordantes. Então, o que fazer?

Lemos em Atos 2 sobre o nascimento da Igreja quando 3 mil pessoas foram repentinamente acrescentadas ao pequeno grupo de 120 (1:15). O que fizeram os membros desse grupo em crescimento? Eles "…se dedicavam de coração ao ensino dos apóstolos, à comunhão, ao partir do pão e à oração" (2:42). Queriam conhecer a Deus e aprender a viver de forma que o agradasse. Então, estudavam a Sua Palavra, tinham comunhão e oravam juntos. Com a verdade sendo proclamada, as pessoas se amavam profundamente e vidas eram transformadas. Os cristãos e os membros da comunidade local foram profundamente impactados (vv.43-46).

E quanto aos jogos, música e diversão? E as coisas que poderiam atrair os *jovens*? Em Atos 2, vemos que não era a programação excelente que atraía as pessoas; eram as vidas transformadas. Isso não significa que o ministério de jovens dos dias atuais deva ser maçante. Ensino e discussão da Bíblia podem inspirar e transformar vidas. Na Igreja Primitiva, enquanto os cristãos buscavam a Deus apaixonadamente, Ele "…lhes acrescentava aqueles que iam sendo salvos" (v.47).

Se você é pai, mãe ou líder de jovens busque direcioná-los a exaltarem a Deus, a se incentivarem mutuamente e a compartilharem a fé com os perdidos. E, se você integra um grupo de jovens, lembre-se de que não está ali como visitante. Deus tem muito mais para você fazer (Ec 11:9–12:7). —*Poh Fang Chia*

A Bíblia em um ano
☐ 1 Reis 21–22; Lucas 23:26-56

Alegremo-nos, mas saibamos que Deus pedirá contas de tudo o que fizermos.

27 de agosto

O toque de amor

Leitura:
Mateus 14:34-36

Suplicavam que ele deixasse os enfermos apenas tocar na borda de seu manto, e todos que o tocavam eram curados.
—Mateus 14:36

A Bíblia em um ano

☐ Salmos 120–122; 1 Coríntios 9

Um abraço é algo poderoso. Imagine uma mãe e um pai chorando agarrados um ao outro enquanto cambaleiam enlutados. Uma terceira pessoa, um pastor ou amigo íntimo, caminha e se lança na direção deles e os envolve num abraço. A tristeza é grande demais para palavras, mas o abraço lhes diz suficientemente tudo o que deve ser dito.

Mateus disse que "trouxeram os enfermos" a Jesus — o grego diz, literalmente, "todos os que estavam mal" (14:35). Eles estendiam as mãos para tocá-lo e, Jesus seguindo a Sua prática normal, devolvia-lhes o seu toque. Jesus podia curar de certa distância — observe como Ele curou o servo de um oficial romano (Mt 8:5-13) —, mas Ele preferia trabalhar de perto. Jesus se aproximava das pessoas e tocava naquelas em que ninguém mais tocaria. Tocou leprosos (vv.2,3), cegos (20:30-34), endemoninhados (Mc 9:25-27) e mortos (Mt 9:23-25). Jesus tocava qualquer um que estivesse mal, "…ao pôr as mãos sobre eles, Jesus curava a todos" (Lc 4:40). O toque de Jesus forjava uma conexão entre Ele e os sofredores.

Lucas diz que "Todos procuravam tocar em Jesus, pois dele saía poder, e ele curava a todos" (6:19). O toque de Jesus também mostrava que Ele se identificava com a situação delas e confirmava que estava ao lado delas.

Você precisa do toque de Jesus? Ele não prometeu curar imediatamente as nossas necessidades físicas, embora Seu Espírito possa fazer isso. Ele nos prometeu perdoar os nossos pecados e estar conosco sempre (Mt 28:20; 1Jo 1:9). Busque-o e saiba que Ele ainda ajuda os que estão "enfermos".

Quem necessita do Seu toque? Quem precisa saber que você está com eles e ao lado deles? Seu toque pode ser exatamente o que os levará a Jesus (At 3:1-11). —*Mike Wittmer*

O toque divinamente inspirado pode transformar a vida de uma pessoa e honrar a Deus.

7 de maio

Fortalecendo as minhas mãos

Leitura:
Neemias 6:1-9,15

Estavam apenas tentando nos intimidar e imaginavam que iríamos interromper a obra. Assim, continuei o trabalho com determinação ainda maior. —Neemias 6.9

Lee Kuan Yew (1923–2015), ex-primeiro-ministro, recebeu os créditos por Singapura ser o que é hoje. Em sua liderança, o país cresceu, tornou-se rico e próspero e uma das nações mais desenvolvidas da Ásia. Ao perguntarem-lhe se ele já havia tido vontade de desistir frente às críticas e desafios em seus anos de serviço público, ele respondeu: "É um compromisso para toda a vida".

Neemias liderou a reconstrução do muro de Jerusalém e recusou-se a desistir. Enfrentou insultos e a intimidação dos inimigos ao seu redor e as injustiças de seu próprio povo (Ne 4–5). Seus inimigos insinuaram que ele tinha interesses pessoais na reconstrução (6:6,7). Como governador, buscou a ajuda divina e se defendeu como pôde.

Apesar dos desafios, o muro foi concluído em 52 dias (6:15). Mas o trabalho de Neemias não estava completo. Ele encorajou os israelitas a estudarem as Escrituras, a adorarem e a guardarem a Lei de Deus. Após 12 anos como governador (5:14), ele retornou para certificar-se de que as suas reformas ainda permaneciam (13:6). Neemias estava comprometido em liderar o seu povo durante toda a sua vida.

Todos nós enfrentamos desafios e dificuldades no dia a dia. Mas, como Deus ajudou Neemias, da mesma forma, também fortalecerá as nossas mãos (6:9) para o restante de nossa caminhada aqui em quaisquer tarefas que Ele nos der. —*C. P. Hia*

A Bíblia em um ano

☐ 2 Reis 1–3; Lucas 24:1-35

Os desafios da vida não são planejados para nos derrotar, mas para que nos prostremos diante de Deus.

26 de agosto

Tragam o menino para cá

Leitura:
Marcos 9:14-27

Jesus lhes disse: "Geração incrédula! Até quando estarei com vocês? Até quando terei de suportá-los? Tragam o menino para cá". —Marcos 9:19

"Eu não acredito em Deus e não vou", disse Marcos.

Ariana se esforçou para engolir o nó que estava parado em sua garganta. Seu filho havia se transformado de garoto feliz num jovem mal-humorado e sem prontidão para colaborar minimamente. A vida era um campo de batalha e o domingo se tornara um dia a temer, pois Marcos sempre se recusava a ir à igreja com a família. Finalmente, os pais, desesperados, consultaram um conselheiro, que lhes disse: "Marcos deve fazer sua própria jornada de fé. Vocês não podem forçá-lo a entrar no reino. Deem espaço para Deus trabalhar. Continuem orando e esperem".

Ariana esperou, esperou e orou. Certa manhã, algumas palavras de Jesus que ela havia lido anteriormente ecoaram em sua mente. Os discípulos de Jesus não haviam conseguido ajudar um garoto endemoninhado, mas Jesus tinha a resposta: "Tragam o menino para cá" (v.19). O sol penetrou pela janela que estava ao lado da Ariana formando uma piscina de luz no chão. Isso a fez pensar que se Jesus podia curar numa situação tão extrema, certamente Ele também poderia ajudar o seu filho. Ela imaginou a si mesma e o seu filho Marcos juntos e em pé, no centro daquela luz — com Jesus. Mentalmente, ela se afastou e deixou o seu filho sozinho com quem o amava mais do que até mesmo ela própria.

Cada dia, Ariana entregava silenciosamente o seu filho a Deus, agarrando-se à certeza de que Ele conhecia cada uma das necessidades dele e que em Seu tempo, e à Sua maneira, o Senhor trabalharia em sua vida. —*Marion Stroud*

A Bíblia em um ano
☐ Salmo 119:89-176; 1 Coríntios 8

A oração é a voz da fé confiando que Deus nos conhece e ampara.

8 de maio

Coração quebrantado

Leitura:
Salmo 34:17-22

O Senhor está perto dos que têm o coração quebrantado e resgata os de espírito oprimido.
—Salmo 34:18

Passei muito tempo nas águas costeiras da Flórida, nos EUA, e sempre gostei de ver golfinhos de perto em seu *habitat*. Esse foi um dos motivos para sentir-me particularmente atraído pelo filme *Winter, O Golfinho* (2011). Baseado em história real, o filme conta a história de Sawyer, um menino sem pai e desmotivado que encontra grande alegria e significado na reabilitação do golfinho ferido, Winter. Sawyer procura a ajuda de Kyle, seu irmão mais velho e campeão de natação, mas este se afasta do irmão mais novo após voltar do serviço militar com uma lesão na perna direita. Em um momento de frustração e autopiedade, Kyle grita para um de seus médicos que ele não pode mais nadar porque está "quebrado". O médico se recusa a deixar Kyle chafurdar nas águas da autopiedade e reage pegando um copo e deixando-o cair no chão, estilhaçando-o em centenas de pedaços. Na sequência, o médico lhe diz: "Isso, sim, está quebrado!".

Viver nesse mundo corrompido pode nos ferir muito profundamente (vv.17,18). Quando algo doloroso acontece, Jesus não quer que neguemos ou minimizemos a nossa dor (Jo 11:33-35), nem que afundemos no desespero. Ele sabe que estamos abatidos, mas não "quebrantados". As aflições não devem abater o nosso espírito (v.20).

Podemos resistir à mentira de que nunca voltaremos a ter significado ou alegria. No Seu devido tempo, Deus pode fazer as aflições contribuírem para os propósitos do Seu reino (v.22). Permita que Ele use a sua dor para sensibilizar o seu coração para o que é mais importante. Deixe-o torná-la mais sensível às necessidades dos que passaram por sofrimentos similares (Sl 55:22). —*Jeff Olson*

A Bíblia em um ano
☐ 2 Reis 4–6; Lucas 24:36-53

Quando as aflições a ameaçam, entregue-as ao Senhor e Ele cuidará de você.

25 de agosto

Não há outro Deus

Leitura:
Êxodo 20:1-6

Não tenha outros deuses além de mim. —Êxodo 20:3

Jason leva a sério os seus estudos e se esforça para conquistar uma bolsa de estudos no exterior para fazer doutorado em Matemática. Ele procura desde já sair-se bem em todas as matérias necessárias. Ele come, bebe e dorme matemática em detrimento dos seus relacionamentos! Sua formação acadêmica se tornou o deus dele? É difícil dizer. Qualquer estudante responsável deve ser diligente. Por outro lado, no entanto, é fácil a carreira, a família, os hobbies e as preocupações cotidianas serem elevados a um status divino. Podemos começar a dar-lhes a nossa dedicação total.

Deus disse ao Seu povo: "Não tenha outros deuses além de mim" (v.3), porque ter outro deus diante do único Deus é provocá-lo ao santo ciúme. João Calvino explicou: "Isso é como uma mulher sem-vergonha, que traz um adúltero diante dos olhos de seu marido só para irritar mais a sua mente". Mas podemos obedecer a esse mandamento? A resposta é "sim" e "não". "Não", porque a Lei revela nossa tendência pecaminosa de adorarmos outros deuses. "Sim", pelo que Cristo realizou por nós na cruz. Agora, com a ajuda do Espírito Santo, podemos obedecer essa ordenança. O teólogo Philip G. Ryken coloca, "não como um modo de nos justificar perante o Senhor, mas como uma maneira de agradar a Deus que nos justificou perante Ele".

Que a oração do nosso coração reflita essas palavras do hinista Robert Robinson ecoadas de Isaías 44:6-24: "Quão grande devedor da graça sou diariamente constrangido a ser! Que a Tua bondade prenda, como um grilhão, o meu coração errante a ti. Sou propenso a vagar, Senhor, sinto-me prestes a deixar o Deus que amo. Eis aqui o meu coração, tome-o e sele-o para as Tuas cortes celestes" (tradução livre). —*Poh Fang Chia*

A Bíblia em um ano
☐ Salmo 119:1-88; 1 Coríntios 7:20-40

Não há deus semelhante ao nosso Deus.
Ele é o Primeiro e o Último.

9 de maio

Paz relativa

Leitura:
Gênesis 13:1-18

…*Não haja conflito entre nós…* —Gênesis 13:8

Um homem de 60 anos, dirigindo um trator, avançou sobre o seu cunhado de 69 anos que colhia feno em seu próprio trator. A colisão resultou em um pneu danificado e a prisão do primeiro homem. O policial comentou: "Já havíamos atendido a chamados devido a divergências entre essas famílias anteriormente". Embora não se saiba ao certo o que o homem esperava realizar indo de encontro e colidindo com o trator do seu cunhado, essa história mostra como as contendas familiares não resolvidas podem atingir níveis ridículos.

Abrão e seu sobrinho Ló precisaram resolver um problema familiar, relacionado à pecuária, porque na região onde viviam, "Os recursos da terra […] não eram suficientes para sustentar Abrão e Ló […]. Logo surgiram desentendimentos". "Então Abrão disse a Ló: '…Não haja conflito entre nós'". Bravamente, Abrão deu o primeiro passo para a paz, pois entendeu a necessidade de harmonia sendo eles "parentes próximos". Humildemente, Abrão disse a Ló: "Escolha a parte da terra que desejar e nos separaremos…". Essa oferta mostrou que, para Abrão, os relacionamentos familiares eram mais importantes do que satisfazer o seu próprio interesse. Imagine o que poderia ter ocorrido se ele tivesse deixado Ló numa nuvem de pó e gritasse sobre seu ombro: *Suma, garoto. Sou mais velho e tenho primazia de escolha sobre a melhor terra daqui!* Em vez disso, Abrão manteve sua palavra e deixou Ló se instalar no exuberante vale do Jordão, onde se estabeleceu em Canaã (vv.6-12).

Os atos de Abrão mostram que a humildade, a generosidade e o altruísmo nos ajudam a contornar as situações difíceis. Jesus já nos ensinou: "Felizes os que promovem a paz, pois serão chamados filhos de Deus" (Mt 5:9; Rm 12:16-18; Cl 3:12). —*Jennifer Benson Schuldt*

A Bíblia em um ano
☐ 2 Reis 7–9; João 1:1-28

A Bíblia ensina que devemos nos revestir de compaixão, bondade, humildade, mansidão e paciência.

24 de agosto

O que fazer?

Leitura:
Neemias 3:1-32

...cada um consertou o trecho do muro em frente de sua própria casa. —Neemias 3:28

Você pode estar num daqueles momentos de incerteza quanto ao que fazer. *Estudo? Trabalho? Mudo de carreira?* Em seu livro *The Way I Was Made* (O modo como fui feito), o autor Chris Tomlin escreveu: "Neste momento, o Deus que fez você conhece o seu coração, seus desejos, suas forças, suas limitações e esse Deus deseja só o bem para o seu futuro". Tomlin nos relembra o versículo em Jeremias 29:11, que revela que Deus tem bons planos para nós.

Se você não sabe que passo dar, aconselhe-se com Neemias e os construtores do muro. Ele tinha recebido a permissão do rei Artaxerxes, da Pérsia, para voltar a Jerusalém e supervisionar a reconstrução da cidade, iniciada décadas antes por Esdras (Ed 1:2-4; Ne 2:1-6). Ele e outros ex-exilados do povo de Deus voltaram e reconstruíram os muros da cidade (vv.17-19).

Suponho que a equipe tenha se sentido sobrecarregada, incerta quanto ao que fazer ao chegar. Eles podem ter ficado paralisados por indecisão e pelo desconhecido à sua frente. Mas, independentemente das suas origens ou capacidades, eles simplesmente se uniram e serviram. O sumo sacerdote e outros sacerdotes (3:1,22,28), um governador e suas filhas (v.12), o ourives (vv.8,31,32), outros negociantes (v.32) e até um fabricante de perfumes (v.8) içavam rochas e cavavam nos escombros. E, enquanto trabalhavam com todo o coração, algo surpreendente aconteceu. Eles reconstruíram o muro todo em apenas 52 dias (6:15).

Não importa onde você está na sua caminhada, você faz parte da obra de construção do reino de Jesus. Sua próxima oportunidade pode estar simplesmente "em frente à sua própria casa" ou com a equipe da igreja. Sirva a Deus com tudo que você tem onde estiver hoje (Cl 3:11,23). —*Tom Felten*

Entre os diferentes grupos de pessoas, o amor é o elo comum que permite a edificação mútua.

A Bíblia em um ano

❏ Salmos 116–118; 1 Coríntios 7:1-19

10 de maio

A mão de Deus

Leitura:
Salmo 63:1-8

Minha alma se apega a ti; tua forte mão direita me sustenta. —Salmo 63:8

Quando a NASA começou a usar um novo tipo de telescópio espacial para capturar diferentes espectros de luz, os pesquisadores ficaram surpresos com uma das fotos. Ela mostrava algo parecido com dedos, um polegar e uma mão aberta repleta de cores espetaculares: azul, roxo, verde e dourado. Alguns já a chamaram de "a mão de Deus".

A ideia de Deus estendendo a mão para nos ajudar quando passamos por necessidades é um tema recorrente nas Escrituras. No Salmo 63, lemos: "Pois tu és meu auxílio; à sombra de tuas asas canto de alegria. Minha alma se apega a ti; tua forte mão direita me sustenta" (vv.7,8). O salmista sentia a ajuda divina como uma mão que o sustentava. Alguns estudiosos da Bíblia acreditam que o rei Davi escreveu esse salmo no deserto de Judá durante a terrível época da rebelião de seu filho Absalão, que conspirou para roubar o trono de seu pai, fazendo o rei fugir para o deserto (2Sm 15–16). Mesmo durante esse tempo difícil, Deus estava presente e o salmista confiava nele. O rei disse: "Teu amor é melhor que a própria vida; com meus lábios te louvarei" (Sl 63:3).

A vida, às vezes, pode ser dolorosa, mas Deus oferece a Sua mão reconfortante e nunca estamos fora do Seu alcance. —*Dennis Fisher*

A Bíblia em um ano
❑ 2 Reis 10–12; João 1:29-51

Deus sustenta o peso do mundo sobre os Seus ombros, contudo, mantém os Seus filhos na palma de Sua mão.

23 de agosto

O amor age

Leitura:
1 João 3:11-18

Filhinhos, não nos limitemos a dizer que amamos uns aos outros; demonstremos a verdade por meio de nossas ações. —1 João 3:18

A notícia veio na véspera de Natal. Minha esposa desligou o telefone chorando. Ainda vivíamos na Austrália e visitávamos nossos familiares em Brisbane, outra cidade, mas, após a ligação, decidimos ter um tempo a sós. Fizemos as malas e começamos a viagem de 12 horas até nossa casa em Sydney. Aquele telefonema colocou um ponto de exclamação no ano de 2010, que fora cheio de sonhos desfeitos. Retiramo-nos por alguns dias, tentando nos curar. Alguns dias depois, começamos a responder aos e-mails de nossos amigos preocupados.

"Há algo que eu possa fazer?", meu amigo Daniel escreveu. "Você é uma das poucas pessoas com que eu conseguiria falar agora", respondi. "Você tem um tempo para tomarmos um café?". Daniel morava a duas horas de distância. "Estarei aí ao meio-dia", disse ele, e pudemos nos encontrar. Contei-lhe sobre nossa triste saga e ele ouviu minha dor e raiva durante o resto da tarde. Mais tarde, foi jantar conosco e orou por minha esposa e por mim e, na mesma noite, fez a longa viagem para sua casa.

Daniel é um homem ocupado, tem esposa, filhos e inúmeras atividades que poderia fazer naquele sábado. Mas ele abandonou tudo pelo amigo. Ecoando a oração de Jesus no Getsêmani, ele abriu mão de sua vontade para fazer a de outro (Mt 26:39; 1Jo 3:16). Seu amor não foi oferecido somente em palavras, mas em ações.

O amor não pensa, não fala, nem mesmo ora sozinho. Ele escuta, investe, transporta, ajuda, compra mantimentos, leva refeições, lava pratos e paga contas em atraso. O amor entra em um carro e dirige durante horas para ajudar um amigo necessitado (v.18). O verdadeiro amor age, faz. Exatamente como o próprio Amor (Jo 15:12; 1Co 13; 1Ts 4:9,10).

—*Sheridan Voysey*

A Bíblia em um ano

☐ Salmos 113–115; 1 Coríntios 6

Demonstre o seu amor através de orações e não somente com palavras ao irmão que o necessita.

11 de maio

Conheça o seu lugar

Leitura:
Marcos 1:1-8

Depois de mim virá alguém mais poderoso que eu, alguém tão superior que não sou digno de me abaixar e desamarrar as correias de suas sandálias.
—Marcos 1:7

Li, recentemente, sobre um homem que iniciou uma igreja e a viu crescer e florescer ao longo dos anos. Diferentemente de alguns pastores, esse homem preparou um jovem para assumir essa igreja. Por quê? Porque sentiu que Deus o chamava a isso. E, com apenas 51 anos, esse pastor saudável e dinâmico humildemente abriu espaço quando o seu discípulo de 30 anos o substituiu. Nesse relato, e no exemplo de João Batista, vemos a importância de verdadeiramente encontrarmos o nosso lugar na vida. Não o nosso propósito ou vocação, mas o ponto em que, humildemente, reconhecemos a soberania e a supremacia de Deus.

João Batista ficou famoso. "Gente de toda a Judeia, incluindo os moradores de Jerusalém, saía para ver e ouvir João" (Mc 1:5). Mas essa atenção não lhe subiu à cabeça. Em vez disso, declarou a todos que pudessem ouvir: "Depois de mim virá alguém mais poderoso que eu, alguém tão superior que não sou digno de me abaixar e desamarrar as correias de suas sandálias" (v.7). João conhecia o seu lugar. Ele devia ser um mensageiro, o que prepara o caminho, não o próprio Senhor! (vv.2,3).

É interessante que João ainda não conhecia plenamente o propósito divino de Jesus quando fez suas observações. O pleno reconhecimento da divindade de Jesus viria muito depois, quando Cristo deixou isso muito claro aos discípulos de João (Lc 7:18-23). Naquele momento, o Senhor também disse: "de todos que nasceram de mulher, nenhum é maior que João Batista. E, no entanto, até o menor no reino de Deus é maior que ele" (v.28). João era grande porque seguia a Deus com humildade. Hoje, como parte do Seu reino podemos exercer a nossa grandeza servindo humildemente a Deus e ao Seu povo (Pv 15:33; 1Pe 5:5,6). —*Tom Felten*

A Bíblia em um ano
☐ 2 Reis 13–14; João 2

A maior grandeza é a humildade e Deus concede graça aos humildes.

22 de agosto

Humildemente Seus

Leitura:
Daniel 4:19-37

[Deus] tem poder para humilhar os orgulhosos.
—Daniel 4:37

Poucos sabem quem escreveu livro sobre: *Embracing Obscurity: Becoming Nothing in Light of God's Everything (A obscuridade: esvaziando-se à luz da soberania de Deus – tradução livre)*. O escritor o publicou como "Anônimo", mas ele é bem conhecido e pratica o tema principal de sua mensagem. Segundo ele, o livro é "uma chamada a pararmos de imitar a fórmula secular para obter sucesso e a seguirmos o modelo do nosso humilde Rei". Esse livro para leitores cristãos mostra que podemos saber quem Deus é, mas sermos confundidos pelo senso de nossa própria importância.

O rei Nabucodonosor teve esse problema e, após ver Daniel e seus amigos escaparem ilesos da fornalha louvou a Deus, dizendo: "Não há outro deus capaz de livrar dessa maneira!" (3:29). Esse rei tinha a ideia certa da grandeza de Deus, mas precisava de uma lição de humildade. E ela veio quando ele passeou na cobertura do palácio. Diante desse cenário, disse: "Vejam a grande cidade da Babilônia! Com meu próprio poder, construí esta cidade [...] para mostrar o esplendor de minha majestade" (4:30). Uma voz do Céu interrompeu sua soberba, dizendo-lhe que ele viveria com animais selvagens e comeria capim como as vacas, voltando ao convívio após entender que "...o Altíssimo domina sobre os reinos do mundo e os dá a quem ele quer" (v.32). E isso aconteceu!

Ao recuperar a sanidade, esse rei declarou: "Todos os seus atos são justos e verdadeiros, e ele tem poder para humilhar os orgulhosos" (v.37). Quando permitimos que o orgulho polua a nossa alma, podemos esperar que Deus nos humilhe. Mas é encorajador lembrarmo-nos de que, se seguirmos o ensino da Bíblia e nos humilharmos diante do Senhor, Ele nos honrará (Tg 4:10; Dt 8:12-15; Sl 138:6). Seremos humildemente dele.

—*Jennifer Benson Schuldt*

A Bíblia em um ano

❏ Salmos 110–112; 1 Coríntios 5

Lembremos sempre que o Senhor Deus cuida dos humildes e mantém distância dos orgulhosos.

12 de maio

Para onde você olha?

Leitura:
Números 21:4-9

O Senhor lhe disse: "Faça a réplica de uma serpente venenosa e coloque-a no alto de um poste. Todos que forem mordidos viverão se olharem para ela". —Números 21:8

Saulo tinha 16 anos quando dirigiu o veículo de fuga de um assalto que terminou em homicídio. Agora, aos 32 anos, Saulo diz: "Recordo-me de estar sentado na cadeia da cidade quando caí em mim: *Não vou para casa* e percebi o que fizera. Não queria mais viver e não conseguia acreditar naquilo que acontecia". Hoje, Saulo é o líder da banda de louvor na capela da prisão e estuda para ser ministro da Palavra de Deus. Ele acha que não merece a liberdade condicional e diz: "Fizemos coisas horríveis […]. Privamos as pessoas de verem seus entes queridos novamente". Quer Saulo volte à liberdade ou não, ele aprendeu a aceitar o perdão que há em Jesus. Ele não cometeu o homicídio, mas conhece a culpa esmagadora decorrente de praticar o mal.

Como Saulo, não consigo acreditar no que eu fiz e questiono: "Como Deus pode me perdoar?". Aprendi que, quando me curvo sob o remorso, o primeiro passo para cavar a saída é a autossuperação. Penso realmente que o meu pecado é mais forte do que a graça de Deus? Suponho que o meu pecado tenha mais valor do que a morte do Filho de Deus? A segunda coisa que faço é dedicar toda a minha atenção a Jesus. Ele disse que "…como Moisés […] levantou a serpente de bronze […] também é necessário que o Filho do Homem seja levantado, para que todo o que nele crer tenha a vida eterna" (Jo 3:14-16). Os israelitas picados pelas serpentes venenosas eram curados quando olhavam para a serpente de bronze (Nm 21:8,9). Eles só precisavam olhar para ela. Alguns podem ter olhado por motivos egoístas, outros podem ter duvidado, mas todos os que olharam foram curados.

Você está gemendo sob uma carga de culpa? Arrependa-se e, depois, esqueça-se de si mesma. Fixe seus olhos em Jesus (Hb 12:1-13). —*Mike Wittmer*

A Bíblia em um ano
☐ 2 Reis 15–16; João 3:1-18

A disciplina de Deus comprova que Ele nos ama.

21 de agosto

Uma questão de amor

Leitura:
Marcos 12:28-34

Ame o Senhor, seu Deus, de todo o seu coração, de toda a sua alma e de toda a sua força.
—Deuteronômio 6:5

"Quando o intelecto e a emoção se chocam, o coração, muitas vezes, tem mais sabedoria", escreveram os autores de *Uma teoria geral do amor* (Ed. Editorial Presença, 2002). No passado, dizia-se que as pessoas acreditavam que a mente devia dominar o coração, mas a ciência descobriu que o oposto é o verdadeiro. "Quem somos e em quem nos tornamos depende, em parte, de quem amamos".

Os que estão familiarizados com as Escrituras reconhecem isso como uma verdade antiga, não como uma nova descoberta. O mandamento mais importante que Deus deu ao Seu povo coloca o coração em destaque: "Ame o Senhor, seu Deus, de todo o seu coração, de toda a sua alma e de toda a sua força" (6:5). Nos evangelhos de Marcos e Lucas, vemos que Jesus acrescentou a expressão "de toda a sua mente" (Mc 12:30; Lc 10:27). Portanto, o que os cientistas estão descobrindo somente agora, a Bíblia já nos ensina desde sempre.

Aquelas dentre nós que seguem a Cristo também reconhecem a importância do Senhor a quem amamos. Quando obedecemos ao mandamento maior e Deus se torna o centro do nosso amor, podemos ter a certeza de ter um propósito que transcende qualquer coisa que poderíamos imaginar ou que nossa força poderia alcançar. Quando o nosso desejo pela presença de Deus dominar o nosso coração, a nossa mente se concentrará em maneiras como podemos servi-lo, e as nossas ações promoverão o Seu reino na Terra e no Céu. —*Julie Ackerman Link*

A Bíblia em um ano
❏ Salmos 107–109; 1 Coríntios 4

Contamos como dias perdidos aqueles que vivemos sem demonstrar e praticar o nosso amor a Deus.

13 de maio

O maior presente

Leitura:
2 Coríntios 5:14-21

E tudo isso vem de Deus, aquele que nos trouxe de volta para si por meio de Cristo.
—2 Coríntios 5:18

Meu filho ugandense e eu fizemos uma lista do que ele fez nos últimos anos: atividades que não teria feito se ainda fosse órfão e vivesse em extrema pobreza. Em sua aldeia, jamais teria recebido educação formal, comido sushi, ido surfar, lido livros, voado de avião, jogado tênis ou tido água corrente e eletricidade em casa. Agora que somos uma família, a vida dele é radicalmente diferente. Entretanto, isso não se compara ao que significa experimentar a nova vida em Cristo.

Como cristãs, somos controladas pelo amor de Deus que nos estimula a deixar o "eu" de lado e a viver para Ele e para os outros. "Ele morreu por todos, para que os que recebem sua nova vida não vivam mais para si mesmos, mas para Cristo, que morreu e ressuscitou por eles" (v.15). Quando pertencemos a Cristo: Não temos apenas circunstâncias diferentes; somos novas pessoas, a velha vida se foi e uma nova vida começou (vv.14,17). "Portanto, não avaliamos mais ninguém do ponto de vista humano" (v.16). Somos reconciliadas em Cristo, e Ele não considera mais os nossos pecados contra nós (vv.18,19). "Somos embaixadores de Cristo; Deus faz Seu apelo por nosso intermédio" (v.20). Falamos por Cristo ao declararmos: "Reconciliem-se com Deus" (v.20)! "Pois Deus fez de Cristo […] a oferta por nosso pecado, para que por meio dele fôssemos declarados justos diante de Deus" (v.21).

Por mais que inundemos os nossos filhos com amor, orientação e bens materiais, nunca será o suficiente (Tg 1:17). Só Deus pode ser, somente Cristo. "Toda a glória seja àquele que é o único Deus, nosso Salvador por meio de Jesus Cristo, nosso Senhor. Glória, majestade, poder e autoridade lhe pertencem […], agora e para sempre" (Jd 1:25).

—Roxanne Robbins

A Bíblia em um ano
☐ 2 Reis 17–18; João 3:19-36

O nosso Criador nos provê dádivas boas e perfeitas.
Sejamos agradecidas.

20 de agosto

Deixando a igreja

Leitura:
Salmo 122:1-9

Alegrei-me quando me disseram: "Vamos à casa do Senhor". (v.1)

Parado à porta do auditório da igreja, hesitei, *porque* percebi que não queria entrar nela. Não é que eu não quisesse ir à igreja, simplesmente não queria mais ir *naquela*. Minha esposa sentia o mesmo. Algumas semanas mais tarde, após 20 anos como membros, tomamos a agonizante e dolorosa decisão de sair. Mas *sair* não é a mesma coisa que *desistir*.

Mais tarde, falei com uma amiga da Estônia que morava nos EUA. Ela também estava lutando com sua saída de uma igreja. "Já participamos em três igrejas nos últimos dez anos", disse ela, "mas ainda não estamos felizes. Há algo errado conosco?". Essa pergunta é essencial. Trocar de igreja pode ser muito fácil em locais onde há opções, mas o comprometimento mútuo e com Deus pode ser prejudicado. Nosso senso de comunidade sofre. "E não deixemos de nos reunir […], mas encorajemo-nos mutuamente, sobretudo agora que o dia está próximo" (Hb 10:25).

"Alegrei-me quando me disseram: 'Vamos à casa do Senhor'" (v.1) são as palavras de um salmo para adoradores em peregrinação a Jerusalém. O salmista cantou as alegrias de estar dentro dos portões de Jerusalém e perto da casa de Deus e observou: "Todas as tribos de Israel, o povo do Senhor, sobem para cá" (v.4). O salmista amava o senso de comunhão com o povo de Deus e teve em mente os outros ao longo de sua canção. Desejou a paz à sua "família e amigos" (v.8). Sua motivação era atuar "Em favor da casa do Senhor, nosso Deus, [e buscar] o seu bem" (v.9).

Sair de uma igreja é algo sério, mas não é sinônimo de deixar o povo de Deus. A família cristã pode ser encontrada onde a nossa peregrinação nos levar (Fp 2:1-4). —*Tim Gustafson*

A Bíblia em um ano

☐ Salmos 105–106; 1 Coríntios 3

Não procurem apenas os próprios interesses, mas preocupem-se também com os interesses alheios. —Filipenses 2:4

14 de maio

Lutando contra as distrações

Leitura:
Lucas 10:38-42

Apenas uma coisa é necessária. Quanto a Maria, ela fez a escolha certa, e ninguém tomará isso dela. —Lucas 10:42

Todos os dias vou e volto do escritório pela mesma estrada e vejo um número alarmante de motoristas distraídos. Geralmente os vejo falando ao celular ou digitando mensagens de texto, mas também já vi alguns lendo o jornal, outras retocando a maquiagem ou comendo ao tentar manobrar um carro a 100 quilômetros por hora! Em algumas circunstâncias, as distrações são passageiras e inofensivas, porém, num veículo em movimento, elas podem ser fatais.

Às vezes, as distrações podem ser um problema em nosso relacionamento com Deus. Na verdade, foi a preocupação de Jesus em relação à Marta. Ela "porém, estava ocupada com seus muitos afazeres. Foi a Jesus e disse: 'Senhor, não o incomoda que minha irmã fique aí sentada enquanto eu faço todo o trabalho? Diga-lhe que venha me ajudar!'" (Lc 10:40). Quando ela reclamou a respeito da falta de ajuda da sua irmã (aparentemente devido a sua devoção a Cristo e Seu ensino). O Senhor respondeu: "Marta, Marta, você se preocupa e se inquieta com todos esses detalhes. Apenas uma coisa é necessária. Quanto a Maria, ela fez a escolha certa, e ninguém tomará isso dela" (vv.41,42).

As distrações de Marta eram bem-intencionadas, mas ela estava perdendo a oportunidade de ouvir Jesus e desfrutar da Sua presença. Jesus é merecedor da nossa mais profunda devoção e só Ele pode nos capacitar plenamente a superar quaisquer distrações da vida. —*Bill Crowder*

A Bíblia em um ano

☐ 2 Reis 19–21; João 4:1-30

Se você quer ser infeliz, olhe para dentro; distraída, olhe ao redor; tranquila, olhe para cima.

19 de agosto

Do início ao fim

Leitura:
Atos 17:16-34

Ele é o Deus que fez o mundo e tudo que nele há. Uma vez que é Senhor dos céus e da terra, não habita em templos feitos por homens.
—Atos 17:24

No filme *Johnny & June*, o jovem Johnny Cash fala com seu irmão mais velho, Jack, o qual espera tornar-se um pregador. Johnny está triste por não conhecer a Bíblia como seu irmão, que disse: "Se um dia eu for pregador, preciso desde já conhecer a Bíblia de capa a capa. Você não pode ajudar alguém se não conseguir contar-lhe a história certa". Tragicamente, um acidente na serraria acabou com a vida desse aspirante a pregador. Mas o que ele disse ao irmão mais novo Johnny, que mais tarde se tornaria um famoso cantor gospel, aplica-se a todos nós. É impossível ajudar as pessoas se não lhes contarmos a história certa, encontrada do início ao fim da Bíblia.

O apóstolo Paulo pregou sobre o *início* dessa história ao apresentar Deus como o Criador e Senhor (At 17:24-26). No início, Deus habitava em perfeito relacionamento com as criaturas feitas à Sua imagem e, juntos, cuidavam da Sua criação (Gn 1:26-31). O *fim* da história fecha o círculo com o Senhor voltando a reinar "absolutamente supremo sobre todas as coisas em toda parte" (1Co 15:28) e habitando "no meio de seu povo!" em um Céu totalmente renovado e na Terra (Ap 21:1-3).

Há também muita coisa no meio da história. A rebelião humana (que nos deixou separados de Deus e uns dos outros); a promessa graciosa de Deus de nos salvar da confusão da rebelião da humanidade por meio da descendência de Abraão (especificamente, Jesus Cristo); e Deus agora habitando nos corações daqueles que Ele resgatou, capacitando-os a amarem os outros e a participarem do avanço do reino de Deus na Terra.

Declarar a história do início ao fim é importante, porque ela nos desperta para a nossa necessidade de Jesus — nosso Salvador e Rei (1Pe 3:15). —*Jeff Olson*

A Bíblia em um ano
☐ Salmos 103–104; 1 Coríntios 2

Estejamos preparadas para explicar sobre "Quem" é a fonte de nossa esperança.

15 de maio

Julgamento da justiça

Leitura:
Deuteronômio 10:12-22

Ele faz justiça aos órfãos e às viúvas.
—Deuteronômio 10:18

Conheço uma pessoa inteligente e com inclinação filosófica, mas que tem antipatia por Deus e religião. Ele gosta de ser provocador e recentemente citou o filósofo Epicuro, do segundo século, que afirmava não haver justiça no sentido abstrato, mas como "pacto entre os homens". Se Epicuro ensinava que ver a justiça como um ideal desconectado das escolhas reais da vida torna a noção de justiça uma impostura, concordo com ele. Parece, porém, que ele argumentava, e essa pessoa também, que não há princípios de justiça que reinam sobre assuntos humanos: que as escolhas humanas determinam o que é justo ou injusto. Acredito que Epicuro estava errado em sua visão e sou grato por isso.

Ao entregar as leis que criavam os princípios norteadores da justiça para Israel, Moisés começou perguntando: "o que o Senhor, seu Deus, requer de você?". "[Deus] faz justiça", Deus a estabelece, não é algo que nós mesmos estabelecemos (vv.12,18). A justiça divina preside o julgamento de nossos atos. Suas verdades e Seus caminhos nos instruem a nos conformarmos a eles. A justiça é criação de Deus, não nossa.

Os caprichos mutantes da lógica humana e as afeições instáveis do nosso coração não são suficientes para suportar a permanente história de violência e opressão. Um refrão constante na história da humanidade é a presença insidiosa de nossa ganância e nossos interesses pessoais. Se não há juiz sobre nós, e se o certo e o errado existem meramente por nossa própria escolha, estamos nos enganando se cremos que a nossa moralidade pode proporcionar uma resposta clara e inequívoca aos abusivos e violentos.

O Deus de justiça, porém, governa a Terra e nós devemos obedecê-lo (Êx 23:1-13; 20:22). Essa é a boa-nova. —*Winn Collier*

A Bíblia em um ano
☐ 2 Reis 22–23; João 4:31-54

Não pervertam e não neguem a justiça.

18 de agosto

Reivindicando

Leitura:
João 19:17-27

Pois é a vontade de meu Pai que todo aquele que olhar para o Filho e nele crer tenha a vida eterna. E eu o ressuscitarei no último dia. —João 6:40

Minha mãe habitualmente nos pergunta sobre quais itens queremos quando ela partir. Respondemos com humor às suas reflexões sobre a morte, e eu e minha irmã lhe dizemos para não esconder dinheiro em casa, porque planejamos vendê-la totalmente mobiliada quando ela se for. Dias atrás, porém, ao perceber que ela ainda tinha uma guirlanda de videira que meu pai e eu havíamos feito há mais de 20 anos, em tom de brincadeira eu lhe pedi para escrever meu nome nela. Quem já perdeu um ente querido conhece as tensões que surgem entre os familiares quando isso acontece. Sentindo a dor de perder alguém que amamos, podemos reivindicar qualquer lembrança na tentativa de prolongar a conexão. Infelizmente, as tentativas de nos apegarmos ao amor de alguém que morreu podem nos custar desavenças com os vivos.

As Escrituras não mencionam os pensamentos íntimos de Maria ao testemunhar a morte de seu filho Jesus, mas podemos reconhecer seus sentimentos (Jo 19:25). As recordações se aglomeravam, sua mente se esforçava na tentativa de conciliar o filho que ela amara e criara ao Messias que veio para salvar a humanidade (Lc 2:19,34,35,51).

Maria sequer recebeu as roupas de Jesus como lembrança do tempo passado com Ele. Essa mãe presenciou quando as mãos que pregaram Jesus na cruz lançaram sortes para ver quem ficaria com os Seus pertences (Jo 19:24; Sl 22:18). Mas, enquanto ela sofria o tormento emocional, Jesus concedia o Seu perdão aos que lhe causavam uma dor indizível (Lc 23:34). Ela não reivindicou pertences, mas apenas a esperança futura da qual todos os que estão em Jesus agora compartilham (1Ts 4:9-18). —*Regina Franklin*

A Bíblia em um ano
☐ Salmos 100–102; 1 Coríntios 1

Os que creem em Cristo têm a vida eterna, portanto: anime-se!

16 de maio

Faça o tempo

Leitura:
Salmo 84:1-4

Como são felizes os que habitam em tua casa, sempre cantando louvores a ti.
—Salmo 84:4

Você está ocupada? É fácil nos sobrecarregarmos com as responsabilidades que se agigantam sobre nós. Temos *apps* de agenda, lembretes e listas úteis para nos organizarmos. Gosto de usar o tempo sabiamente e cumprir minhas tarefas, mas preciso ser cuidadosa para não confiar mais em meus planos do que Naquele que detém todos os planos. Melhor ainda, preciso entender que, embora a vida "apenas aconteça", preciso abordá-la com propósitos.

Todas nós já passamos por momentos em que nossa agenda adquiriu vida própria, apenas a cumpríamos. Mas, mesmo em meio ao que não temos controle, podemos ser culpadas de tentar resolver nossas agendas sem a força e a orientação de Deus. Correndo de um lado para outro, pedimos a Ele para abençoar os nossos esforços, preservar nossos investimentos e anotar tudo o que estamos fazendo. Mas devemos parar e perguntar: Onde está *Deus* em tudo isso? Deus não escolheu Davi para assumir as pesadas responsabilidades de um reino porque viu suas habilidades de liderança em ação, sabia que ele era capaz de cumprir várias tarefas ao mesmo tempo ou recebera numerosos prêmios por seus serviços à comunidade. Muito antes de sentar-se no trono, Davi já adorava e meditava diante de seu Criador. A declaração de Davi "o meu maior desejo é morar na Casa do Senhor" (27:4). "Morro de vontade de entrar nos pátios do Senhor" (84:1,2) não falava de um prédio. Tratava-se do desejo pessoal de investir tempo com o Senhor. Ele se alegrava em estar na presença de Deus e em adorá-lo em Sua casa (122:1).

A vida não vai parar para que tenhamos um caminho limpo para construirmos um relacionamento com Jesus. Precisamos investir o nosso tempo para habitar na casa do Senhor e cantar louvores a Ele (Lc 10:38-42). —*Regina Franklin*

A Bíblia em um ano

☐ 2 Reis 24–25; João 5:1-24

Não há limite de tempo quando estamos na presença de Deus.

17 de agosto

A quem serviremos?

Leitura:
Josué 24:1-16

Mas, se vocês se recusarem a servir ao Senhor, escolham hoje a quem servirão.
—Josué 24:15

Meu filho mais velho tem 10 anos e eu ainda o beijo na bochecha. Infelizmente, as forças culturais conspiraram sobre ele para já se achar velho demais para tais demonstrações de afeto. Tudo bem. Continuarei dando-lhe abraços de urso e beijando-o e, talvez, quando for mais velho e já tiver seus próprios filhos, ele me surpreenda devolvendo-me um beijo. A pior coisa que eu poderia fazer agora seria envergonhá-lo além dos seus limites ou tentar forçá-lo a demonstrar afeto. Carinho que não é dado livremente não é verdadeiro.

Às vezes, acreditamos que Deus age de modo diferente, que Ele deseja obediência pura, sem se importar muito com as estruturas autênticas de nosso coração e nossa alma. Nada poderia estar mais distante da verdade.

Quando Josué conduziu Israel para entrar em sua terra natal, recontou a história deles e os milagres de Deus que os alimentou e protegeu. E ao chegarem nela, recomeçaram a reconstruir sua vida. Mas Josué sabia que uma escolha solene seria feita (24:1-13). Eles serviriam ao Deus que os levara até ali, o Deus que os criara e denominara? Ou retornariam aos falsos deuses que haviam deixado para trás (vv.14,15)?

Notavelmente, Josué não persuadiu o povo nem tentou forçá-lo. Havia uma escolha a ser feita e o povo teve de fazê-la. Uma das passagens mais famosas da Escritura a respeito da vida de Josué é: "…eu e a minha família serviremos ao Senhor". Igualmente provocante, porém, é a primeira linha daquele versículo: "Mas, se vocês se recusarem a servir ao Senhor, escolham hoje a quem servirão" (v.15).

Deus deseja mais do que a mera concordância. Ele quer que o temamos e lhe sirvamos "de todo o coração" (v.14). E, para isso, precisamos escolher (Dt 30:19,20). —*Winn Collier*

A Bíblia em um ano
☐ Salmos 97–99; Romanos 16

Diariamente precisamos escolher Deus para nossa vida.

17 de maio

Nossa fonte de ajuda

Leitura:
Salmo 63:1-8; 121

Teu amor é melhor que a própria vida; com meus lábios te louvarei. —Salmo 63:3

Lygon Stevens, uma alpinista experiente de 21 anos, havia alcançado os picos do Monte McKinley, Monte Rainier, quatro picos andinos no Equador e 39 das mais altas montanhas do Colorado, EUA. "Pratico o alpinismo porque amo as montanhas, e porque encontro Deus lá em cima", disse ela, em 2008. Ao escalar um desses picos, Lygon morreu numa avalanche e seu irmão Nicklis, sobreviveu.

Quando os pais dela descobriram os diários dela, ficaram profundamente comovidos com a intimidade de sua caminhada com Cristo. "Ela sempre foi uma luz brilhante para Jesus", disse sua mãe. "Lygon experimentou tamanha profundidade e honestidade em seu relacionamento com o Senhor Jesus, que até mesmo os cristãos mais maduros anseiam desenvolver."

Nas últimas mensagens que registrou em seu diário, ainda dentro de sua barraca, três dias antes da avalanche, ela disse: "Deus é bom e Ele tem um plano para a nossa vida que é maior e mais abençoado do que a vida que podemos escolher para nós mesmos, e estou tão agradecida por isso. Obrigada, Senhor, por me trazeres neste lugar tão distante. Deixo o restante, o meu futuro, em Tuas mãos e te agradeço por isso".

A atitude de Lygon reflete as palavras do salmista no versículo de hoje de que o amor de Deus é melhor do que a própria vida. Assim como o salmista, vamos louvá-lo com os nossos lábios. —*David McCasland*

A Bíblia em um ano
☐ 1 Crônicas 1–3; João 5:25-47

Podemos confiar em nosso Deus onisciente a respeito do nosso futuro desconhecido.

16 de agosto

A Palavra entre nós

Leitura:
Salmo 119:17-24

Tenho prazer em teus preceitos; eles me dão conselhos sábios.
—Salmo 119:24

A Palavra de Deus chega até nós de muitas formas. A pregação centrada na Bíblia, a leitura bíblica, músicas, grupos de estudo e artigos devocionais trazem-nos as verdades de Deus contidas nas Escrituras. Mas não podemos ignorar a leitura individual nem o estudo bíblico regular e constante.

Senti o meu coração tocado recentemente por um estudo muito cuidadoso, tópico por tópico, do livro de Deuteronômio. Esse estudo fez o contraste com o Sermão do Monte em Mt 5–7 e Dt 5:6-21. Ambas as passagens contêm os alicerces da fé: os Dez Mandamentos e as Bem-aventuranças (Mt 5:3-12). Deuteronômio nos mostra a antiga aliança — a Lei que Deus queria que o Seu povo seguisse. Em Mateus, Jesus nos mostra como Ele veio para cumprir a Lei e estabelecer os princípios da nova aliança, a qual nos liberta do fardo dessa mesma Lei.

O Espírito Santo e a Palavra de Deus nos ensinam, capacitam, instruem, convencem e nos purificam. O resultado disso é a compreensão, o arrependimento, a renovação e o crescimento em Jesus. O teólogo Philip Jacob Spener escreveu: "Quanto mais a Palavra de Deus nos for familiar, mais nos desenvolveremos na fé e mais frutos produziremos". Oremos como o salmista: "Abre meus olhos, para que eu veja as maravilhas de tua lei" (Sl 119:18). —*Dave Egner*

A Bíblia em um ano
☐ Salmos 94–96; Romanos 15:14-33

Quando a Palavra de Deus está em nosso coração, ela restaura a nossa vida e flui em nossas palavras.

18 de maio

Preocupe-se menos

Leitura:
Mateus 6:25-34

Por isso eu lhes digo que não se preocupem com a vida diária, se terão o suficiente para comer, beber ou vestir.
—Mateus 6:25

Segundo a Organização Mundial da Saúde (OMS), os norte-americanos são mais propensos à ansiedade do que os habitantes de outras nações. No Brasil, 12% da população sofre deste mal. Isso representa quase 24 milhões de pessoas. O dinheiro, o trabalho e a pressão por desempenho e sucesso são os principais fatores que levam a esse resultado. Muito antes desses dados e conclusões, Jesus já sabia que o coração humano era propenso à ansiedade.

Assim, nas encostas dos montes da Galileia, no mais poderoso sermão jamais ouvido, Jesus apresentou vários motivos para a irracionalidade de Seus seguidores viverem submissos à ansiedade. Segundo o Mestre, a preocupação é irracional porque a vida significa mais do que alimento e roupa (Mt 6:25), Deus sabe e atende às necessidades de Seus filhos; a preocupação nada realiza e é pagã (vv.26,27,32). O ensinamento de Jesus combate o erro que nega o cuidado e o amor de Deus supondo sermos capazes de estabelecer um futuro brilhante assegurando temporariamente as nossas necessidades da vida.

Como podemos começar a nos preocupar menos? Pedindo a Deus para sondar nosso coração quanto a qualquer pensamento ansioso (Sl 139:23); lançando as nossas preocupações sobre o Senhor (55:22; Fp 4:6,7); e confiando que nosso Pai celestial conhece todas as nossas necessidades e cuidará de nós (Mt 6:32). Seu amor inabalável nos sustentará e a Sua consolação encorajará o nosso coração (Sl 94:18,19).

Finalmente, devemos ter a vida firmada em Deus e fortalecida pelo Espírito (Mt 6:33; Rm 8:6). Quando você estiver preocupada, confie em Deus e sua vida exibirá a bênção e a esperança que só Ele pode proporcionar (Jr 17:7,8). —*Marvin Williams*

A Bíblia em um ano

☐ 1 Crônicas 4–6; João 6:1-21

A fé desfaz as preocupações quando entregamos as nossas necessidades a Deus.

15 de agosto

Âncora de esperança

Leitura:
Hebreus 6:13-20

Essa esperança é uma âncora firme e confiável para nossa alma. Ela nos conduz até o outro lado da cortina, para o santuário interior.
—Hebreus 6:19

Quando pensamos em aposentadoria, talvez nos venha à mente visitar ilhas exóticas, descansar em redes e desfrutar de intermináveis dias de lazer. Porém, Estella Pyfrom, professora aposentada e filha de trabalhadores rurais migrantes, investiu toda sua aposentadoria para servir aos outros. Comprou um ônibus, equipou-o com computadores e mesas e percorre o município onde lecionava, proporcionando a crianças carentes um lugar para fazerem lições de casa e aprenderem sobre tecnologia. Os estudantes carentes afluem ao que ela denominou "Ônibus Brilhante" e encontram esperança.

O escritor de Hebreus lembrou aos cristãos que, em tempos difíceis, poderiam encontrar esperança em Jesus. O escritor descreveu essa esperança como uma "âncora" (Hb 6:19), antiga metáfora para a estabilidade. A despeito da apostasia ao redor dos hebreus, a esperança em Jesus trazia estabilidade e segurança às suas almas e os impedia de se desviarem da fé cristã. A âncora da esperança e segurança fora levada ao ponto mais seguro de todos por Jesus, o Santo dos santos, por trás do véu.

Como eterno Sumo Sacerdote, Jesus deu aos cristãos a esperança que não poderia ser, e nem seria, abalada (v.20). Por isso ser verdade, os seguidores de Jesus poderiam agarrar-se tenazmente nele.

Jesus é a esperança que ancora a nossa alma. Nosso relacionamento com Ele nos aproxima do trono da graça, onde podemos lançar as nossas preocupações sobre o Deus amoroso e poderoso. Aproximemo-nos e nos apeguemos a Ele ao enfrentarmos a provação difícil. O Seu amor proporcionará força, paz, conforto e, acima de tudo, esperança que se manterá firme em qualquer tempestade (Rm 8:28-39). —*Marvin Williams*

A Bíblia em um ano
☐ Salmos 91–93; Romanos 15:1-13

Lembrar-se de que estamos ancoradas em Jesus antes, durante e depois das provações traz segurança e paz.

19 de maio

40 dias

Leitura:
Atos 1:1-9

Durante os quarenta dias após seu sofrimento e morte, Jesus [...] lhes apresentou muitas provas claras de que estava vivo e lhes falou do reino de Deus. —Atos 1:3

A Bíblia em um ano

☐ 1 Crônicas 7–9; João 6:22-44

Quarenta é um número importante na Bíblia. O dilúvio foi de 40 dias (Gn 7:4). Moisés ficou 40 dias com Deus e recebeu a Lei (Êx 24:18). Espias exploraram a terra durante 40 dias (Nm 13:25). Os judeus vagaram no deserto 40 anos (32:13). Jonas alertou sobre julgamento dentro de 40 dias (Jn 3:4). Jesus foi tentado 40 dias ao iniciar Seu ministério (Lc 4:2) e apareceu aos discípulos durante 40 dias após Sua ressurreição (At 1:3). Assim, alguns sugerem que o número 40 na Escritura significa que Deus está fazendo algo importante.

Jesus não voltou ao Céu imediatamente após Sua ressurreição. O que Ele fez em Seus últimos 40 dias na Terra?

• *Continuou a ensinar a Palavra de Deus*, dando "a seus apóstolos escolhidos mais instruções por meio do Espírito Santo" (v.2).

• *Ele apareceu* "...apresentou muitas provas claras de que estava vivo" (v.3). No domingo de Páscoa, apareceu a Maria Madalena (Mt 28:1-9), aos dois discípulos no caminho de Emaús (Lc 24:13,35) e a dez discípulos (vv.36-43). Uma semana depois, apareceu aos 11 discípulos (Jo 20:26-32) e a vários outros no mar da Galileia (21:1-25). Paulo escreveu acerca de seis outras aparições, certa vez para mais de 500 pessoas (1Co 15:5-8).

• E *"lhes falou do reino de Deus"* (At 1:3). Endossou a expectativa dos Seus discípulos quanto a um reino físico. Mas corrigiu a preocupação de quando chegaria esse reino (vv.6,7).

• *Mandou Seus discípulos serem as Suas testemunhas* (v.8).

Assim como Jesus se preparou para o Seu ministério durante 40 dias (Lc 4:2), durante 40 dias o Jesus ressurreto preparou Seus seguidores para o ministério deles. O Mestre queria que os Seus discípulos contassem às pessoas tudo sobre Ele (Jo 21:1-19). —*K. T. Sim*

*Ouçamos a voz de Jesus enquanto é tempo,
Ele nos convida a segui-lo.*

14 de agosto

No começo

Leitura:
Gênesis 1:1-31

No princípio, Deus criou os céus e a terra. —Gênesis 1:1

No filme *A Noviça Rebelde*, Irmã Maria canta a canção "Dó-Ré-Mi" que fala sobre começar pelo básico para aprender o alfabeto ou a cantar. Por onde começar para compreender sobre a vida? Gênesis, o livro dos começos, traz as respostas. Começa com o pressuposto de que Deus existe. Não discute a existência de Deus; simplesmente *começa com Deus*.

Nos 30 versículos seguintes, vemos o poder de Deus e o propósito do homem. Deus falou e o Universo, com toda sua biodiversidade, veio à existência. Entretanto, a suprema glória da criação de Deus foi o homem e a mulher, criados à Sua imagem. Eles foram criados para viver no local providenciado por Deus, sob o governo do Senhor e para apreciarem Suas bênçãos. O apóstolo Paulo resume tudo em uma sentença: "Pois todas as coisas vêm dele, existem por meio dele e são para ele. A ele seja toda a glória para sempre! Amém" (Rm 11:36).

Ao longo dos 49 capítulos seguintes de Gênesis, muitos séculos de história humana se passaram. Lemos sobre como o pecado entrou no mundo, seus efeitos catastróficos e o plano de Deus para restaurar a bênção ao mundo por meio do Seu povo escolhido. Gênesis estabelece as bases para que Jesus venha e proporcione a maneira de experimentarmos nova vida nele. O livro de Gênesis é citado mais de 165 vezes no Novo Testamento.

O teólogo e comentarista bíblico Ray Stedman escreveu: "O fio que percorre os 50 capítulos de Gênesis é o segredo para viver […]. O segredo da vida é o relacionamento pessoal diário com o Deus vivo, que era no princípio, que fez os céus e a terra, que criou a raça humana à Sua própria imagem e que quer ter comunhão e relacionar-se com o povo que Ele tão carinhosamente criou (Ap 21–22)". —Poh Fang Chia

O segredo da vida é ter um relacionamento vivo e vibrante com o seu Criador.

A Bíblia em um ano

☐ Salmos 89–90; Romanos 14

20 de maio

Reflexo sem distorções

Leitura:
Salmo 139:13-18

Eu te agradeço por me teres feito de modo tão extraordinário; tuas obras são maravilhosas, e disso eu sei muito bem. —Salmo 139:14

Somos constantemente bombardeadas com conselhos referentes à nossa aparência física. Na verdade, as sugestões encontradas em capas de revistas, comerciais de TV e propagadas por vendedores nas lojas me incomodam. Todos estão tentando me influenciar a buscar a *aparência perfeita*.

Um blogueiro escreveu: "Para muitos homens e mulheres jovens, nossa aparência física se tornou o padrão de aferição em relação ao qual todo o nosso valor e mérito é analisado. Mas vamos cair na real: embora esse sistema de valores possa ser pernicioso, é realmente difícil simplesmente 'dar as costas' a esse padrão de avaliação quando tudo à sua volta aponta nessa direção". Tiago nos lembra de um importante espelho que nos dá uma verdadeira visão de nós mesmos: a Palavra de Deus (1:23). O salmista nos lembra de que somos parte da maravilhosa criação do Senhor. Pense nisso! Aquele que fez você e eu é a Pessoa mais sábia, habilidosa e criativa de todo o Universo! Então, independentemente de nosso tamanho, peso ou formato, Deus nos vê como Sua criação (1Sm 16:7).

Belas! Criadas à Sua imagem (Gn 1:26,27). Em seu livro *Aos olhos do Pai* (Publicações Pão Diário, 2013), Regina Franklin escreveu: "No momento em que fomos criadas, nos tornamos as mais preciosas e cobiçadas obras de arte — escolhidas, guardadas e amadas […] formadas de modo 'assombrosamente maravilhoso' porque temos acesso a uma das maiores intimidades que os seres humanos podem conhecer — o relacionamento pessoal com Deus". Assim, embora seja ótimo ter "boa aparência" (1Pe 3:3,4) não a persigamos ao custo do nosso relacionamento com Deus. Uma hora na academia e uma hora à frente do espelho, mas zero hora com Deus, não nos trará a verdadeira beleza (Pv 31:30). —*Poh Fang Chia*

A Bíblia em um ano
☐ 1 Crônicas 10–12; João 6:45-71

Cultive a sabedoria transformadora da Bíblia, pois é ela que deve moldar a nossa atitude em relação à aparência externa.

13 de agosto

Jesus muda tudo

Leitura:
Lucas 1:39-56

Derrubou príncipes de seus tronos e exaltou os humildes. Encheu de coisas boas os famintos e despediu de mãos vazias os ricos. —Lucas 1:52,53

Se Jesus não tivesse vindo ao mundo, duas coisas seriam verdadeiras: *Aquele com mais* _____ *seriam os vencedores.* (Preencha com o que você ou a sua cultura mais valoriza). Nos tempos antigos, eram aqueles com a maior quantidade de camelos, esposas ou ouro. Hoje, isso inclui mais dinheiro, brinquedos ou amigos no *Facebook*. Seja como for, o objetivo é o mesmo: obter tudo que você conseguir enquanto puder.

Essa competição para chegar à frente nos distrai da segunda e mais óbvia verdade que enfrentaríamos sem Jesus: no fim, todos *perdem*. Não importa o quanto você tentar, não levará nada ao morrer (Ec 5:15). E, se a morte tivesse de ser o fim da nossa existência, poderíamos muito bem dizer: "comamos e bebamos, porque amanhã morreremos" (1Co 15:32). Na verdade, é pior do que isso, porque, se Jesus não tivesse vindo, todos estaríamos condenados a pagar por nossos pecados no interminável tormento do inferno (Hb 9:27,28). Clamaríamos por uma morte que nunca viria.

Mas Jesus veio e não foi apenas para distribuir calorosos apertos de mão. Ele não nos deu um tapinha nas costas e disse: "Parece que vocês têm tudo sob controle. Continuem o bom trabalho!" (1Co 1:18-31). Não; como Maria cantou, seu Filho veio para virar o nosso mundo de cabeça para baixo. "Derrubou príncipes de seus tronos e exaltou os humildes. Encheu de coisas boas os famintos e despediu de mãos vazias os ricos" (Lc 1:52,53).

As regras mudaram. A vida não mais significa ajuntar a maior quantidade de _____ antes de morrer. Jesus nos diz: "Se alguém quer ser meu seguidor, negue a si mesmo, tome sua cruz e siga-me. Se tentar se apegar à sua vida, a perderá. Mas, se abrir mão de sua vida por minha causa, a encontrará" (Mt 16:24,25). —*Mike Wittmer*

A Bíblia em um ano

☐ Salmos 87–88; Romanos 13

Que o nosso orgulho reflita apenas a honra de podermos servir ao Senhor.

21 de maio

O andar de trenó e a oração

Leitura:
Marcos 14:32-42

Certo dia, pouco depois, Jesus subiu a um monte para orar e passou a noite orando a Deus.
—Lucas 6:12

Quando chega o verão, gosto de colocar um enorme plástico na descida do nosso quintal e chamar os meus netos para escorregarem no sabão, deslizando até parar. Escorregamos por cerca de 10 segundos e subimos rápido para em seguida descer novamente.

Quando viajo para o Alasca com um grupo de adolescentes, andamos sempre de trenó. Somos rebocados por um ônibus até nos aproximarmos do topo de uma montanha. Subimos em nossos trenós, e nos próximos 10 a 20 minutos, dependendo do nível de coragem, deslizamos a uma velocidade vertiginosa montanha abaixo, segurando até não poder mais. Dez segundos no meu quintal ou 10 minutos nas montanhas do Alasca. Ambas experiências nos fazem deslizar, mas há uma clara diferença entre elas.

Tenho pensado sobre isso em relação à oração. Às vezes, praticamos o tipo de oração "10 segundos no quintal", uma oração rápida, de supetão, ou uma oração curta de agradecimento antes da refeição. Outras vezes, somos atraídos para a oração do tipo "montanhas do Alasca", prolongada, com momentos intensos que exigem concentração e paixão em nosso relacionamento com Ele. Ambas têm seu lugar e são vitais para nossa vida.

Jesus orou com muita frequência e, às vezes, por um longo tempo (Lc 6:12; Mc 14:32-42). Seja como for, vamos trazer os desejos do nosso coração para o Deus que nos conhece em todos os momentos de nossa vida. —*Dave Branon*

A Bíblia em um ano
☐ 1 Crônicas 13–15; João 7:1-27

A essência da oração é a constante comunhão com Deus.

12 de agosto

Estranhos e estrangeiros

Leitura:
Hebreus 13:1-3

Portanto, amem também os estrangeiros, pois, em outros tempos, vocês foram estrangeiros na terra do Egito.
—Deuteronômio 10:19

No verão passado, meu filho e eu nos dirigíamos a um voo de conexão e, enquanto caminhávamos de um terminal a outro, ele me disse, empolgado: "Veja, mamãe, um *Dinka*!". Os *Dinkas* compõem a maior tribo do sul do Sudão e são considerados o grupo de pessoas mais altas da África. Com sua linda e intensa cor de pele, são fáceis de reconhecer se você tem familiaridade com as tribos subsaarianas. Paramos para dizer "olá" ao homem e ele ficou satisfeito, embora surpreso, por identificarmos sua origem ao vê-lo.

O cavalheiro nos explicou que, anos antes, ele e sua família haviam entrado em nosso país como refugiados de guerra. Eram gratos por estarem ali, mas ainda se sentiam como estranhos numa terra estrangeira. Ouvir aquele homem me fez refletir "Senhor, quando foi que o vimos faminto e lhe demos de comer? Ou sedento e lhe demos de beber? Ou como estrangeiro e o convidamos para a nossa casa? Ou nu e o vestimos? Quando foi que o vimos doente ou na prisão e o visitamos?" (Mt 25:37-39). Como membros do Corpo de Cristo, somos chamadas a:

• Amar uns aos outros como irmãos e irmãs (Dt 10:18,19; Hb 13:1).
• Demonstrar hospitalidade com estranhos, pois alguns que fizeram isso receberam anjos sem perceber (Hb 13:2).
• Lembrarmo-nos dos encarcerados como se estivéssemos presos também (v.3).
• Também nos lembrarmos dos que sofrem maus-tratos como se sentíssemos sua dor em nosso corpo (v.3).

Peçamos a Deus para nos ajudar a reconhecer as pessoas, incluindo as estranhas, a quem possamos demonstrar a verdadeira hospitalidade (Jó 31:32). —*Roxanne Robbins*

A Bíblia em um ano
☐ Salmos 84–86; Romanos 12

Deus nos demonstrou o Seu amor acolhendo-nos em Sua família.

22 de maio

Escondendo a luz

Leitura:
João 3:19-21

Manténs acesa minha lâmpada; o Senhor, meu Deus, ilumina minha escuridão. —Salmo 18:28

A pira olímpica de 2012, em Londres, foi magnífica. A escultura projetada por Thomas Heatherwick era composta por 204 pétalas de cobre que representavam o número de países competidores. Apesar da beleza, alguns turistas a desprezaram por não conseguirem vê-la. O escultor quis imitar a dos Jogos de 1948 e a colocou dentro do estádio e perto dos espectadores. Ele sabia que apenas quem tivesse ingresso para a cerimônia de abertura ou eventos no estádio olímpico poderia contemplá-la pessoalmente. Sabia também que os outros a veriam nas várias telas, e os fãs de todo o mundo pela TV e internet. Surpreendeu-me o fato do Comitê Organizador dos Jogos Olímpicos e Paraolímpicos ter aprovado o plano de Heatherwick. Definitivamente, foi uma abordagem inovadora, mas a pira não pôde ser vista por muita gente na cidade.

Felizmente, pela graça e misericórdia de Deus, nenhuma pessoa, lei ou objeto pode esconder ou impor a luz de Cristo: "a luz de Deus veio ao mundo" (Jo 3:19). "Eu sou a luz do mundo", Jesus proclamou, "Se vocês me seguirem, não andarão no escuro, pois terão a luz da vida" (8:12). Não restrita a uma pira, a luz de Jesus revela Deus às nações (Lc 2:32; Jo 3:21) e nos dá a capacidade de contemplar Sua face, Sua verdade e Seu coração (Lc 1:79). "Pois Deus, que disse: 'Haja luz na escuridão' é quem brilhou em nosso coração para que conhecêssemos a glória de Deus na face de Jesus Cristo" (2Co 4:6). Somos gratos a Deus por Ele ser "a fonte de vida, a luz pela qual vemos" (Sl 36:9; 2Co 4:7).
—Roxanne Robbins

A Bíblia em um ano
❏ 1 Crônicas 16–18; João 7:28-53

Jesus é a nossa vida e somos como vasos frágeis de barro que contêm esse grande tesouro.

11 de agosto

A vida bem regada

Leitura:
Jeremias 17:1-8

É como árvore plantada junto ao rio, com raízes que se estendem até as correntes de água. Não se incomoda com o calor, e suas folhas continuam verdes. Não teme os longos meses de seca, e nunca deixa de produzir frutos.
—Jeremias 17:8

A Bíblia em um ano
❏ Salmos 81–83; Romanos 11:19-36

Tenho um amigo que vive numa casa situada num espaço aberto e amplo. O caminho para chegar até lá é uma longa trilha que atravessa uma paisagem árida e estéril de natureza ainda selvagem. No caminho até chegarmos à casa dele, é impossível deixar de notar a faixa contrastante de árvores verdes e a vegetação exuberante serpenteando ao redor do rancho. Um dos melhores rios com trutas que já vi corta a propriedade, e qualquer coisa que cresça perto de suas margens se beneficia dessa fonte inesgotável de águas.

Essa é a paisagem que Jeremias descreve quando diz que aqueles que confiam no Senhor são "…como a árvore plantada junto ao rio, com raízes que se estendem até as correntes de água" (v.8). Muitos podem escolher o calor sufocante que os faz murchar e sufocar, ou a vida seca e árida sem Deus, mas aqueles que confiam no Senhor crescerão fortes e nunca deixarão de produzir frutos. Depender do Senhor é como fixar as nossas raízes na água refrescante e revigorante da Sua bondade. Somos fortalecidos com a confiança de que o Seu amor por nós é inabalável e jamais falhará.

Deus, ao final, fará todas as coisas tornarem-se certas. Confiar que Ele tornará a nossa dor em benefício e usará o nosso sofrimento para nos amadurecer, capacita-nos a produzirmos frutos numa terra "desolada e estéril" (v.6). —*Joe Stowell*

Plante as suas raízes à beira do rio da bondade divina.

23 de maio

Cinco instruções

Leitura:
Josué 22:1-9

Amem o SENHOR, seu Deus, andem em todos os seus caminhos, obedeçam a seus mandamentos, apeguem-se a ele firmemente e sirvam-no de todo o coração e de toda a alma. —JOSUÉ 22:5

Uma pesquisa realizada em 2012 com pessoas entre 18 e 24 anos revelou uma tendência interessante. O estudo, feito por um Instituto de pesquisas sobre religião, mostrou que um entre quatro jovens adultos assinalaram "sem filiação" para indicar seu status religioso, e que 55% destes se identificaram com um grupo religioso quando eram mais novos.

Infelizmente, muitos cristãos se afastam do "amor que [tinham] no princípio" (Ap 2:4). Sabendo que o povo de Israel estava propenso a se afastar de Deus, Josué reuniu as tribos do leste para elogiá-las e aconselhá-las. Ele as elogiou por fielmente seguirem os mandamentos de Deus ao ajudar a desbravar Canaã (Js 22:2,3). A Terra Prometida tinha sido reivindicada e agora estava preparada para o povo de Deus. Porém, quando ele enviou as três tribos: Rúben, Gade e a meia tribo de Manassés, de volta para casa do lado leste do rio Jordão (v.4), Josué também lhes deu algumas instruções (v.5):

- "Amar" — Para manter o relacionamento com Deus, precisavam amá-lo.
- "Andar" — Para manter o passo com Deus, precisavam seguir Seus caminhos.
- "Obedecer" — Para honrar a Deus, precisavam obedecer aos Seus mandamentos.
- "Apegar-se" — Para permanecer fortes na fé, precisavam se manter firmes em Deus.
- "Servir" — Para viver a fé, precisavam servir a Deus honestamente.

Para ter a certeza de que você não está se afastando de Deus deixando de ser o cristão desembaraçado para ser o incrédulo sem filiação, pense nas cinco palavras que Josué disse ao povo (Rm 1:16). Quando *amamos, andamos, obedecemos, apegamo-nos e servimos* em nosso relacionamento com Deus, nosso coração permanece firmado nele (Js 22:5). —*Tom Felten*

A Bíblia em um ano

❏ 1 Crônicas 19–21; João 8:1-27

Deus quer que sejamos fortes e corajosas, que não temamos e nem desanimemos e que caminhemos com Ele.

10 de agosto

Visão distorcida

Leitura:
Efésios 1:15-23

Oro para que seu coração seja iluminado, a fim de que compreendam a esperança concedida àqueles que ele chamou e a rica e gloriosa herança que ele deu a seu povo santo. —Efésios 1:18

Conversei com um amigo que sofria com as consequências do pecado de outras pessoas que o tinham afetado. Os efeitos permanecem, embora as ações tenham ocorrido há muito tempo. Ele lutava, tentando enxergar além das mentiras que o fizeram sentir-se indigno da graça de Deus. Sentia-se impotente e fraco, o que o deixou vulnerável à tentação de aplacar sua dor de maneira errada. Sua identidade em Jesus fora distorcida e enfraquecida por suas experiências negativas. Então, lemos juntos e examinamos a Palavra de Deus para ver a verdadeira identidade desse meu amigo em Jesus.

Paulo sabia tudo sobre identidade distorcida, pois inicialmente havia visto os seguidores de Jesus como desprezíveis e dignos de morte. Sua identidade se baseava em sua origem, formação e realizações não na graça de Deus (Fp 3:4-6). É compreensível que mais tarde, ao orar pela igreja de Éfeso, Paulo quisesse que os efésios se vissem como Deus os via (Ef 1:15-17). Como pessoas que…

• *Compreendem* "a rica e gloriosa herança que ele deu a seu povo santo" (v.18).

• *Entendem* "a grandeza insuperável do poder de Deus" — o Espírito Santo e Seu poder ilimitado fluía neles e por meio deles (v.19).

• *Foram aceitos no Corpo de Cristo* e faziam parte de uma comunidade "preenchida e completada por Cristo" (v.23).

A vida traz desafios que podem nos dar uma visão distorcida de nós mesmos fazendo-nos sentir fracos, pequenos, vulneráveis (Jo 15:9-17). Mas, ao mergulharmos profundamente na rica graça de Deus (v.7), recebemos "todas as bênçãos espirituais" de Jesus (v.3). Ele nos dá *esperança, poder e comunhão* — presentes que podem nos ajudar a permanecer fortes, resistir ao pecado e expressar identidades saudáveis nele. —*Tom Felten*

A Bíblia em um ano

Salmos 79–80; Romanos 11:1-18

A visão correta de sua identidade em Jesus a ajuda a resistir à tentação de pecar.

24 de maio

Arrogância e ingratidão

Leitura:
Romanos 1:18-32

Em vez disso, começaram a inventar ideias tolas e, com isso, sua mente ficou obscurecida e confusa.
—Romanos 1:21

Fabiola Gianotti liderou uma das equipes que descobriu o bóson de Higgs, a façanha mais empolgante da física moderna. Sua equipe usou um acelerador de partículas para fazer os prótons colidirem uns contra os outros quase à velocidade da luz. Encontraram a evidência de um campo de energia que aparentemente permeia o Universo. Quando outras formas de energia passam por esse "campo", os bósons de Higgs se ligam a essas partículas de energia e lhes dão massa. É assim que toda matéria adquire seu corpo.

Questiono-me se direcionar os bósons de Higgs que se ligam à minha energia poderia ser um jeito fácil de perder peso, mas, o que é mais importante, maravilho-me com o que essa descoberta revela sobre o mistério do mundo de Deus. Quem teria suposto que esses bósons energéticos e infinitesimais são responsáveis por dar massa ao Universo? O que virá a seguir? A ciência é fascinante! Quando Fabiola viu, pela primeira vez, as leituras mostrando que o bóson de Higgs havia sido descoberto, ela pulou e gritou: "Meu Deus!". E se recompôs para a entrevista coletiva, em que bradou: "Obrigada, natureza!". E *essa* foi a tragédia. Eles sabem quem Deus é, mas não lhe dão a glória que Ele merece e não são gratos.

Paulo declara que aqueles que se recusam a agradecer a Deus e a reconhecer Sua realidade se tornam tolos, com a mente "obscurecida e confusa" por substituírem "a grandeza do Deus imortal" por "imagens de seres humanos mortais" feitos à imagem da Sua criação (Rm 1:21-23). A cientista é brilhante, mas se recusa a reconhecer que Deus existe e que foi criada à Sua imagem. Nós nos tornamos aquilo que adoramos. Logo, é triste, mas apropriado que ela conclua: "Nada somos senão *quarks* e elétrons num amplo espaço vazio". Graças a Deus não somos apenas isso (Sl 135:15-18)! —Mike Wittmer

A Bíblia em um ano

☐ 1 Crônicas 22–24; João 8:28-59

Nós amamos, tememos e louvamos ao Senhor por Sua grande bondade e Seu grande poder.

9 de agosto

Deus de surpresas

Leitura:
Romanos 11:33-36

*Ele faz grandes coisas,
maravilhosas demais
para entender, e realiza
milagres incontáveis.*
—Jó 5:9

Certamente, os anjos se surpreenderam ao verem o primeiro pássaro alçar voo e os primeiros humanos piscarem os olhos. Ficaram surpresos também ao observarem Deus costurando roupas para cobrir a vergonha dos seres humanos decaídos (Gn 1–2; 3:21).

Deus também surpreendeu Abraão com uma promessa, Sara com um filho e Moisés com Sua presença, enquanto este se ajoelhava diante de um arbusto em chamas (17:17-19; Êx 3:2). Todo o Israel caminhou maravilhado, de olhos arregalados, seguindo a nuvem e a coluna de fogo, marchando entre muralhas de água e fugindo para uma nova terra (14:21-25).

Deus surpreendeu Isaque com uma esposa e Jacó com um sonho (Gn 24:62-67; 28:10-21). Surpreendeu Samuel com uma voz e Elias com um sussurro (1Sm 3:3-10; 1Rs 19:11-13). Deus surpreendeu Davi com realeza, Salomão com sabedoria, Ezequias com vida e Isaías com uma visão (1Sm 16:11-13; 1Rs 4:29; 2Rs 20:1-6; Is 6:1-7).

Deus também surpreendeu uma virgem adolescente com uma visitação angelical (Lc 1:26-38). A criança nascida daquela moça surpreendeu os sábios com Seu conhecimento de Deus (2:47). Mais tarde, o Filho de Deus surpreendeu aqueles à Sua volta saindo numa missão, na qual surpreendeu cegos abrindo os seus olhos e endemoninhados lançando seus algozes sobre os porcos. Surpreendeu mulheres aleijadas endireitando suas costas e os anfitriões de um casamento transformando a água em vinho. Foi uma surpresa quando Ele se revelou como o Messias carregando uma toalha e não uma espada. Foi uma surpresa quando Jesus perdoou os que o traíram e voltou à vida após a mais horrível das mortes (Mt 28:1-8; Lc 23:34; 24:13-35).

O nosso Deus é um Deus de surpresas. —*Sheridan Voysey*

A Bíblia em um ano

☐ Salmos 77–78; Romanos 10

As Escrituras contêm tesouros e mistérios com os quais Deus anseia por nos surpreender.

25 de maio

Novo tipo de pai

Leitura:
Lucas 11:1-13

...se vocês que são pecadores sabem como dar bons presentes a seus filhos, quanto mais seu Pai no céu dará o Espírito Santo aos que lhe pedirem!
—Lucas 11:13

Muitas pessoas lutam no dia a dia por causa do relacionamento ruim que têm com o pai. Tenho aconselhado algumas que tendem a humanizar Deus a partir de sua experiência negativa. Muitos cristãos também fracassam no relacionamento com o Pai celestial. Se o pai terreno os desaponta, para eles é difícil crer que Deus agirá diferente.

Mesmo assim, Jesus apontou para o "Pai" celestial. Diversas vezes, Ele se dirigiu ao "Pai" e ensinou os Seus seguidores a fazerem o mesmo ao orar (Lc 11:2). E, depois de Sua ressurreição, Jesus se referiu a Deus como "meu Pai" e "Pai de vocês" (Jo 20:17). Jesus falou de Deus como "Pai" embora Deus não fosse um pai comum. Ele estava nos revelando um Pai diferente do que o mundo já vira. Jesus estava abrindo nossos olhos para o tipo de pai incrível que Ele retratou na parábola do filho perdido (Lc 15:11-32).

A parábola, que é mais sobre o pai do que sobre o filho, apresenta uma imagem que vai além do que se pode esperar de um pai. Um pai judeu daquela época *não* teria aceitado o filho perdido de volta com os braços abertos. Em vez disso, teria renegado o filho por ter desgraçado a família e provavelmente o teria apedrejado pela rebeldia (Dt 21:18-21).

Mas Jesus não estava descrevendo um pai com base nos homens da época. Ele estava declarando que existe um Pai que jamais nos decepcionará. Alguém cheio de graça, misericórdia e amor. Paulo escreveu: "Mas Deus é tão rico em misericórdia e nos amou tanto que, embora estivéssemos mortos por causa de nossos pecados, ele nos deu vida..." (Ef 2:4,5; Rm 8:15). —*Jeff Olson*

A Bíblia em um ano
☐ 1 Crônicas 25–27; João 9:1-23

Quando o Espírito controla a nossa mente temos vida e paz.

8 de agosto

O resultado da impaciência

Leitura:
Êxodo 32:1-20

…o povo viu que Moisés demorava a descer do monte, reuniu-se ao redor de Arão e disse: "Tome uma providência! Faça para nós deuses que nos guiem". —Êxodo 32:1

A Bíblia em um ano
☐ Salmos 74–76; Romanos 9:16-33

Concordei em provar as coberturas de pizza favoritas de minha amiga, e o delicioso aroma me fez comer duas fatias. "Está quente", disse minha amiga. Ignorei o alerta e afundei os dentes numa fatia fumegante. Sabe o que aconteceu? O queijo quente queimou o céu da minha boca e, por minha impaciência, sofri no restante da refeição.

A impaciência também arruinou a harmonia dos israelitas com Deus em um ponto crítico de sua história. Moisés conversava com o Senhor no monte Sinai e estava prestes a levar os Dez Mandamentos ao povo. Com ele longe, o povo ficou inquieto. "…O povo viu que Moisés demorava a descer do monte, reuniu-se ao redor de Arão e disse: 'Tome uma providência! Faça para nós deuses que nos guiem…'" (v.1). Estupidamente, Arão cedeu ao motim. Ele juntou todas as joias de ouro do povo, derreteu-as e esculpiu um bezerro com o metal. O povo apresentou "holocaustos e ofertas de paz. Depois, todos comeram e beberam e se entregaram à farra" (v.6). A impaciência deles provocou a ira de Deus, que percebeu a corrupção e disse: "Como se desviaram depressa do caminho que eu lhes havia ordenado!" (v.8).

Após experimentarem a provisão, o poder e as promessas de Deus, os israelitas se recusaram a respeitar o tempo do Senhor. Nós também podemos cair nessa armadilha. Esperamos respostas imediatas e acesso rápido ao que desejamos. Essas expectativas podem se infiltrar em nosso relacionamento com Deus. Em vez de agirmos movidos pela impaciência, é melhor honrarmos o Seu cronograma (Tg 5:7,8).

Humilhando-nos, esperando e lembrando que os caminhos de Deus são muito melhores do que os nossos (Is 55:8,9), significa que não nos "queimaremos" tentando satisfazer os nossos desejos (Rm 15:4). —*Jennifer Benson Schuldt*

A Bíblia é o guia de orientação para os que esperam o cumprimento das promessas de Deus.

26 de maio

Amigos na luta

Leitura:
2 Samuel 21:15-22

Mas Abisai, filho de Zeruia, veio socorrer Davi…
—2 Samuel 21:17

Tim Kreider escreveu um artigo sobre as ocupações dos dias modernos. O texto "A armadilha das ocupações" relatou a sua experiência pessoal e a sua tentativa de marcar um encontro com um de seus amigos. Tal amigo lhe disse que estava ocupado, mas poderia "deixar o trabalho por poucas horas se algo estivesse acontecendo". Kreider não forçou o encontro, mas descreveu a ocupação daquele amigo como se fosse "um barulho alto e violento através do qual ele estivesse gritando".

Quanto mais nos ocupamos, mas difícil é chegarmos às pessoas que precisam do nosso companheirismo, cuidado e ajuda. O guerreiro Abisai (1Cr 11:20) ofereceu-se para ajudar o seu rei quando "Davi e seus soldados estavam no meio de uma batalha" (2Sm 21:15). Posso pensar em poucas cenas mais ativas e frenéticas do Antigo Testamento do que este confronto contra os filisteus. Deve ter sido impressionante, rápido e repleto de adrenalina; parecido com a vida de hoje, exceto os cassetetes e lanças.

Durante a batalha, "Davi ficou exausto" (v.15), e um inimigo chamado Isbibenobe o encurralou. Este homem era grande e estava armado com uma lança cuja ponta pesava cerca de 3,5 quilos e com uma espada nova. Assim que ele se aproximou para matá-lo, Abisai socorreu Davi e matou o filisteu (v.17). Ele tinha um histórico de lealdade ao rei de Israel (2Sm 16:9). Assim, quando a batalha se intensificou, não é surpresa que ele tenha escolhido o bem-estar de Davi em vez do seu próprio.

As ações de Abisai podem nos inspirar a ver além do que está acontecendo ao nosso redor para ajudar nossos colegas. Quando a vida se torna agitada, e as exigências nos atacam, a correria pode testar nossa lealdade. Seremos fiéis às coisas que ocupam nosso tempo ou às pessoas que mais nos importam? (Fp 2:4; Jo 15:13). —*Jennifer Benson Schuldt*

A Bíblia em um ano
❏ 1 Crônicas 28–29; João 9:24-41

A Bíblia nos exorta claramente a não procurarmos apenas os nossos interesses, mas também os interesses dos outros.

7 de agosto

Absolutamente inclusivo

Leitura:
João 2:1-11

Não há salvação em nenhum outro! Não há nenhum outro nome debaixo do céu, em toda a humanidade, por meio do qual devamos ser salvos.
—Atos 4:12

Jesus fez afirmações chocantemente exclusivas sobre si mesmo, e pessoas "legais" simplesmente não agem dessa forma. Quando Pedro lhe disse: "O senhor é o Cristo, o Filho do Deus vivo", Jesus o abençoou (Mt 16:16,17). A uma mulher samaritana, Ele declarou claramente: "Sou eu [o Messias] eu, o que fala com você" (Jo 4:26). E anunciou aos Seus seguidores: "Eu sou o caminho, a verdade e a vida. Ninguém pode vir ao Pai senão por mim" (14:6).

Jesus foi igualmente incisivo em relação aos relacionamentos pessoais. Ele foi absolutamente inclusivo e acolheu todos: ricos ou pobres, bons ou maus, judeus ou gentios. Os inimigos de Jesus o acusaram de ser "comilão e beberrão", aparentemente porque Ele ia a muitas festas (Mt 11:19). Em João 2, lemos que Cristo estava numa festa de casamento quando as bebidas acabaram prematuramente. Sua mãe insistiu para Ele fizesse algo. Ele o fez e a festa continuou, mas agora com o melhor dos vinhos, que era o resultado do primeiro milagre registrado de Jesus (vv.1-11).

Em João 3, Jesus se encontrou à noite com Nicodemos, "líder religioso entre os judeus" (v.1). E, embora Cristo tivesse algumas palavras afiadas para ele, o Mestre não o evitou, mas se envolveu numa longa conversa que acabou por conquistá-lo (7:50,51; 19:38-40).

Em João 4, Jesus conversou com uma mulher de má reputação, sem se importar com o que os outros poderiam pensar (vv.4-30). Basta dizer que o respeitável Nicodemos não teria sido visto com *aquela* mulher. Seu motivo para pedir água foi beneficiar os Seus ouvintes. Seu amigo Pedro (At 11:1-18) escreveu: "[O Senhor] Não deseja que ninguém seja destruído, mas que todos se arrependam" (2Pe 3:9). —*Tim Gustafson*

A Bíblia em um ano

☐ Salmos 72–73; Romanos 9:1-15

Somente Jesus é digno de nossa adoração e devoção.

27 de maio

Lembrem-se

Leitura:
Deuteronômio 8:1-6

...explicarei os segredos do passado. São coisas que ouvimos e aprendemos, coisas que os nossos antepassados nos contaram. —Salmo 78:2,3

Sempre precisei ser lembrado das coisas, mas agora o problema chegou a um ponto crítico. Um acidente de bicicleta me deixou com um olho roxo e perda de memória de curto prazo. Minha filha encontrou um ferro quente ligado na tomada depois que eu saí de casa. Em outra ocasião, a pia transbordou quando eu esqueci de lavar a louça. Esqueço onde estacionei o carro ou o fato de não ter dirigido no dia e por isso não consigo encontrá-lo. Alguns dias, esqueço conversas inteiras das quais participei, segundo me contam outras pessoas, mas isto tem um lado positivo. Esse problema enfatiza minha necessidade de criar mecanismos para lidar com a questão: tais como fazer listas extensas. Mas também esqueço onde deixei meu notebook.

Falhas de memória fazem parte da vida neste mundo caído. Samuel Johnson, autor do século 18, declarou: "As pessoas precisam ser lembradas com mais frequência daquilo que precisam ser instruídas". Vejo nessa afirmação uma aplicação espiritual. Deus conhece nossos problemas com a memória e, por isso, nos deu um bom corretivo — a Bíblia. Um livro em especial enfatiza a necessidade de lembrar: Deuteronômio é descrito como uma "repetição da lei". No discurso de despedida de Moisés ao povo que ele havia conduzido por 40 anos, ele frequentemente usou as palavras "lembrem-se" e "não se esqueçam" (Dt 8:2,11,15,18). O profeta sabia que o povo tinha consciência da Lei e que os israelitas a esqueceriam. Então, antes de morrer, Moisés voltou a enfatizar a bondade de Deus e a sabedoria contida em Seus mandamentos.

Temos a mesma tendência ao esquecimento. Ler a Palavra de Deus frequentemente, buscar a ajuda do Senhor sempre e aprender com conselheiros sábios não são meros mecanismos de controle, mas, sim, o caminho para *termos sucesso* (Sl 78:1-8). —*Tim Gustafson*

A Bíblia em um ano

☐ 2 Crônicas 1–3; João 10:1-23

Quando colocamos a nossa mente em Deus não nos esquecemos dos Seus poderosos feitos.

6 de agosto

Ela prepara e capacita

Leitura:
2 Crônicas 34:1-33

Subiu ao templo do SENHOR com os sacerdotes […] dos mais importantes até os mais simples. Leu para eles todo o Livro da Aliança encontrado no templo do SENHOR.
—2 CRÔNICAS 34:30

A Bíblia em um ano

☐ Salmos 70–71; Romanos 8:22-39

Recentemente, um conhecido meu foi ao médico para examinar um cisto na parte superior de seu pulso. O médico disse ao homem que aquele era um "cisto de Bíblia". Um cisto sinovial, às vezes denominado cisto de Bíblia, é um inchaço ou tumor benigno que, frequentemente, surge em, ou em torno de, articulações e tendões da mão ou do pé.

No passado, uma maneira de tratar esse cisto era golpeá-lo com um objeto contundente (como uma Bíblia). A pancada estourava o cisto para que o corpo pudesse absorvê-lo. Infelizmente, esse cisto também é, às vezes, chamado "cisto de Bíblia", pois alguns comparam a Bíblia a um objeto contundente usado (muitas vezes hipocritamente) para bater na cabeça dos outros. Usam as Escrituras para endireitar os que não andam na linha. A intenção era fazer os infratores se sentirem tão mal a ponto de se endireitarem.

Em minha vida, "batedores de Bíblia" já acertaram minha cabeça algumas vezes. E sei que eu mesmo bati com a Bíblia erroneamente em algumas pessoas. O Livro Sagrado não foi escrito para esse tipo de uso. Ele revela a história de Deus, a história do relacionamento do Senhor com a Sua criação. As Escrituras revelam quem nos criou, o motivo de termos sido criados, o que deu errado e como nosso Deus Criador está consertando o que é necessário.

O rei Josias não bateu em seu povo (que praticava a idolatria) com o "Livro da Lei" perdido, que fora redescoberto no Templo (2Cr 34:14,15). Em vez disso, o rei o leu para eles (vv.29,30). Ao ouvir isso, o povo se sentiu condenado e refez seu compromisso com o Senhor (vv.32,33).

O nosso Deus perdoador nos ensina a explicarmos amorosamente a verdade da Sua Palavra (2Tm 3:16,17). —*Jeff Olson*

Compartilhe sobre Deus atraindo outros a Ele sem fazê-los sentirem-se agredidos.

28 de maio

Louve ao Senhor!

Leitura:
Salmo 150

Tudo que respira louve ao SENHOR! Louvado seja o SENHOR! —SALMO 150:6

Bwana asifiwe! significa *Louve ao Senhor*! na língua suaíli. Enquanto eu viajava do árido Tala pelas favelas de Kawangare até o gueto altamente povoado e perigoso de Korogocho, no Quênia, era assim que todo cristão me cumprimentava. Vivendo em constante desânimo? *Bwana asifiwe*! Cercado pelas sombras da miséria, da pobreza e da destituição? *Bwana asifiwe*! Vivendo em meio ao mal sistêmico e com opções limitadas de escapar? *Bwana asifiwe*! Eu refletia: como eles podiam louvar a Deus em condições tão desfavoráveis? Recebi minha resposta durante um culto de adoração ao qual assisti na Igreja do Evangelho Redimido de Korogocho. Com sua dança de louvor, seu cântico exuberante e sua doação sacrificial, aqueles irmãos me fizeram lembrar de que, muitas vezes, devemos louvar ao Senhor por obediência — não pelas circunstâncias.

As Escrituras ordenam que o louvemos. Tudo que respira louve ao Senhor que concedeu o fôlego de vida (Sl 150:6). A obediência a este mandamento de louvar o Senhor era o reconhecimento de que Deus, apesar das circunstâncias e condições, era digno do louvor de Seu povo (Dt 10:21), e que não dividiria Sua glória e Seu louvor com ninguém (Is 42:8). A obediência a esse mandamento significa declarar a Sua natureza, louvar Sua bondade (Sl 135:3), atribuir-lhe grandeza (104:1), falar de Sua justiça (98:8,9), cantar sobre Sua fidelidade (89:1) e dar-lhe graças por Sua força (59:16) e salvação (18:46; 95:1).

Só Deus merece o nosso louvor. Nós o louvamos em obediência e reconhecimento à Sua bondade. Quando confiamos que Deus é bom e age positivamente para o bem mesmo em circunstâncias desfavoráveis, também — pela obediência — podemos dizer *Bwana asifiwe*! (At 16:16-34). —*Marvin Williams*

A Bíblia em um ano
☐ 2 Crônicas 4–6; João 10:24-42

Louvar ao Senhor em condições desfavoráveis nos faz alcançar o Seu favor.

5 de agosto

Misericórdia extravagante

Leitura:
Lucas 15:11-32

*Cheio de compaixão,
[o pai] correu para o filho.*
—Lucas 15:20

Quando somos desonestos com alguém, é normal sentirmos distância e vergonha. Poderíamos imaginar que a pessoa ofendida estaria remoendo o nosso mau comportamento, revendo a nossa conduta impensada ou nos eliminando. Poderíamos até pensar que haveria completo desinteresse por nós até voltarmos e expiarmos efusivamente os nossos atos. Se imaginarmos que Deus é assim, estaremos seriamente enganados.

Lucas narra a história de um filho pródigo que, surpreendentemente, pediu a seu pai sua parte da herança. Fez esse pedido descarado enquanto seu pai ainda estava vivo e, ao que tudo indica, gozando de boa saúde. Para mim, porém, o momento mais chocante é a reação do pai. O pai "dividiu seus bens entre os filhos" (Lc 15:12). Qualquer que fosse o motivo do pai para ceder a esse pedido imprudente, isso permitiu ao filho seguir esse caminho difícil. Em seu coração, o filho já havia abandonado o lar; sendo assim, às vezes é preciso sair totalmente para voltar verdadeiramente. O pai amava seu filho e o deixou ir.

O filho correu para terras distantes e desperdiçou tudo que seu pai lhe dera (v.13). Surgiu uma fome, e o filho passou necessidade, decidindo voltar a seu pai com um discurso contrito preparado de antemão (v.18). Mas o pai estava esperando o filho! Ao primeiro vislumbre de seu filho voltando para casa, o pai correu em direção a ele, tomou-o nos braços e não lhe poupou seu perdão (v.20).

Na cultura de Jesus, as atitudes do pai seriam vistas como tolas ou fracas. Mas esse bom pai (como o nosso Pai celestial) não tinha um ego a proteger. A misericórdia do Pai é extravagante e gratuita. —*Winn Collier*

A Bíblia em um ano

☐ Salmos 68–69; Romanos 8:1-21

*Jesus nos entrega uma herança eterna
quando Ele se torna nosso Salvador e Senhor.*

29 de maio

Se... então

Leitura:
Gênesis 28:10-22

Se, de fato, Deus for comigo e me proteger nesta jornada, se ele me providenciar alimento e roupa, e se eu voltar são e salvo à casa de meu pai, então o Senhor certamente será o meu Deus. —Gênesis 28:20,21

Como a nossa casa estava à venda, meu marido e eu passamos algum tempo consultando sites imobiliários. Havíamos implantado uma igreja a mais de 56 quilômetros de distância e ansiosamente antevíamos a hora de vivermos naquela comunidade onde ministraríamos. Enquanto esperamos, podemos facilmente cair na tentação do "se... então". *Se nos prometeres sucesso, então iremos; se nos prometeres uma casa grande, então nos mudaremos.* Mas o compromisso com o "se... então" não estabelece um alicerce sólido para as incertezas.

Fugindo da própria decepção (Gn 27:5-34), Jacó estava desesperado para saber se o seu futuro ainda estaria intacto. Como Jacó, em princípio, sabemos que podemos confiar no fato de que Deus cumpre as Suas promessas e provê as nossas necessidades. Contudo, muitas vezes vivemos como "se... então" fosse uma tentativa de tornar a vida mais segura e previsível (28:20-22). Em Betel, Jacó agiu assim e disse que, se Deus fosse com ele, e lhe providenciasse alimento e roupa...

Todos nós oramos algo assim: "Deus, *se* agires em meu favor e atenderes ao meu pedido, *então* te darei mais de mim". Mas, quando fazemos essas promessas, de alguma maneira questionamos os planos de Deus. Seria o mesmo que assinar um contrato com outra pessoa e deixar em aberto uma cláusula condicional. O Senhor, entretanto, não se envolve em acordos contratuais. Ele é Deus de relacionamento e de aliança (v.15), o que já foi demonstrado pelo Seu amor sacrifical (Jo 3:16). Acostumado a manipular para ser promovido, Jacó não compreendia ainda que Deus não deixaria a promessa de uma grande nação (Gn 15:5-7) basear-se num acordo "se... então". Deus queria o amor de Jacó. Assim, Ele lutou com Jacó, não para derrotá-lo, mas para que essa luta com Jacó revelasse a glória de Deus (32:24-32; 1Sm 1:10-28). —*Regina Franklin*

Mesmo que a vontade de Deus não seja como a minha, ainda assim o bendirei.

A Bíblia em um ano

☐ 2 Crônicas 7–9; João 11:1-29

4 de agosto

Roupa impura

Leitura:
Zacarias 3:1-10

Então o anjo disse aos que ali estavam: […] "Veja, removi seus pecados e agora lhe dou roupas de festa".
—Zacarias 3:4

A Bíblia em um ano
☐ Salmos 66–67; Romanos 7

Deus pode usar alguém como eu, que tem um passado ruim? Essa pergunta ardia no coração dos repatriados. Os israelitas haviam voltado do cativeiro, resultado de seus pecados graves, persistentes e impenitentes. Com a Terra Prometida em ruínas e o Templo destruído, eles perceberam que haviam errado muito. *O santo Deus pode nos usar para restabelecer a maneira adequada de adorá-lo?*

Não é difícil identificar-se com os israelitas. Nós também podemos ser atormentadas por questões como: "Quem sou eu para ensinar a Palavra de Deus?". "Preciso arrumar minha vida e começar a servir a Deus!". Nossa consciência é atormentada quando o Espírito Santo condena e o tentador Satanás amontoa suas acusações contra nós com bons argumentos (Is 6:1-8). Como Josué, o sumo sacerdote que Zacarias viu em sua visão, somos culpados da acusação (Zc 3:1).

Josué estava tentando ministrar perante o Senhor na qualidade de sacerdote, no entanto, vestia-se com roupas imundas (vv.1-4). A palavra hebraica para "imundo" significa literalmente "coberto por excrementos". Felizmente, nessa visão Deus purifica os pecadores com base em Sua graça e os torna dignos de servi-lo (vv.4,5). E, por intermédio do anjo do Senhor, Deus deu a Josué um encargo e uma promessa. O encargo: "andar em [Seus] caminhos e seguir [Seus] preceitos". A promessa: receberia "autoridade sobre [Seu] templo e seus pátios" (v.7).

A maravilhosa graça de Deus nos compele a dizer com Paulo: "O que agora sou, porém, deve-se inteiramente à graça que Deus derramou sobre mim, e que não foi inútil. Trabalhei com mais dedicação que qualquer outro apóstolo e, no entanto, não fui eu, mas Deus que, em sua graça, operou por meu intermédio" (1Co 15:10). —*Poh Fang Chia*

A graça de Deus nos capacita a andar com Ele em pureza e santidade.

30 de maio

De meninos a homens

Leitura:
2 Timóteo 1:1-5

Lembro-me de sua fé sincera, como era a de sua avó, Loide, e de sua mãe, Eunice, e sei que em você essa mesma fé continua firme.
—2 Timóteo 1:5

Estudos sobre filhos que crescem em lares sem o pai revelam que muitas vezes eles enfrentam grandes desafios. As estatísticas alarmantes demonstram que esses jovens são duas vezes mais propensos a terminar na prisão do que os jovens de famílias tradicionais. Oitenta e cinco por cento das crianças que exibem distúrbios comportamentais e 95% de crianças sem-teto e que abandonam suas casas são de lares sem o pai — 32 vezes a média!

Timóteo era filho de Eunice, "uma judia convertida, e o pai era grego" (At 16:1). As Escrituras mencionam sua avó Loide e sua mãe Eunice, mas nada mais é dito sobre seu pai. Alguns acreditam que seja pelo fato de ele não ser cristão. Outros que o pai de Timóteo pode ter morrido quando ele era novo. Concluímos, então, que o pai dele não desempenhou um grande papel no crescimento e desenvolvimento espiritual do filho. Em vez disso, Timóteo desde menino conheceu as Escrituras Sagradas e foi conduzido à salvação pela mãe e pela avó (2Tm 1:5; 3:14,15). Mais tarde, ele se tornou o "filho na fé" de Paulo (1Tm 1:2; Dt 10:18; 24:19-21; 26:12,13).

Crescendo numa casa sem o pai, Timóteo bem poderia ter sido uma criança-problema pelas estatísticas atuais. Mas a mãe e a avó piedosas compensaram essa defasagem e garantiram que ele aprendesse a Palavra de Deus desde cedo. O ensinamento fiel das Escrituras e a influência cristã dessas duas mulheres ajudaram Timóteo a crescer na fé. (Dt 10:18; 24:19-21; 26:12,13).

Timóteo também foi abençoado por ter o grande apóstolo Paulo como pai espiritual (1:2-4). O mais importante foi o fato de ele ter conhecido Deus como seu Pai celestial. *Isso* verdadeiramente o ajudou a crescer espiritualmente, deixando de ser um menino imaturo para ser um homem a serviço de Deus (Sl 68:5; 82:3; 146:9; Jr 49:11; Tg 1:27). —*K. T. Sim*

A Bíblia em um ano

☐ 2 Crônicas 10–12; João 11:30-57

Deus cuida dos órfãos, das viúvas e de cada uma de nós individualmente.

3 de agosto

Cartões de agradecimento

Leitura:
Colossenses 2:6-8

Permitam que a paz de Cristo governe o seu coração, pois, como membros do mesmo corpo, vocês são chamados a viver em paz. E sejam sempre agradecidos.
—Colossenses 3:15

A Bíblia em um ano
☐ Salmos 63–65; Romanos 6

Li uma homenagem escrita por um pai em memória de sua filha de 6 anos, que morrera de leucemia. "Nossa filha era muito grata a Deus e aos outros", compartilhou o pai. "Ela carregava uma bolsinha com papel e lápis de cor onde quer que fosse, para poder escrever cartões de agradecimento quando alguém lhe dava um presente ou fazia algo bom por ela". Essa menininha deixou um legado de gratidão que vale a pena imitar. Nosso coração transbordará de agradecimento se fizermos o que diz em Colossenses 2:6-8:

- Receber Jesus como Salvador e segui-lo (v.6).
- Aprofundar nossas raízes e firmarmos nossa vida nele (v.7).
- Amadurecer na fé que nos foi ensinada (v.7).
- Recusarmo-nos a ser seduzidas por filosofias vazias deste mundo escolhendo seguir a Jesus (v.8).

Lemos no Salmo 50:14: "Ofereçam a Deus seu sacrifício de gratidão". Hoje, os cristãos não praticam o sacrifício de animais na adoração. No entanto, os princípios por trás dos sacrifícios ainda se aplicam: perdão dos pecados e gratidão a Deus. E damos graças a Deus porque "…ele é bom; seu amor dura para sempre…" (Sl 107:1). Quando demonstramos "gratidão a Deus" (Ef 5:4), proclamamos a Sua grandeza e anunciamos "entre os povos o que ele tem feito" (Sl 105:1).

O líder ministerial Mark Orr escreveu em sua mensagem *Por que damos graças?*, que a gratidão agrada a Deus e nos aproxima dele, torna-nos emocionalmente saudáveis e nos ajuda a lidar com a depressão e a aliviar a tristeza.

Quer seja escrevendo cartões de agradecimento para os que nos abençoaram ou reconhecendo a bondade de Deus, esforcemo-nos por viver com o coração pleno de gratidão (Ef 5:20). —*Roxanne Robbins*

A gratidão é um testemunho poderoso de nossa fé em Deus.

31 de maio

Uma porta que se fecha

Leitura:
2 Coríntios 5:18–6:2

Pois Deus diz: "No tempo certo, eu o ouvi; no dia da salvação, eu lhe dei socorro". De fato, agora é o "tempo certo". Hoje é o dia da salvação! —2 Coríntios 6:2

Bip, bip. As luzes piscando e o som de aviso alertou os viajantes que a porta do trem estava prestes a se fechar. Mesmo assim, alguns retardatários empreenderam uma corrida frenética atravessando a plataforma para entrar num dos vagões. A porta se fechou sobre um deles. Felizmente, o passageiro se ajeitou na porta e embarcou em segurança. Questionei-me por que as pessoas assumiam tantos riscos, se o próximo trem chegaria em apenas 4 minutos.

Há uma porta muito mais importante pela qual devemos entrar antes que ela se feche. É a porta da misericórdia de Deus. O apóstolo Paulo nos diz: "De fato, agora é o 'tempo certo'. Hoje é o dia da salvação!" (2Co 6:2). Cristo veio, morreu por nossos pecados e ressuscitou da sepultura. Jesus Cristo abriu o caminho para nos reconciliarmos com Deus e já proclamou para nós o dia da salvação.

O tempo certo é hoje! Mas um dia a porta da misericórdia vai se fechar. Para aqueles que receberam e serviram a Cristo, Ele dirá: "Venham, vocês que são abençoados por meu Pai. Recebam como herança o reino que ele lhes preparou desde a criação do mundo" (Mt 25:34). Porém, aqueles que não o conhecem "irão para o castigo eterno" (v.46).

Nossa resposta a Jesus Cristo determina o nosso destino. Hoje, Jesus convida: "Sim, eu sou a porta. Quem entrar por mim será salvo. Entrará e sairá e encontrará pasto" (Jo 10:9). —*Poh Fang Chia*

A Bíblia em um ano
☐ 2 Crônicas 13–14; João 12:1-26

Não há melhor dia do que hoje para entrar e fazer parte da família de Deus.

2 de agosto

O suficiente

Leitura:
Provérbios 30:7-9

...não me dês nem pobreza nem riqueza, dá-me apenas o que for necessário.
—Provérbios 30:8

No filme *Um Violinista no Telhado* (1971), Tevye falou muito honestamente com Deus sobre suas finanças: "O Senhor fez muitas, muitas pessoas pobres. Eu percebo, é claro, que não é vergonha ser pobre. Mas também não é uma grande honra! Então, por que seria tão terrível se eu tivesse uma pequena fortuna? O Senhor que fez o leão e o cordeiro decretou que eu devo ser o que sou. Algum vasto plano eterno seria prejudicado se eu fosse rico?".

Muitos séculos antes de os escritos de Sholem Aleichem servirem de inspiração para as palavras honestas de Tevye, um homem chamado Agur orou a Deus de modo igualmente honesto, mas um pouco diferente, sobre suas finanças. Ele disse: "...não me dês nem pobreza nem riqueza; dá-me apenas o que for necessário" (v.8). Ele reconheceu Deus como seu único provedor e lhe pediu apenas o suficiente para satisfazer às suas necessidades diárias.

Agur não pediu prosperidade transbordante, porque sabia que isso poderia torná-lo orgulhoso, fazendo-o se tornar um ateu que negasse o caráter de Deus. Ele escreveu: "se eu for pobre demais, pode ser que roube e, com isso, desonre o nome do meu Deus" (v.9). Reconhecendo suas limitações, Agur pediu a Deus para impedi-lo de desonrar o Seu nome voltando-se a uma vida de roubo. Sua oração revela um coração que busca a Deus e deseja contentamento somente nele.

Que possamos ter a mesma atitude: (1) reconhecer Deus como o único provedor de tudo que temos; (2) buscar ao Senhor e um caminho financeiro que honre o Seu nome; (3) ter o verdadeiro contentamento, aceitando com gratidão o pão de cada dia que Ele provê (1Tm 6:9,10).

Encontremos o nosso contentamento e prazer em Deus. Ele é mais do que suficiente.

—*Marvin Williams*

A Bíblia em um ano

☐ Salmos 60–62; Romanos 5

Somente em Deus você encontrará o verdadeiro contentamento nele.

1.º de junho

Valeu a pena?

Leitura:
Salmo 73:17-26

Foi à toa que mantive o coração puro? Foi em vão que agi de modo íntegro?
—Salmo 73:13

No filme *Campo dos Sonhos* (1989), coisas milagrosas começam a acontecer após Ray Kinsella construir um campo de beisebol no meio de seu milharal. Um a um, famosos jogadores de beisebol do passado emergem milagrosamente dos pés de milho do entorno e começam a jogar. Kinsella, que arriscara tudo para construir o campo, acabou questionando se valera a pena. Frustrado, ele finalmente disse a um dos jogadores: "Fiz tudo. Dei ouvidos às vozes. Fiz o que me disseram e nunca perguntei: 'O que ganho com isso?'". O jogador perguntou: "O que você está dizendo, Ray?". Ele respondeu: "O que eu ganho com isso?".

No Salmo 73, Asafe fez pergunta semelhante. Durante anos, Asafe havia servido fielmente como dirigente de música do rei Davi (1Cr 16:4-7). Ajudou a musicar as letras dos salmos de Davi e compôs salmos. Ele estava vivo quando Deus prometeu ao rei que o Messias seria da linhagem de Davi e reinaria eternamente. Provavelmente, ele testemunhou a morte de Davi, a ascensão de Salomão e a construção do Templo. Tanto quanto podemos imaginar, ele pensou estar prestes a testemunhar a era de ouro que Deus prometera a Israel. Mas Salomão se afastou do Senhor. Como resultado, após a sua morte, Deus dividiu Israel em dois reinos e, a partir disso, foi tudo por água abaixo.

Tal como acontece com todos nós, a vida não saiu exatamente como Asafe esperava. Ele se questionava se havia servido todos aqueles anos para nada (Sl 73:13). Mas, quando entrou no santuário de Deus, se deu conta de que possuía o maior tesouro de todos — a própria presença de Deus (vv.17-26; 2Tm 4:7,8).

Nossas maiores dúvidas só podem ser resolvidas quando nos aproximamos de Deus.

—*Jeff Olson*

A Bíblia em um ano

☐ 2 Crônicas 15–16; João 12:27-50

Não desista! Permaneça fiel até o fim.

1.º de agosto

A volta dos mortos

Leitura:
Efésios 2:1-10

...embora estivéssemos mortos por causa de nossos pecados, ele nos deu vida juntamente com Cristo. É pela graça que vocês são salvos! —Efésios 2:5

Um homem pode estar oficialmente vivo depois de ter sido declarado legalmente morto? Foi notícia internacional o fato de um homem ter sido encontrado saudável, após desaparecer por mais de 25 anos. No momento do desaparecimento aquele homem estava desempregado, viciado, desesperado e devendo a pensão alimentícia aos filhos e por essa razão se escondera por tanto tempo. Ele se escondeu deliberadamente. Quando retornou, no entanto, descobriu como era difícil voltar a fazer parte do mundo dos vivos. Quando esse homem foi ao tribunal para reverter a decisão que o tinha declarado legalmente morto, o juiz recusou-lhe o pedido citando um prazo de 3 anos para corrigir a decisão judicial da morte do apelante.

Esse pedido incomum feito por um tribunal humano acaba por ser uma experiência comum para Deus. A carta de Paulo aos Efésios nos diz que, embora estivéssemos espiritualmente mortos por causa da desobediência e dos muitos pecados, Deus "...nos deu vida juntamente com Cristo" (Ef 2:1,5). Apesar disso, declarar-nos vivos e nos tornar espiritualmente vivos foi uma questão profundamente dolorosa para Deus. Nosso pecado e a consequente morte espiritual exigiram o sofrimento, a morte e a ressurreição do Seu Filho Jesus (vv.4-7).

Uma coisa é demonstrar a evidência da vida física e natural. Nosso desafio maior é demonstrar a evidência da vida espiritual. Tendo sido declarados vivos em Cristo, somos chamados a viver em gratidão pela imensurável misericórdia e vida que nos foi concedida. —*Mart DeHaan*

A Bíblia em um ano
☐ Salmos 57–59; Romanos 4

Jesus morreu na cruz para que possamos viver em Sua presença hoje e para sempre.

2 de junho

Afogando-se em amor

Leitura:
Lucas 3:15-22

Certo dia, quando as multidões estavam sendo batizadas, Jesus também foi batizado.
—Lucas 3:21

Batizei no rio uma criança em idade escolar. O pai dela entrou na água comigo, e cada um de nós se colocou ao lado dele. Juntos o submergimos e depois o ressuscitamos daquela correnteza refrescante e purificante. O pai sorriu durante todo o momento sagrado. O batismo era do filho, mas era evidente que ele sentia a mesma alegria.

As multidões se dirigiam ao deserto para ouvir João pregar e para serem batizadas no rio Jordão (Lc 3:7). Elas vinham porque ele anunciava que algo novo estava acontecendo e que o reino de Deus estava chegando. João pregava: "…o batismo como sinal de arrependimento para o perdão dos pecados" (v.3). Embora João protestasse, Jesus também se apresentou para ser batizado. Ao emergir do Jordão, a voz de Deus Pai trovejou do céu: "Você é meu filho amado, que me dá grande alegria" (v.22). Essas palavras de amor faladas do Pai ao Filho também foram ouvidas pela multidão que testemunhou publicamente Jesus ser revelado como o Messias (Jo 1:31-34).

Imediatamente após Seu batismo, Jesus suportou 40 dias de tentação e isolamento no deserto. Durante os três anos seguintes Ele foi incompreendido e cada vez mais ridicularizado. Finalmente, Jesus foi pendurado sozinho numa cruz. Porém, antes que Jesus pudesse suportar tais dificuldades, era essencial que Ele soubesse que o Pai o amava plenamente.

Embora essa história trate do batismo de Jesus, ela fala também do nosso batismo. Trata-se do amor de Deus por Jesus, bem como do amor de Deus por nós por meio do Seu Filho. Nós também somos filhos amados de Deus. Ele também se agrada em nós (Lc 3:1-14). —*Winn Collier*

A Bíblia em um ano

☐ 2 Crônicas 17–18; João 13:1-20

Jesus recebeu o amor e a confirmação de Deus, o Pai, e os oferece a nós.

31 de julho

Acessibilidade chocante

Leitura:
Romanos 8:14-17,24-26

Pois vocês não receberam um espírito que os torne, de novo, escravos medrosos, mas sim o Espírito de Deus, que os adotou como seus próprios filhos. Agora nós o chamamos "Aba, Pai". —Romanos 8:15

Quando John F. Kennedy era presidente dos Estados Unidos, algumas vezes os fotógrafos capturavam cenas muito cativantes. Sentado à mesa presidencial no Salão Oval, os membros do gabinete debatiam questões de abrangência mundial; e enquanto isso, uma criança, John-John, com 2 anos, engatinhava ao redor e embaixo da mesa presidencial, alheio ao protocolo da Casa Branca e às pesadas questões de Estado. Ele estava simplesmente em companhia de seu pai.

Esse mesmo grau de familiaridade é transmitido na palavra *Aba* quando Jesus disse: "…Aba, Pai, tudo é possível para ti…" (Mc 14:36). Deus pode ser o Senhor soberano do Universo, mas, por meio de Seu Filho, Deus se tornou tão acessível como qualquer pai carinhoso e amoroso desta Terra. Em Romanos 8, Paulo aproxima ainda mais essa imagem da intimidade. O Espírito de Deus vive em nós, o apóstolo diz, e, quando não sabemos como orar "O Espírito nos ajuda em nossa fraqueza, pois não sabemos orar segundo a vontade de Deus, mas o próprio Espírito intercede por nós com gemidos que não podem ser expressos em palavras" (v.26).

Jesus veio para demonstrar que Deus, perfeito e santo, recebe bem os apelos por ajuda de uma viúva com duas moedinhas, de um centurião romano, de um publicano miserável e de um ladrão na cruz. Precisamos apenas clamar "Aba" ou, caso não seja possível, simplesmente gemer; pois Deus está muito próximo de nós. —*Philip Yancey*

A Bíblia em um ano
☐ Salmos 54–56; Romanos 3

A oração é uma conversa íntima com o nosso Deus.

3 de junho

Presentes improváveis

Leitura:
Marcos 12:38-44

Eles deram uma parte do que lhes sobrava, mas ela, em sua pobreza, deu tudo que tinha.
—Marcos 12:44

As 166 mulheres de uma prisão filipina tinham pouco, mas reconheciam que outros tinham ainda menos. O tufão Pablo tinha varrido o sul do país, matando mais de mil pessoas, destroçando casas, aniquilando plantações e deixando quase um milhão de desabrigados. "Nossa situação é melhor do que a deles", disse uma. Outra acrescentou que de alguma maneira, ainda eram abençoadas naquele lugar. Elas tinham comemorado o Natal e recebido presentes de organizações de caridade. Umas tinham recebido algum dinheiro trabalhando em projetos comunitários patrocinados pelo governo. Elas juntaram seus recursos, incluindo os poucos presentes de Natal, para contribuir com roupas, alimentos e outros itens essenciais às vítimas do tufão.

Alguns podem desprezar esse relato morno e vago como pouco relevante diante da devastação generalizada. Mas Jesus nunca descartou as pequenas quantias. Quando a viúva pobre deu suas últimas moedas para o tesouro do Templo, Ele a comparou aos líderes religiosos que demonstravam sua espiritualidade ostensivamente.

Os mestres da lei "gostam de sentar-se nos lugares de honra nas sinagogas e à cabeceira da mesa nos banquetes!", disse Ele. "Tomam posse dos bens das viúvas de maneira desonesta e, depois, para dar a impressão de piedade, fazem longas orações em público" (Mc 12:39,40). Mas, sobre a viúva, disse: "essa viúva depositou na caixa de ofertas mais que todos os outros" (v.43).

É natural lamentarmos nossas más circunstâncias. Mas alguém sempre pode estar pior. Não lamentemos o que não podemos mudar, aprendamos com a viúva e as prisioneiras, pois mesmos pequenos presentes são multiplicados nas mãos do nosso generoso Deus (2Co 8:1-5). —*Tim Gustafson*

A Bíblia em um ano
☐ 2 Crônicas 19–20; João 13:21-38

Destacar-se na fé e no amor implica na alegria de contribuir.

30 de julho

Desperdícios

Leitura:
Deuteronômio 24:19-21

Sempre haverá pobres na terra. Por isso, ordeno que compartilhem seus bens generosamente com os pobres e com outros necessitados de sua terra.
—Deuteronômio 15:11

Segundo uma pesquisa da FAO (Organização das Nações Unidas para Agricultura e Alimentação), são desperdiçados cerca de 1,3 bilhão de toneladas de alimentos por ano gerando prejuízo próximo a R$ 1,6 trilhão. Europa e Estados Unidos descartam em média 115 quilos por pessoa a cada ano. Se houvesse uma redução nessa quantidade, seria possível alimentar 2 bilhões de pessoas anualmente, o suficiente para acabar com a fome mundial.

Deus prometeu abençoar os israelitas se eles o obedecessem. Sempre teriam alimento (Lv 26:3-5; Dt 28:1-8). Em meio à fartura, porém, foi-lhes dito para, "desperdiçarem deliberadamente": "Quando estiverem fazendo a colheita de suas lavouras e esquecerem um feixe de cereais no campo, não voltem para buscá-lo" (Dt 24:19). "Não cortem até o último cacho de cada videira nem apanhem as uvas que caírem no chão" (Lv 19:10). Por que tal desperdício? Os judeus deveriam deixar uma parte do alimento "para os pobres e estrangeiros" que viviam entre eles, para que os necessitados não passassem fome. Deus os fez recordar a fome que seus ancestrais passaram como escravos no Egito (Dt 24:19,22).

Hoje, quase 800 milhões de pessoas passam fome. Nosso testemunho deve incluir o compartilhar alimentos e a nossa abundância com os necessitados. A solução de Deus para os estômagos famintos é o coração generoso e as mãos abertas daqueles que nele creem (Dt 15:4-11).

"Alimente-me", nos diz Jesus. Mas questionamos: "Senhor, quando foi que o vimos faminto e lhe demos de comer?" [...] "E o Rei dirá: '...quando fizeram isso ao menor destes meus irmãos, foi a mim que o fizeram'" (Mt 25:35-40). —*K. T. Sim*

A Bíblia em um ano
☐ Salmos 51–53; Romanos 2

Deus ama quem compartilha com generosidade.

4 de junho

Fé e casamento

Leitura:
Esdras 9:1-15

Maridos, honrem sua esposa. Sejam compreensivos no convívio com ela [...] ela é igualmente participante da dádiva de nova vida concedida por Deus. —1 Pedro 3:7

Os familiares imploraram para ele não se casar, mas o jovem não quis ouvi-los. Qual era a preocupação da família? Ele era cristão; ela *não*. Eles sabiam que essa união desonraria a Deus e que os dois enfrentariam lutas por esse motivo. Estavam certos; um ano depois, o casal se divorciou.

O princípio de os cristãos se casarem com outros cristãos é encontrado em toda Palavra de Deus. Em Esdras 9, os líderes judeus informaram ao escriba que homens israelitas haviam começado a se casar com mulheres que não seguiam o Deus de Israel. Eles disseram: "Os homens de Israel se casaram com mulheres desses povos…". Esdras ficou pasmo (vv.2,3).

Em seguida, caiu de joelhos e confessou os pecados de seu povo a Deus buscando a Sua misericórdia e limpeza para a nação. Pediu ao Senhor para impedir o povo de casar "com pessoas que praticam essas coisas detestáveis" (v.14). Esdras sabia que, quando se casavam com parceiros que adotavam deuses estranhos, os israelitas desafiavam os mandamentos de Deus e corrompiam a fé de Seu povo (Dt 7:3,4; Js 23:12,13).

O apóstolo Paulo escreveu sobre esse tema. Considere esses versículos:

• *Casar-se somente com cristão:* "A esposa está ligada ao marido enquanto ele viver. Se o marido morrer, ela está livre para se casar com quem quiser, desde que seja um irmão no Senhor" (1Co 7:12,16,39).

• *Ser um em Cristo:* "…sujeite-se cada uma a seu marido, como ao Senhor […] ame cada um a sua esposa, como Cristo amou a igreja" (Ef 5:22,25).

É essencial compartilhar a fé em Jesus com quem você se casar. Tenha isso em mente antes do primeiro encontro e muito antes de dizer "Aceito" (2Co 6:14). —*Tom Felten*

A Bíblia em um ano
☐ 2 Crônicas 21–22; João 14

Para Deus, o casamento é sagrado e santo.

29 de julho

Traga-o

Leitura:
2 Coríntios 12:5-10

Em três ocasiões, supliquei ao Senhor que o removesse.
—2 Coríntios 12:8

O evangelista australiano Nick Vujicic nasceu sem braços e pernas. Ao longo de sua vida, ele teve o profundo desejo de ser curado por Deus. Chegou a orar para que seus membros crescessem. Certa vez, ele e alguns amigos cristãos fizeram braços e pernas de argila e oraram para que se tornassem carne. Embora isso não tenha ocorrido, Nick ainda ora: "Por favor, dá-me braços e pernas, mas, se não me deres, confio em ti". O compromisso dele com Jesus é apenas "desejar o Seu plano".

Como Vujicic, Paulo sofria com uma aflição que Deus não removeu. Ele a descreveu como um espinho na carne, um mensageiro de Satanás. Alguns pensam que Paulo sofria de epilepsia, enxaqueca ou até problemas oculares. O apóstolo disse: "Em três ocasiões, supliquei ao Senhor que o removesse" (vv.7,8). Ele pleiteou mais de uma vez.

Embora Deus não tenha dado a Paulo o que este desejava, deu-lhe graça. Em resposta às orações de Paulo, Ele disse: "Minha graça é tudo de que você precisa. Meu poder opera melhor na fraqueza" (v.9). Deus não estava simplesmente se recusando a ajudar. O Senhor disse "não" ao pedido de Paulo com o propósito de usar as limitações desse apóstolo para revelar Seu agir ilimitável. A fragilidade de Paulo exibiria o poder de Deus (At 28:7-9).

Quando Deus nos diz "não", podemos presumir que Ele não se importa conosco. Mas a verdade é outra. Mesmo que continuemos lhe pedindo para resolver o nosso problema, podemos também orar por outros motivos (Mt 26:42-45).

No começo poderia soar algo como: *Deus, ajuda-me a depender da Tua graça nesta situação. Concede-me o Teu poder, pois sei que ele pode se aperfeiçoar em minha fraqueza. Libera o Teu poder em minha vida e usa a minha dor para a Tua glória.* —*Jennifer Benson Schuldt*

A Bíblia em um ano

☐ Salmos 49–50; Romanos 1

Quando estamos fracos, podemos nos fortalecer ao dependermos de Jesus.

5 de junho

Degraus até lugar nenhum

Leitura:
1 Coríntios 9:24–10:13

Por isso não corro sem objetivo nem luto como quem dá golpes no ar. —1 Coríntios 9:26

Encontrei três degraus de tijolos resistindo à destruição quando estive com um grupo de alunos que cataram o lixo do terreno de uma casa. Uma escada comum como outras, mas não levava a lugar algum. Subi-la levaria simplesmente a uma parede de madeira velha e desgastada.

Com frequência, pensamos em crescimento espiritual em termos de acontecimentos importantes ou grandes transições, ou na vida ou no coração. Fazendo isso, separamo-nos do impacto real das decisões cotidianas. O pequeno é importante, seja para o bem ou para o mal. Salomão nos lembra de que a frutificação da nossa vida pode ser profundamente afetada pelas "raposinhas" (Ct 2:15), e Jesus falou sobre o incomensurável impacto de momentos "semente de mostarda" em Seu reino (Lc 12:23,24; 13:18,19).

Ser estratégico em nossa caminhada espiritual é buscar a Deus e a Sua vontade. É essencial que nos esforcemos para continuar sendo obedientes a Ele seguindo a direção do Espírito Santo, mesmo nas pequenas coisas. Não é suficiente apenas trabalhar muito no que quer que seja, fazer algo acontecer ou deixar o tempo passar. Somos responsáveis por conhecer e testar o mérito do que estamos fazendo na vida (1Co 3:12-14). A tentação de esbanjar, seja nosso dinheiro, tempo ou paixão é muito real. Podemos evitar construir degraus que não levam a lugar algum mantendo clara a nossa visão na adoração, nos nossos relacionamentos, em nosso falar (1Co 10:6-10).

A distinção importante em nossas decisões, no entanto, é muito maior do que os degraus que conduzem a uma parede ou porta. É a diferença entre viver para as coisas que murcharão e morrerão ou escolher aquelas que permanecerão eternamente (Tg 1:11,12; 1Pe 1:22-25). —*Regina Franklin*

A Bíblia em um ano
❏ 2 Crônicas 23–24; João 15

A Palavra de Deus nos ajuda a avaliarmos o mérito das coisas que consomem o nosso tempo e atenção.

28 de julho

Vida santificada

Leitura:
Mateus 6:7-13

Pai nosso, que estás no céu, santificado seja o teu nome.
—Mateus 6:9

Jesus nos ensinou a orar: "…Pai nosso, que estás no céu, santificado seja o teu nome" (v.9). Nós oramos e afirmamos hoje que o Teu nome, Javé, já *é* santo porque descreve a ti — puro, perfeito, distante do mal, do erro e da corrupção. Contudo, ao orar "santificado seja o teu nome", reconhecemos a nossa parte, como Teu povo, em revelar a Tua santidade aos outros. Por nossas palavras e atos podemos representar-te bem ou podemos fazer o Teu nome ser blasfemado pelo mundo (Rm 2:24). Deus, confessamos hoje que de muitas maneiras temos profanado o Teu santo nome. Pedimos, com humildade e urgência, que corrijas os nossos erros e faças o Teu nome santo uma vez mais. Pedimos o Teu perdão:

• Por ministros da Igreja que traíram a confiança de crianças violando a inocência delas em Teu nome.

• Por tele-evangelistas cujos ministérios se desfizeram em escândalos arruinando vidas em Teu nome (Rm 2:17-24).

• Por cruzadas e guerras travadas em "honra do Príncipe da Paz" e por atos de brutalidade praticados em Teu nome (Ne 9:5-37).

• Pela frieza de algumas de nossas igrejas, superficialidade de outras e maneiras como nos apegamos às tradições arcaicas ou ao último modismo.

• Por nos vestirmos com riqueza enquanto os pobres passam fome; por vulgarizar os laços do matrimônio relaxando a ética sexual; por perseguir sucesso à custa de princípios; pelo egocentrismo de nossos sonhos; pelas inúmeras maneiras como te transformamos em um deus que endossa tudo o que desejamos (1Pe 1:15).

Deus Santo, *lamentamos* muito e nos arrependemos. Concede-nos o poder para termos vidas como a Tua, pois tu és puro, amoroso e bom e nos chama a sermos como tu és. Que o Teu nome seja santificado. Em nome de Jesus oramos. Amém. —*Sheridan Voysey*

Honramos o nome do Pai quando buscamos a santidade dele em nossa vida.

A Bíblia em um ano

❏ Salmos 46–48; Atos 28

6 de junho

Unidos

Leitura:
Efésios 4:5-16

Pois somos obra-prima de Deus, criados em Cristo Jesus a fim de realizar as boas obras que ele de antemão planejou para nós —EFÉSIOS 2:10

Minha esposa, Janete, presenteou-me com um novo violão no meu aniversário de 65 anos. Originalmente desenvolvido nos anos de 1900, o estilo dele é maior do que a maioria dos violões fabricados naquela época, e é famoso por seu som nítido e alto. A parte de trás desse instrumento é única. Devido à escassez de peças largas de jacarandá de alta qualidade, os artesãos, de modo inovador, encaixaram três pequenos pedaços de madeira, o que resultou em um som mais rico.

A obra de Deus é muito parecida com esse modelo inovador de violão. Jesus reúne fragmentos e os une de modo a lhe trazer louvor. Ele recrutou cobradores de impostos, revolucionários judeus, pescadores e outros tipos de pessoas para serem os Seus seguidores. E no transcorrer dos séculos, Cristo continua a chamar pessoas de vários estilos de vida. O apóstolo Paulo nos diz: "Ele faz que todo o corpo se encaixe perfeitamente. E cada parte, ao cumprir sua função específica, ajuda as demais a crescer, para que todo o corpo se desenvolva e seja saudável em amor" (Ef 4:16).

Nas mãos do Mestre, muitas pessoas estão sendo encaixadas e unidas de modo a resultarem em algo com enorme potencial para louvar a Deus e servir aos outros.
—*Dennis Fisher*

A Bíblia em um ano

☐ 2 Crônicas 25–27; João 16

Conseguimos realizar muito mais quando unimos as nossas forças do que quando nos dispersamos.

27 de julho

O visitante

Leitura:
Mateus 25:31-40

Estava nu e me vestiram. Estava doente e cuidaram de mim. Estava na prisão e me visitaram. —Mateus 25:36

Meu amigo perguntou a um aposentado quais eram as suas ocupações durante o seu tempo livre. "Sou um visitador", ele respondeu prontamente e sorrindo lhe disse: "Visito as pessoas da igreja e da minha comunidade que estão em hospitais, centros de reabilitação, os que moram sozinhos ou aqueles que precisam de alguém para conversar e orar juntos. Gosto de fazer isso!". Ele se impressionou com a percepção tão clara daquele senhor sobre os seus planos de ação e cuidados com os outros.

Alguns dias antes de ser crucificado, Jesus contou aos Seus seguidores uma história que enfatiza a importância de visitarmos os necessitados: "O Rei dirá aos que estiverem à sua direita: 'Venham, vocês que são abençoados por meu Pai. Recebam como herança o reino que ele lhes preparou desde a criação do mundo. Pois tive fome e vocês me deram de comer. Tive sede e me deram de beber. Era estrangeiro e me convidaram para a sua casa. Estava nu e me vestiram. Estava doente e cuidaram de mim. Estava na prisão e me visitaram'" (vv.34-36). Quando lhe perguntaram:"'Quando foi que o vimos doente ou na prisão e o visitamos?'. E o Rei dirá: 'Eu lhes digo a verdade: quando fizeram isso ao menor destes meus irmãos, foi a mim que o fizeram'" (vv.39,40).

Esse é um ministério que beneficia a pessoa que foi visitada e agrada o Senhor. Servi-lo é um privilégio dos cristãos e significa ir ao encontro das pessoas com o objetivo de ajudar e encorajar. Você pode demonstrar o seu amor a Cristo encorajando alguém em todas as oportunidades que o Pai lhe conceder. —*David McCasland*

A Bíblia em um ano

☐ Salmos 43–45; Atos 27:27-44

A compaixão nos faz compreender os problemas dos outros e nos faz sentir o desejo urgente de ajudar e encorajar o nosso próximo.

7 de junho

Bendito seja o Senhor

Leitura:
Salmo 103

Todo o meu ser louve o Senhor; louvarei seu santo nome de todo o coração.
—Salmo 103:1

Você já cantou a inspiradora canção *Dez mil razões*, de Matt Redman? O autor afirmou que baseou essa canção no Salmo 103, que traz múltiplas razões para bendizer ao Senhor. Algumas versões da Bíblia traduzem Salmo 103:1 de maneira diversa, mas o hebraico diz literalmente: "Todo o meu ser louve o Senhor". Você quer saber o que isso significa? Louvar significa creditar algo bom a alguém e por esse motivo você não lê um trecho muito longo do Antigo Testamento sem encontrar alguém implorando ao Senhor por Sua bênção.

Abraão disse a Deus: "Que Ismael viva sob a tua bênção" (Gn 17:18)! Jacó brigou com Esaú pela bênção e se agarrou ao lutador divino, insistindo: "Não o deixarei ir enquanto não me abençoar" (32:26). Esses homens sabiam que a bênção de Deus era o segredo do seu sucesso, pois somente Deus poderia abrir a madre, afastar os inimigos e garantir uma enorme safra. A bênção de Deus pôde tornar tolerável até a situação de Jó e, depois de sua provação, "O Senhor abençoou Jó na segunda parte de sua vida ainda mais que na primeira" (Jó 42:12).

Nós compreendemos como Deus nos abençoa dando-nos coisas boas, mas como podemos bendizê-lo? Que bem poderíamos acrescentar que Ele ainda não o tenha? Uma única coisa: reputação. O Salmo 115 diz que, quando as nações ridicularizam o Senhor, dizendo: "Onde está o deus deles?" (v.2), respondemos "louvando-o" (o termo hebraico do v.18) por Suas incontáveis bênçãos sobre nós. E, assim, engrandecemos o Seu nome.

Deus nos abençoa provendo-nos coisas boas; nós louvamos o bem que vemos nele. Quer acrescentar algo à fama do Senhor? Louve-o pelas *Dez mil razões*, e desta vez com devoção maior ainda (Mt 6:9-13). —*Mike Wittmer*

A Bíblia em um ano
☐ 2 Crônicas 28–29; João 17

Edificamos o nome de nosso Pai celestial quando o louvamos e lhe damos toda a glória sempre.

26 de julho

O verdadeiro chefe

Leitura:
2 Timóteo 2:23-26

O próprio Senhor lutará por vocês. Fiquem calmos!
—Êxodo 14:14

Estávamos na Uganda e ao aprontar-se para ir dormir, meu filho disse: "Mamãe, o homem que luta é o chefe. O homem que não luta é o *verdadeiro* chefe!". Sete meses depois, Hillary Clinton, Secretária de Estado dos EUA, disse algumas palavras em resposta aos ataques a missões diplomáticas de seu país no Oriente Médio que ecoavam as convicções de meu filho.

"Quando os cristãos estão sujeitos a insultos à sua fé, e isso certamente ocorre, esperamos que eles não recorram à violência", disse Hillary. "O mesmo se aplica a todas as fés. […] Abster-se da violência, então, não é um sinal de fraqueza em sua fé; é […] um sinal de que a sua fé é inabalável." Quer venha da boca de bebês ou de líderes experientes, há sabedoria na exortação a abster-se de combater. A Bíblia declara com ênfase: "Evitar contendas é sinal de honra; apenas o insensato insiste em brigar" (Pv 20:3); "A pessoa irada provoca conflitos; quem perde a calma facilmente comete muitos pecados. O orgulho termina em humilhação, mas a humildade alcança a honra" (29:22,23); "Quem se ira facilmente provoca brigas, mas quem tem paciência acalma a discussão" (15:18); "A ganância provoca brigas; a confiança no Senhor conduz à prosperidade. Quem confia no próprio entendimento é tolo; quem anda com sabedoria está seguro" (28:25,26).

Como seguidores de Jesus, sigamos o conselho do apóstolo Paulo: "não se envolva em discussões tolas e ignorantes que só servem para gerar brigas. O servo do Senhor não deve viver brigando, mas ser amável com todos, apto a ensinar e paciente" (2Tm 2:23,24; 4:7).

—Roxanne Robbins

A Bíblia em um ano
❏ Salmos 40–42; Atos 27:1-26

Felizes os que promovem a paz, pois serão chamados filhos de Deus. —Mateus 5:9

8 de junho

Ídolos do coração

Leitura
Ezequiel 14:1-11

...esses homens levantaram ídolos em seu coração.
—Ezequiel 14:3

Com lágrimas nos olhos, o personagem principal do filme resumiu sua vida para a namorada: sem amigos, sem emprego e com o passado sombrio. Sem laços familiares ou fé em Deus, ele tinha apenas o amor de sua namorada e lhe prometeu devoção vitalícia. Para fazê-la feliz, ele se absteve de violência, permaneceu monógamo e deixou de usar certas palavras desagradáveis. Tudo o que fazia e planejava girava em torno da bela atriz por quem se apaixonara.

Esse cenário nos mostra como os relacionamentos podem se tornar nossos ídolos. Quando Deus disse: "Não faça para si espécie alguma de ídolo ou imagem de qualquer coisa" (Êx 20:4; Is 41:29), Ele estava nos avisando para não deixar algo se interpor entre nós e o Senhor. Infelizmente, às vezes a busca por romance eclipsa o nosso amor por Deus.

Nos tempos de Ezequiel, os israelitas praticavam a idolatria. Deus deu ao profeta uma mensagem para alguns líderes do Seu povo dizendo: "esses homens levantaram ídolos em seu coração" (Ez 14:3). Aos olhos de Deus, a idolatria não era apenas a criação e adoração de figuras de madeira — era uma doença do coração, um desvio de sua devoção a Ele. Deus ordenou: "Não tenha outros deuses além de mim" (Êx 20:3). O que nos leva para longe de Deus nos levará ao pecado. Se um relacionamento se torna nosso ídolo, há um perigo adicional. Podemos ser tentadas a comprometer a nossa pureza, um pecado contra Deus e contra nós mesmas (1Co 6:18,19). Nosso Deus deseja e merece ser o primeiro em nosso coração.

Ao compreendermos o Seu amor por nós, não somos tão propensas a dar o melhor de nós mesmas a "outro alguém importante" e esperar que Deus se satisfaça com as sobras (Jz 16:17-19). —*Jennifer Benson Schuldt*

A Bíblia em um ano
☐ 2 Crônicas 30–31; João 18:1-18

Temam o SENHOR, seu Deus, e sirvam-no...
—Deuteronômio 6:13

25 de julho

Aprendendo humildade

Leitura:
1 Coríntios 10:1-13

Portanto, se vocês pensam que estão de pé, cuidem para que não caiam.
—1 Coríntios 10:12

Tempos atrás, quando usava o cortador de grama dirigível, minha mulher prendeu acidentalmente a parte de baixo do "tratorzinho" em um dos balanços de nosso "parquinho". Os pneus da frente saíram do chão! Recentemente enquanto eu cortava a grama, ela me pediu apavorada que eu reduzisse para a primeira marcha. Manobrei confiante em torno do balanço à minha esquerda, mas não vi o da *direita*. De repente, o cortador empinou sobre as rodas traseiras, inclinando-se para trás. Caí e rolei para longe das lâminas, no entanto, percebi que o cortador ficou de ponta cabeça e com o volante esmagado.

Minha mulher não conseguiu acreditar no que eu tinha feito. Após o ocorrido, ela me questionou sobre o meu descuido. O problema era esse: o incidente tinha acontecido com ela, motorista novata. Porém, eu tinha aparado o gramado por oito anos sem nenhum problema e nem sabia que era possível capotar um cortador de grama em terreno plano e jamais pensei que isso poderia acontecer *comigo*.

Falhei em aprender com o exemplo de minha mulher. Paulo nos diz que devemos aprender com os israelitas. Suas histórias de desobediência foram registradas "como advertência para nós a fim de que não cobicemos o que é mau, como eles cobiçaram, nem adoremos ídolos, como alguns deles adoraram" ou nos queixemos, como alguns deles (1Co 10:6-11). Somos piores no momento em que supomos ser melhores, porque nos descuidamos quando pensamos que nunca cairemos.

"O orgulho precede a destruição; a arrogância precede a queda" (Pv 16:18). Precisamos ser humildes e estar alertas diante de Deus. Que pecado você tem certeza de que jamais cometeria? Cuidado! Você acaba de baixar a sua guarda (Mc 14:27-31,66-72). —*Mike Wittmer*

A Bíblia em um ano

☐ Salmos 37–39; Atos 26

O reino de Deus pode se instalar somente num coração humilde.

9 de junho

Investindo na eternidade

Leitura:
Mateus 16:24-28

Mantenham os olhos fixos nas realidades do alto […] Pensem nas coisas do alto […]. Pois vocês morreram para esta vida, e agora sua verdadeira vida está escondida com Cristo…
—Colossenses 3:1-3

Jesus disse a Seus discípulos: "Se alguém quer ser meu seguidor, negue a si mesmo, tome sua cruz e siga-me" (Mt 16:24). E elevou o padrão ainda mais: "Se tentar se apegar à sua vida, a perderá. Mas, se abrir mão de sua vida por minha causa, a encontrará" (Lc 14:25). Considerando-se as duras realidades desses requisitos, por que alguém desejaria segui-lo? Felizmente, Jesus nos deu a motivação para assumir um compromisso tão radical. Colocado como minha experiência, seria algo assim: *Abandono os meus caminhos egoístas, tomo a minha cruz e sigo a Cristo, pois estou investindo na eternidade.*

É fácil preocupar-se com a vida na Terra. *O que Jesus pode fazer por mim aqui e agora? Ele pode me ajudar a conseguir aquela promoção? Jesus me curará do câncer?* Jesus falou sobre dois paradoxos: aquele que vive só para si mesmo perderá a sua vida no final, e perder o prazer pelo pecado não se compara à perda de sua alma eternamente (vv.25,26). Quando voltar, Ele julgará "cada pessoa de acordo com suas ações" (v.27). Jesus nos pede para não vivermos para esta vida, mas para a próxima e nos convida a investir nele.

O apóstolo Paulo nos oferece a mesma oportunidade de investimento: "Uma vez que vocês ressuscitaram para uma nova vida com Cristo, mantenham os olhos fixos nas realidades do alto, onde Cristo está sentado no lugar de honra, à direita de Deus. Pensem nas coisas do alto, e não nas coisas da terra. Pois vocês morreram para esta vida…" (Cl 3:1-3; Mt 6:22-33).

Para vivermos sabiamente, precisamos manter o nosso foco na eternidade. Somente ao investirmos na pessoa de Jesus, teremos dividendos eternos (Mt 6:19-21). —*K. T. Sim*

A Bíblia em um ano

☐ 2 Crônicas 32–33; João 18:19-40

Invista a sua vida no cumprimento dos propósitos do Senhor.

24 de julho

Indesejados e não amados

Leitura:
Rute 2:5-23

O Senhor não deixou de lado sua bondade [...]. Esse homem é um de nossos parentes mais próximos, o resgatador de nossa família.
—Rute 2:20

Um pastor e sua congregação serviam em uma região conhecida por ter dependentes químicos, alcoólatras e prostitutas. Durante muitos anos eles oraram: *Senhor, envia-nos as pessoas que ninguém mais deseja*. Essa oração foi respondida, pois mais de 800 frequentadores da igreja estão agora envolvidos em programas de recuperação para ajudá-los a se libertarem de estilos de vida destrutivos. Recentemente, o pastor acrescentou essa frase ao final de sua oração: *...e que ninguém mais vê*. Ele disse: "Essas pessoas são sempre negligenciadas, mas, afinal de contas, como disse Jesus, 'As pessoas saudáveis não precisam de médico, mas sim os doentes'" (Mt 9:12).

Há muito tempo houve duas mulheres que poderiam, definitivamente, ter sido evitadas e negligenciadas: Noemi e Rute. Devido ao duplo desafio de viverem numa sociedade patriarcal (Noemi era viúva) repleta de preconceitos étnicos (Rute era moabita), as duas estavam numa situação "amarga" (Rt 1:3,4,20). Mas, pela graça de Deus, um homem não as viu da maneira negativa como muitos o faziam. Boaz demonstrou bondade a elas ao notar que Rute fora benevolente com sua parenta Noemi (2:11,20). Ele abençoou Rute, dizendo: "Que o Senhor, o Deus de Israel, sob cujas asas você veio se refugiar, a recompense ricamente pelo que você fez" (v.12). Rute foi acolhida e ajudada embora fosse viúva, viesse de uma nação indesejável e não trabalhasse para Boaz (v.13). Apesar de *diferente e necessitada*, ela foi redimida pelo parente resgatador (v.20) com quem acabaria se casando! (4:13).

Quem são as "pessoas desprezadas" ao seu redor? Como você pode ajudá-las a encontrar redenção em Jesus e um estilo de vida mais saudável? Aos olhos de Jesus, *todas* as pessoas são amadas (Is 1:17). —*Tom Felten*

A Bíblia em um ano

☐ Salmos 35–36; Atos 25

Que vejamos o mundo perdido com o mesmo olhar de Jesus: cheio de compaixão.

10 de junho

Privilégio e responsabilidade

Leitura:
Provérbios 31:1-9

Os ditados do rei Lemuel contêm esta mensagem, que sua mãe lhe ensinou.
—Provérbios 31:1

William Arthur Ward, autor de máximas inspiradoras, escreveu essas palavras de sabedoria para motivar as pessoas a serem responsáveis e a fazerem a coisa certa: "Faça mais do que pertencer: participe". "Faça mais do que cuidar: ajude. Faça mais do que acreditar: pratique. Faça mais do que ser justo: seja gentil. Faça mais do que perdoar: esqueça. Faça mais do que sonhar: trabalhe".

Antes de um rei chamado Lemuel ascender ao trono, é provável que sua mãe tenha apelado ardentemente para que ele fosse além de desfrutar dos privilégios da realeza e aceitasse, também, as responsabilidades (Pv 31:1). Seu primeiro apelo foi para que o rei fosse responsável praticando o autocontrole (vv.2-4). Ela queria que ele praticasse o autocontrole na área da sexualidade e do uso de etílicos, porque sabia que, se estes se tornassem vícios, dissipariam a sua alma e ele ignoraria as necessidades do povo. Certamente, isso o levaria à ruína. A mãe de Lemuel poderia apontar para o rei Salomão, que buscou esses dois prazeres (Ec 2:8). Essas e outras atividades o deixaram emocionalmente vazio e o fizeram "correr atrás do vento" (v.11). A mãe de Lemuel incentivou o filho a ser responsável ensinando-o a praticar a justiça (vv.8,9). O rei deveria defender os desamparados e usar seu poder em prol dos que não tinham poder. Quando defendesse a causa dos órfãos, viúvas, estrangeiros e outros marginalizados na terra, ele estaria refletindo o caráter de Deus (Dt 24:17; Sl 68:5; Pv 31:8; 1Rs 11:1-13).

Levemos a sério a sabedoria milenar de Provérbios e incentivemos os nossos filhos e outras pessoas a apreciarem os privilégios de sua posição e a irem além do que é necessário. Como cristãos, levemos as nossas responsabilidades a sério. —*Marvin Williams*

A Bíblia em um ano

☐ 2 Crônicas 34–36; João 19:1-22

Não explore o pobre só porque tem oportunidade, nem se aproveite do necessitado... —Provérbios 22:22

23 de julho

Confrontando as trevas

Leitura:
Mateus 16:13-28

Jesus se voltou para Pedro e disse: "Afaste-se de mim, Satanás! [...]. Considera as coisas apenas do ponto de vista humano, e não da perspectiva de Deus". —Mateus 16:23

"Demônio louco!" Cliquei em "Enviar" antes de reler o texto e, logo, percebi que a mensagem que meu marido receberia o deixaria confuso. Eu quis digitar "Trânsito louco!", para explicar o meu atraso ao nosso encontro, mas o corretor automático de meu celular mudou tudo! Não faço ideia de como o texto resultou em "Demônio" em vez de "Trânsito".

Se cremos na existência do Céu e inferno, precisamos acreditar também quando as Escrituras falam das forças espirituais atuantes. Assim como Jesus reconheceu que Pedro não recebeu sua revelação messiânica por meio de "carne e sangue" (Deus Pai o revelara), Paulo nos lembra de que "...não lutamos contra inimigos de carne e sangue, mas contra governantes e autoridades do mundo invisível, contra grandes poderes neste mundo de trevas e contra espíritos malignos nas esferas celestiais" (Ef 6:12). Os poderes das trevas são reais e, em um momento de grande pesar, Pedro (que compreendeu e creu em Jesus como seu Messias) cedeu à sua condição humana colocando os seus próprios desejos acima da vontade do Pai.

Nem toda influência demoníaca se manifesta como corpos contorcidos e ameaças violentas (Mt 17:15-18; Mc 5:6-20). Para Pedro, foi a observação aparentemente simples de que, certamente, Cristo não tinha vindo para morrer. Porém, mais do que destacar as falhas de Pedro, essa interação específica com Jesus também revela o infinito poder do Mestre. Ele é maior do que qualquer inimigo espiritual (Sl 18:39-42).

As batalhas espirituais não estão reservadas para os superespirituais (Jo 8:36-44). Jesus já fez a obra; temos apenas de caminhar nela (Cl 2:13-15; Ap 12:11). —*Regina Franklin*

A Bíblia em um ano
☐ Salmos 33–34; Atos 24

Nas batalhas espirituais somente o uso das armas espirituais nos garantem a vitória.

11 de junho

Em prol da nossa saúde

Leitura:
1 Crônicas 16:7-14

Deem graças ao Senhor e proclamem seu nome, anunciem entre os povos o que ele tem feito.
—1 Crônicas 16:8

De acordo com um proeminente pesquisador de um Centro Médico Universitário: "Se a gratidão fosse uma droga, seria o produto mais vendido do mundo com benefícios para a saúde de cada órgão do sistema".

Para alguns, ser grato significa viver com espírito de gratidão tendo tempo para reconhecer e focar nas coisas que temos, em vez de concentrar a atenção nas coisas que desejamos ter. A Bíblia aprofunda o que sabemos sobre o agradecimento. O ato de render graças nos faz reconhecer Aquele que nos concede as bênçãos: "Toda dádiva que é boa e perfeita vem do alto, do Pai que criou as luzes no céu. Nele não há variação nem sombra de mudança" (Tg 1:17).

Davi sabia que Deus era responsável pela entrega segura da Arca da Aliança em Jerusalém (1Cr 15:26). Como resultado, ele escreveu uma canção de gratidão centrada em Deus, em vez de simplesmente expressar seu prazer num acontecimento importante. A música começava assim: "Deem graças ao Senhor e proclamem seu nome, anunciem entre os povos o que ele tem feito" (16:8). A canção de Davi se regozijava na grandeza do Senhor, destacando a salvação de Deus, Seu poder criativo e Sua misericórdia. "Grande é o Senhor! Digno de muito louvor!" (v.25).

Hoje podemos ser verdadeiramente gratas adorando o Doador em vez de adorar as dádivas que dele recebemos. Concentrarmo-nos nas coisas boas que acontecem em nossa vida pode trazer benefícios ao nosso corpo, mas direcionarmos os nossos agradecimentos a Deus beneficia a nossa alma. —*Jennifer Benson Schuldt*

A Bíblia em um ano
☐ Esdras 1–2; João 19:23-42

A verdadeira gratidão ressalta o Doador em vez de as dádivas que Ele concede.

22 de julho

A menina na capa amarela

Leitura:
Gênesis 2:18-25

Por isso o homem deixa pai e mãe e se une à sua mulher, e os dois se tornam um só.
—Gênesis 2:24

Foi a sua capa de chuva amarela que chamou a minha atenção, e fiquei rapidamente cada vez mais interessado naquela caloura bonita de cabelos longos, esvoaçantes e castanhos. Não demorou muito para tomar coragem para abordá-la e interromper a sua caminhada enquanto ela tentava ler uma carta de alguém de sua cidade. Desajeitadamente a convidei para um encontro, e, para minha alegria e surpresa, ela aceitou imediatamente.

Por mais de quatro décadas, ainda olhamos para trás e rimos daquele nosso primeiro encontro atabalhoado no campus. Para nós é incrível ver como Deus colocou um rapaz e uma moça, ambos tímidos, juntos. Ao longo dos anos, enfrentamos inúmeras crises lado a lado enquanto criávamos a nossa família. Somos pais de quatro filhos e temos juntos lutado grandemente pela perda de uma filha. Muitos problemas, grandes e pequenos, já testaram a nossa fé, no entanto, permanecemos juntos e firmados no Senhor. Isso exigiu o compromisso de nossa parte e a graça de Deus. Hoje nos alegramos com o projeto de Deus descrito em Gênesis 2:24 — de deixarmos os nossos pais e nos unirmos como homem e mulher para nos tornarmos uma só carne. Gostamos muito desse plano divino e fantástico que nos possibilita termos uma vida maravilhosa e juntos.

O projeto de Deus para o casamento é lindo! Por isso, oramos para que os casais percebam como é maravilhoso desfrutar a vida juntos sob a bênção da orientação amorosa de Deus. —*Dave Branon*

A Bíblia em um ano
☐ Salmos 31–32; Atos 23:16-35

O casamento prospera em clima de amor, honra e respeito, os quais são indissociáveis entre si.

12 de junho

Forte como a formiga

Leitura:
Provérbios 30:25-28

As formigas, que, embora não sejam fortes, armazenam alimento no verão.
—Provérbios 30:25

Thomas Daigle e a esposa assinaram uma hipoteca há 35 anos. Saindo do banco, ele encontrou uma moeda no chão, e, na sequência, o casal decidiu economizar todas as suas moedinhas para quitar a hipoteca. Décadas depois, levaram as 62 mil moedas que tinham acumulado ao caixa do banco para liquidar o restante do financiamento. Foi preciso dois dias para os funcionários do banco contarem as moedas, mas eles quitaram o financiamento!

Provérbios fala sobre as formigas como um exemplo de capacidade laboriosa e empenho dedicado ao seu trabalho dia a dia (v.25). As formigas são fascinantes. Se você se sentar perto de uma de suas colônias e as ver em ação, perceberá que são um prodígio. São criaturas minúsculas e levam uma hora para cobrir uma distância que eu levaria apenas alguns passos. Mesmo assim, dedicam-se às suas tarefas. Ainda que eu me cansasse de observá-las, elas ainda permaneceriam horas ocupadas até que eu voltasse. As formigas não são criaturas poderosas. Não nos metem medo como um leão e não têm a força de um rinoceronte nem a velocidade de um leopardo. Mas fazem silenciosamente o que precisa ser feito. Elas sobrevivem ao inverno com o alimento que necessitam porque continuaram a preparação tediosa no "verão" (v.25).

Agimos frequentemente como as formigas. É como se caminhássemos com dificuldade para cumprir os nossos deveres. Hora a hora, parece que não fazemos nenhum progresso. Questionamos o valor daquilo que fazemos quando estamos cansados e exaustos de tanto trabalho e pouco resultado (v.1). Porém, trabalhamos para Aquele que "criou o mundo inteiro" e é o Senhor sobre a Terra (v.4), Aquele que vê o fim. Continue trabalhando. Continue observando (Hb 12:2). —*Winn Collier*

A Bíblia em um ano
☐ Esdras 3–5; João 20

Lutemos com perseverança porque alegria muito maior nos espera.

21 de julho

O Cristo

Leitura:
João 1:35-41

...Encontramos o Messias (isto é, o Cristo). —João 1:41

Quase todo ano, os tabloides se envolvem em escândalos por publicarem fotos particulares da realeza britânica. Essas figuras contemporâneas vivem sendo bisbilhotadas pelos sempre presentes *paparazzi*. A cada escândalo há um furioso debate sobre a diferença entre notícia e os limites da privacidade. O intenso interesse não diminui. A família real detém um título, que representa poder e fascínio.

Jesus assumiu um título que atraiu seguidores, mas, diferentemente do *glamour* da realeza moderna, Seu título significava que Ele estava se entregando à morte. O título de Jesus era "o Cristo" (Jo 1:41). Apesar de ter sido usado como parte de Seu nome, Jesus Cristo, foi primeiramente apresentado como um título: o Cristo. *Cristo* vem da palavra hebraica que significa "ungido" e acabou sendo uma referência ao Messias: o Rei da linhagem de Davi e Aquele que ordenaria as promessas de Deus para Israel. O Cristo era Aquele enviado por Deus, Aquele por quem Israel e o mundo todo havia esperado. Ele traria "a graça e a verdade" de Deus (Jo 1:17).

Você consegue imaginar a indignação, a ameaça a Roma e às autoridades religiosas, quando os seguidores de Jesus começaram a chamá-lo de Cristo? Quando você é a pessoa que comanda, não é amável declarar o seu poder ao outro. Jesus, porém, era diferente de qualquer governante que o mundo já vira. E João exclamou: "Vejam! É o Cordeiro de Deus!" (1:36).

João era incapaz de compreender a plenitude do significado de suas palavras: o Cristo não governaria com mão de ferro, mas por amor entregaria a Sua vida, como o cordeiro de Deus (Cl 1:1-8). —*Winn Collier*

A Bíblia em um ano
☐ Salmos 29–30; Atos 23:1-15

Jesus é imponente como um leão, mas manso e humilde como um cordeiro.

13 de junho

Jesus, socorro!

Leitura:
Lucas 11:5-10

Assim, aproximemo-nos com toda confiança do trono da graça, onde receberemos misericórdia e encontraremos graça para nos ajudar quando for preciso. —Hebreus 4:16

A bebê de minha amiga sofreu lesão cerebral durante o parto. Os médicos não foram otimistas e pensavam que, mesmo que ela sobrevivesse, não levaria uma vida normal. Quando eu soube, minha mente procurou palavras para orar. Mas não soube como ou o que orar naquele exato momento. Tudo que sabia era a Quem deveria orar: Deus. Ele é o Soberano e diz que me ouve quando eu clamo (Lc 11:9,10). Sou lembrada de que Deus é capaz de milagres.

Ele ressuscitou a filha de Jairo! Todos estavam absolutamente certos de que a menina tinha algo incurável. Mas "…Jesus a tomou pela mão e disse em voz alta: 'Menina, levante-se!'. Naquele momento, ela voltou à vida e levantou-se de imediato" (Lc 8:49-55). Jesus não se limitou a afugentar a morte; Ele também a curou da enfermidade que lhe havia roubado a vida.

Mas e se Deus não curar? Certamente não é por não ter o poder. Será que Ele não é pleno em amor que talvez Ele não se importe? Não pode ser! Porque, ao olhar para a cruz, tenho a confiança de que Deus é amor (1Jo 4:9,10).

Então isso nos deixa com uma última possibilidade. Ele não sabe o que é melhor. Mas Jó foi desafiado a olhar para a criação para saber que isso não é verdade (Jó 38–39). Deus é bom e sabe o que é melhor. Então, ao orar simplesmente confiarei em Seu poder, amor e sabedoria. Posso não saber como orar com perfeição, mas os salmos revelam que posso me aproximar de Deus com absoluta honestidade (Sl 4).

Isso é o que levarei. E me lembrarei do que Oswald Chambers escreveu: "Creio que, como o próprio Jesus nos disse, por meio de oração intercessória, o grande poder de Deus age de maneiras que não somos capazes de compreender". —*Poh Fang Chia*

A Bíblia em um ano
☐ Esdras 6–8; João 21

Reconheça a soberania de Deus e confie em Seu cuidado paternal até mesmo em tempos de provação.

20 de julho

Caixa de lenços

Leitura:
Salmo 31:9-18

Eu, porém, confio em ti, Senhor, e digo: "Tu és meu Deus!". Meu futuro está em tuas mãos…
—Salmo 31:14,15.

Sentado na sala de espera da ala cirúrgica, tive muito tempo para pensar. Eu já tinha passado por aquilo. Na última vez que estivera ali, soubera que meu único irmão havia tido "morte cerebral" — duas palavras devastadoras. Porém, dessa vez foi diferente. Sozinho, ouvi o riso nervoso na sala, conversas telefônicas intensas, crianças abstraídas e a calma voz de Deus. Escrevi uma longa nota à minha mulher dizendo-lhe como eu me sentia e orei.

Logo, soube que a cirurgiã queria falar comigo numa sala separada. Ali, naquele espaço enclausurado, eu saberia o resultado da cirurgia de minha esposa. Enquanto esperava na sala isolada, percebi duas caixas de lenços de papel, ostensivamente disponíveis e sabia o motivo por estarem ali. Era para enxugar lágrimas. São para frases cruéis como "morte cerebral" e "inoperável".

O Salmo 31 foi escrito para essas situações cruéis. É uma oração muito pessoal de Davi, que estava angustiado a ponto de escrever: "A tristeza me consome, e meus dias se encurtam com gemidos" (v.10). Sua dor ainda trouxe a tristeza do abandono: "meus vizinhos me desprezam; até meus amigos têm medo de se aproximar. Quando me veem na rua, correm para o outro lado" (v.11). Porém, Davi firmou-se no alicerce de sua fé no único Deus verdadeiro. "Eu, porém, confio em ti, Senhor, e digo: 'Tu és meu Deus!'. Meu futuro está em tuas mãos; livra-me dos que me perseguem sem cessar" (vv.14,15). Davi sabia que podia confiar naquele que o criara.

De volta à sala reservada, a cirurgiã me informou que minha esposa poderia esperar uma recuperação completa (Jó 16:11-22). Fiquei aliviado e profundamente grato! Mas, se tudo não estivesse bem, confio que minha fé não teria vacilado, pois declarei: "Tu és o meu Deus!". —*Tim Gustafson*

A paz de Jesus guarda a mente e o coração de todo aquele que diz: "Tu és o meu Deus".

A Bíblia em um ano

☐ Salmos 26–28; Atos 22

14 de junho

Alertas compassivos

Leitura:
2 Crônicas 36:11-21

O Senhor, o Deus de seus antepassados, enviou profetas para adverti-los, pois tinha compaixão de seu povo e do lugar de sua habitação.
—2 Crônicas 36:15

Eu lhe disse: "Estarei aqui quando você realmente quiser buscar a Deus". Eu tinha tentado ajudá-lo a seguir Jesus, mas nossos momentos juntos se tornaram simplesmente um relato dos seus contínuos pecados e sua falta de interesse espiritual. Orei por ele e o liberei de minhas tentativas de fazê-lo tornar-se um discípulo. Infelizmente, ele jamais se dispôs a se humilhar, arrepender-se de seus pecados e seguir a Deus.

Zedequias, rei de Judá, o último rei do Antigo Testamento, também não ouviu os conselhos que o direcionavam a Deus e à Sua Palavra. Nabucodonosor, rei da Babilônia, o tinha colocado em sua posição. Naquela época, Judá pagava seus tributos à Babilônia após Jerusalém ter sido invadida e conquistada no ano 597 a.C. Zedequias era "duro e teimoso", não se humilhou diante de Deus. Ele também "…se rebelou contra o rei Nabucodonosor, embora lhe tivesse jurado lealdade em nome de Deus…". Junto ao rei, os líderes dos sacerdotes e o povo de Judá foram infiéis. Mas Deus "…enviou profetas para adverti-los, pois tinha compaixão de seu povo" (2Cr 36:12-15).

O profeta Jeremias exortou Zedequias a seguir os planos de Deus, mas o rei continuou a rebelar-se (Jr 27:34). Por fim, a promessa de Deus de enviar a rebelde Judá para o cativeiro se concretizou (7:12-15). A Babilônia aniquilou Jerusalém no ano 586 a.C., matando muitos e levando outros para o exílio, com tudo que havia de valor (2Cr 36:17-20). Zedequias foi forçado a assistir seus filhos serem mortos diante de si. Então, seus olhos foram arrancados, e ele acorrentado e levado à Babilônia (2Rs 25:7).

Alguém tem compassivamente alertado você a arrepender-se de seus pecados e seguir a Deus? Dê-lhe ouvidos e *volte* (Jr 5:10-13). —*Tom Felten*

A Bíblia em um ano
☐ Esdras 9–10; Atos 1

Ouça os alertas compassivos de Deus e afaste-se do que for preciso para voltar à presença do Senhor.

19 de julho

Quem está buscando quem?

Leitura:
Lucas 19:1-10

Porque o Filho do Homem veio buscar e salvar os perdidos.
—Lucas 19:10

Ele era um rapaz solitário e nem para festas era convidado. Na verdade, quando caminhava pelas ruas da cidade, sentia os olhares hostis. Mas, sua vida deu uma guinada num dia especial. Clemente de Alexandria, um dos pais da Igreja, diz que ele se tornou um importante líder cristão e findou seus dias como pastor da igreja de Cesareia. Sim, estamos falando de Zaqueu, o cobrador de impostos que ficou famoso por subir numa figueira-brava.

O que impulsionou Zaqueu a subir nessa árvore? Ele *tentava* ver Jesus. Mas, era "baixo demais e não conseguia olhar por cima da multidão" (v.3). Mas por que ele quis ver Jesus? Será porque Cristo tinha a reputação de aceitar coletores de impostos? Não sabemos o motivo; sabemos apenas que ele adotou medidas incomuns para dar uma olhadela. Ele "correu adiante e subiu" na árvore: duas atitudes extremamente inapropriadas para um funcionário do governo. O mais incrível neste relato, porém, é que Jesus estava *procurando por* Zaqueu também. Ele tomou a iniciativa ao olhar para cima e dizer: "…Zaqueu, desça depressa! Hoje devo hospedar-me em sua casa" (v.5). A palavra "devo" significa o mesmo "teve de" usada em Jo 4:4 e sugere uma necessidade divina.

Um mestre em ensino da Bíblia declarou: "A doutrina bíblica da salvação combina perfeitamente com a soberania divina e a responsabilidade humana. Deus deve chamar, e os homens devem responder de bom grado. Essa imagem é única, porque Deus é declarado o Introdutor e o Autor da salvação apenas no cristianismo (Jo 6:37,44,65). A única atitude que podemos tomar é aceitar a oferta gratuita de Cristo". Zaqueu respondeu à busca de Jesus com alegre arrependimento (Lc 19:8; Jo 6:29,35,40). E você? —*Poh Fang Chia*

A Bíblia em um ano

☐ Salmos 23–25; Atos 21:18-40

Jesus a chama para os Seus braços hoje. Você irá?

15 de junho

A alegria de Deus

Leitura:
Salmo 149:1-9

Pois o Senhor tem prazer em seu povo... —Salmo 149:4

Minha esposa, Miska, foi com uma amiga a um café ao ar livre. Um homem de chapéu branco andou para lá e para cá perto delas várias vezes. Ele entrava na barbearia ao lado, saía e passava perto delas, dando-lhes um sorriso ou dizendo algo. Em sua última passagem, fez uma pausa para dar a Miska um bilhete endereçado à "mulher atraente". Parte de mim queria socar a cara desse sujeito. Mas eu também gostaria de cumprimentá-lo. Embora eu preferisse que ele levantasse o chapéu o suficiente para perceber a aliança de Miska, agradeço a sua coragem descarada. Entendo a beleza com a qual ele se deparou. Acredito que, com algumas pessoas, não conseguimos conter o nosso encantamento. Mas o pobre sujeito não tinha a menor chance.

O salmista nos diz que, quando Deus olha para o Seu povo, não consegue conter Sua alegria. Ele dá um riso largo e um sorriso ansioso. O amor de Deus flui em nossa direção livre e efusivamente.

Notícia ainda melhor: o prazer de Deus evoca a nossa alegria. Constrangidos pelo prazer de Deus em nós, só podemos dar lugar a uma celebração festiva. Com o restante do povo de Deus, nós nos alegramos em nosso Criador e exultamos em nosso Rei. Dançamos e cantamos palavras de louvor e tocamos nossos instrumentos com amor. Como escreveu o salmista: "Louvem o nome dele com danças, acompanhadas de tamborins e harpas" (v.3). Em outras palavras, fazemos festa! Não conseguimos conter nossa reação à tanta bondade.

Se você quer conhecer a alegria, reflita sobre isso e se entregue à alegria que o seu Deus tem em você: "Pois o Senhor tem prazer em seu povo; ele coroa os humildes com vitória" (v.4; Sf 3:17; Sl 147:11). —*Winn Collier*

A Bíblia em um ano

☐ Neemias 1–3; Atos 2:1-21

O Senhor se alegra com você e se deleita em participar da sua vida.

18 de julho

Amigos de Deus

Leitura:
Gênesis 18:16-19

O Senhor é amigo dos que o temem… —Salmo 25:14

Se eu lhe dissesse que o presidente de seu país é meu amigo, você provavelmente não acreditaria em mim. Poderia até ser tentado a me chamar de mentiroso. Mas, se o seu presidente fosse às emissoras de TV e dissesse publicamente, em cadeia nacional, que eu sou seu amigo, então todas as dúvidas se dissipariam, não é mesmo? Os fatos atestariam minha declaração.

Agora, e se eu lhe dissesse que Deus é meu amigo? Vamos verificar as possibilidades, começando com o fato de que o Senhor certa vez chamou Abraão de "meu amigo" (Is 41:8; 2Cr 20:7; Tg 2:23). Deus disse a Abraão: "Eu o escolhi" (Gn 18:19). Outra versão bíblica traduz essa declaração como "eu o tenho conhecido" (ARC). Essas palavras falam de escolha divina, de amor pactual e de graça. O comentarista bíblico H. C. Leupold traduziu essa afirmação da seguinte forma: "Porque eu o reconheço como meu amigo íntimo".

Um amigo é alguém com quem não temos medo de compartilhar nossas verdadeiras lutas e segredos íntimos. Amigos ouvem quando compartilhamos nossa dor. Quando passamos por dificuldades, a quem recorremos? Ao nosso amigo íntimo. Surpreendentemente, Deus compartilhou com seu amigo Abraão o que estava para fazer (Gn 18:17).

Você e eu usufruímos do mesmo relacionamento de aliança com o Senhor como o que Abraão teve (Pv 3:13-18). Fomos escolhidos por Deus para integrar Sua família (Ef 1:4-7). E somos chamados por Jesus para sermos Seus amigos. Ele disse: "Vocês serão meus amigos se fizerem o que eu ordeno. Já não os chamo de escravos […]. Agora vocês são meus amigos, pois eu lhes disse tudo que o Pai me disse. Vocês não me escolheram; eu os escolhi …" (Jo 15:14-16). Seu melhor amigo é Jesus! Mesmo que os outros a abandonem, Ele estará sempre com você (Mt 28:20). —*K. T. Sim*

A Bíblia em um ano

☐ Salmos 20–22; Atos 21:1-17

Em Jesus amigo temos mais chegado que um irmão. (CC 154)

16 de junho

Sem peixe na história

Leitura:
Naum 1:1-8

O Senhor é lento para se irar, mas tem grande poder e nunca deixa de castigar o culpado.
—Naum 1:3

Por que Deus é tão paciente conosco? Muitos conhecem a história de Jonas que foi engolido por um grande peixe e, depois, cuspido em terra seca. Muitos também sabem que ele advertiu a cidade assíria de Nínive sobre o juízo vindouro. Surpreendentemente, o povo se arrependeu. Jonas, porém, queria que eles pagassem pelas coisas horríveis que haviam feito; por isso, ficou com raiva de Deus por se compadecer deles. O argumento de Jonas: os ninivitas haviam, de fato, cometido maldades contra outros seres humanos. O argumento maior de Deus: Ele se importa o suficiente com as pessoas malignas para querer que elas parem (Jn 3:9–4:1).

Após Jonas sair de cena, os ninivitas voltaram aos seus antigos hábitos. No século seguinte, surgiu outro profeta, do qual quase ninguém fala. Seu nome era Naum, e ele trouxe a notícia do julgamento que Jonas tanto desejara. Falando de Deus em tons épicos, de estremecer a terra, Naum disse que Ele "Vinga-se de todos que a ele se opõem" (Na 1:2). Ele "Demonstra seu poder no vendaval e na tempestade" (v.3). "À sua ordem, os oceanos secam" os pastos se esvaem e os bosques murcham "os montes tremem e as colinas se derretem" (vv.4,5). Deus selecionou Nínive como alvo.

Esse julgamento iminente acabou dando conforto a um grupo de pessoas de Nínive — as vítimas. Naum acrescentou: "O Senhor é bom; é forte refúgio quando vem a aflição. Está perto dos que nele confiam, mas arrasará seus inimigos com uma tremenda inundação…" (vv.7,8).

Deus está sempre pronto para perdoar, mas nunca fechará os olhos para o mal e a injustiça. Ele trará julgamento em Seu tempo adequado. O Senhor não poderia ser um Deus bom e proceder diferentemente (Hb 12:5-11). —*Tim Gustafson*

A Bíblia em um ano

☐ Neemias 4–6; Atos 2:22-47

Sempre que Deus nos disciplina, é para o nosso bem.

17 de julho

Quem é o chefe?

Leitura:
Romanos 6:1-14

O pecado não é mais seu senhor, pois vocês já não vivem sob a lei, mas sob a graça de Deus.
—ROMANOS 6:14

Quando minha esposa estava cuidando dos nossos dois netos, eles repentinamente começaram a discutir por causa de um brinquedo. O irmão mais novo ordenou ao mais velho: "Vá para o seu quarto!". Com os ombros caídos pelo peso de tal repreensão e abatido, ele começou a esgueirar-se dirigindo-se ao seu quarto. Nesse momento, a avó lhe disse: "Você não tem que ir para seu quarto. O seu irmão não é o seu chefe!". Essa percepção mudou toda a cena, e ele, sorrindo, sentou-se para brincar um pouco mais.

Como seguidores de Cristo, o nosso quebrantamento e a nossa inclinação para o pecado podem assumir um tom de falsa autoridade muito parecida com a desse irmão mais novo. O pecado ruidosamente ameaça dominar o nosso coração e a nossa mente, afastando e fazendo desaparecer a alegria do nosso relacionamento com o Salvador.

Mas, por meio da morte e ressurreição de Cristo, essa ameaça se esvazia. O pecado não tem qualquer autoridade sobre nós. Por essa razão, Paulo escreveu: "O pecado não é mais seu senhor, pois vocês já não vivem sob a lei, mas sob a graça de Deus" (Rm 6:14).

Sendo o nosso quebrantamento genuíno e verdadeiro, a graça de Cristo nos permite viver de forma que agrade a Deus e expresse o Seu poder transformador para o mundo. O pecado não é mais o nosso senhor, não vivemos mais sob a lei. Agora vivemos na graça de Deus e na presença do Senhor. O senhorio e a soberania de Jesus sobre a nossa vida nos liberta da escravidão do pecado. —*Bill Crowder*

A Bíblia em um ano
☐ Salmos 18–19; Atos 20:17-38

Deus nos busca em nossa inquietação e nos recebe, amparando-nos em nosso quebrantamento. —*Scotty Smith*

17 de junho

Provérbios chineses

Leitura:
2 Timóteo 2:1-6

Portanto, meus amados irmãos, sejam fortes e firmes. Trabalhem sempre para o Senhor com entusiasmo, pois vocês sabem que nada do que fazem para o Senhor é inútil.
—1 Coríntios 15:58

Os provérbios chineses são comuns e normalmente têm por trás de si histórias. O provérbio "puxe a planta para cima para ajudá-la a crescer" diz respeito a um homem impaciente da dinastia Song. Ele estava ansioso para ver suas mudas de arroz crescerem logo. E pensou numa solução: ele puxaria cada muda alguns centímetros para cima. Após um dia de trabalho tedioso, o homem inspecionou o seu arrozal.

Ele se alegrou, pois as plantas pareciam ter "crescido" um pouco mais. A sua alegria durou muito pouco, pois logo as plantas começaram a murchar porque suas raízes não estavam profundas.

Em 2 Timóteo 2:6, o apóstolo Paulo compara o trabalho de um ministro do evangelho ao de um agricultor. Ele escreveu para encorajar Timóteo a ver que, assim como na lavoura, fazer discípulos pode ser um trabalho contínuo e árduo. Você ara, semeia, espera e ora. Você deseja ver os frutos do seu trabalho rapidamente, mas o crescimento leva tempo. E como o provérbio chinês tão apropriadamente ilustra, qualquer esforço para apressar tal processo será inútil. O comentarista bíblico William Hendriksen afirma: "Se Timóteo […] se esforçar plenamente no desempenho da tarefa espiritual dada a ele por Deus, ele verá na vida dos outros os prenúncios dos gloriosos frutos mencionados em Gálatas 5:22,23".

Enquanto trabalhamos fielmente, esperamos pacientemente no Senhor que faz as plantas crescerem (1Co 3:7). —*Poh Fang Chia*

A Bíblia em um ano
☐ Neemias 7–9; Atos 3

Nós plantamos a semente, Deus produz a colheita.

16 de julho

Três desejos

Leitura:
2 Crônicas 1:1-14

*Deus disse a Salomão:
—Uma vez que esse é seu desejo, e não pediu riqueza, nem bens [...] lhe darei a sabedoria e conhecimento que pediu...* —2 Crônicas 1:11,12

Se você pudesse fazer três pedidos, o que pediria? A erradicação da miséria global? Segurança financeira? Pediria boa aparência, saúde e vida longa? A pergunta em si não é tão importante quanto a maneira como a respondemos, porque a nossa resposta revela o nosso caráter e o que é importante para nós.

Muitos milênios atrás, o rei Salomão foi colocado numa difícil situação de "três pedidos", e a resposta dele foi surpreendente e bastante reveladora. Depois de estabelecer firmemente o reino e de adorar fielmente a Deus, Salomão teve um sonho no qual Deus lhe apareceu e perguntou: "O que você quer? Peça, e eu lhe darei!". O rei Salomão não escolheu riquezas, bens, segurança, fama ou a morte de seus inimigos, mas humildemente pediu algo muito prático e altruísta: sabedoria e conhecimento para liderar e governar seu povo (2Cr 1:10). A sabedoria e o conhecimento que Salomão desejou eram a capacidade de discernir e julgar fielmente os assuntos humanos e habilidades práticas de lidar com as questões do dia a dia do reino. O pedido humilde do rei revelou um caráter altruísta, o alinhamento do seu coração com o coração de Deus e seu desejo de servir aos outros mais do que servir a si mesmo. Enfim, como o pedido de Salomão agradou a Deus, o Senhor não apenas lhe concedeu sabedoria, mas também lhe proveu mais do que ele pedira: riquezas, bens e fama (2Cr 1:11,12,14-17).

Jesus nos dá parâmetros de como reagir ao cenário dos três pedidos: "Busquem, em primeiro lugar, o reino de Deus e a sua justiça, e todas essas coisas lhes serão dadas" (Mt 6:33). Quando colocamos o Senhor no comando da nossa vida, Seus desejos se tornam nossos desejos, e aprimoramos os nossos desejos para lhe agradar (Pv 3:13-18).
—Marvin Williams

A Bíblia em um ano
☐ Salmos 16–17; Atos 20:1-16

A maior riqueza que alguém pode possuir é o conhecimento de Cristo.

18 de junho

Usando as chaves

Leitura:
Apocalipse 1:1-18

Sou aquele que vive. Estive morto, mas agora vivo para todo o sempre! E tenho as chaves da morte e do mundo dos mortos. —APOCALIPSE 1:18

Pelo tamanho do chaveiro de meu carro e de minha casa, perdê-lo não deveria ser um problema. Mas parece que estou sempre procurando minhas chaves e elas são mais difíceis de encontrar quando mais preciso delas. Certa vez, perdi um molho de chaves após embrulhar as cestas de presentes que havíamos feito para um evento beneficente dos jovens. Imaginei alguém abrindo seu presente e imaginando como reivindicar a casa e o carro que vieram com a sua cesta!

Jesus nos diz: "Quem crê em mim fará as mesmas obras que tenho realizado, e até maiores, pois eu vou para o Pai" (Jo 14:12). Tenho tido dificuldade para absorver esse ensinamento — especialmente lendo a respeito dos incríveis milagres que Jesus realizou. Vim a perceber, porém, a diferença entre saber que sou cidadã do Seu reino e realmente viver como tal. Intelectualmente, digerimos as verdades das Escrituras e procuramos colocá-las em prática.

Mas um dos elementos-chave do ministério de Jesus era a Sua autoridade, não no sentido de dizer às pessoas o que fazerem, mas em Sua compreensão de quem Ele era e é. Estendendo-se muito além da informação, Sua identidade e, assim, Sua autoridade vêm do Céu, não da Terra (Ap 1:13-18). Assim deve ser a nossa.

Sua vida pela nossa. A cruz era uma troca de identidade. Mas Jesus não precisava ir até ela para recuperar o poder que, de alguma maneira, perdera. Afinal, Ele já havia exigido que a sepultura devolvesse os mortos, que corpos fossem curados, corações fossem restaurados e demônios fugissem. O molho de chaves só é eficaz quando o usamos e Jesus Cristo nos oferece a salvação que se torna eficaz quando a recebemos pela fé nele (Is 22:22; Mt 16:18,19; At 4:1-20). —*Regina Franklin*

A Bíblia em um ano

☐ Neemias 10–11; Atos 4:1-22

Jesus morreu para nos entregar as chaves do lar eterno que havíamos perdido em decorrência de nosso pecado.

15 de julho

Esculpindo um tronco

Leitura:
Êxodo 2:11-15

...Moisés teve medo e pensou: "Com certeza todos já sabem o que aconteceu!". —Êxodo 2:14

Certa manhã, notei um homem cortando com a motosserra uma grande árvore em frente às casas de uma fazenda local. À tarde, ele ainda trabalhava no tronco da árvore com sua ferramenta mecânica ajustada num ângulo incomum. Dias depois, passei pelo local novamente e notei que o tronco havia sido transformado numa réplica de espiga de milho. O homem não havia apenas derrubado a árvore, mas também esculpido fileiras verticais de espigas de milho. Essa escultura me faz lembrar que Deus pode transformar uma vida que, espiritualmente, é equivalente a um tronco de árvore improdutiva, feia e inútil numa obra de arte para a Sua glória (Ef 2:10).

Deus usou Moisés para tirar os israelitas do Egito (Êx 3:10-12) apesar de seu grave erro de conduta moral. Nascido numa família hebraica escrava, Moisés cresceu na realeza egípcia. Já adulto encontrou o seu povo e testemunhou um egípcio espancando um hebreu. Moisés certificou-se de que ninguém estava olhando e "...matou o egípcio. Em seguida, escondeu o corpo na areia" (2:12). Esse assassinato não foi um ato de legítima defesa. Foi violência desenfreada; pecado impulsivo (1Jo 3:20).

Embora muitas de nós nunca tenham pensado em tirar a vida de alguém, podemos nos identificar com a sequência familiar de pecados: o desejo súbito de infringir a ética de Deus, o ato em si e, na sequência, o desânimo e remorso que vêm a seguir (Tg 1:14,15). Felizmente, o perdão e a graça divinos nos permitem esquecer o passado e avançar "...olhando para o que está adiante" (Fp 3:13).

Deus usou Moisés para tirar os israelitas do Egito e pode nos usar também (Is 64:8). Que possamos vestir nossa "nova natureza", "conhecer [nosso] Criador e [nos tornarmos] semelhantes a ele" (Cl 3:10). —*Jennifer Benson Schuldt*

A Bíblia em um ano

☐ Salmos 13–15; Atos 19:21-41

Os erros passados não têm poder sobre quem nasceu de novo em Cristo.

19 de junho

A saída

Leitura:
Eclesiastes 2

Mas, ao olhar para tudo que havia me esforçado tanto para realizar, vi que nada fazia sentido; era como correr atrás do vento. —Eclesiastes 2:11

Shin nasceu num campo de prisioneiros da Coreia do Norte, onde viveu até os 23 anos. Ele nunca pensou em fugir porque não imaginava que a vida fosse diferente do outro lado da cerca eletrificada. Mas ele conheceu Park, um novo prisioneiro que lhe falou sobre o mundo externo, especialmente que as pessoas gostavam de carne de porco e frango cozido em vez dos ratos que Shin comia para sobreviver. Certa noite, Shin e Park largaram a lenha que estavam recolhendo e correram em direção à cerca. Park chegou primeiro e foi imediatamente eletrocutado ao se espremer entre o primeiro e o segundo fio. Shin se arrastou ao longo de seu amigo sem vida e correu para a liberdade e agora, na Coreia do Sul, ele chama a atenção às condições bárbaras dos campos.

A vida de Shin e do rei Salomão era extremamente diferente; no entanto, se assemelham. Salomão apreciou todo o tipo de prazer que um homem poderia desejar: risos, festas, jardins, parques, palácios e concubinas (Ec 2:1-8). Salomão criou leis que prisioneiros como Shin eram forçados a obedecer. Mesmo assim, Salomão também estava atado à prisão do desespero. Ele admitiu: "Por isso, passei a odiar minha vida, pois tudo que é feito debaixo do sol é frustrante. Nada faz sentido; é como correr atrás do vento" (2:17).

Podemos viver de forma totalmente diferente de Shin ou de Salomão, mas, no final, é quase igual, porque a verdadeira alegria precisa vir de fora. Jesus precisa entrar em nosso mundo para nos dizer o que estamos perdendo, pois Ele já entregou a Sua vida para que possamos ter vida abundante. A notável fuga de Shin é quase fantástica demais para acreditarmos, mas isso já aconteceu antes. Aconteceu comigo e Jesus foi quem proporcionou a saída (Ec 12). —*Mike Wittmer*

A Bíblia em um ano
☐ Neemias 12–13; Atos 4:23-37

Demonstramos nossa gratidão a Deus quando compartilhamos a Sua Palavra vivificante com os outros.

14 de julho

Pare de tentar

Leitura:
Romanos 7:14-25

*Quero fazer o bem,
mas não o faço. Não quero
fazer o que é errado,
mas, ainda assim, o faço.*
—Romanos 7:19

O movimento *Alcoólatras Anônimos*, "AA", é mundial e tenta ajudar os alcoólatras a se libertarem do vício da bebida. Uma das primeiras coisas que os líderes do AA dizem aos que "não conseguem cortar a bebida alcoólica" é que eles têm de chegar ao limite de si mesmos. Para se libertar do vício, devem admitir que são incapazes de parar — independentemente do quanto se esforcem. Alguns se sentem desconfortáveis com este aspecto da abordagem do AA por acreditar que subestima a responsabilidade pessoal. Mas a questão não é essa. O AA está justificadamente enfatizando que uma pessoa não pode se livrar do vício pelo *esforço próprio*.

Esse é precisamente um dos pontos que Paulo transmitiu ao escrever sobre suas lutas pessoais com sua natureza pecaminosa. Paulo se descreveu como "escravo do pecado" (Rm 7:14). Ele escreveu: "Quero fazer o bem, mas não o faço. Não quero fazer o que é errado, mas, ainda assim, o faço" (v.19). Paulo tinha um grande problema com o pecado e todos nós podemos nos identificar com isso. Temos esse problema também, mas o apóstolo não parece nos dizer como lidar com ele —, uma realidade que pode nos deixar confusos e frustrados.

Porém a questão dele é a seguinte: Não importa o quanto nos esforcemos, não podemos escapar por conta própria. Precisamos de *Jesus*! Ele é o único que pode nos libertar dos pecados que nos dominam (vv.24,25).

Você tem algum vício ou obsessão que controla a sua vida? Pare de tentar escapar! Renda-se! Levante a bandeira branca e admita a derrota. Depois, corra para o Único que pode suprir a sua necessidade: Jesus (2Co 5:17; 12:9)! —*Jeff Olson*

A Bíblia em um ano
☐ Salmos 10–12; Atos 19:1-20

*A dependência de Deus nos liberta
de todas as demais dependências.*

20 de junho

Ladrão do tempo

Leitura:
Lucas 9:57-62

Outro, ainda, disse: "Senhor, eu o seguirei, mas deixe que antes me despeça de minha família". —LUCAS 9:61

Maneesh Sethi contratou uma mulher que devia dar-lhe um "tapa" se ele parasse de trabalhar para olhar as mídias sociais ou outros sites. Depois Sethi empregou um sueco alto para essa mesma função que segundo ele, batia um pouco mais forte. Curiosamente, essa medida extrema funcionou. Ele afirma que os seus "estapeadores" o ajudaram a tornar-se 98% mais produtivo evitando a procrastinação durante a jornada de trabalho.

É importante ser produtivo em qualquer trabalho que Deus nos deu. Paulo escreveu: "Jamais sejam preguiçosos, mas trabalhem com dedicação e sirvam ao Senhor com entusiasmo" (Rm 12:11). Devemos ser diligentes em nosso trabalho para o Seu reino. Jesus disse: "Devemos cumprir logo as tarefas que nos foram dadas por aquele que me enviou. A noite se aproxima, quando ninguém pode trabalhar" (Jo 9:4). Alguém descreveu a procrastinação como "o ladrão do tempo", e parece coerente com o senso de urgência que Jesus queria dos Seus seguidores.

Certa vez, Jesus convidou um homem a segui-lo, dizendo: "Siga-me". O homem, porém, respondeu: "Senhor, deixe-me primeiro sepultar meu pai" (Lc 9:59). Jesus respondeu: "…Você, porém, deve ir e anunciar reino de Deus" (v.60). Depois, outro homem disse: "Senhor, eu o seguirei, mas deixe que antes me despeça de minha família" (v.61). Jesus, que enxerga além das nossas desculpas, respondeu: "…Quem põe a mão no arado e olha para trás não está apto para o reino de Deus" (v.62).

Deus chamou cada uma de nós para usar nossos dons espirituais a fim de servir a Ele. Se o Senhor bate em seu ombro hoje e pergunta: "Quando você me servirá?", não o despreze. Deixe que Ele saiba *imediatamente* que você está disponível (Ec 12:1-3; At 24:22-27).

—*Jennifer Benson Schuldt*

Para edificar o reino de Deus, não podemos procrastinar os Seus propósitos em nossa vida.

A Bíblia em um ano

☐ Ester 1–2; Atos 5:1-21

13 de julho

Impopular

Leitura:
Atos 28:11-31

Contudo, queremos ouvir o que você pensa, pois o que sabemos a respeito desse movimento é que ele é contestado em toda parte.
—Atos 28:22

O presidente de uma popular rede de lanchonetes norte-americana é cristão. As mais de 1.600 de suas filiais sempre fecham aos domingos devido aos seus valores bíblicos. Ele criou uma fundação que fornece bolsas de estudo, programas de acolhimento e ministérios de enriquecimento conjugal. Esse empresário apoia apenas os casamentos heterossexuais tradicionais e, por tornar público o seu posicionamento, muitas pessoas o acusaram de homofobia e juraram boicotar suas lanchonetes. Um prefeito anunciou que não permitiria que uma filial fosse aberta na sua cidade.

Não é de se admirar que os defensores do casamento homoafetivo considerem tal empresário culpado de ódio e intolerância, pois esse rótulo foi levado pelos cristãos desde o início. Muitas pessoas achavam que Jesus era manso e humilde, mas os líderes religiosos da época disseram a Pilatos: "…Ele está causando desordem entre o povo em toda a Judeia…" (Lc 23:5). Paulo foi perseguido e apedrejado pelos judeus, que presumiram que sua mensagem ameaçasse o domínio de sua religião e seu papel na sociedade. Quando ele finalmente chegou a Roma, convidou os líderes judeus para saberem mais sobre Jesus. Eles disseram que não tinham ouvido nada de ruim sobre Paulo, mas sabiam que o movimento que o apóstolo liderava era "contestado em toda parte" (At 28:22). Paulo não desistiu: "…desde cedo até a noite procurou convencê-los acerca de Jesus. […] Alguns foram convencidos pelas coisas que ele disse, mas outros não creram" (vv.23,24).

Dói ser mal compreendido, mas nunca devemos parar de amar as pessoas, especialmente quando elas estão certas de que não as amamos (2Co 12:11-21). —*Mike Wittmer*

A Bíblia em um ano

☐ Salmos 7–9; Atos 18

Em vez de buscarmos a aprovação humana, vamos nos empenhar para sermos aprovadas por Deus.

21 de junho

Isso o dinheiro não compra

Leitura:
Efésios 1:3-14

Ele é tão rico em graça que comprou nossa liberdade com o sangue de seu Filho e perdoou nossos pecados. —EFÉSIOS 1:7

"Há algumas coisas que o dinheiro não pode comprar, mas não muitas nos dias atuais", de acordo com Michael Sandel, autor do livro *O que o dinheiro não compra* (Ed. Civilização Brasileira, 2014). Uma pessoa pode comprar privilégios numa cela de prisão, o direito de atirar num rinoceronte-negro ameaçado de extinção, ou o número do celular do seu médico. Parece que "quase tudo está disponível à venda".

Mas há algo que o dinheiro não pode comprar: a *redenção* — a libertação da opressão do pecado. Quando o apóstolo Paulo começou a escrever sobre a natureza valiosa do plano divino da salvação por meio de Jesus, o coração dele irrompeu em louvores: "Ele é tão rico em graça que comprou nossa liberdade com o sangue de seu Filho e perdoou nossos pecados. Generosamente, derramou sua graça sobre nós e, com ela, toda sabedoria e todo entendimento" (Ef 1:7,8).

A morte de Jesus na cruz foi o alto preço para nos livrar do pecado. E somente Ele poderia pagar esse valor, porque Jesus é o Filho perfeito de Deus. A resposta natural a essa valiosa graça é o louvor espontâneo de nosso coração e o compromisso com Deus, pois Ele nos comprou por meio de Jesus. "Agora vocês também ouviram a verdade, as boas-novas da salvação. E, quando creram em Cristo, ele colocou sobre vocês o selo do Espírito Santo que havia prometido. O Espírito é a garantia de nossa herança, até o dia em que Deus nos resgatará como sua propriedade, para o louvor de sua glória" (1:13,14).

Louvemos ao nosso Deus amoroso — Ele veio para nos libertar! —*Marvin L. Williams*

A Bíblia em um ano

☐ Ester 3–5; Atos 5:22-42

Somente a morte de Jesus poderia comprar a nossa liberdade.

12 de julho

De muito em muito

Leitura:
Salmo 84:10-12

Pois o Senhor Deus é nosso sol e nosso escudo; ele nos dá graça e honra. —Salmo 84:11

Nos primeiros quatro anos em que meu filho ugandense esteve comigo, não tive medo do futuro nem da minha capacidade de sustentá-lo. Recentemente, porém, luto para pagar as contas e sobreviver do pequeno salário que o ministério nos proporciona e, sem saldo disponível, entrei num ciclo de preocupação. Meus desejos carnais se voltaram para maior estabilidade financeira em vez de confiar na provisão diária de Deus.

Vivendo no leste africano, estou cercada por pessoas que sofrem pela extrema pobreza. Sei que materialmente me encontro numa situação muito melhor do que 98% das pessoas que me cercam. Mas, durante as últimas três semanas, tive dificuldade de me apegar às verdades do Salmo 84:10-12: "O Senhor Deus é nosso sol e o nosso escudo; ele nos dá graça e honra. O Senhor não negará bem algum àqueles que andam no caminho certo" (v.11). Somos felizes quando confiamos nele (v.12).

Ontem, parei num caixa eletrônico de Kampala, na Uganda. Quando saí com dinheiro na mão, meu filho de 9 anos falou: "Mamãe, Deus nos abençoou com dinheiro". Meio cética, falei: "Sim, Deus está nos sustentando de pouquinho em pouquinho". Ele respondeu docemente: "Mamãe, Deus nos sustenta de muito em muito!". Deus escolheu me abençoar com um filho que, pelo seu exemplo de fé, desafia-me a me humilhar, a confiar que o Senhor me exaltará e a lançar todas as minhas ansiedades e preocupações sobre Ele (1Pe 5:6-8).

Se você às vezes luta para descansar na certeza de que Deus suprirá todas as suas necessidades, por favor ore comigo, que Ele fortalecerá a nossa fé e nos ajudará cada vez mais a manter a nossa confiança nele (Jr 31:35). —*Roxanne Robbins*

A Bíblia em um ano
☐ Salmos 4–6; Atos 17:16-34

Quando confiamos no Senhor de coração, não temos o que o dia de hoje ou o amanhã possam nos trazer.

22 de junho

Integridade na liderança

Leitura:
Neemias 7:1-3

Entreguei a responsabilidade de governar Jerusalém a meu irmão Hanani e a Hananias, comandante da fortaleza, pois era um homem fiel que temia a Deus mais do que a maioria dos homens. —Neemias 7:2

A Bíblia em um ano

☐ Ester 6–8; Atos 6

Em 2012, um grupo de especialistas procurou mil pessoas íntegras em seu país. Desse grupo, eles identificaram 20 que poderiam se tornar líderes governamentais importantes. O desespero era generalizado, pois um terço dos líderes e prefeitos do país estavam sob investigação por corrupção. Com centenas de milhões de habitantes, não havia escassez de candidatos a líderes, mas os especialistas acreditavam ser imperativo eleger líderes íntegros.

A integridade era valor importante nos dias de Neemias. O muro estava concluído, os portões restaurados, e a cidade de Jerusalém estava novamente segura (Ne 7). Mas Neemias tinha mais duas tarefas a cumprir. Ele nomeou primeiramente "…os guardas das portas, os cantores e os levitas" (v.1). Guardas? Eles não eram apenas os guardas de segurança ignorados pela maioria das pessoas? Não, sua contribuição deveria ser altamente valorizada. De que serviria o muro inexpugnável se quem o controlasse não fosse confiável? A Grande Muralha da China foi violada muitas vezes simplesmente porque os guardas foram subornados e deixaram os invasores entrar. Muros e portas são apenas tão bons quanto quem os guarda (v.3).

Depois, Neemias designou líderes íntegros (v.2). Hoje não há falta de pessoas talentosas em nossas igrejas. E, frequentemente, esses são nomeados líderes por serem considerados bem-sucedidos em suas áreas profissionais. Mas eles são pessoas íntegras, tementes a Deus? Certamente, eles devem ser indivíduos que temem a Deus "…mais do que a maioria dos outros" (v.2). Ao nomear pessoas para cargos-chave, Neemias buscou pessoas íntegras e tementes a Deus mais do que as talentosas. Que possamos fazer o mesmo em nossas igrejas (Êx 18:19-26). —*K. T. Sim*

Participe da obra de Deus com integridade e responsabilidade.

11 de julho

Festa de aniversário

Leitura:
Salmo 71:5-18

Sim, de ti dependo desde meu nascimento; cuidas de mim desde o ventre de minha mãe. Sempre te louvarei!
—Salmo 71:6

Sempre gostei muito de festas de aniversários. Ainda me lembro de estar em pé, em nossa varanda, esperando animadamente os meus amigos aparecerem para comemorarmos a minha festa de 5 anos. Não estava animado apenas com os balões, os presentes e o bolo. Estava muito feliz porque eu já não tinha mais 4 anos! Eu estava crescendo.

À medida que envelheço, entretanto, os aniversários, às vezes, têm sido mais desanimadores do que incentivadores. Anos atrás, quando comemorei um aniversário que me marcou pelas décadas que eu tinha completado mais do que pelo ano em si, minha esposa, Martie, me encorajou com a lembrança de que eu deveria ser grato por estar envelhecendo. E mostrou-me o Salmo 71, no qual o salmista fala sobre a presença de Deus durante toda a sua vida. Esse salmo me lembrou de que Deus me tirou do "ventre materno" (v.6), e como o salmista proclamou com gratidão: "Tu me tens ensinado, ó Deus, desde a minha mocidade; e até agora tenho anunciado as tuas maravilhas" (v.17). E agora, mais velho, o mesmo salmista tem a honra de proclamar: "...à presente geração a tua força e às vindouras o teu poder" (v.18). Deus o abençoou com Sua presença todos os anos de sua vida.

Hoje em dia, os aniversários me trazem à memória a fidelidade de Deus e me aproximam ainda mais da presença Daquele que esteve ao meu lado todos esses anos! —*Joe Stowell*

A Bíblia em um ano
☐ Salmos 1–3; Atos 17:1-15

Conte suas muitas bênçãos, aniversário após aniversário.

23 de junho

Mensurando-nos

Leitura:
Romanos 12:3-5

...não se considerem melhores do que realmente são. Antes, sejam, honestos em sua autoavaliação, medindo-se de acordo com a fé que Deus nos deu. —Romanos 12:3

Nossa tendência é superestimar e inflar as nossas qualidades positivas. Recentemente, pesquisadores pediram a quase um milhão de alunos de Ensino Médio que avaliassem suas habilidades de liderança. Setenta por cento se considerou acima da média, e apenas 2% se avaliou abaixo da média. Noutro estudo, 94% dos professores universitários considerou seu trabalho acima da média. Quando pensamos ser melhores do que realmente somos, os psicólogos chamam isso de efeito de "superioridade ilusória". Essa autoavaliação falha não é algo novo.

O apóstolo Paulo alertou os cristãos de Roma sobre essa "falácia acima da média". Ele lhes lembrou de sua autoridade apostólica estabelecendo a base para a instrução que ele desejava que fosse aceita e aplicada (Rm 12:3). Lembrou-lhes de que Deus concedera a cada um dons espirituais e que deveriam usá-los para servir os outros membros do Corpo de Cristo (vv.4,5). E, para que não presumissem serem dignos desses dons, Paulo os alertou de que, ao exercerem seus dons espirituais, o efeito da "superioridade ilusória" poderia destruir a unidade do Corpo.

Os cristãos romanos deveriam esforçar-se para ter uma avaliação equilibrada de si mesmos. E a partir disso, eles seriam capazes de usar seus dons em benefício mútuo ao servirem lado a lado, atuando de maneira interdependente (v.5).

Como sacrifício vivo, devemos preservar a unidade do Corpo de Cristo rejeitando o orgulho ou o status e aceitando uma visão realista de nós mesmos. Isso renovará a percepção de que os dons que recebemos vieram de Deus e nos inspirará a usá-los para abençoar a vida de outros (Fp 2:3-8). —*Marvin Williams*

A Bíblia em um ano

☐ Ester 9–10; Atos 7:1-21

O exemplo de Jesus deve guiar a nossa visão de nós mesmos e do nosso relacionamento com outros cristãos.

10 de julho

Muros

Leitura:
Neemias 1:1-4

...O muro de Jerusalém foi derrubado, e suas portas foram destruídas pelo fogo.
—Neemias 1:3

Os muros são construídos para manter a segurança das pessoas, mas também dividem e afastam. Os 155 km do Muro de Berlim mantinham os alemães orientais e ocidentais separados. Acreditava-se que a Grande Muralha da China mantinha os inimigos do lado de fora e se estendia por 8.850 km e hoje se estima que tenha mais de 21.196 km.

Em 586 a.C., os babilônios destruíram os muros de Jerusalém e arruinaram a cidade. Neemias ficou noites sem dormir ao pensar nas barreiras derrubadas (Ne 1:4). Mas qual era a grande importância de um muro destruído? (v.3). Sem a segurança e a proteção da muralha, pouquíssimos judeus desejariam viver na cidade. Assim, Jerusalém, a cidade de Deus, permaneceu morta e abandonada, uma desgraça e uma vergonha. Seus inimigos ridicularizavam e insultavam o povo, dizendo que o Deus de Israel era fraco demais para protegê-la (Sl 79:1-4; Lm 2:15,16; Jl 2:17). Muitos foram expulsos para obrigar o povo a deslocar-se para a cidade (Ne 11:1,2). Era essencial que a muralha fosse reconstruída para Jerusalém voltar a ser a cidade gloriosa de Deus (Sl 48).

Hoje, devemos construir muros para sobreviver e ter sucesso no mundo destruído e perigoso que nos cerca. Devemos construir um muro de *proteção* para nos guardar dos ataques de Satanás e termos *segurança e vitória*; um muro de separação para manter o mundanismo fora e nos destacarmos em *pureza e integridade*; um muro de devoção para enriquecer a nossa comunhão com Deus e crescermos em *espiritualidade e maturidade*; um muro de unificação para unir o povo de Deus e permanecermos em *unidade e comunidade*.

Os muros de sua Jerusalém estão destruídos e precisando de reparo urgente? "Venham, vamos reconstruir o muro de Jerusalém e acabar com essa vergonha" (Ne 2:17; Ed 4:6-23)!

—K. T. Sim

Com Deus sendo o nosso Protetor nada pode atrapalhar ou nos impedir de repararmos os muros ao nosso redor.

A Bíblia em um ano

☐ Jó 41–42; Atos 16:22-40

24 de junho

Banquete ou fome

Leitura:
Amós 8:11-14

Naquele dia, moças belas e rapazes fortes desmaiarão de sede. —Amós 8:13

Você pode entrar em uma livraria cristã hoje e encontrar fileiras e fileiras de livros nas prateleiras. E, sem pisar em uma igreja, você pode ouvir milhares de *podcasts* e sermões online. A enorme quantidade de recursos bíblicos disponíveis ao nosso alcance é espantosa.

Nessa época, é possível experimentar a fome pela Palavra de Deus? Precisamos dar ouvido à advertência do profeta Amós (8:11) ou ela foi relevante apenas para o antigo Israel? Responder essas perguntas é algo crítico porque as consequências por ignorar as Escrituras são devastadoras. Essencialmente, Deus disse que se eles não o ouvissem Ele acabaria silenciando. Quando esse dia acontecer, vocês entenderão "que as pessoas não vivem só de pão, mas de toda palavra que vem da boca do Senhor" (Dt 8:3).

A Palavra de Deus proporciona alimento e restauração espirituais e, se não está disponível, até os jovens, fortes e bonitos, definharão por desnutrição espiritual (Am 8:13). A advertência por intermédio desse profeta veio devido à complacência, idolatria e opressão dos pobres de Israel. Somos culpadas disso nos dias de hoje? É útil notar que Jesus disse algo semelhante aos Seus discípulos. Ele ensinou: "Pois quem tem receberá mais, para que tenha mais ainda. Mas quem não tem, até o pouco que tem lhe será tirado" (Mt 13:12).

Isso não significa que Deus retirará de nós todos os exemplares da Bíblia, mas, sim, que, quando buscarmos ajuda, conselho ou conforto nele, não obteremos. A única maneira de evitar essa fome é banquetear-se em Sua Palavra e obedecê-la. —*Poh Fang Chia*

A Bíblia em um ano
☐ Jó 1–2; Atos 7:22-43

Se meditarmos na Palavra do Senhor de dia e de noite, jamais teremos fome.

9 de julho

Observando

Leitura:
Mateus 5:1-16

Da mesma forma, suas boas obras devem brilhar, para que todos as vejam e louvem seu Pai, que está no céu.
—Mateus 5:16

"Fique olhando, mamãe!" A qualquer momento tais palavras repercutem pela casa quando nossos filhos buscam nos entreter ou tentam uma nova habilidade. Dividir momentos de realização com quem acredita em nós e se dispõe a incentivar nosso próximo esforço é algo lindo. Recentemente, quando meu marido e eu estávamos passando por uma prova de fé na vida ministerial, percebi que Deus estava me chamando para que agisse de forma que eu pudesse dizer aos meus filhos: "Fiquem me olhando, filhos".

Uma das maiores mentiras do inimigo em meio à tribulação é a ideia de que estamos sozinhos. Essa falsa sensação de isolamento traz tentação em diversas frentes. Podemos alimentar a ideia errada de que Deus, de alguma forma, nos abandonou para atravessarmos um deserto espiritual sozinhos (Sl 94:14; Is 43:1,2). Também podemos acreditar equivocadamente que somos a única pessoa que já enfrentou tal situação (Ec 1:10; 1Co 4:10-16; 10:13). Finalmente, o inimigo pode nos deixar tão retraídas que esquecemos como as nossas ações afetam as pessoas que nos rodeiam. Jesus sabia que o mundo estaria observando aqueles que dizem que seguem o Seu nome. Antes do Seu desafio de ser uma luz na Terra, porém, Jesus passou muito tempo conversando sobre os valores do reino, alguns dos quais giram em torno do sofrimento e da perda (Mt 5:3,4,10-12).

Quando enfrentamos dificuldades na vida, até mesmo momentos de injustiça, devemos saber que Deus e uma "grande multidão de testemunhas" (Hb 12:1-3) estão nos observando. Nós nos lembramos dessa verdade não porque tememos o fracasso, mas porque ela nos encoraja a prosseguirmos no poder do Espírito Santo. Jesus nos capacita e permite que vivamos de maneira digna da cruz (Ef 4:1; 1Ts 2:10-12; 1Pe 2:19-24). —*Regina Franklin*

A Bíblia em um ano

☐ Jó 38–40; Atos 16:1-21

Seguir e praticar a verdade de Jesus exige que sempre confiemos na justiça de Deus.

25 de junho

Ele nos busca onde estamos

Leitura:
Lucas 15:1-7

Se um homem tiver cem ovelhas e uma delas se perder, o que acham que ele fará? Não deixará as outras noventa e nove no pasto e buscará a perdida até encontrá-la?
—Lucas 15:4

A Bíblia em um ano

☐ Jó 3–4; Atos 7:44-60

No Oriente Médio, a cultura beduína é forte e ainda encontramos pastores que cuidam de suas ovelhas com muita ternura e vigilância. Certa vez, observei esses homens no trabalho e espantei-me com o cuidado que tinham por seus rebanhos. Eles protegem seus amigos contra tempestades e predadores, doenças e fome. E, se uma delas faltar, eles a procurarão até encontrar.

Jesus revelou que essa é a atitude de Deus em relação a nós. Ele é o Bom Pastor e o Seu amor o faz buscar todos os que estão afastados ou perdidos. A narrativa bíblica nos lembra de que todos nós estamos perdidos e necessitamos ser encontrados. "Todos nós", diz Isaías, "nos desviamos como ovelhas; deixamos os caminhos de Deus para seguir os nossos caminhos" (Is 53:6). Mas Deus não nos deixará ir à ruína. Ele busca por nós.

Em Sua parábola, Jesus colocou a questão dessa maneira: "Se um homem tiver cem ovelhas e uma delas se perder, o que acham que ele fará? Não deixará as outras noventa e nove no pasto e buscará a perdida até encontrá-la?" (Lc 15:4). Bem, quem conhece um verdadeiro pastor sabe a resposta: o pastor enfrentará o clima, a noite escura, e com grande custo para si mesmo, procurará a ovelha perdida.

Isso é precisamente o que Deus fez por nós em Jesus. O Senhor não nos abandonou à nossa própria sorte. Não nos empurrou para longe após nossas andanças rebeldes. Com grande custo pessoal, Deus nos procurou. Seu amor o levou a agir.

O amor de Deus não é apenas aos que obedecem ou se comportam corretamente. Seu amor é também para os que se afastaram. E Jesus revela que "...há mais alegria no céu por causa do pecador perdido que se arrepende do que por noventa e nove justos que não precisam se arrepender" (v.7). —*Winn Collier*

Temos um Deus incrível e Bom Pastor!

8 de julho

Lugar para os inadequados

Leitura:
Marcos 2:15-17

As pessoas saudáveis não precisam de médico, mas sim os doentes. Não vim para chamar os justos, mas sim os pecadores. —MARCOS 2:17

A Bíblia em um ano
- Jó 36–37; Atos 15:22-41

O *Downsize Fitness* é um clube de saúde com uma particularidade singular. Atende apenas pessoas que queiram perder pelo menos 19 kg. Uma jovem abandonou sua academia, pois ali se sentia inadequada. As pessoas sempre pareciam julgá-la em silêncio. Mas descobriu o *Downsize* e hoje ama essa proposta. O que a torna atraente é o fato de acolher as pessoas acima do peso e as estimular a emagrecer e ter saúde. Assim como esse clube alcança hoje os fisicamente inadequados, dois milênios atrás Jesus alcançou os espiritualmente inadequados e os usou para espalhar as boas-novas do reino de Deus.

Um coletor de impostos estava entre essas pessoas. O ensinamento de Jesus, durante um período de tempo, provavelmente cativou o seu coração a ponto de ele começar a segui-lo. O fato de Levi ser coletor de impostos tornou seu chamado ainda mais surpreendente. Os coletores de impostos costumavam ser gananciosos, desonestos e imorais (Lc 3:12,13; 19:8).

Como judeu, Levi era desprezado e odiado por seus concidadãos e considerado como mercenário trabalhando para o opressor estrangeiro. Apenas Jesus se envolveria com os espiritualmente inadequados como Levi. Os líderes religiosos perguntaram a Jesus por que Ele se comportava daquele jeito (Mc 2:16). O Mestre respondeu dizendo que isso era tão natural para Ele quanto o era para um médico se associar aos doentes (v.17). O propósito da vinda de Jesus era que os espiritualmente inadequados (os mortos em seus pecados) pudessem ter o coração e a vida transformados.

Aqueles que consideramos espiritualmente inadequados encontram lugar em nossas igrejas hoje? A Igreja foi criada para acolher os que se reconhecem pecadores — ame-os e ande com eles enquanto seguem e crescem em Jesus (At 9:10-19). —*Marvin William*

Jesus espera que também acolhamos aqueles que se consideram mortos em seus pecados e que os ajudemos a recuperarem as suas forças.

26 de junho

Hábitos de uma mente saudável

Leitura:
Salmo: 37:1-8

Confie no Senhor e faça o bem, e você viverá seguro na terra e prosperará.
—Salmo 37:3

Hoje se fala muito sobre como melhorar a nossa saúde praticando hábitos que demonstrem o otimismo, seja ao enfrentarmos um difícil diagnóstico médico ou uma pilha de roupa suja. Barbara Fredrickson, pesquisadora, doutora e professora de psicologia Kenan numa renomada universidade norte-americana, diz que devemos praticar atividades que tragam alegria, gratidão, amor e outros sentimentos positivos. Sabemos, no entanto, que é necessário algo mais além do desejo generalizado de ter sentimentos bons e positivos. Precisamos de uma forte convicção de que há uma fonte de alegria, de paz e de amor da qual podemos depender.

O Salmo 37:1-8 oferece ações positivas que podemos praticar como antídoto para o pessimismo e o desânimo. Considere isso: "Confie no Senhor e faça o bem, e você viverá seguro na terra e prosperará…" (v.3); "busque no Senhor a sua alegria, e ele lhe dará os desejos de seu coração" (v.4); "Entregue seu caminho ao Senhor; confie nele, e ele o ajudará" (v.5); "Tornará sua inocência radiante como o amanhecer, e a justiça de sua causa, como o sol do meio-dia" (v.6); "Deixe a ira de lado! Não se enfureça! Não perca a calma; isso só lhe trará prejuízo" (v.8).

Essas diretrizes são mais do que pensamentos esperançosos ou sugestões infundadas; por causa de Jesus e na força dele, elas se tornam possíveis.

Nossa única e verdadeira fonte de otimismo é a redenção que há em Jesus. Ele é o nosso motivo de esperança! —*David McCasland*

A Bíblia em um ano
❏ Jó 5–7; Atos 8:1-25

Quando há más notícias, nossa esperança é a boa-nova de Jesus.

7 de julho

A Bíblia intimida

Leitura:
Salmo 119:161-176

Ó Senhor, ouve meu clamor; dá-me entendimento, como prometeste. —Salmo 119:169

A Bíblia, às vezes, consegue me intimidar. Certas declarações me trazem culpa: "…sejam perfeitos, como perfeito é seu Pai celestial" (Mt 5:48); "…sejam santos em tudo que fizerem, como é santo aquele que os chamou" (1Pe 1:15). O Salmo 119 provoca culpa suficiente para durar uma vida: "…Andarei em liberdade, pois me dediquei às tuas ordens" (v.45); "Levanto-me à meia-noite para te dar graças" (v.62); "tenho mais prudência que meus mestres, pois vivo a meditar em teus preceitos" (v.99); "tenho feito o que é justo e certo…" (v.121).

Mas, quando o Salmo 119 é lido com atenção ele oferece muita ajuda e encorajamento. O poema expressa os anseios e as reflexões de um rapaz batalhador que implora pela ajuda de Deus. "Meu grande desejo é que minhas ações sempre reflitam teus decretos" (v.5). *Trata-se de um clamor lastimoso com o qual me identifico.* "De todo o meu coração te busquei; não permitas que eu me desvie de teus mandamentos" (v.10).

Sim! Essa é a minha oração. "Tu me fizeste, tu me formaste; dá-me entendimento para aprender teus mandamentos" (v.73). Este rapaz fala por mim! As declarações "impossíveis", aquelas que parecem fazer afirmações absolutas de fidelidade a Deus e justiça, englobam um ideal.

Esses são os objetivos que devemos buscar. Temos fome do Deus perfeito. Qualquer coisa inferior seria bem profana (Hb 10:8-14). Nossa consciência dos padrões santos de Deus indica nossa necessidade de um Salvador. Percebemos cada vez mais que *não conseguimos isso!* E assim, esse salmo, que é o mais longo de todos, com suas aspirações à grandeza espiritual termina de forma muito humana: "Andei sem rumo, como ovelha perdida; vem buscar teu servo, pois não me esqueci de teus mandamentos" (v.176). —*Tim Gustafson*

A Bíblia em um ano

☐ Jó 34–35; Atos 15:1-21

A graça de Deus nos encoraja a cumprirmos a vontade do Pai.

27 de junho

Vida ou morte

Leitura:
Gálatas 6:7-10

Quem vive apenas para satisfazer sua natureza humana colherá dessa natureza ruína e morte. Mas quem vive para agradar o Espírito colherá do Espírito a vida eterna. —Gálatas 6:8

No início de 2013, um homem foi preso por roubar o cadáver de seu amado pai, de 93 anos, que estava sendo preparado para o enterro. Esse filho tinha outros planos. Ele roubou o caixão e o levou para casa, pois esperava que seu pai fosse milagrosamente ressuscitado. *Bem, aquilo não aconteceu.* Em vez de ver a vida de seu pai restaurada, esse homem colheu a possibilidade de prisão e a destruição de um sonho.

O apóstolo Paulo descreve a vida ou a morte que cada um colherá observando que "ninguém pode zombar de Deus. A pessoa sempre colherá aquilo que semear" (v.7). Em outras palavras, com base no que fazemos nesta vida, receberemos as Suas recompensas eternas ou nossas próprias consequências amargas (Jó 4:8; Pv 22:8).

Paulo diz que, se vivermos para satisfazer os nossos próprios desejos pecaminosos, "[colheremos] dessa natureza ruína e morte" (Gl 6:8). Se, deliberadamente, optarmos por continuar em nosso pecado, nossa vida será marcada por morte espiritual. Nossa comunhão com Deus se desfará.

Não somos capazes de transformar um corpo morto em uma pessoa viva. Se, porém, semearmos para o Espírito, "[colheremos] do Espírito a vida eterna" (v.8). Quando nos voltamos a Deus e recebemos Jesus como nosso Salvador, somos habitados pelo Espírito Santo. Seu poder vivificador é encontrado dentro de nós (3:3; 5:16).

Paulo conclui seus pensamentos incentivando-nos a caminhar com Jesus e a fazer o bem. Diz ele: "...não nos cansemos de fazer o bem. No momento certo, teremos uma colheita de bênçãos, se não desistirmos" (6:9). Hoje você pode escolher perseguir a vida ou a morte. Abandone o seu pecado e deixe o Espírito fazer coisas boas em você e por seu intermédio (Jo 3:6-8). —*Tom Felten*

A Bíblia em um ano

☐ Jó 8–10; Atos 8:26-40

Como filhas de Deus devemos caminhar sob o poder vivificador do Espírito Santo.

6 de julho

Bênçãos disfarçadas

Leitura:
Gênesis 45:4-8

Grande é a bondade que reservaste para os que te temem! Tu a concedes aos que em ti se refugiam e os abençoas à vista de todos.
—Salmo 31:19

Nas semanas seguintes ao ataque cardíaco de meu marido, agradecemos muitas vezes a Deus por ter poupado a vida dele. Nos meses seguintes, muitos ainda me perguntavam como eu estava me sentindo. Minha resposta, na maioria das vezes, era simples: "Abençoada. Eu me sinto muito abençoada".

Contudo, as bênçãos vêm em formas e tamanhos diferentes. Na verdade, nós nem sempre as reconhecemos. Mesmo quando estamos fazendo tudo aquilo que pensamos que Deus quer que façamos, ainda assim, podemos ter percalços e passar por sofrimentos inesperados. Às vezes, surpreendemo-nos por Deus não responder da maneira que queremos, ou por Ele estar demorando para nos responder.

Vemos isso na vida de José. Se o nosso olhar partir apenas da perspectiva humana, acharemos que Deus o havia esquecido completamente. José suportou o sofrimento por mais de dez anos. Ele foi jogado numa cisterna, vendido como escravo, acusado falsamente e preso injustamente. Contudo, a fidelidade de Deus se tornou finalmente evidente a todos quando José passou a ser governante do Egito e pôde evitar que muitas pessoas morressem de fome (Gn 37–46). C. S. Lewis escreveu: "Muitas vezes, quando perdemos uma bênção, inesperadamente, outra bênção nos é dada em seu lugar".

A mão abençoadora de Deus sempre esteve sobre José, assim como está sobre todos os que confiam nele. "Grande é a bondade que reservaste para os que te temem! Tu a concedes aos que em ti se refugiam e os abençoas à vista de todos" (Sl 31:19). —*Cindy Hess Kasper*

A Bíblia em um ano
☐ Jó 32–33; Atos 14

A verdadeira felicidade é conhecer a bondade de Deus.

28 de junho

Gemendo ou murmurando?

Leitura:
Números 11:1-15

*O povo começou a reclamar de sua situação ao S*ENHOR *[…] a ira do S*ENHOR *se acendeu, e ele enviou fogo que ardeu entre o povo, devorando alguns que viviam nas extremidades do acampamento.*
—NÚMEROS 11:1

A Bíblia em um ano
☐ Jó 11–13; Atos 9:1-21

Ravi e Prakash foram dispensados do trabalho devido a um corte de pessoal. "Mais uma vez o pequeno sofre", suspirou Prakash; "esse é o agradecimento que recebo por 15 anos de lealdade?". "Sim, isso é terrível, mas Deus permanecerá conosco se continuarmos a confiar nele, mesmo em tempos difíceis", respondeu-lhe Ravi.

"Sério?", desabafou Prakash, dizendo: "A fé não porá um teto sobre nossas cabeças ou alimentará os nossos filhos. Onde está Deus agora? Por que Ele não protege o que sabe que merecemos? Eu gostaria de ter cuidado de mim mesmo, aumentado minhas comissões, como todos os outros; pelo menos, teria feito um pé de meia". Esses dois ilustram a diferença entre gemer e murmurar. Estamos certos ao gemer sob o fardo de um mundo decaído, pois "…toda a criação geme…" conosco. Mas gememos de esperança, crendo que todos serão justificados quando Jesus voltar para nos libertar do pecado e do sofrimento (Rm 8:22,23).

O gemido que não expressa essa fé logo se transforma em murmuração, porque nos sentimos sozinhos e derrotados nesse mundo. Os israelitas se queixaram durante a sua viagem pelo deserto: "…Ah, se tivéssemos carne para comer! Que saudade dos peixes que comíamos de graça no Egito" (Nm 11:4,5)! Nós também podemos permitir que os nossos sofrimentos atuais desviem os nossos olhos de Deus. Talvez seja por isso que a murmuração seja um assunto tão sério. O apóstolo Paulo adverte: "E não se queixem como alguns deles se queixaram, e foram destruídos pelo anjo da morte" (1Co 10:10).

O único caminho para a Terra Prometida passa pelo deserto das provações. Você pode gemer quando for provado, mas nunca murmure, pois isso é realmente uma questão de vida e morte (Tg 1:2-18). —*Mike Wittmer*

No lugar em que Jesus habita, não haverá murmuração.

5 de julho

Vila da eternidade

Leitura:
Apocalipse 22:1-21

...porque o trono de Deus e do Cordeiro estará ali, e seus servos o adorarão.
—Apocalipse 22:3

A jornalista Tracey Lawson visitou Campodimele, na Itália, e apelidou esse local de "Vila da eternidade". A cidade de mil anos permanece como uma coroa no topo de uma montanha, e seus moradores vivem em média 95 anos. Nutrem-se bem com alimentos frescos e simples. Tracey diz que a aldeia é um "pequeno agrupamento de casas medievais com olivais nos declives ao fundo". A praça principal ostenta a vista panorâmica do Vale Liri, e durante o crepúsculo os clientes do *Café Moonlight* podem ver a Lua subir em câmera lenta, como um farol.

Então, o que nos impede de comprar uma passagem só de ida para esse paraíso? A promessa de um lugar ainda melhor. Esse local divino do futuro é chamado "a nova Jerusalém" (Ap 21:1,2). Nesse lugar interagiremos diretamente com Deus (22:3). "O trono de Deus e do Cordeiro estará ali, e seus servos o adorarão" (v.3). O verbo *adorar* nesse verso pode ser sinônimo de servir. Em ambos os casos, nossos atos de honra serão realizados face a face com o nosso Criador (v.4). *Experimentaremos o glorioso brilho do Senhor* (v.5). Um dia, viveremos em Seu esplendor, que rejeitará a necessidade de lâmpadas, luz elétrica e até do Sol! *Reinaremos "para todo o sempre"* (v.5). Nossa vida continuará indefinidamente sem a ameaça do mal (v.15). Experimentaremos a maravilha das palavras: "...para que todo o que nele crer não pereça, mas tenha a vida eterna" (Jo 3:16).

O autor C. S. Lewis disse: "Se tenho um desejo que nenhuma experiência deste mundo pode satisfazer, a [melhor] explicação é que fui feito para outro mundo". Você deseja as bênçãos eternas e a contínua alegria que vêm da presença de Deus? (Sl 21:6). Então você foi feito para a "vila da eternidade" (Ap 21:10-12; Ez 1:26-28) —*Jennifer Benson Schuldt*

A Bíblia em um ano

☐ Jó 30–31; Atos 13:26-52

Como o profeta Ezequiel veremos a glória do Senhor "rodeada por um aro luminoso, como arco-íris que resplandece entre as nuvens num dia de chuva".

29 de junho

Lutando com Deus

Leitura:
Gênesis 32:13-32

Jacó ficou sozinho no acampamento. Veio então um homem que lutou com ele [Jacó] até o amanhecer.
—Gênesis 32:24

Em 1980, era frequente meu irmão e eu assistirmos à luta livre profissional na TV aos sábados. Ficávamos hipnotizados pelas acrobacias e os socos aparentemente insuportáveis que abalavam o ringue. Torcíamos para os mocinhos enquanto dizíamos: "Essa foi de doer!". Felizmente, não tentamos esses golpes entre nós.

A Bíblia registra uma incrível luta corporal entre Jacó e um oponente — Deus em forma de homem. Obscurecido pelo véu da noite, o Senhor se aproximou e "lutou com [Jacó] até o dia amanhecer" (Gn 32:24). Aparentemente, Jacó era um sujeito desconexo, porque ficou agarrado até seu oponente lhe deslocar o quadril com um simples toque (v.25). Apesar dos esforços de Jacó para vencer Deus, o Senhor ainda estava no controle. Mesmo com o quadril deslocado, Jacó se recusou a deixar o homem ir, a menos que dele recebesse uma bênção. Deus então mudou o nome de Jacó para "Israel" (que significa "homem que luta com Deus"), abençoou-o e seguiu seu caminho. Jacó relatou: "Vi Deus face a face e, no entanto, minha vida foi poupada" (v.30). Ele amanheceu ferido e privado de sono, mas surpreso pelo encontro com o Criador.

Você está lutando com Deus hoje? Talvez a Bíblia tenha revelado a vontade dele para determinada área de sua vida e você não esteja pronta para se render. Talvez o Senhor deseje que você desista de um vício, recupere a sua integridade no trabalho ou abandone um relacionamento que não traz honra ao Pai eterno.

Não lute noite adentro como Jacó. Reconheça os caminhos perfeitos e amorosos de Deus e renda-se a Ele. Deixe a consolação do Senhor renovar a sua esperança (Sl 94:19; Lm 3:1-23; At 22:6-11). —*Jennifer Benson Schuldt*

A Bíblia em um ano
☐ Jó 14–16; Atos 9:22-43

Apegue-se ao Senhor e maravilhe-se quando encontrar o Deus vivo.

4 de julho

Tinha de passar por lá

Leitura:
João 4:1-42

No caminho, teve de passar por Samaria. —João 4:4

A autora Elizabeth Berg escreveu: "Você conhece a expressão 'Isto está sempre nos detalhes'? Na escrita *são* sempre os detalhes que dão vida a um personagem e a uma história".

Os autores do evangelho conheciam a importância dos detalhes. Por exemplo, João escreveu que Jesus "teve de passar por Samaria" quando estava viajando da Judeia para a Galileia (v.4). Esse detalhe nos diz mais do que frequentemente percebemos sobre Jesus, Seu reino e sobre o que significa ser Seu seguidor. Os judeus ortodoxos da época não se disporiam à vergonha de passar por Samaria. Eles prefeririam pegar o longo caminho para casa e evitar aquele lugar pavoroso porque consideravam os samaritanos mestiços impuros e contaminados.

Naquele tempo, era também incomum que um judeu, sobretudo um rabi, conversasse com uma mulher em público. As mulheres eram consideradas inferiores. Nenhum judeu com respeito próprio iniciaria uma conversa com uma mulher, ainda mais com uma divorciada que viva com um homem que não era seu marido (vv.17,18). Mas Jesus conversou (vv.7-42). Por isso João registrou que Jesus "teve de passar por Samaria". Ele *tinha* de viajar por uma região que muitos consideravam racial e religiosamente impura para poder conversar com essa mulher em situação crítica. Ele quis se opor às injustiças do Seu tempo: racismo, machismo e preconceito social. Jesus "teve de passar" para fazer uma declaração ousada. Em suma, Ele declarou que não há espaço para nada disso no Seu reino e, dessa forma, Ele também estabeleceu um padrão para os Seus seguidores.

O detalhe aparentemente pequeno de João nos diz que ser cristão e trabalhar para o reino de Deus envolve opor-se à injustiça do mundo e atuar de maneira a corrigi-la (Mq 6:8). —*Jeff Olson*

Deus quer que pratiquemos a justiça, amemos a misericórdia e andemos humildemente com Ele.

A Bíblia em um ano
☐ Jó 28–29; Atos 13:1-25

30 de junho

Irrepreensível

Leitura:
Tito 1:1-9

O bispo administra a casa de Deus e, portanto, deve ter uma vida irrepreensível. —Tito 1:7

Muitos confiam mais em farmacêuticos do que em seus pastores! Uma pesquisa de 2012 classificou a "honestidade e padrões éticos" de 22 profissões. Nela, 75% classificou os farmacêuticos como alto ou muito alto. Vendedores de automóveis e congressistas foram considerados os menos confiáveis. Infelizmente, os líderes de igrejas ficaram em oitavo lugar, e só metade dos entrevistados disse que os que conhecem são íntegros.

Paulo deixou Tito em Creta para liderar a obra inacabada ali e para que "nomeasse presbíteros em cada cidade" (Tt 1:5). Mas que tipo de homem era Tito para ser nomeado líder da igreja? A primeira das 17 qualificações foi ser "irrepreensível" (vv.5-9) e isso era tão importante que Paulo repetiu: "deve ter uma vida irrepreensível" (v.7). Por que isso é tão importante? O dano à reputação de um líder da igreja é dano à reputação de Deus (Ne 5:9; Rm 2:24; 1Pe 2:12).

O líder da igreja "Não deve ser arrogante nem briguento, não deve beber vinho em excesso, nem ser violento, nem buscar lucro desonesto" (Tt 1:7). Mas "deve ser hospitaleiro e amar o bem. Deve viver sabiamente, ser justo e ter uma vida de devoção e disciplina" (v.8). Ele precisa ter não só altos padrões morais na vida pessoal, mas também uma forte compreensão da Palavra de Deus, segui-la firmemente, ser capaz de ensiná-la para encorajar os outros e refutar os que se opõem a ela (v.9; 2Tm 2:15).

O presbítero precisa ser irrepreensível (Tt 1:6,7). Aquele que lidera a igreja de Deus deve possuir caráter moral elevado e reputação piedosa (1Tm 3:7). Fazer concessões a essas qualificações pode ser o motivo de muitas pessoas confiarem mais em seus farmacêuticos do que em seus pastores (1Tm 3:1-13). —*K. T. Sim*

A Bíblia em um ano

Jó 17–19; Atos 10:1-23

Os líderes da igreja devem ter capacidade, bom caráter e submeter-se ao Espírito de Deus.

3 de julho

Dar a outra face?

Leitura:
Mateus 5:38-48

Eu, porém, lhes digo que não se oponham ao perverso. Se alguém lhe der um tapa na face direita, ofereça também a outra. —Mateus 5:39

Quando morei na China, tive um amigo norte-americano comprometido a levar o evangelho àquela nação. Como dominava o idioma chinês, ele falava, com ousadia, sobre Jesus em todas as oportunidades. Uma vez, ao ser agredido por marginais, em vez de usar seu tamanho para resistir e lutar, obedeceu ao mandamento de Jesus de oferecer a outra face. Seus ferimentos aumentaram a minha admiração por ele, embora eu também creia que ele não entendia o que Jesus quis dizer.

A ordenança de Jesus de dar a outra face não é um aviso contra a legítima defesa. Ele presumiu que havia uma situação para legítima defesa (Lc 12:11; 22:36), e Paulo repetidamente se defendeu diante dos outros (At 22:1; 24:10). Jesus também não quis dizer que simplesmente deveríamos ficar parados e apanhar, pois Ele mesmo escapava quando as multidões tentavam matá-lo (Lc 4:28-30; Jo 8:59; 10:39).

A chave para compreender a questão é a direção da bofetada. Num mundo destro, uma pessoa que levava uma bofetada no lado direito da face seria esbofeteada pelo dorso da mão, o que significa insulto e vergonha. O mundo romano da época de Jesus era consumido pela honra. Os imperadores lançavam-se à guerra por causa do menosprezo e de humilhações tanto reais quanto imaginários.

Se alguém diz com sarcasmo: "Seu trabalho não é meio ruim; é completamente ruim". *É um tapa na cara!* Respondemos que não sabíamos que essa pessoa conseguia ver a diferença. *Devolvemos a bofetada!* Esse desrespeito mútuo pode chegar à guerra verbal. Imagine o quanto evitaríamos se seguíssemos o mandamento de Jesus de reduzir a discussão ao darmos a outra face! Qualquer um que tentar fazer algo significativo será desrespeitado, de vez em quando. Você será esbofeteado. Não *revide* (Rm 12:9-21). —*Mike Wittmer*

A Bíblia em um ano

☐ Jó 25–27; Atos 12

Afastemo-nos do mal apegando-nos firmemente ao bem

1.º de julho

Destronado

Leitura:
Jó 12:13-25

Cinco deles já caíram, o sexto está governando e o sétimo ainda não veio, mas seu reinado será breve.
—Apocalipse 17:10

Muammar Gaddafi, o chefe de estado líbio que governou mais tempo na África, costumava armar sua tenda de luxo sempre que ia à Uganda para a Cimeira da União Africana. Meu filho e eu tentávamos contar o número de soldados e lançadores de mísseis de curto alcance que cercavam a residência de lona de Gaddafi. Estava claro que o coronel temia por sua vida e ia além das medidas de segurança para proteger-se. Em 2011, logo após Gaddafi ter feito o que seria sua última visita a Uganda, seus temores se concretizaram quando o povo da Líbia se revoltou contra ele. Meu filho e eu recordamos de visitar Londres no início da revolta e ver duas dúzias de crianças fora das Casas do Parlamento cantando: "Líbia, Líbia, um dois três, lancem Gaddafi ao mar!". Poucos dias depois de testemunharmos os protestos, o ditador foi capturado e morto.

A destituição de Gaddafi faz jus a proclamação de Jó: "Tira o manto dos reis e lhes amarra uma corda na cintura" (Jó 12:18). Nenhum rei perverso prevalecerá para sempre. Nenhum chefe de estado ou presidente, independentemente de quão grande seja seu império, permanecerá no poder eternamente ou possuirá uma fração sequer do poder do Deus Altíssimo. "Despoja os reis de entendimento e os deixa vagar por um deserto sem caminhos" (v.24).

O Senhor Jesus Cristo reina eternamente. Sua verdade e Seu amor prevalecerão sobre todos os líderes cruéis. "Pois: No devido tempo ele será revelado do céu pelo bendito e único Deus todo-poderoso, o Rei dos reis e Senhor dos senhores. Somente a ele pertence a imortalidade, e ele habita em luz tão resplandecente que nenhum ser humano pode se aproximar dele. Ninguém jamais o viu, nem pode ver. A ele sejam honra e poder para sempre! Amém" (1Tm 6:15,16). Jesus nunca será destronado (Ap 1:5)! —Roxanne Robbins

Jesus Cristo é o governante de todos os reis da Terra e nos oferece graça e paz.

A Bíblia em um ano
☐ Jó 20–21; Atos 10:24-48

2 de julho

Ódio ao amor

Leitura:
Deuteronômio 4:15-40

Portanto, reconheçam este fato e guardem-no firmemente na memória: O Senhor é Deus nos céus e na terra, e não há outro além dele.
—Deuteronômio 4:39

Ela odiava todos os que acreditavam em Deus, declarava-se ateia e fazia tudo o que podia para destruir a fé dos cristãos. Escrevia notas vulgares nas páginas da Bíblia de outros e se considerava "agnóstica". Mas, quando o Espírito Santo agiu em sua vida e os cristãos continuaram a estender-lhe a mão com amor, seu coração endurecido começou a se derreter. Chegou o dia em que ela se prostrou e em prantos recebeu Jesus como Salvador pessoal. Recentemente, tive o privilégio de participar do seu batismo. A fé tinha substituído a incredulidade, e o amor tinha vencido o ódio.

O povo de Israel lutava com a sua visão de Deus tanto quanto a minha jovem amiga o fez durante anos. Moisés os convocara a abandonar a idolatria e a buscar a Deus com todo o coração e alma (vv.11-19,29). Assim, eles "o encontrariam". Eles também foram instruídos a nunca esquecer isto: "O Senhor é Deus nos céus e na terra, e não há outro além dele" (v.39). Trata-se de uma verdade que a minha amiga finalmente reconheceu. Moisés não desistiu do povo que ele tentava liderar para o único Deus verdadeiro (v.35); nós também não devemos desistir. O amor e a bênção de Deus (v.37) podem não ser aparentes aos que você conhece nem aos que não reconhecem o Senhor e talvez ajam com ódio em relação a você. Mas não desista! A misericórdia divina pode alcançar até o coração mais endurecido (v.31).

Se você estiver tentando alcançar ateus, agnósticos ou até cristãos que se distanciaram de Jesus, tenha ânimo. A jovem que mencionei é um exemplo vivo de alguém que abandonou o ódio e apegou-se ao amor de Deus. Continue indicando para as pessoas com quem você convive que Deus é amor e elas um dia "o encontrarão" (v.29; Gl 6:9).
—Tom Felten

A Bíblia em um ano
☐ Jó 22–24; Atos 11

Por causa de Jesus praticamos o bem e isso inclui alcançar os incrédulos com o amor do Senhor.